지도와 사진으로 보는
제2차 세계대전

THE SECOND WORLD WAR:
AN ILLUSTRATED HISTORY

A.J.P. Taylor

지도와 사진으로 보는
제2차 세계대전

학살과 파괴, 새로운 질서

A. J. P. 테일러 지음   유영수 옮김

페이퍼로드
paperroad

일러두기

1. 이 책은 *THE SECOND WORLD WAR: AN ILLUSTRATED HISTORY* by A. J. P. Taylor, 1989를 우리 말로 옮긴 것이다.

2. 인명과 지명은 브리태니커 백과에 기준해 표기했으며, 몇몇은 저자의 표기에 따랐다.

3. 옮긴이 주는 본문 중에 각주로 표시했다.

차례

지도

머리말

이 책을 준비하기 시작한 지 이제 삼십여 년이 되었다. 나는 전쟁 중에 매달 옥스퍼드 및 다른 몇몇 지역에서 열린 공개강좌에서 지난달의 전황을 검토하고 때로는 앞으로 일어나게 될 일들을 예측하기도하는 논평을 했다. 전쟁이 끝날 무렵에는 BBC 전시 덴마크 방송에서 여러 차례에 걸쳐 마련한 라디오 좌담 프로그램에 나가 그간의 역사를 요약하기도 했다. 그때 이야기 나누었던 내용은 확실히 남아 있지 않지만 그때부터 나는 지식의 폭을 넓혀 나가고 이해의 깊이를 더해왔고, 이제 무언가 쓸모 있는 말을 할 게 있다고 생각하게 되었다.

　　전쟁이 끝나고 삼십 년이 지난 지금, 제2차 세계대전을 편견 없이 바라볼 수 있는 적당한 때가 된 것 같다. 전쟁에 관한 책들이 계속 쏟아져 나오고 있는 데서 볼 수 있듯이 전쟁에 대한 관심은 아직 줄어들지 않았지만 우리는 동시대적인 격분과 망상을 떨쳐버릴 수 있을 만큼은 충분히 멀리 떠나왔다. 나는 우리나라가 옳은 편에서 싸웠다고 생각하는 일이 있기도 하겠지만 어느 집단이나 나라를 옹호하는 입장을 취하며 글을 쓰지 않는다. 또한 논쟁적인 주제에 대해 의견을 내놓을 때 주어진 모든 증거를 신중하게 숙고한 후 판단을 내린다.

제2차 세계대전은 세 곳의 바다, 좀 더 정확하게는 대양(지중해, 대서양, 태평양)에서 치러졌고 네 개의 주요한 지상 전역戰役(러시아, 북아프리카와 지중해, 서유럽, 극동)이 있었다. 열거한 각각의 전쟁들은 서로 다른 성격을 띠었고, 역사가들은 종종 그 전쟁들을 따로 떼어놓고 서술하는 방식으로 다루어왔다. 나는 그 전쟁들을 함께 묶어보려고 시도해왔다. 진주만이 습격당할 때 독일인들이 모스크바 앞에서 멈추었고, 스탈린그라드가 포위되었을 때 영국인들이 엘 알라메인 전투에서 승리하고 있었으며, 영국인들과 미국인들이 시칠리아에 상륙할 때 러시아인들이 쿠르스크 전투에서 이기고 있었다는 것을 기억하려 했다. 1945년의 승리는 연합국 세 나라가 능력과 자원을 최대한으로 동원해 이루어낸 연합국의 승리였다.

에일즈버리, 밴버리, 옥스퍼드, 레딩, 울버턴 및 그밖에 다른 곳에서 내 강의를 들어준 청중들에게 감사를 표한다. 그들은 내가 제2차 세계대전에 대해 역사적 관점으로 생각할 수 있도록 처음으로 격려해준 이들이다. 또한 1973년의 크레이턴 강좌에서 첫 장의 요지를 발표할 수 있게 해준 런던 대학에 감사를 전한다.

A. J. P. 테일러

1장
세계대전

20세기 전반부에 인류는 두 번의 대규모 전쟁을 겪었다. 첫 번째 전쟁은 훗날 세계대전이라는 그럴듯한 이름이 붙었음에도 불구하고 주로 유럽 지역의 전쟁이었으나 두 번째 전쟁은 말 그대로 전 세계적인 규모의 전쟁이었다. 두 번의 전쟁 모두 독일과 그 제휴국들이 대체로 동일한 국가들의 연합과 싸웠다. 두 전쟁 모두 참혹했고 오래 지속되었다. 그러나 많은 점에서 유사점보다 차이점이 더 많았다.

　　제1차 세계대전은 언제 시작되었는지 분명했다. 1914년 7월 초만 해도 유럽 강대국들은 1871년 이래 지속해왔던 평화를 유지하고 있었다. 한 달 후 이탈리아를 제외한 모든 나라가 전쟁 중에 있게 되었다. 전쟁이 진행되어가면서 참전국에 변화가 있었다. 이탈리아와 미국이 들어왔고, 러시아가 떨어져나갔다. 그러나 전쟁이 1914년 8월에 대규모로 시작되었고 또한 거의 그런 규모로 1918년 11월까지 계속된 것이 확실하다.

　　반면 제2차 세계대전은 언제 시작되었을까? 많은 역사가들이 유럽 중심적인 사고에 젖어 있어 독일이 폴란드를 공격했던 1939년 9월 1일을 시작점으로 잡고 있다. 그보다 전쟁을 일찍 시작하게 되었던 아비시니아 사람들이나 중국인들의 관점에서 보면 맞는 답이 아닐지 모른다. 또한 전쟁을 더 늦게 시작했던 러시아인들과 미국인들에게도 만족스러운 답이 아닐 것이다. 어쨌든 1939년 9월 1일에 시작된 이 유럽 전쟁은 1940년 6월 독일이 러시아 서쪽까지 대륙 전체를 장악함으로써 사실상 끝났다. 공식적인 선전포고가 전쟁의 시작점을 나타낸다면 제2차 세계대전은 마오쩌둥毛澤東과 주더朱德가 장시江西 소비에트의 이름으로 일본에 전쟁을 선포했던 1932년 4월에 시작되었다(중화민국이 진주만 공습 후까지도 일본에 선전포고를 하지 않았던 것은 역사에서 의문거리가 되는 일이다). 만약 우리가 남북 아메리카를 제외한 모든 대륙에서 전쟁이 치러지게 될 때까지 기다린다면 전쟁의 시작점은 1942년이나 어쩌면 심지어 1944년이 될 것이다.

　　다수의 소규모 전쟁들이 점차 하나의 대규모 전쟁으로 합쳐졌다. 그 소규모 전쟁들이 완전히 하나로 합쳐지지는 않아서, 극동을 언급하지 않고 유럽과 지중해에서 벌어졌던 전쟁에 대해 서술하는 것과 또한 유럽과 지중해를 언급하지 않고 극동에서의 전쟁을 서술하는 것이 거의 가능하기는 하다. 하지만 거의 가능한 것이지 완전히 그런 것은 아니다. 영국은 전쟁이 일어나기 전 여러 해 동안 극동에서 불안을 느끼지만 않았더라면 독일에 더 강경한 노선을 취할 수도 있었을 것이다. 반대로 유럽에서 강대국의 지위를 유지하기 위해 미국으로부터 경제 지원과 후에 군사 지원을 필요로 하지 않았다면 극동에서 일본과 타협을 하고도 남았을 것이다. 1940년에 히틀러Adolf

Hitler가 프랑스와 네덜란드를 정복한 일은 일본이 남쪽으로 고개를 돌리는 유인이 되었다. 1941년에 일본이 진주만에서 일으킨 행동으로 히틀러는 미국에 선전포고를 하고 싶어지게 되었다. 이후로 미국의 태평양 전역은 지중해 전역보다도 연합국의 프랑스 북부 상륙이 더뎌지게 되는 더 큰 이유가 되었다.

전시에 추축국과 연합국 각 동맹들이 결코 완전히 하나로 연합하지는 않았다. 무솔리니Benito Mussolini가 독일과 이탈리아 간의 결속을 일컬어 유럽의 사안들이 자신들을 중심으로 돌아간다는 의미에서 추축이라고 떠들어대며 세상에 공표했음에도 불구하고 사실 그는 곤경에 부딪치게 될 때까지 지중해 전역을 독자적으로 수행했다. 나중에 히틀러가 개입했지만 그것도 히틀러 자신이 스스로 세워 놓은 전략을 추구하기 위해서가 아니라 오로지 동료 독재자 무솔리니를 구하기 위해서였다. 독일과 일본 간에는 전혀 협력이 없었다. 일본의 대양 항해 잠수함 한 척이 독일을 지원하기 위한 물자를 싣고 보르도에 닿았던 일이 있었다. 그것이 그들 사이에 있었던 협력 관계의 전부였다. 삼국동맹 조약의 조인국들(독일, 이탈리아, 일본)은 심지어 공동의 명칭조차 없었다. 이들에 대적하는 국가들은 이들을 침략국, 군국주의 국가들, 혹은 파시스트 국가들이라고 불렀다. 어느 것도 딱 들어맞는 말은 아니다.

반대편에서도 미국과 영국은 경제적, 군사적 사안에서 밀접하게 연관을 맺고 있었지만 그들 사이에 공식 동맹은 전혀 없었다. 소련과 영국 간의 동맹은 확실히 공식적이었는데, 그 이상의 대단한 것은 아니었다. 실제로 영국은 얼마간 미국의 도움을 받았지만 이탈리아에 대항한 전역을 독자적으로 수행했고 미국은 영국이 일부 참여했지만 일본에 대항해 독자적인 전역을 수행했다. 또한 소련은 전쟁이 끝나던 해까지 독일에 대항해 독자적 전역을 수행했다. 이 제휴국들 역시 국제연합 선언의 서명국들이라는 점 외에는 공동의 명칭이 없었다. 영국과 미국은 민주주의 국가, 좀 더 직설적으로는 앵글로-색슨 국가라고 자신들을 호칭했고, 소련은 "평화 애호국"이라는 말을 선호했다. 대연합이라는 말이 때때로 세 강대국(영국, 소련, 미국)을 일컫는 데 사용되었고, 그보다 더 흔하게는 그냥 삼대 강국이라고 불렸다.

제1차 세계대전은 처음부터 끝까지 대체로 같은 장소에서 거의 같은 방식으로 치러졌다. 전장에 있던 이들 중 선견지명이 있는 사람들은 플랑드르 평야 지역과 북동부 프랑스에서 결정적인 전투가 있으리라고 오랫동안 예상해왔다. 결판이 나는 데는 예상했던 6주가 아니라 4년이 걸렸지만 결국 그렇게 되었다. 다른 전역 — 동부전선과 이탈리아 전선, 해상 전역, 그리고 아시아 지역 터키 — 은 프랑스에서 오랫동안 지속되던 전투에 비하면 지엽적이었다. 전투 수행 방법 역시 거의 변화가 없었다. 전쟁이 끝나기 직전에 전차가 상당한 역할을 했지만 전쟁의 결과는 주로 서로에 맞서 투입된 대단위의 보병 부대에 달려 있었다. 나폴레옹Napoléon I 시절이나 로마 시대와 거의 마찬가지였다.

제2차 세계대전의 경우에도 전쟁의 성격과 결정적 전투가 치러질 장소가 예상되기는 했지만 전쟁이 진행되는 동안 계속해서 바뀌었다. 스위스의 어느 역사가는 이를 두고 상식적인 정도를 훨씬 뛰어넘는 "역사상 가장 엄청난 즉흥곡"이라 칭했다. 오로지 영국 공군 참모부만이 한 발 앞서 전략을 수립했지만 이도 적절치 못한 것으로 판명되었다. 왜냐하면 상당히 긴 시간 동안, 영국 공군에게 그러한 전략을 수행할 능력이 없었기 때문이다. 그밖에 다른 모든 전역은 전쟁이 진행되는 동안 급히 계획되고 수행되었다. 제2차 세계대전의 결정적 전투가 스탈린그라드와 미드웨이 제도에서, 엘 알라메인과 캉에서 벌어지리라고 누가 예상할 수 있었겠는가? 마찬가지로 결정적인 무기도 예측되지 못했다. 항공모함의 출현으로 전함이 뒷전으로 물러나게 되었다. 기적을 만들어 내리라 예상되었던 대량 폭격은 전쟁의 결과를 낳는 데 단지 부수적인 역할밖에 하지 못했다. 상륙정과 지프 차량 — 적어도 전쟁 무기로는 아무도 상상하지 못했던 수단들인데 — 이 훨씬 더 중요했다. 전차는 확실히 전적으로 활약했다. 그러나 대전차포의 등장으로 전차가 전위에 나서는 것이 아니라 보병들이 앞장서고 전차가 뒤따르게 되리라는 것을 거의 아무도 예견하지 못했다. 전쟁은 원자탄 두 기의 폭발과 함께 끝났다. 전쟁 전에 훗날 핵분열 현상이 실용화될 수 있으리라 생각한 사람은 거의 아무도 없었다.

　　제1차 세계대전의 성격은 쉽게 정의할 수 있다. 대전은 두 동맹 체제 혹은 세력권 간의 다툼이었다. 한쪽에 삼국협상 국가들(프랑스, 영국, 러시아)이 있었고, 다른 한쪽에는 삼국동맹 국가들 가운데 이탈리아가 빠진 중부유럽 국가들(오스트리아–헝가리제국과 독일)이 있었다. 전쟁은 유럽이라는 단일한 사회 내부의 전쟁이었다. 참전한 나라들은 유사한 사회·정치 체제를 지니고 있었다. 모든 나라가 노동조합이 보조적인 역할을 하는 자본주의 국가였다. 러시아의 헌법이 다소 허구였지만 모든 나라가 헌정 체제를 가지고 있었다. 근원적인 도덕 문제 — 독일의 야만성에 대한 대항, 독일 문화Kultur의 고양,

민족 자결에 대한 옹호나 반대 — 를 끄집어내려는 시도에도 불구하고 전쟁은 그저 이기기 위해서 수행되었고, 전쟁의 목적은 세계 지배가 아니라 세력 균형의 조정이었다. 만약 독일이 전쟁에서 승리했다면 영토가 어느 정도 독일에 유리하게 변경되었을 것이고, 독일은 이전보다 더 강한 나라로 등장하게 될 것이었다. 독일이 근본적으로 약화되지는 않았지만 영토는 다소 불리하게 변경되었다. 합스부르크와 오스만제국의 해체, 러시아의 볼셰비키 혁명, 그리고 국제연맹의 설립은 전쟁 전부터 계획했거나 전쟁 중에 발전시킨 목적이 아니라 전쟁의 결과였다.

역사가들은 아직도 제1차 세계대전의 원인에 대해 논쟁을 벌이고 있고 간단명료한 답을 내놓지 못하고 있다. 누가 전쟁을 계획했는가? 계획되기는 한 것인가? 아니면 로이드 조지David Lloyd George의 말대로 유럽 국가들이 "혼란 중에 전쟁으로 휘말려 들어간" 것인가? 제2차 세계대전과 비교하면 제1차 세계대전의 원인은 놀랄 만큼 많다.

전간기에 유럽 국가들 가운데 편이 갈린 가장 분명한 양상은 전승국과 패전국이 나뉜 것이었다. 아니 좀 더 실제적으로 말하면 프랑스와 독일이 대립하고, 영국 그리고 평화 시기가 막바지에 이를 때까지도 이탈리아가 프랑스 편에 마지못해 끌려와 있었다. 거의 모든 독일인들은 1919년에 자신들의 조국이 부당한 대우를 받았다고 생각했다. 그들은 독일이 14개 조항을 수용하고 민주 공화국이 되었을 때 이전의 전쟁은 잊혀지고 독일은 국제 예양國際禮讓이 바탕이 되는 국제 사회에 복귀하게 될 것이라고 예상했었다. 그러나 그러는 대신 강화 조약이 독일에 강제되었다. 독일은 배상금을 지불해야 했고, 강

제로 무장해제되어야 했다. 그리고 영토의 일부를 다른 국가들에게
양도해 상실하고 어떤 지역은 연합군에게 점령당했다. 거의 모든 독
일인들이 베르사유 조약의 결정 사항을 뒤엎기를 원했고, 베르사유
조약의 조항을 무효화하는 일과 패배하기 전 유럽에서 누렸던 지배
적인 지위로 복귀하는 일을 구분지어 생각하지 않았다.

　　독일만 홀로 원한을 품고 있는 것이 아니었다. 별로 소득은 없
었지만 헝가리 또한 강화 조약의 결정 사항에 대해 비난을 퍼부었다.
이탈리아는 명목상으로는 전승국에 끼어 있었지만 거의 얻은 것 없
이 빈손이었고, 아니면 적어도 그렇게 생각했으며, 한때 사회주의자
였던 독재자 무솔리니는 자신의 나라를 "프롤레타리아" 국가라고 불
렀다. 극동에서는 역시 전승국 중 하나로 꼽히던 일본이 대영제국과
미국의 우월한 지위를 점점 압박해 들어가고 있었다. 이러한 문제에

사진1 목제 전차와 함께 기동하는 독일군.

사진2-3 국가사회주의당(아래)과 그들의 총통(오른쪽).

사진4 대공황: 시카고의 무료급식소.

관해 소련은 궁극적으로는 현상 유지를 지지하는 국가들 가운데 포
함되었지만 제1차 세계대전 종반에 영토를 상실한 일로 불만을 품
고 있었다. 그러나 이러한 것들 가운데 독일의 원한이 대체로 추진력
을 가져왔고, 아돌프 히틀러가 선동 정치가가 되면서 그 원한을 드러
냈다.

이러한 다양한 원한들은 — 세계 무역이 다소 제한을 받지
않고 이루어지고 통화 가치가 안정적으로 유지되며 사기업이 국가
의 간섭을 거의 받지 않는 — 전전戰前의 경제 질서가 잠시 회복되
는 1920년대 동안에는 해를 끼치지 않고 잠잠하게 있었다. 그러나
1929년 가을에 대공황이 밀어닥치자 회복은 물거품이 되었다. 세
계 무역량은 재난이라 할 정도로 급격하게 감소했고, 대량 실업이 있

었다. 영국에서 200만, 독일에서 600만, 미국에서 1,500만의 실업자가 발생했다. 통화 가치가 흔들렸다. 1931년에는 그 신성한 파운드화가 금본위제를 이탈할 수밖에 없었다. 이러한 폭풍우를 맞아서 나라들은 자신들 국가 체제의 울타리 안으로 뒷걸음질해 들어갔다. 산업화가 진전된 나라일수록 국제 관계에서 물러나는 폭이 더 컸다. 1931년에 독일은 마르크화를 자유로운 통화로 사용하기를 멈추고 구상 무역의 형태로 국제 무역을 하는 방향으로 나아갔다. 1932년에는 자유 무역의 전통적인 근원지인 영국이 보호 관세를 채택하고 곧이어 이를 식민지에까지 확대했다. 1933년에 루스벨트Franklin Delano Roosevelt 신임 대통령은 달러화를 평가 절하했고, 다른 나라들을 고려하지 않고서 경제 회복 정책에 착수했다.

사람들이 거의 알아차리지 못하는 가운데 경제 전쟁이 시작되었다. 처음에는 만인의 만인에 대한 전쟁이었으나 곧 성격이 바뀌어 세계의 분할을 강화하는 방향으로 나아갔다. 대공황의 여파를 빠져나가는 데는 도움이 되지 않았지만 소련은 계속해서 폐쇄 경제 체제를 유지했다. 다른 나라들 가운데 몇몇 강대국들 — 어느 나라보다 미국, 또한 대영 제국과 프랑스 제국 — 은 쪼들리기는 했겠지만 스스로 보유한 자원에 의지해 헤쳐 나갈 수 있었다. 독일과 일본은 나가떨어졌다. 그 나라들 역시 대단한 산업 국가였지만 스스로 일어설 수 없었다. 세계의 여타 다른 지역으로부터 원료를 들여와야 했는데 대공황으로 인해 정상적인 무역 수단으로는 얻을 수가 없었다. 그들의 경제 지도자들은 확실히 약간 과장되었지만 자기 나라가 목을 졸리고 있다고 생각했고, 독자적으로 경제적 제국을 건설해야만 한다고 생각했다. 일본인들은 가장 단순한 길로 들어서서 처음에는 만주로 다음에는 중국 해안 지역으로 군사력을 뻗쳐나갔다. 독일은 1930년대 초반에는 여전히 베르사유 조약의 제한에 묶여 있어 그러한 용이한 탈출구를 찾지 못했다. 독일은 군사적 수단 대신에 경제적인 무기를 사용해야만 했고, 따라서 상황에 의해 어쩔 수 없이 고립과 자급자족 경제를 강화했다.

처음에 독일의 통치자들은 마지못해 그렇게 했다. 그러나 1933년 히틀러가 독일의 통치자가 되었을 때 그는 자급자족 경제를 긍정적인 이점이라 생각해 적극적으로 받아들였다. 훗날 사람들은 히틀러와 그가 이끌었던 국가사회주의 운동이 베르사유 조약으로 인해 탄생한 것인지 아니면 대공황으로 탄생한 것인지에 대해 논쟁을 벌였다. 답은 두 가지 모두다. 경제적 불만이 팽배함으로 인해 히틀러가 권력을 잡게 되었지만, 그는 그 전부터 베르사유 체제에 대항한 운동으로 명성을 쌓고 있었다. 그가 보기에 독일이 겪고 있는 대공황은 패배의 유산이었고 대공황을 극복하는 수단은 동시에 독일에 정치적 성공을 가져다줄 것이었다. 자급자족 경제는 정치적 침략을 할 수 있도록 독일을 튼튼하게 만들어줄 것이었고, 거꾸로 정치적 침략을 통해 독일의 자급자족 경제가 더욱 강화될 수 있을 것이었다.

제2차 세계대전이 일어나기 이전 기간에 존재하던 알력이 여기에 감추어져 있었다. 미국에게 그리고 그런 마음이 조금 약했지만 영국에게 경제 전쟁은 유감스러운 일이고 일시적인 고육지책이었다. 그러나 일본인들과 독일들에게는 계속적인 수단이자 강대국이 되기 위한 유일한 길이었다. 역설적인 결과가 뒤따랐다. 대체로 공격적이거나 분란을 일으키는 국가가 자신이 보유하고 있는 것보다 더 많은 것을 가질 수 있다고 생각하는 신념으로 추진력을 얻기 때문에 더 강한 법이다. 제2차 세계대전이 일어나기 전의 상황이 이러했다고 사람들은 주장해왔다. 세력 균형이 붕괴되었던 것이라고 말하기도 한다. 독일이 유럽을 잠식했고, 일본은 극동을 장악했다. 그 나라들의 주변국들 — 독일과 국경을 마주하는 유럽 국가들이나 극동의 중국 — 만을 생각한다면 맞는 말이다. 그러나 세계적 강대국들을 저울 위에 올려놓는다면 더 이상 옳은 말이 아니다.

  히틀러와 일본의 통치자들은 이 점을 날카롭게 인식하고 있었다. 종종 그들이 전 세계적 규모의 전쟁을 계획했다고 여겨지지만, 그들은 그렇게 하기는커녕 세계대전이 일어나면 자신들이 파멸하게 될 것이라고 확신했다. 그러나 이로 인해 그들이 평화를 추구하는 쪽으로 돌아선 것은 아니었다. 히틀러와 일본인들은 전쟁을 치르지 않고, 아니면 적어도 심각한 군사적 대결을 하지 않고 일련의 작은 이득을 얻어나가려고 계획했다. 그들은 세계적 강대국들의 전쟁을 꺼리는 태도와 자신들이 지닌 재간을 믿고 행동했다. 전자는 제대로 의지한 것이나 후자를 믿은 것은 이치에 덜 맞는 일이었다. 말하자면 그들은 자신들의 힘이 커져서 흔들리지 않는 세계적 강대국으로 등장하게 될 때까지 들키지 않거나, 적어도 저지당하지 않도록 바짝 엎드린 자세로 나아가려 했다. 그들은 거의 성공했다. 히틀러는 1940년 5월 14일 새벽 독일 전차들이 뫼즈 강을 건너 스당에 이르렀을 때 유럽 지배를 이루어냈고, 일본은 1941년 12월 7일 진주만에서 고작 몇 시간만에 극동의 지배권을 획득했다. 독일이 1940년에 프랑스 전역에서 입은 손실은 영국군이 1916년 솜므에서 하루 동안 잃은 것보다도 그리 많지 않았고, 일본인들은 진주만에서 29대의 항공기를 잃었다. 이렇게 쉽게 얻어진 결정적인 승리는 결코 없었다. 이런 승리의 결과가 확고해졌다면 어떤 일들이 일어났었겠는가? 히틀러는 때때로 독일의 세계 정복을 이야기했다. 이러한 일은 자신이 죽고 백 년이 지나야 일어날 것이라고 평소에 덧붙이기는 했지만 말이다. 어쩌면 일본인들은 극동의 지배적 지위에 만족했을지도 모른다. 하지만 독일과 일본은 세계적 강대국으로 변모하기 전에 저지되었고, 따라서 그들의 다음 의도가 무엇이었느냐 하는 질문은 대답된 적도 제기된 적도 없다.

돌이켜보건대 현존하던 세계 질서에 다소 만족하던 국가들과 그것을 변경하기 원하는 국가들 간의 다툼이 제2차 세계대전에 기본적인 양상을 부여했다. 그렇지만 우리는 당시의 정치적 이념과 원칙의 경쟁에 좀 더 눈을 돌리게 되는데 이는 부분적으로 제1차 세계대전이 남긴 유산이었다. 전쟁이 끝날 무렵 연합국과 그들의 막강한 제휴국인 미국은 자신들이 이상적인 대의 — 민주주의, 민족 자결, 그리고 국제연맹 — 를 위해 싸워왔다고 확신했다. 집단 안보는 앞으로의 전쟁을 방지해주게 될 것이었다. 그러나 그 교의는 결코 효과적으로 작동하지 못했다. 일본인들이 1931년에 만주를 점령했을 때, 그들의 공격이 나중에 묘사된 것보다는 덜 극악무도한 행동이었지만, 그들은 국제연맹을 무시했다. 무솔리니는 1935년 아비시니아를 상대로 이탈리아를 전쟁으로 끌고 들어갔을 때 국제연맹에 도전했다. 히틀러는 1935년에 베르사유 조약 체제를 부인했을 때 그리고 1936년에 로카르노 조약을 부인했을 때 국제 체제 전체에 도전했다. 영국과 프랑스가 — 어쨌든 명목상으로는 — 처음부터 끝까지 국제연맹에 충실했던 유일한 강대국들이었지만 뒤늦게 소련이 참여했고 미국도 자신의 고립 정책에도 불구하고 국제적 의무를 소홀히 했던 것을 후회했다. 여기에 국제적 의무를 존중하는 국가들과 그렇지 않은 국가들 사이에 존재하는 도덕적 간극이 있었다. 이러한 간극이 현존 질서에 만족하는 국가와 불만족하는 국가 사이의 격차와 일치했다는 것은 우연이 아니었다.

국제연맹은 현실과 다소 동떨어진 일로, 주로 외교관들이나 집단 안보의 옹호자들 사이에서 소란이 벌어지는 이유가 되었다. 그러나 볼셰비키 혁명은 유럽 문명을 산산이 찢어놓았고 16세기 종교 개혁이나 18세기 말 프랑스 혁명보다도 유럽을 더 심각하게 분열시켰다. 마르크스Karl Marx의 교의에 따라 세계 혁명에 헌신하는 소련은 어떠한 방식으로든 자본주의 세계를 위협하는 것처럼 보였다. 자본주의 세계는 소련을 승인하지 않고 배척함으로써 보복했고 간섭 전쟁에서 군사적으로 소련을 몰락시키려 했다. 1920년대에 많은 사람들, 그리고 특히 공산주의자들 자신은, 간섭 전쟁이 재개될 것이며 다음번 대규모 전쟁에서는 자본주의 국가들이 단결해 "노동자들의 국가"에 대항할 것이라고 예상했다.

이러한 예측은 현실이 되지 않았다. 그러나 서로 간의 의심은 깊었다. 이전의 전승국들은 독일을 공산주의에 대항하는 보루라고 믿음으로써 독일을 덜 불신하게 되었고 그러한 믿음을 갖지 않았을 경우에 양보했을 것보다 더 많은 양여를 하게 되었다. 이전에 유럽과 극동 두 지역에서 강대국이었던 러시아는 두 지역 어디에서도 더 이상 중요한 국가가 아니었고, 다른 나라들이 외교상의 계산을 할 때 심각한 고려의 대상이 되지 못했다. 실례로 1935년의 프랑스-소련 조약은 문서상으로는 이전의 프랑스-러시아 동맹만큼 확고했다. 그러나 1939년에 프랑스인들이 영국인들과 함께 소련과 동맹을 맺고

24

자 했을 때 그들은 마치 1935년의 조약이 전혀 존재하지 않았던 것
인 양 협상을 진행했다. 조약은 까맣게 잊혀지면 좋을 일이거나 아예
없어지면 좋겠다고 바랄 일이었다. 1939년의 동맹 협상은 또 다른
예를 보여준다. 협상에 관련된 영국, 프랑스, 소련 이 세 당사국 가운
데 협상이 성공하리라 기대했거나 그렇게 되기를 소망했던 나라가
없었다는 점이 과거를 돌이켜볼 때 분명하게 나타난다.

1930년대가 진행되는 동안에 자본주의에 기초한 민주주의 대
對 파시즘이라는 유럽 문명의 또 다른 대립의 깊은 골로 인해 반볼셰
비즘이 부분적으로 잦아들었다. 무솔리니가 이탈리아에서 파시즘을
주창했을 때에는 좌익의 사회주의자들을 제외하고 거의 아무도 주
의를 기울이지 않았다. 사실 그는 이탈리아를 볼셰비즘으로부터 구
해냈다고 여겨졌다. 그는 겉보기에는 훌륭한 정치가였다. 영국과 프
랑스의 정치가들이 진지하게 그의 의견을 구했으며, 스트레사 회의
가 진행되던 1935년 4월까지도 집단 안보와 조약의 신성성을 옹호
하는 지지자의 자리에 서 있었다.

파시즘의 독일식 변형인 국가사회주의는 전혀 다른 규모의
위협이었다. 독일 바깥의 정치가들은 독일에서 무슨 일이 일어나고
있는지, 국가사회주의가 무엇을 지향하는지 잘 알고 있었다. 나치의
야만성은 전 세계 신문이나 외국 대사들에 의해 충분히 보고되었다.
정당과 노조가 파괴되었고 언론의 자유가 사라졌다. 유대인들은 공
직에서 추방되었고 운이 좋은 사람들만 겨우 독일을 빠져나갔다. 유
럽 문명의 원칙이 부인되었다. 영국 대사의 표현을 빌리자면 히틀러
이하 나치의 통치자들은 "깡패들"이었다.

민주주의 국가의 정치가들이 독일의 상황에 대해 알게 되면

사진5 무솔리니와 이탈리아 국왕.

서 얻은 교훈은 무엇일까? 항의하면 할수록 나치의 행동은 더욱 악화되었다. 독일 상품에 대한 국제적인 불매 운동은, 그렇게 효과적이지는 않겠지만 다소나마 독일의 경제적 어려움을 증가시킬 것이었고, 이미 이러한 어려움 덕분에 히틀러와 나치가 권력을 얻게 되었다고 하는 것이 전혀 근거가 없지는 않은 일반적인 믿음이었다. 프랑스 정치가들은 낙심해 문제에 맞서기를 포기했다. 독일이 한 걸음씩 나아갈 때마다 그들은 항의하는 것 말고는 아무런 행동도 취하지 않았다. 영국 정치가들은 만약 독일이 지닌 원한의 원인들이 시정되고 독일이 다시 번영한다면 나치의 행동이 아마도 덜 야만스러워질 것이라는 생각을 내키지는 않지만 받아들였다. 영국인들은 독일의 양자 무역 체제를 승인했고 자급자족을 용인할 수 있는 것으로 만들려고 했다. 1937년에 영국 수상이 된 네빌 체임벌린Neville Chamberlain은 독일의 정치적 원한의 원인들을 적극적으로 시정해주는 방법으로 독일을 회유하려 했다. 아마도 체임벌린 자신을 포함해 일부의 사람들은 유화 정책이 성공하리라 믿었을 것이다. 다른 사람들은 영국의 군비가 진전되는 동안 당분간만 유화 정책을 받아들였다.

　　소련과 미국 두 세계적 강대국은 한걸음 물러서 있었다. 소련 통치자들이 종종 침략자에 대해 공동으로 대항할 것을 제안했지만 그들의 말은 허공에 울릴 뿐이었다. 서유럽 정치가들은 러시아인들이 유럽에서 분란을 일으키기를 원한다고 생각했고, 소련 정치가

사진6 닫혀 있는 유대인 상점.

들은 서유럽 국가들이 자신들은 뒤로 쏙 빠진 채 러시아만 전쟁에 빠뜨리려 한다고 생각했다. 양쪽의 의심은 근거가 없지 않았다. 더욱이 서유럽 정치가들 그리고 아마도 소련 정치가들마저도 소련의 군사력을 제대로 평가할 수 없었다. 특히 스탈린Iosif Stalin의 1937년 대숙청으로 소련군 지휘부 거의 전부가 제거되었을 때 그랬다.

미국의 군사력에 대해서는 그러한 의심이 없었다. 해군을 제외하면 미국의 군사력은 존재하지 않았다. 또한 이러한 상황을 타개해보려는 아무런 의지도 없었다. 제1차 세계대전이 남긴 유산으로, 그렇게 하는 것이 마땅하건 아니건 간에, 미국 국민들은 거의 전부가 고립 정책에만 마음을 두고 있었다. 루스벨트 대통령은, 아마도 독일에 대해서보다는 일본에 대해서였겠지만, 어쩌면 이러한 상황을 변화시키고 싶어 했을지 모른다. 또한 1937년에 어떠한 침략자에 대해서도 방역선을 쳐야 한다고 주장했을 때는 심지어 주도를 하려고도 했다. 그런데 국민들의 반응은 고무적이지 못했고, 그는 유럽에서 전쟁이 발발한 뒤까지도 신중한 고립을 취하는 쪽으로 물러나 있었다.

이러한 상황에서 서유럽 정치가들이 말하던 반파시스트 십자군 운동이라는 말은 쏙 들어갔다. 심지어 1936년에 에스파냐 내전으로 기회가 주어진 것처럼 보였을 때도 그랬다. 영국 정부와 프랑스 정부는 독일과 이탈리아 두 파시스트 국가가 에스파냐 반란군을 지원하는 것을 묵과했고 나중에는 내전 종결의 유일한 해결책이라며 반란군의 승리를 반기기까지 했다. 확실히 에스파냐 내전에서 다른 많은 국가들은 물론 영국과 프랑스 출신 의용군들이 공화국 편에서 싸웠고, 그들의 관점에서 보면 제2차 세계대전은 1936년에 시작되었다. 그러나 그 사람들의 수는 매우 적었다. 1944년 가을 프랑스가 해방된 직후에 드 골Charles de Gaulle 장군이 툴루즈를 방문해 그 지역 저항군을 사열했는데, 한 병사 앞에 멈추어 "동지, 언제부터 레지스탕스Resistance에 참가했소?"라고 물었다. 그 저항군 병사는 이렇게 대답했다. "당신보다 훨씬 전입니다, 장군님." 그는 에스파냐 내전에서 싸웠던 것이다. 이번만큼은 드 골 장군이 한방 먹었다.

장군과 그 저항군 병사는 전쟁을 다른 관점에서 보고 있었다. 드 골은 프랑스 해방 전쟁을 생각하고 있었고 저항군 병사는 파시즘에 대항한 전쟁을 생각하고 있었다. 둘 다 맞다. 두 가지 목적이, 때로는 한 사람의 생각에서도, 혼재되어 있었다. 외관상 제2차 세계대전은 제1차 세계대전과 마찬가지로 주권 국가들 사이의 전쟁이었다. 그냥 애국심이 많은 이들에게는 애국심이 유일한 동기가 되었고 더 많은 이들에게는 애국심이 가장 우선적인 동기가 되었다. 애국심은 예상치 못한 곳에서도 나타났다. 전쟁 전 러시아인들은 파시스트에 대항하는 공동의 행동을 요구하는 데 가장 열심이었다. 그러나 자신들이 침략을 당하자 전쟁은 위대한 애국 전쟁, 혹은 달리 번역하면 조국을 구하기 위한 위대한 전쟁이 되었고, 사람들이 가장 먼저 떠올리는 역사적 인물도 레닌Vladimir Lenin이 아니라 18세기의 전쟁 영웅 수보로프Alexander Suvorov 장군이 되었다. 다른 곳의 공산주의자들도 러시아가 침략을 당한 순간부터 누구보다도 굳세게 그리고 전심으로 레지스탕스 활동에 가담했다. 그러나 프랑스와 이탈리아의 레지스탕스에서든 아니면 좀 더 공공연하게 유고슬라비아의 티토Josip Broz Tito 밑에서든, 그들 역시 민족 해방 전쟁의 이름으로 싸웠다.

그럼에도 불구하고 이 전쟁은 틀림없이 이념을 위해 싸우는 전쟁이었다. 독일인들은 국가사회주의를 위해 싸운다는 의식을 갖고 전쟁에 참여하고 있었다. 독일의 승리는 단지 독일에 유리한 방향으로 영토가 변경되는 일만을 의미하지 않았다. 독일의 승리로 독일인들이 가장 우월한 종족이고 다른 모든 민족들은 그 밑의 지위에 있으며 몇몇 종족을 물리적으로 말살해야 한다는 국가사회주의의 원칙과 실행에 대한 주장이 뒤따랐다. 독일에 대적하는 나라들은 국가사회주의가 지향하는 모든 계획을 좌절시키려는 보다 덜 의식적인 목적을 가지고 싸웠다. 그들은 민족 해방의 목적에서 출발해 민주주의 또한 회복하려는 목적으로 필연적으로 옮겨갔다. 러시아인들이 이 말을 서구에서 해석되는 것과는 매우 다르게 해석함에도 불구하고 말이다. 전쟁이 진행되어감에 따라 반독일 연합은 인도주의라는 간명한 대의를 표방하게 되었다. 독일이 저지른 범죄 전부가 전쟁 중에 알려지지는 않았다. 고딕 양식의 성당이 중세 문명을 그대로 반영하듯이 오슈비엔침(아우슈비츠)의 가스실이 국가사회주의 문명을 대표했다는 것은 전쟁이 끝난 뒤에야 명백해진 사실이었다. 그렇다고 하더라도, 무조건 항복이 아닌 다른 방식의 전쟁 종결을 배제할 수 있고, 제2차 세계대전을 매우 드문 사례 ── 정의로운 전쟁 ── 로 만들 수 있을 만큼은 충분히 알려졌다.

　　독일의 제휴국들은 사실 이러한 원형에 잘 들어맞지는 않는다. 파시즘이 이탈리아에서 창안되기는 했지만 그 죄악상은 전쟁 중 이탈리아의 활약만큼이나 작은 규모였을 뿐이고, 결코 사람들의 마음까지 잡아먹지 못했다. 오직 크로아티아의 우스타쉐Ustaše 정부만이 독일인들에 필적하는 범죄를 저질렀다. 일본은 파시스트 국가가 아니었다. 일본인들은 옛날 형태의 국가주의자들이었고 구식의 헌법을 가지고 있으면서 실제로 운용했다. 그들의 범죄는 인간의 생명을 경시한 데서 나온 것이지 어떠한 원칙에서 나온 것은 아니었다. 그럼에도 불구하고 그들 역시 나치의 원형을 따르고 있다는 오명을 뒤집어쓰게 되었다. 그들 역시 파시스트가 되었고 민주주의의 적이 되었다.

제1차 세계대전은 이미 대중들의 전쟁으로 묘사된 바 있다. 수백만의 사람들이 전투에 참가하게 되었다는 의미에서 맞는 말이다. 하지만 아직 전선은 집에서 멀리 떨어져 있었다. 민간인들은 생활 방식이 변했다기보다는 역할이 바뀌었다. 전쟁이 무엇에 대한 것인가와 계속되어야 하는가 대해서는 아직 논의의 여지가 있었다. 종종 민간인들의 불만이 표출되었다. 하지만 제2차 세계대전이 일어났을 때는 모든 사람이 전쟁에 휘말려들게 되었다. 무차별 폭격의 영향으로 전선과 후방의 구분은 거의 사라졌다. 실례로 영국에서는 1942년까지 군인이 자신의 아내가 폭격으로 사망했다는 전보를 받을 확률이 전장에서 남편이 전사했다는 전보를 아내가 받을 확률보다 높았다. 방공 경보 본부ARP에 근무하는 양심적 병역 거부자가 군대에 있는 군인보다 더 위험했다.

주요 교전국의 국가적 일치단결은 과거의 전례를 뛰어넘는 것이었다. 전쟁 전에 영국 정부는 폭격으로 민간 질서가 무너질지도 모른다고 예상했고, 공포에 휩싸인 군중을 통제해본 경험이 있는 전직 인도 경관을 실제로 군에 소속시켰다. 그러나 그가 힘을 쓸 일은 생기지 않았다. 대중들 — 영국 대공습 중의 영국인들, 오랜 포위기간 중의 레닌그라드 시민들, 최종적으로 패배하기 전 몇 달간의 독일인들, 그리고 심지어 원자폭탄이 투하되고 난 뒤의 일본인들 — 의 인내심은 전혀 문제될 것이 없었다.

이러한 전쟁은 마땅히 대중들의 전쟁이라고 불릴 만했다. 그러나 제1차 세계대전이 다소 그랬던 것처럼 대중적인 감정으로 인해 전쟁이 야기되고 그 양상이 결정되었다는 것은 아니다. 1914년에는 흥분한 여론이 정부들을 전쟁으로 향하도록 몰아갔고, 나중에는 선동적인 호전주의가 전략에 강력한 영향을 끼쳤다. 제2차 세계대전 때는 전쟁 전 그리고 전쟁 중에 정치가들이 앞에서 이끌었고 대중들은 따랐다. 영국 정부는 여론으로 인해 전쟁으로 끌려들어간 유일한 나라였다. 하지만 그러한 여론도 하원에서 나왔지 거리에서 쏟아져 나오지는 않았다. 히틀러는 아마도 승리를 거두면 독일 국민들에 대한 지배를 강화할 수 있으리라 예측했던 것으로 보이지만, 그렇게 되기 전에 이미 그는 언제 어디서 승리를 거두어야 할지를 혼자서 결정했다. 예를 들어 독일이 소련을 침공하기 전에 독일 내에서 반볼셰비즘을 주장하는 대중 운동은 없었다. 오히려 쥐 죽은 듯 고요함만 감돌았고, 공격은 독일 국민들이 알지 못한 가운데 갑자기 시작되었다. 미국에서 루스벨트 대통령은 미국이 실제로 참전하는 그 순간까지도 자신이 여론을 선도하고 있다고 믿었다. 그는 아마도 잘못 생각했던 것 같다. 그러나 그의 믿음은 미국의 정책을 형성했다.

　제2차 세계대전 시기의 정치가들은 제1차 세계대전 때보다 훨씬 더 중요했다. 클레망소Georges Clemenceau 이전 프랑스 수상들의 이름이나 베트만-홀베크Theobald von Bethmann-Hollweg 이후 독일 재상들의 이름을 누가 기억이나 할까? 게다가 베트만은 일어난 일에 주변적인 영향력밖에 미치지 못했다. 로이드 조지는 1916년 12월에 겉보기에는 일종의 전시 독재자가 되었다. 하지만 그가 스스로 말한 바에 따르면 그조차도 거의 자신이 하고 싶은 대로 하지 않음으로써 가장 뛰

어난 인물이 되었다. 대중들
의 영웅은 키치너Horatio Her-
bert Kitchener, 힌덴부르크Paul
von Hindenburg, 조프르Joseph Jof-
fre 같은 장군들이었고, 이들
은 자신들의 영감, 혹은 영
감이 없음에 힘입어 전쟁을
이끌어간 신격화된 인물들
이었다.

　　제2차 세계대전 시
기의 장군들은 대중으로부
터 받는 인기가 관리들과 별
반 다를 바 없는 행정관이
었다. 롬멜Erwin Rommel은 낭
만적인 인물로 추어올려졌

사진7 추축국: 무솔리니와 치아노, 히틀러와 괴링.

지만 이는 독일인들보다는 영국인들 덕이었다. 몽고메리Bernard Law
Montgomery는 자신에 관한 전설을 만들어냈지만 두 번이나 옹색한 변
명으로 면직을 모면했다. 본질적으로 정치 지도자들만이 중요했다.
독일의 장군들, 혹은 그 중 몇몇이 히틀러를 타도하려고 시도했을 때
도 추종자를 얻지 못했다. 처칠Winston Churchill은 웨이벌Archibald Percival
Wavell이나 오친렉Claude Auchinleck과 같은 거물 장성들을 해임했다. 스
탈린은 수하의 장군을 수십 명이나 면직했고, 심지어 주코프Georgy
Zhukov 장군조차 그의 앞에 서면 벌벌 떨었다. 히틀러, 처칠, 루스벨트,
스탈린 이 네 사람이 전쟁과 관련된 모든 중요한 결정을 혼자서 내렸

사진8 도조 히데키 수상과 그의 내각.

다고 말하는 것이 사실상 과장이 아니다. 무솔리니는 힘을 쓰지는 못하나 이들을 흉내 내려 했다. 오로지 일본만이 계속해서 어느 정도 특정한 한 사람이 책임을 지지 않는 위원회 방식으로 경영되었다.

　　　네 사람의 거물들은 모두 이전에 전쟁을 경험한 사람들이었다. 히틀러와 무솔리니는 전선에서 복무한 병사였고, 처칠과 루스벨트는 제1차 세계대전 중에 군부의 직책을 맡았으며 처칠은 참호에서 군무를 수행하기도 했다. 스탈린은 러시아 내전 중에 사령관의 자리에 있었다. 그들은 자신들이 거느리고 있는 고문관들보다 전쟁에 대해 더 잘 알고 있지는 못했다 하더라도 최소한 그들만큼은 알고 있

사진9 다우닝가 10번지에서의 첫날.　　　　　**사진10** 다른 독재자.

었다. 물론 그들은 고문관들의 말에 귀를 기울였다. 히틀러가 차분히
듣지 못하기는 했다. 확실히 그들은 실무자들이 권고하는 한계를 항
상 지키지는 않았지만 비중 있게 고려했다. 그렇다고 하더라도 어디
에서 군사 행동이 이루어져야 할지, 어떻게 수행되어야 할지를 결정
하는 건 실무자들이 아니라 그들이었다. 그들은 사소한 문제들을 제
외하고 각각 자기 나라의 대외 정책과 경제 정책을 결정했다. 처칠은
때때로 낭만적인 충동에 사로잡혀 가던 길을 벗어나기도 했다. 전쟁
에서 누군가는 패배해야 하는 것이니 히틀러는 패배했는데, 그는 그
로 말미암아 정신질환자로 묘사되어버리기도 한다. 한발 물러서서

사진11 대통령 취임 직후 루스벨트: "두려움밖에는 두려울 것이 없습니다."

살펴보면 제2차 세계대전 시기의 정치가들은 승리를 달성하기 위해 합리적인 원칙에 따라 행동했다. 제2차 세계대전은 역사상 전례 없는 대량 학살과 야만적 행위를 기록했지만, 제1차 세계대전과 달리 뒤죽박죽 혼란된 상태는 아니었다.

　　네 인물의 개인적인 성격은 매우 달랐다. 히틀러는 기존의 관념을 괘념치 않고 좋건 나쁘건 세상을 뒤흔들 준비가 되어 있는, 시각과 방법에서 가장 혁명적인 인물이었다. 그는 아마도 또한 가장 파렴치했다. 처칠은 이미 형체가 사라져 격렬하지 않은 감정으로도 심각하게 흔들리는 대영제국을 소생시키려는 가장 구식 인물이었고 가장 고상한 사람이었다. 스탈린은 그들 중 확실히 가장 한 가지 일에 골몰했다. 그의 유일한 목적은 소련을 지키고 그 안에서 자신의 독재 권력을 보존하는 일이었다. 루스벨트는 가장 알 수 없는 사람이었다. 그에게는 편법과 고결한 원칙, 상황에 따른 득실 계산과 원대한 목표가 하나하나 헤쳐 낼 수 없을 정도로 뒤엉켜 있었다. 네 사람 가운데 가장 성공한 인물이었지만 이조차도 뜻한 바를 이루어낸 결과인지 아닌지 말하기 힘들다. 많은 차이점에도 불구하고 네 사람에게는 다른 모든 사람들과 구별되는 한 가지 공통점이 있었다. 각자 자신의 나라에서는 비길 데 없이 강한 힘을 가지고 있었다.

　　네 사람은 각기 다른 방법으로 권좌에 올랐고 다른 방식으로 권력을 행사했다. 루스벨트는 투표로 선출된 대통령으로 미국 헌법에 의해 권한을 부여받은 유일한 최고 책임자였다. 그는 군을 통솔하는 최고 지휘관이었지만 중대한 결정을 내리는 일을 제외하면 전쟁수행에 거의 관여하지 않았다. 처칠은 이론상으로는 전시 내각과 권력을 공유하고 의회에 책임을 지는 헌법상의 수상이었다. 그는 국방상으로서 참모부들을 감독했고, 명령이 아니라 토론을 통해 자신의 뜻을 관철시켰다. 다른 사람이 모방할 수 없는 처칠 자신의 표현에 따르면 "내가 원한 것은 합리적인 토론을 거친 후에 내가 바라는 바에 따라주는 것이 전부였다." 스탈린과 히틀러는 외관상으로는 각자 자신의 정당 즉 공산당과 국가사회주의당을 이끄는 독재자였다. 스탈린은 수상이자 최고 지휘관이었고, 최고 지휘관답게 계속해서 매일 매일의 전쟁 업무를 지도해나갔다. 히틀러는 처음에는 다소 명목상의 우두머리이다가 점차로 최고 지휘관의 자리를 특히 동부전선에서 차지했다. 그러나 어떠한 방식으로든 이 네 사람은 제2차 세계대전 시기에 정치와 전략을 결정했다.

　　이 대단한 인물들은 곤란한 일을 겪기도 했다. 히틀러를 타도
하려는 성공하지 못한 음모가 있었고, 처칠은 종종 하원에서 비판을
받았으며, 루스벨트는 전쟁이 진행되는 도중 두 번의 대통령 선거를
치러야 했다. 어쩌면 스탈린마저도 때때로 정치국으로부터 시달림을
당했을 것이다. 그러나 그들 중 누구도 심각한 곤경에 처했던 적은
없었다. 이 네 사람만이 대중의 충성을 요구할 수 있었다. 대중들의
전쟁에는 독재자들의 통치가 당연한 결과로 따라왔다. 네 인물은 각
각 자신만의 방법으로 국가 의지를 구체화했다. 루소Jean-Jacques Rous-
seau와 함께 시작되었던 민족주의와 민주주의 시대를 맺는 기이한 결
말이었다.

2장

전쟁의 시작

전쟁을 향해 달려가게 된 때가 언제였는지 정확한 시점을 잡을 수 있다고 한다면 1936년이었다. 집단 안보의 장치들이 산산이 부서졌다. 독일은 베르사유 조약에 의해 강제적으로 부과된 제한들을 떨쳐버렸고, 로카르노 조약에서 자발적으로 동의한 것들 또한 부인했다. 국제연맹은 무솔리니로부터 아비시니아를 보호하지 못한 후에 빈사상태에 처하게 되었다. 조금의 영향력이라도 가지고 있는 국제적인 장치는 이제 영국-프랑스 동맹뿐이었다. 영국-프랑스 동맹은 제1차 세계대전이 끝난 뒤로 비공식적으로 작동해왔고, 1936년 3월 히틀러가 로카르노 조약을 부인한 데 따른 혼란의 기간에 영국인들이 프랑스에 보장을 해줌으로써 다소 공식적인 실체를 갖게 되었다. 보장은 히틀러와 타협해 새로운 합의가 이루어질 때까지만 지속되는 일시적인 것으로 의도되었다. 그러나 합의는 이루어지지 않았고 보장은 지속적인 것이 되었다. 보장은 원칙적인 것일 뿐이었다. 영국인들은 보장을 이행할 수단을 가지고 있지 않았다. 그들이 이제 군비 지출을 늘리고 있었지만 대부분의 돈이 해군과 공군 증강에 들어갔고 육군 에는 매우 적은 금액만 투입되었다. 또한 영국의 군비가 진행됨에 따라 "한정적인 책임"을 지는 군대를 강조하는 영국의 고립도 함께 진전되었다.

1936년에 독일, 영국, 프랑스에서 상당한 규모의 재군비가 시작되었다. 재군비는 서로 대적하는 양편에서 서로 다른 성격을 띠고 있었다. 히틀러는 무력시위나 소규모 전쟁에 기대를 걸며 모든 것을 국경선에 집결시켜 놓았고 군사적으로든 경제적으로든 예비력을 준비해놓는 일을 무시했다. 영국인들과 프랑스인들은 철저한 재군비를 계획했다. 그러나 프랑스인들은 계획을 실행에 옮기지 못했고, 계획이 실행된다 해도 완전히 달성되기까지는 몇 년이 걸리게 될 것이었다. 혼란된 상황이 뒤따랐다. 히틀러는 수주일 안으로 끝나는 교전에 더 우위가 있었다. 영국, 심지어 프랑스조차 초기 공격만 버틸 수 있으면 장기전이 진행되는 동안 더욱 강해질 것이었다. 시간은 그들의 편이었다. 그들이 잘 사용하지는 못했지만 말이다.

두 서유럽 국가는 훗날 갖게 될 힘보다는 당장의 허약함을 더 절실히 느끼고 있었다. 전쟁이 발발하기 바로 전 몇 해 동안 유럽에는 독일의 군사력으로 인한 위협이 계속 부풀려져 암울한 그림자가 드리워졌다. 영국 정보기관은 히틀러에 저항한다고 주장하는 독일 장성들에게서 정보를 입수했는데 독일의 재군비 규모를 계속해서 실제보다 두 배 이상으로 평가했다. 실례로 1938년에 영국 공군 참모부는 국경에 배치된 독일 공군력이 영국 공군력의 두 배이며 향후 독일의 항공기 생산도 영국의 두 배가 될 것이라고 보고했다. 민간

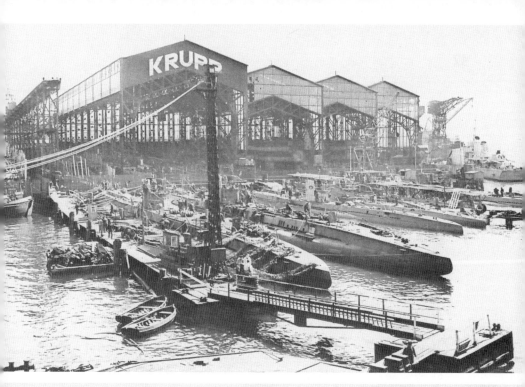

(위) **사진12** 독일식 재군비: 킬의 유보트.
(아래) **사진13** 영국식 재군비: 프랑스에서 이동 중인 전차.

정부 당국은 전쟁이 발발하면 첫 두 달 동안 육십만 명이 희생될 것이라고 예측했다. 사실 1938년에 독일이 국경에 배치한 항공력은 영국보다 고작 60퍼센트 더 높은 데 불과했고 예비력은 더 약했다. 영국의 항공기 생산량은 1939년을 거치며 독일을 앞질렀다. 제2차 세계대전 전 기간 동안 공습으로 희생된 영국 국민들은 모두 육만 명이었다.

독일인들은 독립적인 폭격을 위한 항공기도 전략도 가지고 있지 않았다. 그들의 공군은 오로지 지상군과 합동 작전을 하기 위한 것이었다. 영국인들은 스스로 만들어낸 환상으로 벌벌 떨었던 것이다. 영국 공군, 그것도 유럽 공군들 가운데 오로지 그들만이 전략 폭격이 성공할 것이라 믿었다. 1944년까지도 이를 수행하기 위한 장비를 갖춘 다량의 항공기를 보유하지 못했지만 말이다. 이러한 스스로의 믿음 때문에 영국인들은 존재하지도 않는 독일의 위협을 염려하며 살아야 했으며 역시 허상에 불과한 자신들의 위협 수단에 기대를 걸었다. 폭격에 대한 염려와 기대 중 전쟁이 일어나기 전 몇 해 동안은 독일이 일으킬 위협이 위중하게 느껴졌다.

1936년 11월 독일과 일본은 잠재적인 침략국들의 첫 번째 회합인 반코민테른 협약을 맺었다. 이것은 공동의 목표를 표방한 것에 불과했고, 심지어 소련에 대항해서도 효과적인 동맹은 아니었다. 두 조인국은 당시에도 이후에도 결코 행동을 조율한 적이 없었다. 유일하게 구체적인 결과는 독일이 그때까지 중국에 해오던 군사 지원을 점차 축소한 것뿐이었다. 그러나 협약은 제스처로서는 대단한 것으로 보였고, 무솔리니가 승산이 있는 편에 끼고 싶어 이듬해 가입했을 때 더욱 그렇게 보였다. 이때도 정책을 조율하는 일은 없었다. 히틀러는 무솔리니의 의견을 구하지 않고 자기 식대로 나아갔고, 지중해에서 이탈리아가 영국인들과 프랑스인들을 괴롭혀줄 것이라고 어렴풋이 생각할 뿐이었다.

어쩌면 반코민테른 협약으로 일본인들이 중국으로 밀고 들어가는 데 용기를 얻었을지 모른다. 그러나 그들의 행동은 미리 계획되지 않고 이루어졌다는 편이 더 그럴듯해 보인다. 1933년 이래 극동 지역에서는 불안한 정전停戰 상태가 유지되고 있었다. 일본인들은 만주, 그리고 베이징에 이르는 중국 북부에 대한 지배권을 공고히 하고 있었고, 장제스蔣介石는 좀 더 강한 군대를 건설하기 위해 애쓰고 있었으며, 중국 공산당은 장제스가 일본에 저항하도록 부추기고 있었다. 1937년 7월 7일, 베이징 근교 마르코 폴로 다리¹에서 일본군과 중국군 사이에 충돌이 일어났다. 일본인들은 맞받아쳤다. 고위층의 지시에 따른 것이라기보다 하급 장교들의 충동에 의한 것으로 보인다. 그들은 7주 동안의 전투로 상하이를 획득했다. 1937년 12월에 그들은 장제스 정부의 수도인 난징을 점령했다. 1938년을 거치면서 그들은 항저우와 광둥을 손에 넣었고, 그리하여 중국 전체 해안을 장악하게 되었다. 장제스는 티베트 국경에 가까운 멀리 충칭으로 후퇴했다. 교전은 멈추어졌다. 그동안 아마도 중국인 80만 명과 일본인 5만 명이 희생되었으며 대략 5,000만 명의 중국인들이 고향을 등져야 했다. 또다시 교착상태가 뒤따랐다. 일본인들은 헛되게도 중국에 괴뢰정부를 세우려 했고, 장제스는 군대의 대부분을 잃고 미국의 도움을 기다렸다.

---

1   중국명은 루거우차오蘆溝橋, 우리말 발음으로 노구교다.

1937년 11월 극동에 이해관계가 있는 국가들이 전투를 중지시켜 보려고 브뤼셀에서 회의를 개최했다. 아무것도 얻어진 것은 없었다. 그럼에도 불구하고 정서의 변화가 있었다. 지금까지 일본인들의 입장에 공감하던 영국의 사업가들이 이제 그들을 도적이자 중국 무역을 파괴하는 자들로 여기게 되었다. 영국 정부는 극동에 함대를 파견할 수 있게 될 날을 고대했다. 이 때문에 유럽에서 발을 빼고 싶은 마음이 생겼다. 아직까지 단호하게 중립을 지키고 있었지만 미국 여론 또한 일본에 적대적인 방향으로 돌아서기 시작했다. 루스벨트 대통령은 경제 제재만 성공한다면 일본의 전진을 멈출 수 있으리라 희망했다. 이는 미국의 전략적 구상과 일치했다. 그런 것이 존재한다면 말이다. 미국은 육군을 거의 가지고 있지 않았지만 태평양을 작전 해역으로 하는 대규모의 해군을 보유하고 있었다.

이 당시 극동에는 좀 더 실제적인 변화가 있었다. 일본인들은 국경 너머의 소련군을 무너뜨림으로써 만주에서 자신들의 지위를 강화하려 했다. 1938년 7월 그리고 1939년 5월에 일본인들은 공격을 감행했다. 그들은 두 번 다 패배했다. 특히 두 번째 공격 장소인 노몬한(할힌골)에서는 큰 손실을 입었다. 지금까지는 러시아에 대한 전쟁이 그들 군대가 추구하는 일대목표였다. 이제, 특히 유럽에서 전쟁이 발발한 후에, 일본인들은 러시아를 내버려두기로 결심했다. 러시아인들 자신도 유럽에 온 신경을 집중하고 있어 마찬가지로 그렇게 했다. 1941년까지도[2] 의식적인 결정이 내려진 것은 아니었지만, 사실 러일 전쟁은 그보다 2년 앞서 이미 배제되었던 것이다. 이후 일본

(위) **사진14**
대공포를
우울한 눈으로
바라보는 런던시장.　**2**　1941년 4월 13일 소련과 일본 사이에 중립조약이 맺어진 것을 의미한다.

(아래) **사진15**
작전하는 모습을 슬픈 눈으로
바라보는 에식스의 어린이들.

사진16 행진하는 상하이의 일본군.

이 따라갈 수 있는 팽창의 길은 하나밖에 없었다. 영국 그리고 누구보다 미국이 어려움을 겪어 어디에선가 문이 열릴 때마다 태평양을 향해 남쪽으로 전진하는 것이었다. 거기서 일본은 자국 경제에 필요한 원유와 고무와 주석을 얻을 수 있을 것이었다.

1938년에 유럽에서는 전문가들을 제외하면 거의 아무도 중일전쟁에 대해 염려하지 않았다. 모든 사람들의 주의가 히틀러에 집중되어 있었다. 그 당시 그리고 이후로도 종종 사람들은 히틀러가 세계권력을 향해 나아가기 위한 명확한 계획을 가지고 있다고 이야기했다. 그러나 그는 오히려 이득이 생기는 대로 챙긴, 기회를 따르는 사람이었던 것으로 보인다. 그의 목표는 의심할 바 없이 분명했다. 독일을 세계적 강대국으로 만드는 것이었다. 하지만 이러한 목표를 이루는 수단은 그때그때 일어나는 사건들에서 찾았다. 히틀러는 이후에 드러난 결과로 보면 지나치게 자만한 셈이지만 당시에는 서유럽

사진17 히틀러의 빈 입성을 열렬히 환호하는 오스트리아인들.

국가들이 행동을 하지 않으리라 굳게 믿고 있었다. 1938년에 그는 심지어 서유럽 국가로부터 격려를 받기도 했다. 히틀러에게 힘을 실어준 사람은 1937년 5월에 볼드윈Stanley Baldwin의 뒤를 이어 영국 수상이 된 네빌 체임벌린이었다.

체임벌린은 마지노선만 지키고 있으면 프랑스는 안전할 것이고, 영국 역시 해군이 지켜주니 안전하리라 생각했다. 또한 전쟁이 일어났을 때는 두 나라 모두 미국으로부터 무제한의 지원을 얻을 수 있을 것이었다. 그러나 두 나라가 독일의 침략으로부터 안전한 바로 그만큼, 독일도 그 두 나라로부터 안전했다. 독일은 서부 국경을 요새화했고, 그래서 영국과 프랑스는 독일 세력이 동유럽으로 팽창하는 것을 막아낼 도리가 없었다. 또한 체임벌린은 관대하게도 그 일을 막으려 들지 않았다. 그가 보기에 독일은 히틀러 치하에 있다고 하더라도 소련보다 덜 사악했고, 독일의 동유럽 지배는 달가운 일은 아니지만 공산주의를 막아내는 장벽이 될 것이었다. 따라서 독일이 분란을 일으키지 않고 질서를 유지하는 방식으로 이러한 일을 해나가도록 격려해야만 했다. 1937년 11월에 체임벌린의 가까운 동료인 할리팩스 경Edward Wood, 1st Earl of Halifax이 이러한 메시지를 독일에 전했다. 그는 히틀러에게 단치히, 오스트리아, 그리고 체코슬로바키아 문제는 "광범위한 혼란"을 초래하지 않는다면 독일이 바라는 방향으로 해결될 수 있을 것이라고 말했다.

1938년 동안 히틀러는 영국이 생각한 이 계획을 적용했다. 오스트리아 정부가 지역 나치당을 제압하려 시도했던 일이 있은 후인 3월에 그는 오스트리아에 병력을 보내어 독일에 편입시켰다. 교전은 없었다. 많은 오스트리아인들, 아마도 그 당시 대다수의 오스트리아인들이 독일 국민이 되는 것을 환영했다. 히틀러의 오스트리아 점령은 그의 방식을 매우 잘 보여주었다. 그는 성벽이 무너지고 나서야 성채로 진격해 들어갔다. 그럼에도 불구하고 그의 진군은 어떤 의미에서 유럽에서 제2차 세계대전의 시작이 되었다. 제1차 세계대전이 끝나고 처음으로 강대국의 군대가 유럽의 현존 국경을 넘어 무력으로 강제해 영토 변경을 이뤄냈다.

히틀러는 다음 행동을 하기 위해 시간표를 참조할 필요가 없었다. 시간표가 있었다고 할지라도 말이다. 체코슬로바키아가 명확한 다음 목표였다. 체코슬로바키아는 프랑스, 그리고 좀 덜 긴밀하지만 러시아와 동맹을 맺은 민주주의 국가였고, 현재 거의 독일 영토로 둘러싸여 있었으며, 삼백만이 넘는 독일어권 시민이 있었다. 네빌 체임벌린은 먼저 행동을 취해 히틀러가 요구하기 전에 미리 충족시켜 주려고 마음먹었다. 이것이 유화 정책이었고, 오직 1938년 여름 동안에만 완전히 적용된 정책이었다. 여름이 다 가도록 체임벌린과 그의 동료들은 체코슬로바키아 정부가 히틀러의 요구를 받아들이도록 하고 프랑스인들이 체코슬로바키아와 맺은 동맹을 포기하도록 하기 위해 애쓰고 있었다. 체임벌린은 성공을 거두었다. 1938년 9월 29일에 있었던 뮌헨 회의에서 체코슬로바키아 내 독일어권 지역이 좋게 말해서 독일로 이양되도록 결정되었다. 겉보기에는 프랑스, 독일, 영국, 이탈리아라는 유럽 강대국 네 나라 사이에 합의가 이루어졌다. 별다른 소란 없이 소련은 유럽에서 벌어지는 일들로부터 배제되었다. 그러나 합의는 자유로운 의사로 타협을 이룬 것은 전혀 아니었다. 체코인들과 프랑스인들은 오로지 전쟁이 두려워서 양보했고, 체임벌린은 영국 대중에게 자신 역시 전쟁이 두려워서 합의하는 것은 아니라고 납득시키는 데 어려움을 겪었다. 반대편에서 히틀러는 위협의 방법이 계속해서 효과가 있을 것이라는 믿음을 굳혔다.

체임벌린은 우리 시대의 평화를 약속했다. 여섯 달 동안은 평화가 지속되었다. 체임벌린은 끈질기게도 유화 정책이 효과가 있었기를 바랐고, 히틀러는 또 다른 기회가 나타나기를 기다렸다. 1939년 3월 15일, 기회가 나타났다. 체코-슬로바키아 ― 1938년 10월부터 연자 부호가 붙었다 ― 가 무너졌다. 슬로바키아는 명목상 독립 국가가 되었고, 보헤미아 혹은 체키아는 독일의 보호령이 되었다. 히틀러는 프라하에서 하룻밤을 보냈다. 이번에도 히틀러는 미리 준비되어 있던 시간표에 따라 실행한 것처럼 보였다. 하지만 아마도 그는 단지 일어난 사태를 이용했을 뿐이었던 것 같다. 이 문제는 학문적인 관심사일 뿐이다. 중요했던 일은 영국 여론의 반응이었다. 히틀러가 침략자임이 드러나게 되었고, 다음번에는 그에게 대항해야 한다고 주장하는 여론이 일었다.

다음번 일은 오래지 않아 벌어졌다. 폴란드에 관한 일이었다. 이 일은 히틀러의 의도에 따라 벌어진 것이 아님이 거의 확실하다. 그의 책, 『나의 투쟁』에 나타나 있듯이 그의 첫 번째 목표는 프랑스가 유럽에서 장악하고 있는 패권을 무너뜨리는 것이었다. 그는 원래 영국과 이탈리아가 중립을 지키거나 어쩌면 자신을 지원할 수도 있다고 가정했다. 그러다 체코 위기 동안 혹은 그 이후에 생각이 달라졌다. 영국의 반대에도 부딪힐 수 있다는 예상을 세웠다. 그래도 그는 이러한 위험을 심각하게 여기지는 않았다. 대규모이든 소규모이든 영국에는 육군이 없었고, 히틀러는 일단 프랑스를 패배시키면 영국인들도 포기할 것이라 예측했다. 그는 이를 확신하고 영국에 대한 전쟁을 거의 준비하지 않았다. 그는 독일 해군을 중시하지 않았고 심지어 유보트 건조도 소홀히 했다. 대제독 레더Erich Raeder는 그에게 독일이 영국과 전쟁을 하려면 삼백 척의 유보트가 필요하다고 말했다. 전쟁이 발발했을 때 독일은 대서양에서 임무를 수행하기에 적합한 함정을 단 23척 보유하고 있었을 뿐이다.

그래도 폴란드는 히틀러에게 중요했다. 그는 제1차 세계대전의 기억에 사로잡혀 두 곳의 전선에서 치러지는 전쟁을 피해야 한다고 마음먹고 있었다. 그래서 1934년에 폴란드와 맺은 불가침조약으로 이를 확실히 해두려 했다. 그의 생각에 폴란드는 소련에 대한 두려움에 휘말려 있었고, 헝가리나 루마니아가 그리 될 것처럼, 기꺼이 독일의 위성국이 될 것이었다. 그러나 장애물이 있었다. 독일인들의 마음에는 독립국 오스트리아나 체코슬로바키아의 독일어권 주민들이 그랬던 것보다 훨씬 더 깊이 자리 잡은 원한이 있었다. 베르사유 조약으로 독일인들이 거주하는 단치히는 자유시가 되었고 이른바 폴란드 회랑이 동프로이센과 독일을 갈라놓고 있었다. 히틀러가 특히 독일 장성들 사이에서 자신의 위세를 유지하기 위해서는 이러한 원한들을 시정해야 했다. 그는 폴란드인들이 나중에 우크라이나를 러시아로부터 획득할 수 있다는 기대를 갖고 단치히와 회랑을 독일에 기꺼이 양보하리라 생각했다. 폴란드 통치자들의 시각을 완전히 잘못 이해한 셈이었다. 폴란드 통치자들은 폴란드를 강대국이라고 생각했다. 그래서 독일과 소련 두 나라 모두에 대해 독립을 유지하겠다고 결심하고 있었고 둘 중 어느 나라에든 아무것도 양보하지 않을 것이었다. 폴란드인들이 요지부동일 것이라 판명되자, 히틀러는 늘 사용하던 방식을 따르기로 했다. 군사 행동을 취하겠다고 막연히 위협함으로써 협상을 용이하게 풀어보려 한 것이다.

이러한 위협이 영국 정부를 공포의 도가니로 몰아넣었다. 1938~1939년의 겨울 동안 그들은 점차로 독일이 서유럽에서, 네덜란드에 대해, 프랑스에 대해, 어쩌면 심지어 영국에 대해 어떤 행동을 할지 모른다는 두려움에 떨게 되었다. 그러고 싶지 않았지만 그들은 프랑스를 더 강화해야 한다고 생각했다. 1939년 2월 22일에 그들은 영국-프랑스 참모 회담을 개최할 것에 동의했다. 어떤 대단한 성과는 없었지만 말이다. 이제 폴란드는 영국인들에게도 중요해졌다. 1938년 12월까지도 그들은 폴란드가 독일의 위성국이 되리라는 것을 받아들였었다. 하지만 프랑스가 강화되어야 한다면 동부에 제2의 전선을 형성하기 위해 폴란드가 필요했다. 폴란드가 이탈한다면 프랑스는 적어도 외관상으로는 심각하게 약화될 것이었다. 상황이 더욱 악화된다면, 프랑스는 소련과 맺은 조약을 실제로 이행하는 방식으로 다른 곳에서 두 번째 전선을 찾으려 들 수도 있을 터였다. 영국 참모부는 폴란드를 돕기 위해 아무것도 할 수 없다고 보고했다. 또한 소련이 동맹으로 더 가치가 있을 것이라고 덧붙였다. 체임벌린은 이러한 의견을 무시했다. 3월 30일에 그는 폴란드에 대한 보장 문서를 직접 작성했다. 외상 유제프 베크Józef Beck 대령은, 그의 말에 따르면 담뱃재를 두 번 떨구는 사이에, 이 보장을 수용했다.

영국의 폴란드 보장으로 유럽에서 전쟁 발발이 목전에 다가왔다. 히틀러는 억제되기는커녕 흥분했다. 4월 말에 히틀러는 폴란드와의 불가침조약과 1935년에 맺은 영-독 해군 합의를 모두 부인했다. 독일 장성들에게는 9월 1일에 폴란드에 대한 군사 행동을 할 수 있도록 준비하라는 지시가 내려졌다. 그러나 이조차도 서유럽에 대한 공갈협박이었을지 모른다. 장성들 가운데 몇몇이 즉시 영국 대사와 프랑스 대사에게 소식을 전했는데, 히틀러는 확실히 그들이 그렇게 할 것임을 알고 있었다. 히틀러는 또한 자신의 국제적 지위를 공고히 했다. 독일 외상 리벤트로프Joachim von Ribbentrop는 얼마 전부터 반코민테른 협약을 효과적인 동맹으로 전환시키려 시도해왔다. 그런데 일본인들이 발뺌을 하고 있었다. 소련과 국경에서 충돌하는 동안 독일로부터 아무런 지원도 받지 못했고, 이제는 히틀러가 유럽에서 서유럽 국가들에게 안겨주는 어려움을 극동에서 이용하기 위해 동맹의 약속에 묶여 있지 않으려 했다. 리벤트로프는 5월 22일에 이탈리아와의 강철 조약 조인만을 이루어냈을 뿐이었다. 그는 이것으로 서유럽 국가들을 위협할 작정이었다. 반면 무솔리니는 자신의 생각에 이탈리아가 좀 더 준비를 갖추게 되는 삼사 년 후로 전쟁을 미루기 위해 이 조약을 이용하려 했다.

　　이후로 히틀러는 물러나서 불길하게도 침묵을 지켰다. 그는 폴란드에 대해 더 이상의 요구를 하지 않았다. 대중 연설도 하지 않았다. 그는 서유럽의 두 나라가 지난해 체코슬로바키아에 했던 것처럼 폴란드에도 양여를 강요할 것을 확신하며 기다렸다. 그러나 이번에는 그의 기다림이 헛되었다. 서유럽 국가들은 충분히 그럴 의향이 있었다. 그들은 아직 히틀러를 회유하기를 간절히 바랐고 실제로 이번에도 그가 주장하는 바가 정당하다는 데 의견을 같이 했다. 하지만 체코 위기를 통해 너무 많은 양보를 하지 않으려면 하나도 양보하지 말아야 한다는 교훈을 얻은 폴란드인들이 한 치도 물러서지 않으려 했다. 분명히 폴란드인들은 스스로의 힘을 지나치게 크게 생각했다. 이보다는 좀 더 관대하게 봐줄 수 있는 실수인데, 또한 폴란드인들은 서유럽 국가들의 힘을 과대평가했다. 그들은 영국과 프랑스가 더는 1918년의 기세등등한 전승국이 아니라는 사실을 알아차리지 못했다. 폴란드인들은 서유럽 국가들이 분명히 스스로 약속한 보장을 지키려 할 것이라 생각했고, 그 결과 서유럽측이 다시 한 번 승리를 거두게 될 것이라 판단했다.

　　영국과 프랑스가 이러한 폴란드의 망상을 조장했다. 그들은, 좀 더 합리적으로 생각하고 있을 때에는, 자신들이 폴란드를 돕기 위해 아무것도 할 수 없음을 인식했다. 그들은 폴란드의 완강함에 당황했다. 그러나 강대국으로서의 모든 명성을 잃지 않으려면 스스로 한 약속을 부인해서는 안 되었다. 더욱이 그들이 폴란드를 저버린다면 폴란드는 싸우지도 않고 히틀러의 요구에 굴복하거나 싸우더라도 짧은 교전 끝에 정복당할 터였다. 두 경우 모두 제2의 전선이 사라져버리는 것이었다. 따라서 영국과 프랑스의 정치가들은 의도적으로 폴란드를 재앙으로 끌어들였다. 아니면 혹시 스스로도 믿지 않는 허세로 히틀러의 마음이 움직일 것이라고 꿈꾸었는지도 모르겠다.

한 가지 다른 수단이 있었다. 서유럽 국가들과 소련의 동맹이었다. 1939년 여름 내내 동맹을 위한 협상이 별 열의 없이 수행되었다. 또 다시 영국의 폴란드 보장이 걸림돌이 되었다. 1921년, 소련-폴란드 전쟁이 끝날 무렵에 폴란드인들은 우크라이나인들과 백러시아인들이 압도적으로 많이 거주하고 있는 동쪽의 영토를 획득했다. 폴란드인들은 소련 군대가 이 영토에 일단 들어오게 된다면 나가지 않을 것이라고 제대로 생각했다. 따라서 그들은 소련의 지원을 받아들이기를 거부했고, 영국인들은 곤경에 빠진 폴란드인들을 버리겠다는 위협은 차마 할 수 없었다. 다시 한 번 엄포를 놓는 정책이 추구되었다. 그 정책은 폴란드인들을 놀라게 하지 않으면서 히틀러를 억제하는 정책이어야 했다.

영국인들은 "요망된다면" 러시아가 참전해야 한다는 의견을 내놓았다. 폴란드인들이 원하거나 발트 소국 가운데 하나가 원하면, 서유럽 국가들이 바란다면, 러시아인들을 제외한 누구라도 원하면 그래야 한다는 것이었다. 확실히 강대국에게는 모욕적이고 받아들일 수 없는 제안이었다. 러시아인들은 영국, 프랑스와의 조건이 없는 삼국동맹을 제안함으로써 응답했다. 각각의 조인국들은 그 중 한 나라가 어떤 이유로든 독일과 전쟁을 하게 된다면 행동을 하겠다고 약속하도록 되어 있었다. 영국인들은 기겁을 하며 이러한 제안을 멀리했다. 단지 소련의 편에 서서 독일을 상대로 싸우는 전쟁은 상상할 수조차 없었다. 이 일은 영국 여론을 좌우하는 다수파의 사람들, 특히 거국 내각의 지지자들 사이에 반발을 불러왔다. 또한 프랑코Francisco Franco 장군을 자극하고 교황을 근심하게 만들었다. 협상은 막다른 길에 이르렀다.

　　　그 뒤 정치적 난관을 극복해보려는 시도로 군사 회담이 추진되었다. 하지만 회담은 그 자체로 새로운 문제를 발생시켰다. 스탈린은 후에 처칠에게 영국인들이 독일에 대항하기 위해 4개의 사단을 갖춰 놓았을 것임에 비해 러시아인들은 300개의 사단을 준비해야만 했을 것이라고 말했다. 이는 지리적 조건 때문에 불가피한 일이었다. 러시아가 결국에는 전쟁에 휘말리게 되었을 때 스탈린이 깨닫게 된 대로였다. 그러나 1939년의 장애물은 여전히 폴란드였다. 러시아인들은 폴란드 영토 진입을 허용해줄 것을 요구했고 폴란드인들은 거절했다. 그러한 상황에서 러시아인들은 중립을 지키는 것 말고는 할

사진18 폴란드: 국경 통제 장벽을 제거하는 독일군.

수 있는 일이 아무것도 없었다.

히틀러는 이를 파악하고 있었다. 여름이 시작될 무렵에 히틀러는 소련이 폴란드를 지원하더라도 폴란드를 공격하겠다고 말했었다. 그런데 영국-프랑스-소련 협상의 실패가 그에게 좀 더 쉬운 길을 열어주었다. 8월 23일에 리벤트로프가 모스크바로 날아가서 그날로 스탈린과 합의를 이루어냈다. 나치-소련 조약은, 불리는 그대로, 동맹 조약이 아니었다. 단지 상호 불가침과 중립을 서로 약속한 것에 불과했다. 이익권은 비밀 의정서에서 규정했다. 의정서는 일종의 합의의 형태였고, 그래서 나중에 스탈린은 의정서에는 없던 다른 것들도 내줘야 했다. 핀란드, 에스토니아, 라트비아가 소련의 이익권 안에 편입되도록 정해졌고 리투아니아는 독일의 손에 들어가는 것으로 합의되었다. 폴란드에 대해서는 완곡하게 표현해, 만약 폴란드에서 변화가 있을 경우, 소련과 독일의 이익권의 분할은 러시아인들이 생각하는 대로 민족적 구성을 대체로 따르게 될 것이라고 정해졌다. 서유럽에서는 파시스트 핵심 국가와 합의를 이룬 소련의 부도덕함에 대한 성토가 일어났다. 비난의 출처는 체코슬로바키아 분할을 적극적으로 조장했었고 심지어 지금도 폴란드를 희생양 삼아 히틀러와 새로운 합의를 이끌어내려 애쓰던 영국과 프랑스의 정치가들이었다.

히틀러는 두 서유럽 국가가 소련의 지원을 얻으리라는 희망을 모두 상실했으므로 그들의 저항하려는 결의도 무너질 것이라 생각했던 것 같다. 그는 승리의 기대로 들떠, 군사적 준비가 마무리되지 못할 것이 분명한데도 폴란드 공격 날짜를 8월 26일로 앞당겼다. 8월 25일에 그는 공격 명령을 취소했다. 무솔리니의 중립 선언에 멈칫했거나 아니면 영국-폴란드 동맹의 공식 조인이 원인이었을 것이다. 그러나 단지 군대가 준비를 갖추지 못했다고 판단했다는 것이 좀더 그럴듯하다. 이후 엿새 동안 필사적인 타협이 뒤따랐다. 영국인들은 폴란드인들에게서 양여를 얻어내고자 애썼고 폴란드인들은 꼼짝하지 않았다. 8월 31일, 히틀러는 더 이상 기다리지 못했다. 군대는 일단 준비를 갖추면 즉시 나아가야 했다. 그러지 않는다면 추진력이 떨어질 것이었다. 폴란드인들이 물러서겠다는 어떠한 징조도 보이지 않으므로 히틀러는 다음 날 새벽에 공격을 시작하라는 명령을 내렸다. 1939년 9월 1일 오전 4시 45분, 동유럽에 동이 트기 시작했다. 동이 틈과 동시에 독일 군대는 폴란드 국경을 넘었다. 한 시간 후 독일 항공기들이 바르샤바를 폭격했고 지면에 머물러 있던 폴란드 공군력이 절반도 넘게 파괴되었다. 최후통첩이나 선전포고는 없었다. 오전 10시에 히틀러는 제국 의회에서 연설했다. 평소와 다름없이 그는 불만을 쏟아놓았다. 폴란드인들과 협상을 통해 타협을 이루고자 애썼는데 그들이 자신의 제안을 무시했으며, 독일인들이 폴란드에서 학살당하고 있다고 했다. 또한 전날 밤에 폴란드 정규군이 독일 영토에 발포했다고 주장했다. 폴란드 군복을 입은 이들이 독일 라디오 방송국을 공격했으며, 사살된 이들의 시체가 공개되었다는, 우익 테러를 실행하는 경찰인 SS친위대 대원들의 자작극 말고 폴란드의 독일 영토 공격에 대한 증거는 결코 제시되지 못했다. 그러나 의회에 모인 나치당원들에게는 납득할 수 있는 이유가 필요치 않았다. 그들은 당연히 환호했다. 하지만 베를린 및 독일의 다른 도시의 거리에는 제1차 세계대전이 발발할 때 특히 두드러졌던 열광적인 장면들이 벌어지기는커녕 침울한 고요함만이 떠돌았다.

폴란드는 즉시 자신의 동맹국들에게 호소했다. 그러나 모호한 대답을 받았을 뿐이었다. 서유럽의 두 국가는 베를린에 침통한 항의를 전달했다. 하지만, 두 나라가 역설하길, 이 항의가 최후통첩으로 간주되어야 하는 것은 아니었다. 두 나라는 해결책을 바라면서 무솔리니를 바라보았고, 그것이 헛된 것만은 아니었다. 무솔리니는 지난해 체코슬로바키아가 뮌헨에서 분할되었던 것처럼 폴란드 분할을 논의하는 회의를 제의할 의향이 있었다. 프랑스 외상 보네Georges Bonnet는 무솔리니의 제안을 매우 기쁘게 받아들였고 프랑스 장군들이 독일의 공습으로 방해받지 않고 동원을 수행하기 원한다는, 선전포고를 미루는 이유를 덧붙였다. 그런데 독일 공군 대부분이 폴란드와 교전하고 있어 독일의 공습은 결코 일어나지 않을 것이었다. 영국의 현 외상 할리팩스는 보네의 방침을 지지했다. 프랑스군은 3주가

사진19 마차로 이동하는 병력을 바라보는 히틀러.

소요될 것으로 예상되는 그 어려운 동원을 진행했다. 영국에서는 공
습으로 위협받는다고 생각되는 지역에서 거의 200만의 여성과 어린
이들을 대피시켰다.

　　대중의 정서가 공개적으로 표출되는 일은 거의 없었다. 연전
에 "체코인들을 도우라"는 외침이 있었던 것과 같이 "폴란드를 지원
하라"는 구호를 외치며 런던의 관청가를 행진하는 군중들도 없었다.
그러나 하원이 심각하게 동요했다. 하원 의원들, 혹은 그들 중 대부
분은 폴란드에 대한 영국의 약속을 분명하게 인식하고 있었다. 그들
은 그 약속이 단지 외교적 제스처일 뿐이었음을 인정하지 못했다. 폴
란드를 도울 방법이 전혀 없다는 현실도 알지 못했다. 그들은 영국의
명예가 걸려 있음을 알고 있을 뿐이었다. 9월 2일 저녁까지 선전포
고를 하지 않으면 다음 날 내각이 붕괴하리라는 것이 분명했다. 남아
있는 몇 안 되는 유화론자인 헨리 채넌Henry Channon이 보수당 원내 총
무에게 "전쟁이 일어날 겁니다. 이봐요 총무님, 빠져나갈 길이 없습
니다"라고 충고했다. 내각 구성원들의 정서도 하원과 다르지 않았다.
밤이 되자 그들은 결정이 내려질 때까지 해산하기를 거부하며 연좌
농성을 벌였다. 체임벌린이 나직이 말했다. "맞습니다. 여러분. 이것
은 전쟁을 의미합니다." 할리팩스는 침통하게 일기를 적어 내려갔다.
"내 생각에 이 모든 일이 민주적 의회가 최악의 상태에 있음을 보여
주었다." 체임벌린 내각은 권력을 유지하기 위해 의회의, 그리고 아
마도 나라 전체의 뜻을 따랐다.

　　9월 3일 아침 9시에 베를린 주재 영국 대사는 두 시간 내에 응
답할 것을 요구하는 최후통첩을 전달했다. 그리고 아무런 대답도 받
지 못했다. 체임벌린이 라디오 연설에서 침울하게 발표했듯이 자동

(위) **사진20** 런던: 호루라기를 크게 불어 공습 경계를 알리는 경찰관.
(아래) **사진21** 방독면과 보호장구를 착용하는 우편배달부들.

적으로 전쟁 상태가 뒤따랐다. 그가 연설을 마쳤을 때 사이렌이 울려 공습을 알렸다. 런던 시민들은 지시에 따라 방독면을 지참하고 무리를 지어 방공호로 몰려갔다. 잘못된 경보였다. 프랑스인들은 동맹국인 영국에 의해 전쟁으로 끌려 들어갔다. 프랑스의 최후통첩은 정오에 전달되었고 역시 응답이 없어 오후 5시에 종료되었다. 그리하여 영국과 프랑스는 어떻게든 지킬 수 있다고 생각했던 베르사유 강화조약의 결정 사항의 일부를 지키기 위해 전쟁에 돌입했다. 대중이 동요할 징조는 없었다. 사람들은 전쟁을 국가 경영상 어쩔 수 없는 일로 받아들였다. 영국에서는 "해치워버리자"는 말이 들려왔고 프랑스에서는 "끝내야 한다"고 이야기했다.

선전포고는 전에 있었던 일들과 마찬가지로 외교적 제스처였다. 폴란드를 돕기 위한 어떠한 조치도 취해지지 않았다. 영국 공군이 빌헬름스하펜 항의 독일 함대에 공격을 시도했으나 피해를 거의 입히지 못하고 큰 손실을 입었고, 재시도는 없었다. 프랑스인들은 서두르지 않고 마지노선을 강화했다. 이론상 프랑스는 압도적인 우위를 가지고 있었다. 독일인들은 서부전선에서 33개의 사단을 보유하고 있었고 대부분 제1차 세계대전에 참전했던 나이 많은 병사들로 구성되어 있었다. 전차는 보유하고 있지 않았고 300문의 포를 가지고 있었다. 프랑스인들은 110개 사단에 3,286대의 전차와 1,600문의 포를 보유했다. 그러나 10개 사단은 이탈리아 국경에, 15개 사단은 북아프리카에, 40개 사단은 벨기에 국경에 있었다. 마지노선에는 나머지 45개 사단이 있었는데, 독립 작전을 위해 훈련된 전차 부대는 없었다. 일부 프랑스 병력이 독일인들이 철수한 자르 지방의 한켠에 잠입했다. 부비 트랩이 그들이 만난 유일한 장애물이었다. 9월 17일

62

사진22 프랑스의 총동원령.

에 폴란드가 붕괴한 후 독일군이 서부로 이동하기 시작하자 프랑스인들은 물러났다. 프랑스 수상 달라디에Édouard Daladier는 프랑스군이 거의 피를 흘리지 않았다고 자랑했다.

그러므로 폴란드인들은 버림을 받고 홀로 싸워야 했다. 병력의 수로 보면 그럭저럭 독일을 상대할 만하기는 했다. 40개 폴란드 사단이 52개 독일 사단에 대항했다. 그러나 서유럽 국가들의 환심을 사기 위해 동원이 늦춰져 절반을 조금 넘는 사단만 형태를 갖추었을 뿐이었다. 더욱이 독일의 6개 사단은 장갑차로 무장되어 있었다. 폴란드인들에게는 전차가 거의 없었고 첫날 공습으로 공군력을 대부분 상실했다. 폴란드인들은 군사력을 전방에 배치시켜 놓았다. 한편으로는 서부에 집중된 폴란드의 공업 지역을 지키기 위해서였고 다른 한편으로는 독일에 침입해 들어갈 수 있으리라는 터무니없는 희망을 가지고 있었기 때문이다. 두 개 군으로 나뉜 독일군이 각각 동프로이센과 슐레지엔으로부터 침투해 폴란드군이 수비하고 있는 뒤편으로 들어갔고, 병참선을 붕괴시켰다. 독일의 기갑 사단은 화력보다는 속력의 힘을 입어 독자적으로 전진했다. 보병은 단지 그들이 거둔 승리를 공고히 할 뿐이었다. 폴란드군은 혼란 가운데 무너졌다.

　침울함에 휩싸인 가운데 한 번의 고비가 있었다. 9월 8일, 동쪽으로 후퇴하던 폴란드군이 브주라 강에서 독일군의 측면과 마주쳤다. 6일 동안 격렬한 전투가 벌어졌다. 1941년 독일이 소련을 침공할 때까지 유럽에서 가장 큰 규모의 전투였다. 독일군 지휘관들은 적잖이 놀랐다. 전차 공격이 그 추진력을 상실하면 얼마나 잘못될 수 있는지 미리 암시하는 사건이었다. 9월 14일, 힘을 다 소진한 폴란드군의 생존자들이 철수해 적군에게 포위된 바르샤바로 들어갔고, 뿔뿔이 흩어진 폴란드군은 멀리 남동쪽으로 후퇴했다. 그들의 지휘관은 여전히 루마니아를 통해 새로운 지원을 받거나 서부에서 연합국

사진23 폴란드: 서로 어울리는 독일 병사들과 러시아 병사들.

의 공세를 통한 더 큰 도움을 얻을 수 있으리라 꿈꾸고 있었다. 그런 일이 일어나기는커녕, 소련군이 동쪽에서 폴란드에 침입했다. 이로 써 모든 전투가 종료되었다. 폴란드 정부는 루마니아로 피난했지만 그곳에서 억류되었고, 파리에 망명 정부가 수립되었다. 대략 7만 명의 폴란드 군인이 3척의 구축함과 2척의 잠수함을 이끌고 탈출했다. 바르샤바는 9월 28일까지 저항을 지속했고, 폴란드의 마지막 요새가 10월 5일에 항복했다.

총 694,000명의 폴란드 군인이 독일의 포로가 되었고 217,000명이 러시아의 포로가 되었다. 독일은 8,400명의 전사자를 냈다. 전투가 끝나자 독일인들은 군수 물자가 바닥났다. 만약 프랑스인들이 공격을 했다면 독일인들은 속수무책이었을지도 모른다. 서유럽에서는 눈치 채지 못했지만 히틀러는 결코 대규모 전쟁을 준비하지 않았다. 그는 아슬아슬하게 작전을 치렀고, 매우 적은 희생을 치르고 얻는 신속한 승리에 기대를 걸었다는 사실이 여기에 명확하게 드러나 있다.

러시아인들은 독일의 승승장구를 전혀 예상치 못하고 있다가 깜짝 놀랐다. 9월 10일 외무 인민 위원 몰로토프는 독일 대사에게 "붉은 군대는 몇 주 걸릴 것이라고 예상하고 있었는데 이제 보니 며칠밖에 안 걸리겠다"고 불평했다. 더욱이 몰로토프는 세계의 이목에 대해 소련의 행동을 정당화할 수 있는 구실이 필요했다. 그는 붉은 군대가 독일의 "위협을 받고 있는" 우크라이나인들과 백러시아인들을 보호하기 위해 진군하고 있다고 말하길 원했다. 결국, 독일의 반대에 부딪혀, 소련이 우크라이나와 백러시아의 형제들을 보호하기 위해 개입하지 않을 수 없다고 생각했다는 공식 성명을 내는 정도로 한 발 물러섰다. 9월 17일에 있었던 소련의 진군은 거의 저항을 받지 않았다. 게다가 많은 폴란드인들은 러시아인들이 자신들을 구원하러 오고 있다고 생각했다. 오직 737명의 소련군이 전사했다.

9월 28일 리벤트로프가 다시 모스크바에 갔다. 폴란드를 분할하기로 한 원안이 조정되었다. 리투아니아가 러시아의 몫으로 정해졌고 독일은 폴란드 민족이 거주하는 지역 전체를 가지게 되었다. 예카테리나 대제Yekaterina Velikaya가 한 세기 반 전에 그었던 경계와 대체로 같았다. 원래 히틀러는 폴란드의 남은 지역을 독일의 위성국으로 만들 의도를 가지고 있었던 것 같다. 스탈린이 이를 거부했다. 두 당사국은 그들 영토에서 벌어지는 폴란드인들의 어떠한 소요도 묵인하지 않기로 합의했다. 엄청난 결과가 뒤따랐다. 히틀러는 폴란드인들에게 아주 작은 양보를 하는 척하지도 못하게 되었고 서유럽 국가들에 대한 그의 소위 평화 공세는 따라서 시작도 하기 전에 결과가 정해지게 되었다. 더욱 불행의 시작이 된 일은 이제 익명의 총독 정부를 통한 독일의 통치하에 들어간 폴란드인들과 유대인들이 나치의 인종 말살 정책의 첫 희생양이 되었다는 것이다. 소련의 통치는 혹독했다. 하지만 독일의 통치는 대량 학살이었다. 2년 동안 소련 점령 지역에서 소련 당국이 체포한 폴란드인은 전체의 1/5이었다. 5년 동안 독일은 자신의 점령 지역에서 거의 같은 비율의 폴란드인들을 살해했다.

영국 정부는 어찌할 바를 모르고 분노를 터뜨리며 소련의 개입을 지켜보았다. 일반 참모부는 영국이 소련에 대해 선전포고를 해야 한다고 생각했고, "우리의 전략적 지위가 심각한 상황에 처하기는 하겠지만 절망적인 상황까지 가지는 않을 것이다"라고 덧붙였다. 외

지도1 폴란드 1939-1945년.

무성은 그들에게 영국-폴란드 동맹은 독일의 공격에 대해서만 적용되는 동맹이라고 지적했다. 더욱이 외무성이 말했듯, 현재 소련군이 점령한 영토는 1920년 영국 정부가 커즌선Curzon Line을 제의했을 때 마땅히 러시아의 영토가 되어야 한다고 판단했던 곳이었다. 그러나 폴란드를 구하는 데 실패하면서 영국은 폴란드의 분할에 참여할 자격을 잃었다. 소련의 진군이 정당한지 인정할 기회는 지나가버렸고, 이 사안은 제2차 세계대전이 끝날 때까지도 소련과 서유럽 국가들 간의 관계에서 계속 문제를 일으켰다.

　　한때 볼셰비키에 대한 군사적 간섭을 앞장서 주장했던 처칠이 이번에는 보다 현실적인 정책을 주장하는 데 앞장섰다. 9월 25일에 그는 이렇게 적었다. "죽고 사는 문제가 걸린 전쟁에서 분노보다도 적을 패배시키는 일이 중요시되어야 한다." 10월 1일에는 방송에 나와 "우리는 러시아 군대가 침략자가 아니라 폴란드의 친구이자 동맹국으로서 현재의 경계선에 머물러 있으리라 바랄 수도 있었을 것이다. …… 어쨌든 경계선이 거기에 있고 나치 독일이 감히 침범하지 않을 동쪽 국경이 생기게 되었다"라고 말했다. 여기서 1941년 6월 22일[3] 이래로 전쟁이 끝날 때까지 처칠이 따르게 되는 정책이 처음으로 발표된 것이었다. 히틀러는 제2의 전선이 형성되는 위험을 제거하기 위해 폴란드를 공격했다. 그러나 폴란드의 파괴는 궁극적으로 히틀러를 파멸시킨 제2의 전선을 탄생시켰다.

3　독일이 소련을 침공한 바르바로사 작전이 시작된 날이다.

3장

유럽 전쟁
1939-1940년

폴란드 전쟁이 종료되었다. 히틀러가 완벽한 승리를 거두었고, 한때 막강했던 영국과 프랑스는 어쩔 도리 없이 지켜보고 있을 뿐이었다. 1939년 10월 6일 제국 의회에서 히틀러는 자신이 강화를 간절히 바란다고 말했다. 프랑스에 대해서는 어떠한 요구 사항도 없고 영국과 우호적인 관계를 원한다고 했다. 폴란드와 유대인들의 미래를 논의하기 위한 회의를 환영할 것이라고도 했다. 지체 없이 바로는 아니었지만 영국 정부와 프랑스 정부는 히틀러의 제안을 공식적으로 거절했다. 그러나 영국인들은 속마음까지 그다지 단호하지는 않았다. 외무성은 체코인들과 폴란드인들이 어느 정도 국내 자치를 허용 받는다면 독일의 정복을 묵인할 수 있을지도 모르겠다는 생각을 내비쳤다. 그러나 한 가지 넘을 수 없는 장애물이 있었다. 아무도 더는 히틀러를 신뢰하지 않는다는 점이었다. 어떻게 해서든 히틀러가 물러나고 ― 세인트헬레나 섬으로 추방되든 건축가 사무실에나 가게 되든

— 괴링Hermann Göring이 그의 자리를 대신해야 했다.

이런 터무니없는 가정을 근거로, 영국인들은 전쟁 발발 직전에도 비슷한 역할을 했던 스웨덴 사업가 달레루스Birger Dahlerus를 통해 은밀한 협상을 시도했다. 당연히 그러한 제의를 전달받은 히틀러는 무척 유쾌해 했다. 괴링은 아마도 덜 즐거웠을 것이다. 어쨌든 히틀러는 프랑스를 쳐부수고 영국을 대륙에서 몰아내기로 이미 마음먹고 있었다. 그는 10월 23일에 장성들에게 전쟁은 "국가사회주의 독일의 승리를 지키기 위해 수행되고 있는 것이 아니라 유럽 지배를 확립하기 위해서 수행되고 있는 것"이라고 말했다. 그러면서 그들에게 프랑스 침공을 준비하라고 지시했다.

연합국은 1918년에 멈췄던 그 자리에서 다시 출발해 전쟁을 치를 태세를 갖추었다. 지난번 전쟁의 교훈이 실행에 옮겨지는 것처럼 보였다. 체임벌린은 과거 로이드 조지가 그랬듯 전시 내각을 구성했고, 달라디에는 클레망소처럼 국방 내각을 조각했다. 이 두 전시 내각은 이름은 달라졌지만 이전과 동일한 구시대 인물들로 구성되었다. 유일하게 각료 선발에서 처칠을 해군성에 들인 것만이 그나마 눈여겨볼 점이었다. 지난 전쟁 때 설치되었던 많은 부서 — 해상 운송, 정보, 식량 등의 담당 부서 — 들 역시 다시 등장했다. 통제와 명령은 전쟁이 일어난 지 3년째가 아니라 전쟁 시작 당일부터 시작되었다. 그리고 연합국 최고 위원회가 개최될 예정이었다. 또 다른 모습의 체임벌린과 달라디에였다. 거리에는 등화관제가 실시되었고, 선박들은 호위를 받으며 운항했다. 공식 뉴스와 선전이 정보를 담당하는 두 부서에 의해 제공되었다. 일부 외국인들은 억류되었다. 예비군이 소집되었고, 강제 징집 연한이 점차적으로 올라갔다. 전투가 없

사진24 연합국 전시 최고 위원회: 장례식에서.

다는 것만 제외하면 사실상 모든 것이 전시상황인 것처럼 보였다.

　　연합국 지도자들은 싸움이 없는 이러한 상황에 동요하지 않았다. 그들 생각에 시간은 그들의 편이었다. 관점은 다르지만, 히틀러도 그렇게 생각하고 있었다. 할리팩스는 "싸움이 중단된 상황이 우리에게, 우리와 프랑스인들 모두에게, 매우 유리합니다. 왜냐하면 우리는 봄이 오면 훨씬 더 강해질 것이기 때문입니다"라고 말했다. 영국인들은 추호의 의심 없이 나치 경제 체제가 마지막 순간에 이르렀다고 확신했다. 모든 자원이 무기 생산을 위해 희생되었고, 독일은 전쟁을 하는 데 필요한 거의 모든 원자재가 부족하다고 생각되었다. 참모부는 독일인들은 이미 지쳤고 사기도 저하되었다고 보고했다.

영국과 프랑스는 그저 방어선을 지키며 봉쇄를 유지하기만 하면 되었다. 그러면 싸우지 않고도 독일을 무너뜨릴 수 있을 것이었다. 체임벌린은 "나는 대량 살상이 필요하리라 생각지 않는다"고 말했다.

　　　이러한 견해는 영국인들이 전쟁 중에 꽤 오랫동안 지니고 있었지만 완전히 빗나간 생각이었다. 독일은 국민들의 생활수준을 떨어뜨리지 않고 재무장했다. 독일 국민들은 생활이 넉넉했고, 히틀러가 손쉽게 얻은 승리에 매우 만족해했다. 희생을 강요받은 사람들은 독일인들이 아니라 영국인들이었다. 영국은 국민들의 생활수준 저하를 수반하는 재무장으로 1940년까지 항공기, 전차, 그리고 중화기 등의 생산량에서, 아직까지 미진하기는 했지만, 독일을 앞섰다. 대규모 군대를 위한 장비를 제외한 사실상 모든 것에서 앞섰다. 1939년부터 1942년까지 영국인들은 독일 군비 지출액을 실제보다 두 배 이상 과대평가했고 늘어나는 증가량도 거의 두 배 가량 부풀려서 추정했다. 이렇게 된 까닭은 히틀러가 무제한적인 군비를 원하지 않았기 때문이다. 그는 오로지 신속하게 사용하기 위한 군비만을 원했다. 연합국의 봉쇄는 서면상으로 존재할 뿐 현실에서는 거의 존재하지 않았다. 이탈리아가 메우기 힘든 구멍을 만들어놓고 있었고 소련이 만든 구멍은 어떻게 해볼 도리가 없을 정도였다. 독일인들은 전쟁 전에는 비축하지 못했던 원자재를 소련에서 얻어왔고 또한 시베리아 횡단 열차가 전 세계 각지로부터 보급품을 운반해왔다. 경제적 어려움에 부딪힌 이들도 독일인들이 아니라 영국인들이었다. 몇 척의 유보트들이 경제에 입힌 피해는 생각만큼은 크지 않았다. 그러나 전쟁이 끝날 때까지 막지 못했던 독일의 자기 기뢰가 가져온 피해는 유보트와는 비교도 되지 않았다. 실제로 영국은 유보트 작전이 시작되기

전에 80만 톤의 선박을 잃었다. 수입도 전쟁 전 연 평균치인 5천5백만 톤에서 4천5백만 톤으로 감소했다. 1940년 1월에는 식량 배급제가 도입되었다. 유보트들은 군함도 격침시켰다. 1939년 9월에 항공모함 커리지어스Courageous 호가 침몰했고 11월에는 스캐퍼 플로 항에 정박 중이던 전함 로열오크Royal Oak 호가 바다 밑으로 가라앉았다. 12월에는 이러한 손실을 만회하는 일이 있었는데, 영국 해군이 남대서양에서 독일의 소형 전함 그라프슈페Graf Spee 호를 습격한 일이었다. 영국 군함들은 중무장하지 않았음에도 적에게 상당한 피해를 입혔다. 그라프슈페 호는 몬테비데오로 피난하다가 히틀러의 명령에 따라 버려졌다.

　　연합국은 봉쇄의 효과를 믿고 있었지만 무언가 좀 더 적극적인 일을 해야겠다고 생각했다. 특히 프랑스인들은 자신들의 국경에서 전투가 벌어지는 것을 피하기 위해 어딘가 먼 곳에서 행동을 시작하기를 간절히 바랐다. 전쟁 전에 연합국은 만만한 이탈리아에 대한 작전으로 전쟁을 시작할 계획을 세워 놓고 있었다. 레반트에 있는 대략 8만 명의 프랑스군이 베강Maxime Weygand의 지휘 하에 시리아에 주둔하고 있었다. 이보다 소규모의 영국군이 웨이벌의 지휘 하에 이집트에 있었고 영국 함대 가운데 전투력이 강한 부대 몇이 알렉산드리아에 있었다. 그러나 공교롭게도 무솔리니는 "중립국", 아니면 적어도 "비교전국"으로 남아 있었고, 따라서 연합국이 이탈리아를 표적으로 삼기 곤란했다. 프랑스인들은 무언가 수를 내야 한다고 주장했다. 터키, 그리스, 루마니아, 그리고 유고슬라비아를 독일에 대항한 대大연합으로 끌어들임으로써 제2의 전선을 만들어야 한다는 것이었다. 베강은 발칸 국가들의 수백 개 사단을 빈Wien으로 진격시킨

사진25 그라프슈페 호의 최후.

다는 주장에 대해 이렇게 반문했다. 연합국이 이들에게 무엇을 줄 수 있겠는가? 5만 명의 프랑스 병력이 있었지만 그들을 시리아에서 테살로니키로 이동시키는 데는 석 달이 걸릴 것이었다. 발칸 국가들은 이러한 제안에 매력을 느끼지 않았다.

프랑스인들은 낙심하지 않고 훨씬 더 야심찬 계획을 생각해 냈다. 카스피 해 연안의 바쿠 폭격 계획이었다. 그들은 이 폭격으로 전쟁을 끝낼 수 있다고 주장했다. 독일이 코카서스에서 들여오는 석유 공급이 중단될 것이고 소련은 무너질 것이었다. 하지만 프랑스인들에게 있는 것은 117대의 수송기와 324톤의 폭탄뿐이었다. 또한 항공기는 중립국인 터키 상공을 지나야만 할 것이고 바쿠에 대한 폭격은 정확한 지도도 전혀 없이 야간에 해야만 할 것이었다. 그럼에도 불구하고 코카서스 유전 지대 폭격이 한차례만이라도 성공한다면 여섯 달 동안은 석유 생산을 못하리라 생각되었다. 프랑스 정찰기 한 대가 바쿠 상공을 비행한 일이 있었을 뿐 이 기괴한 계획과 관련해 그밖에 다른 어떤 일도 일어나지 않았다.

영국인들은 이런 무리한 계획에 관심을 갖지 않았다. 그들은 무솔리니를 회유해 수에즈 운하를 지키기를 간절히 원했다. 영국인들의 시선은 북쪽으로 올라갔다. 해군성에 복귀하자마자 처칠은 제1차 세계대전 때 자신이 추진했던 계획들 가운데 하나를 되살리려 했고, 본국 함대를 발트 해로 보낼 것을 제안했다. 전문가들이 거세게 반대하자, 그는 다소 절제된 계획을 생각해냈다. 독일은 스웨덴 북부에서 나는 철광석에 상당히 의존하고 있었다. 발트 해가 얼어 있는 겨울 동안 이 철광석은 노르웨이의 나르빅 항을 통해 수송되었다. 만약 노르웨이 바다에 기뢰가 설치되거나 나르빅 자체가 접수된다면 철광석을 실은 배가 떠나지 못할 것이었다. 처칠은 노르웨이의 중립을 대수롭지 않게 생각했다. "군소 국가들은 우리가 그들의 권리와 자유를 위해서 싸울 때 우리의 발목을 잡아서는 안 된다. …… 법적 정당성이 아니라 인간성을 지키는 것이 우리의 지침이 되어야만 한다." 내각은 그의 제안을 거부했다.

새로운 발단이 되는 일이 뜻밖에 일어났다. 겉으로 우호 관계를 유지하고 있지만 여전히 독일의 공격을 염려하던 소련이 발트 국가들에 대한 군사적 지배를 구축하고 있었다. 라트비아, 에스토니아, 리투아니아는 소련의 요구를 묵인했지만 핀란드는 거부했다. 11월 30일, 소련 군대가 핀란드에 침입했다. 스탈린은 격렬한 전투를 하지 않고서도 핀란드에 공산당 정부가 들어설 수 있으리라 예상했던 것으로 보인다. 소련 군대는 겨울철 전쟁 수행에 준비가 되어 있지 않왔다. 아니, 전쟁 수행 자체에 대한 준비가 부족했다고 말해야 할 것이다. 전쟁 초기 핀란드인들의 방어는 성공적이었다. 서유럽 거의 모든 나라들에서 용맹스런 작은 나라 핀란드에 대한 찬사가 쏟아져 나왔다. 프랑스 정부는 특히 열렬히 환영했다. 영국과 프랑스 두 나라에서 공산주의자들은 처음부터 전쟁에 반대했었다. 영국 공산주의자들은 세력이 거의 미미했지만 프랑스 공산주의자들은 막강했다. 프랑스 공산당은 불법화되었었는데 이제 그들을 완전히 무너뜨릴 수 있는 기회였다. 더욱이 독일과의 전쟁을 싫어했던 프랑스 우익 세력은 러시아에 대한 전쟁은 환영했다. 프랑스 수상 달라디에는 마침내 진짜 민족주의 지도자가 될 것이었다. 프랑스인들에게 마지막으로 또 한 가지 좋은 점은 러시아의 발트 국가 침략을 막으려면 해군 원정이 될텐데 이는 자신들이 져야 할 전쟁의 부담을 더는 회피하지 않는 영국인들의 몫이 되리라는 것이었다.

　　영국 정부는 벌어지는 사태에 휩쓸렸다. 12월 14일 소련이 국제연맹에서 공식적으로 추방되었다. 12월 19일 영국-프랑스 전시 최고 위원회가 핀란드를 돕기로 결의했다. 그러나 핀란드까지 어떻게 도달할 것인가? 달라디에가 손쉬운 해결책을 생각했다. 노르웨이와 스웨덴 두 나라에 국제연맹의 충실한 회원국으로 행동할 것을 요청하고, 그러면서 러시아와 독일의 보복으로부터 두 나라를 지켜주겠다고 서유럽 국가들이 약속해주는 방식이었다. 노르웨이와 스웨덴은 달라디에의 기대에 부응하지 않았다. 그들은 자신들이 중립이라고 딱 잘라 말했다. 영국 정부와 프랑스 정부는 근심하지 않았다. 노르웨이와 스웨덴의 협력을 얻어내지 못한다면 협력 없이 밀고 나가면 되는 일이었다. 원정군은 즉시 나르빅으로 가야 했다. 그런데 곤란한

사진26 겨울철 전쟁: 핀란드 병사들과 노획한 소련 전차.

점들이 드러났다. 나르빅에 상륙하는 데는 3주가 걸릴 것이고 연합
국 병력을 나르빅에서 스웨덴 국경으로 이동시키는 데는 11주가 더
걸릴 것이었다. 심지어 스웨덴인들이 전기 공급을 차단함으로써 연
합국의 전진을 방해할 수 있을 것이었다. 해결책은 트론하임, 베르겐,
그리고 스타방에르 역시 점거하는 길이었다. 1940년 1월에 이르자
원정군에 필요한 병력은 10만 명으로 불어나 있었다. 처칠은 낙심했
다. 철광석 운반로를 차단한다는 소小계획은 물 건너갔다. 영국 정부
가 프랑스의 대大계획을 묵묵히 받아들이는 데까지 올 수 있었던 것
은 소계획을 실행할 수 있으리라는 전망 때문이었다. 확실히 영국 정
부는 프랑스 정부와는 달리 러시아와의 전쟁에 끌려 들어가고 싶은
마음이 없었다.

사진27 자전거를 타고 오슬로로 들어가는 독일군.

　　연합국 정부들은 서두르지 않았다. 군수품과 해군력을 축적해
야 했고, 군대를 이동해야 했다. 3월 12일에 나르빅 원정 준비가 끝
났다. 순양함대 넷과 구축함대 넷, 1만4천 명의 병력이 출항할 준비
를 갖추었다. 체임벌린은 지휘를 맡게 될 장군에게 "길이 차단되면
어떻게 할 것입니까?"라고 물었다. 장군은 우물쭈물 대답을 얼버무
렸고, 할리팩스가 다음과 같이 말했다. "글쎄요. 철광석이고 뭐고, 만
약 수많은 노르웨이인들의 생명을 희생해야만 성공할 수 있다면, 저
는 찬성하지 않습니다." 체임벌린은 장군과 악수하며 "잘 가시오. 행
운을 비오. 당신이 가게 된다면 말이오"라고 말했다. 그날 저녁, 핀란
드인들이 패배해 소련의 조건을 받아들이고 강화했다는 소식이 전
해졌다. 그 지휘관은 나르빅은커녕 글래스고에도 가지 못했다.

　　연합국은 다시 한 번 체면을 잃었다. 그들은 핀란드를 원조하
겠다는 의지를 천명했지만 그렇게 하지 못했다. 프랑스에서 달라디
에가 실각하고, 정치적 실천은 뒤따르지 못하지만 좀 더 역동적인 인
물인 폴 레노Paul Reynaud가 수상직을 이어받았다. 3월 28일에 그는 연
합국 최고 위원회 모임 참석차 런던으로 가서 뭐든 즉각적인 행동을
해야 한다고 주장했다. 영국인들은 노르웨이 해역에 기뢰를 설치해
철광석 운반을 차단한다는 계획을 다시 끄집어냄으로써 응답했다.
독일이 보복을 한다면 그건 그것대로 한층 더 좋을 것이었다. 처칠은
"독일이 스웨덴과 노르웨이를 공격한다면 우리는 잃는 것보다 얻는
것이 더 많을 것이다"라고 말했다. 4월 4일에 체임벌린은 "히틀러는
버스를 놓쳤다"라고 덧붙였다. 기뢰는 4월 5일에 설치하기로 정해졌
다. 원정군은 독일이 개입할 경우에만 보낼 계획이었다. 그때 약간의
지체가 있었다. 처칠은 남쪽으로 라인 강까지 기뢰를 매설하기를 원
했다. 프랑스인들은 독일의 보복을 두려워해 반대했다 — 노르웨이
에서 있을 독일의 보복에 대해서는 염려하지 않았다. 의견의 차이는
조정되었고, 4월 8일에 기뢰 부설이 시작되었다. 이렇게 해서 영국
이, 엄밀히 따지자면 노르웨이의 중립을 먼저 침해한 나라가 되었다.

　　그러나 영국인들만 노르웨이의 중립을 침해한 것은 아니었다.
전쟁이 시작될 때만 해도 히틀러는 스웨덴의 중립과 마찬가지로 자
신에게 이로움을 주게 될 노르웨이의 중립이 지켜지길 간절히 바랐
다. 하지만 1940년 1월에 그는 핀란드를 지원하는 영국-프랑스의 개
입이 있을 것이라는 소문에 염려하게 되었고, 2월 16일에 영국 구축
함이 독일 선박 알트마크Altmark 호를 노르웨이 영해까지 추적해 수송
중이던 영국 포로들을 구출해냈을 때는 더욱 근심하게 되었다. 3월

1일에 히틀러는 노르웨이 침공을 준비하라는 명령을 내렸다. 히틀러의 군사 고문들은 지상으로 진격하는, 많은 노력이 필요한 방안을 제안했다. 히틀러는 이 제안을 너무 느리다는 이유로 기각했다. 영국의 해군력이 힘을 발휘할 시간을 갖게 되리라는 것이었다. 히틀러는 낙하산 부대의 공수로 보강하는 해상 공격을 주장했다. 이리하여 해군력이 약한 나라가 강한 나라에 대항해 바다를 이용하게 되었다. 히틀러가 전략에 직접 간섭한 건 이번이 처음이었다. 결과는 매우 성공적이었고 다가올 더 큰 성공을 예견했다.

4월 5일에 독일 군함들과 상선들이 대략 만 명의 병력을 싣고 노르웨이 해안으로 이동했다. 영국인들은 자신들이 계획한 행동만을 생각하며 독일 해군이 공격해올 것에 주의를 기울였다. 그들은 독일의 노르웨이 침공에 대해서는 전혀 주의를 기울이지 않았다. 선견지명이라기보다는 기막힌 천운으로 히틀러는 영국인들이 작전을 수행하러 오기 24시간 전에 급습했다. 독일군은 4월 9일에 덴마크에 진입했고 해상으로 이동한 병력은 오슬로, 베르겐, 트론하임, 그리고 나르빅을 점령했다. 덴마크는 사실상 무방비 상태로 싸움 한 번 못해 보고 항복했고 제2차 세계대전이 계속되는 동안 독일의 보호령이 되었다.[1] 오슬로에서 노르웨이인들은 갑작스럽게 기습당했지만 저항했고 순양함 블뤼허Blücher 호를 침몰시켰다. 노르웨이 국왕은 간신히 빠져나와 시골로 피신했다.

연합국은 처음에는 기뻐했다. 히틀러가 최대의 실수를 저질렀

---

1   덴마크는 독일군의 점령을 수용하는 대신 영토와 정부를 유지했고 히틀러는 덴마크를 모범 보호령이라 여겼다. 하지만 1943년에 저항과 소요가 잇따르자 독일은 계엄령을 선포하고 통제를 강화했다.

다고 생각했다. 처칠은 "스카게라크 해협과 카테가트 해협을 지나는 모든 독일 선박이 격침될 것이다"라고 공표했다. 엄청난 혼란이 뒤따랐다. 해군성의 지시에 따라 영국 해군은 상륙을 준비하는 대신 있지도 않은 독일 순양함을 추적했다. 지상 병력이 파견되었을 때 그들은 대부분 훈련이 덜된 국방 의용군으로 구성되었고 적의 공격을 뚫고 상륙하기 위한 장비를 갖추지 못했다. 어디로 상륙할 것인가에 대해서도 의견이 상반되었다. 처칠은 나르빅을 되찾기를 원했다. 전시 내각은 정치적인 상징으로 트론하임을 주장했다. 참모부는 이는 너무 위험하다고 배제하고 소규모의 상륙조차도 불가능해 보이는 두 곳의 어항, 남소스와 온달스네스에서 밀고 들어가는 협공 작전에 희망을 걸었다. 영국인들은 노르웨이 비행장 대부분이 독일의 수중에 들어가 영국 육군과 해군이 독일 공군의 사정권 안에서는 작전을 하지 못하게 되었다는 사실을 깜짝 놀라 접하게 되었다. 작전은 참담한 실패로 돌아갔다. 남소스와 온달스네스에 상륙한 병력은 5월 2일에 도로 철수해야 했다. 영국인들이 5월 28일에 나르빅을 획득했지만, 이 일은 프랑스에서 있었던 더 큰 사건들에 가려졌다. 영국군은 6월 8일에 나르빅에서 철수했다. 항공모함 글로리어스Glorious 호와 구축함 두 척이 철수 작전 중에 침몰했다.

    당시에는 거의 인지되지 못했지만 손실을 벌충하는 일도 있었다. 노르웨이 국왕과 그의 정부가 영국으로 피난했는데 이로써 영국은 선박 백만여 톤을 더 보유하게 되었다. 독일 해군은 심각한 피해를 입었다. 세 척의 순양함과 열 척의 구축함을 잃었고 두 척의 중순양함과 한 척의 소형 전함을 한동안 운용할 수 없었다. 1940년 여름에 독일 해군은 거의 존재하지 않았다. 8인치 함포를 갖춘 중순양함 한 척,

경순양함 두 척과 구축함 네 척뿐이었다. 하지만 바로 이때 히틀러가 영국 침공을 준비하라고 지시한 것이 전혀 말이 안 되는 것만은 아니었다. 당시 영국 국민들은 치욕과 실패만을 보았다. 체임벌린에게는 분노가 쏟아졌으며, 처칠에게는 열광적인 지지가 보내졌다. 사실 체임벌린은 노르웨이 작전을 승인하기는 했지만 거의 관련이 없었다. 노르웨이 작전은 처칠의 추진력과 병참상의 혼란이 합쳐진 결과였다. 그러나 사람들은 지난날의 견지에서 생각했다. 체임벌린은 유화 정책을 추진한 대가를 치러야 했으며 처칠은 정치적으로 불운한 시기에 대한 보상을 받았다. 주로 처칠이 주도한 노르웨이 작전이 실패했는데도 아이러니하게 체임벌린이 기울고 처칠은 부상했다.

하원에서는 5월 7일과 8일에 걸쳐 노르웨이 원정에 대한 토론이 있었다. 리오 에이머리는 내각에 대고 "신의 이름으로 말하건대, 나가주시오"라고 말했다. 로이드 조지는 체임벌린에게 지키고 있던 자리를 포기함으로써 희생의 선례를 세우라고 말했다. 토론의 끝자락에 41명의 내각 지지자들이 야당 의원들과 함께 투표를 했고 대략 60여 명이 기권했다. 체임벌린은 자신의 내각을 새로 조직하려 했다. 노동당은 다소 머뭇거리다가 체임벌린 내각에 참여하기를 거부했다. 5월 9일 오후에 체임벌린, 처칠, 할리팩스가 이러한 전시 상황에서 상원의원이 수상이 되는 데는 어려움이 있을 것이라고 조심스레 언급했다. 처칠은 책임을 기꺼이 떠맡았다. 5월 10일 오후 그가 수상이 되었다. 적절한 때였다. 그날 아침에 진짜 전쟁이 시작되었다. 독일 육군이 네덜란드와 벨기에를 침공했다.

처칠은 도전에 응했다. 그는 5월 13일에 하원에서 다음과 같이 말했다.

사진28
평화로운
플랑드르 참호의 하루.

제가 드릴 수 있는 것은 피와 수고와 눈물 그리고 땀밖에 없습니다. …… 여
러분들께서 우리의 정책이 무엇이냐고 물으신다면 저는 바다에서, 지상에서,
하늘에서, 우리의 능력을 총동원해, 신께서 우리에게 주신 힘을 남김없이 사
용해, 전쟁을 수행하는 것이라고 말할 것입니다. …… 여러분들께서 우리의
목표가 무엇이냐고 물으신다면 저는 승리라는 한 마디로 대답할 것입니다.
어떠한 희생을 치러서라도 승리할 것이며, 어떠한 공포가 엄습해오더라도 승
리할 것이며, 길이 아무리 멀고 험하다 할지라도 승리할 것입니다.

그의 연설은 거국일치의 시기를 연 것으로 생각되고 있다. 하

지만 결코 사실이 아니었다. 보수당원들은 처칠이 당적을 바꾸었던 것을 그리 쉽게 용서하지 않았다. 하원에서 그들은 기립해 체임벌린을 연호했다. 처칠에 대한 환호는 프랑스 군함들이 오란에서 침몰한 후에야 그나마 노동당 의원석에서 들려왔다. 할리팩스, 그리고 아마도 체임벌린은 아직도 타협을 통한 강화를 갈망했다. 거국일치는 됭케르크 철수 작전과 영국 본토 항공전 후에야, 즉 영국 국민들이 승리를 향한 결의에 차 홀로 서게 되었을 때에야 이루어졌다.

독일과 연합국 사이에 격렬한 전투가 벌어진다면 그 때는 벨기에가 전장이 될 것이라는 전망이 1914년보다 1939년에 훨씬 더 확실했다. 프랑스-독일 국경을 따라 건설된 마지노선은 프랑스에 효과적인 안보를 제공했다. 또한 쉽게 인지되지는 않았지만 독일에도 안보를 가져다주었다. 프랑스인들은 마지노선을 순전히 방어적인 것으로 생각했고, 로마인들이 영국 북부의 방벽을 넘어 나아갔듯이 마지노선을 넘어 진격할 수단을 전혀 가지고 있지 않았다. 마지노선에 대한 프랑스인들의 확신 덕분에 독일인들은 자신들 쪽 국경의 방어를 위해 주의를 거의 기울이지 않았고, 프랑스인들이 배치한 병력의 삼분의 일만 배치해놓았다. 프랑스가 59개 사단을 배치한데 비해 독일은 19개였다. 이렇게 어처구니없게도 마지노선은 독일인들에게 이로움을 주었고 프랑스인들을 약화시켰다.

　　마지노선은 마치 방파제처럼 독일 세력이 넘어오는 것을 그보다 더 큰 힘으로 막아 벨기에 쪽으로 돌아가도록 만들었다. 벨기에의 방비는 마지노선에 비해 형편없었다. 1936년까지 프랑스인들은 벨기에와 동맹을 맺고 있었고 적어도 프랑스-벨기에 군사 협력을 기

대할 수 있었다. 그런데 벨기에가 중립으로 돌아섰다. 프랑스와 벨기
에 사이의 국경은 마지노선보다 길었다. 그곳을 방비하는 데는 거의
불가능할 정도로 막대한 비용이 필요했고, 그래서 프랑스인들은 방
비를 시도하지 않았다. 따라서 프랑스가 의존하는 유일한 안보 장치
가 벨기에의 중립이었다. 필요한 안보를 거의 얻을 수 없었다.

　　　전쟁이 발발하자 영국 원정군 ── 처음에는 4개 사단이었고 전
투가 발발하기 전에 10개 사단으로 증강되었다 ── 이 프랑스로 건너
왔고 프랑스-벨기에 국경을 따라 주둔했다. 제1차 세계대전의 교훈
을 충실하게 지켜, 영국 정부는 원정군을 프랑스 최고 사령관 가믈
랭Maurice Gamelin의 휘하에 두었다. 그럴듯해 보여도 효과 없는 조처
였다. 가믈랭은 자신의 권한을 서부전선 프랑스 육군 사령관인 조르
주Alphonse Georges 장군에게 위임했고, 조르주 장군은 다시 북동부의
프랑스 장군들에게 권한을 넘겼다. 영국 원정군 사령관 고트 자작John
Vereker, 6th Viscount Gort은 어디서 명령을 받아야 할지 알 수 없었다. 영
국인들은 전장에 급히 간단한 방어 요새를 건설했다. 육군상 호-빌
리셔Leslie Hore-Belisha는 이것으로는 불충분하다고 지적했지만, 해임
되었다. 겨우 내내 벨기에 국경과 마지노선에는 아무 일도 없이 조용
했다.

　　　가믈랭은 벨기에인들의 협력을 받아 계획을 조정하려 했다.
벨기에인들은 끌려들어가기를 거부했고, 심지어 영국과 프랑스가 자
신들의 영토에 침입하게 될 경우를 대비해 일부 병력을 프랑스 국경
으로 이동시키기까지 했다. 처칠은 벨기에의 중립에 강한 불만을 나
타냈지만 확실히 고결한 신조를 지닌 연합국은 벨기에의 중립을 침
해할 수 없었다. 그러나 그들은 정치적 위신 때문에라도 독일이 침공

86

사진29
국토방위군: 성직자 대원.

할 때 손을 놓고 바라볼 수만은 없었다. 더욱이 벨기에로 진입하면 연합국의 전선은 짧아질 것이었다. 가믈랭은 처음에는 쉘데강까지만 전진하는 것으로 계획했지만 곧 더 큰 야심을 갖게 되었다. 고작 그 정도 진격해서는 마찬가지로 위협을 받고 있는 네덜란드를 도울 수 없을 것이었다. 가믈랭은 딜 강까지 전진하고 그러고 나서 그곳을 지나 좀 더 멀리 네덜란드의 브레다까지 전진할 계획을 세웠다. 작전의 타당성을 의심하는 조르주 및 다른 프랑스 장군들에게는 정치적으로 필요하다는 대답을 들려주었다. 고트 역시 의심을 떨칠 수 없었지만 그것을 영국 정부에 표현하지는 않았다.

　가믈랭은 사실상 그의 모든 현역 사단과 영국 원정군 전부를 전방에 배치했다. 그의 확신에, 이렇게 함으로써 결정적인 전투가 도발될 수 있을 것이었다. 그리고 그가 예상한 대로는 아니었지만 과연 그렇게 되었다. 가믈랭은 또한 22개의 벨기에 사단과 10개의 네덜란드 사단으로 자신의 군대가 보강되기를 희망했다. 그의 계획은 아무런 사전 토의 없이도 실제 전장에서 협조가 이루어질 수 있다고 가정하고 있었으며, 독일인들이 단 70마일의 프랑스 국경을 방어하는 동안 연합국은 벨기에와 네덜란드를 지나는 총 145마일의 방어선을 지킬 수 있다고 가정하고 있었다. 모든 것이 벨기에의 방비에 달려 있었다.

가믈랭은 의심의 여지없이 독일인들이 1914년처럼 공격 진영의 우익 맨 끝에서 진격하리라 생각했다. 그의 생각이 틀린 것은 아니었다. 1939년 10월 히틀러가 서부전선을 공격하겠다는 결심을 발표할 때 독일 장성들은 강한 의심을 나타냈다. 그들 중 한 명이 이렇게 말했다. "프랑스는 폴란드가 아닙니다." 히틀러는 뜻을 굽히지 않았고 일반 참모부는 마지못해 가믈랭이 예견했던 바로 그 계획을 내놓았다. 결정적인 승리를 거두겠다는 생각은 전혀 없었다. 단지 연합국을 네덜란드와 벨기에에서 몰아냄으로써 루르를 좀 더 안전하게 확보하기 위한 영토 점령을 생각하고 있을 뿐이었다. 히틀러는 계획이 부적절하다고 불평했다. 그는 좀 더 남쪽 아르덴을 가리키며 "내가 여기까지 도달할 수 있겠소?"라고 물었다. 장성들은 연합국의 공격부대가 벨기에까지 전진하리라는 확신이 없는 한 불가능하다고 대답했다. 그것은 과연 가믈랭이 제의한 바였다. 히틀러는 생각을 접었다. 그 계획은 육군 중앙 A집단군의 참모장 만슈타인Erich von Manstein이 가져다가 발전시켰다. 만슈타인의 계획은 히틀러에게 전해지지 않았다.

　독일의 공격은 11월 12일로 잡혔으나 악천후로 지연되고 있었고, 몇 번이나 미뤄진 다음 다시 1940년 1월 17일로 결정되었다. 예상치 못했던 운명이 개입했다. 1월 10일에 쾰른에 있던 한 독일 장교가 약속에 늦었다. 동료가 항공편으로 데려다주겠다고 제안했다. 그 항공기는 항로를 벗어나 벨기에에 불시착했다. 그 장교는 침략 계획을 소지하고 있었으나 그것을 폐기하지 못했다. 벨기에인들이 연합국에 계획을 전달했다. 바로 가믈랭이 원했던 증거였다. 그는 훨씬 더 많은 군사력을 벨기에 전방에 배치했다. 독일에서는 공격이 취소되었다. 남쪽으로 공격하는 계획을 주장함으로써 일반 참모부의 심기를 불편하게 만들었던 만슈타인은 독일 동부로 전출을 명령받았다. 그는 베를린을 거쳐 가는 길에 히틀러를 방문했고 자신의 계획을 보였다. 히틀러는 매료되었다. 할더Franz Halder 지휘 하의 일반 참모부가 한발 물러섰고, 세부 계획을 만들어냈다. 이렇게 히틀러, 만슈타인, 할더 세 사람 모두가 작전 계획 수립에 기여했다. 가장 결정적이었던 것은 색다르고 틀에 얽매이지 않는 것을 좋아하는 히틀러의 취향이었다.

　독일인들은 중앙에서 공격할 예정이었다. 보크Fedor von Bock가 30개 보병 사단과 3개 기갑 사단으로 연합국을 북쪽으로 유인하기로 되어 있었다. 레프Wilhelm Ritter von Leeb는 19개 보병 사단으로 라인 강을 따라 진군하는 척하기로 했다. 룬트슈테트Gerd von Rundstedt가 50개 보병 사단과 7개 기갑 사단으로 전역을 승리로 이끌게 될 것이었다. 돌파의 핵심 지점인 스당에서 그에 맞서고 있는 3개 프랑스 사단은 질적으로 열세에 있었다. 프랑스인들은 아르덴을 통과하는 진군이 가능할 것이라고 믿지 않았다. 자신들 기병대의 작전 수행에 방해가 될까 봐 어떠한 장벽이라도 세우는 것을 거부하기까지 했다. 또한 필요하다면 언제라도 예비 병력을 투입할 수 있을 것이라 생각했다. 찾아서 동원해올 수만 있다면 말이다.

훗날 사람들은 종종 연합국이 장비 면에서 엄청난 열세에 있었다고들 했다. 이는 전혀 사실이 아니다. 연합국은 3,200대의 전차를 보유했고, 독일은 약 2,700대였다. 또한 프랑스가 보유한 전차 중 일부는 독일의 어떤 전차보다도 강력했다. 그러나 프랑스의 전차는 육군 전체에 분산되어 있었다. 이에 비해 독일의 전차는 기갑 사단에 집결되어 있었고 중요 지점에 배치되어 있었다. 독일인들은 확실한 공중우세를 가지고 있었다. 독일 공군은 엄격하게 지상군과의 협동 작전을 위해 설계되었다. 오직 그들만이 급강하 폭격기를 보유하고 있었다. 영국인들도 폭격기를 아주 잘 갖추고 있었지만 전투에 참여하기 위한 것이 아니라 루르와 그밖에 "전략" 목표를 공격하기 위한 것이었다. 많은 영국 전투기들은 본토 수비를 위해 머물러 있었다.

독일인들은 자신들이 만들었다고 적국의 대중들 사이에 소문이 퍼진 두 가지 새로운 무기를 사용하지 않았다. 내부 동조자 세력이라는 이른바 제5열은 공포에 휩싸인 상상의 산물이었다. 현실에는 존재하지 않았다. 또한 독일인들은 하늘에서 떨어지는 수없이 많은 낙하산병들에 의존하지도 않았다. 독일이 보유한 사천 명의 낙하산 병력은 네덜란드의 교량과 공항을 점령하는 데 모두 소모되었다. 그럼에도 불구하고 5월말이 되기 전에 수십만의 영국인들이 언제라도 올지 모르는 독일 공정부대에 대항해 마을을 지키기 위해 국토 방위 자원대에 자원했다. 독일인들에게 그런 책략은 필요하지 않았다.

그들은 아직도 보조를 맞추어 행진하는 제1차 세계대전 시절 속도를 고수하는 장군들에 대항해 생각과 행동에서 더 빨리 움직임으로써 승리를 거두었다.

전역은 5월 10일 독일의 네덜란드와 벨기에 공격으로 개시되었다. 네덜란드군은 곧장 밀려났다. 5월 13일에는 여왕과 정부가 대부분의 해군을 이끌고 영국으로 떠났다. 5월 14일 로테르담이 항복했다. 독일인들은 항복을 위한 협상이 이루어지고 있는 동안 실수로 폭격을 해버리고 말았다. 약 구백 명의 민간인들이 사망했다. 이 수치는 네덜란드 외상에 의해 삼만 명으로 부풀려졌다. 이 전설적인 수치는 아직도 종종 되풀이해 등장한다. 5월 15일 네덜란드에서 전투가 종료되었다. 네덜란드를 도우러 전진하던 프랑스군은 네덜란드인들과 마주치지도 못했다. 벨기에인들은 에바네마엘에 있는 거대한 요새에 의지했다. 독일의 선발대가 글라이더를 타고 지붕에 내려 환기갱에 폭발물을 집어넣는 손쉬운 방법으로 요새를 점령했다. 5월 12일 벨기에인들은 뫼즈 강 방어선을 포기했다. 이틀 뒤 영국군과 프랑스군은 벨기에인들과 접촉해 방어를 조율하기 시작했다. 5월 15일 연합국은 좀 더 급박한 문제에 부딪히게 되었다. 어떻게 벨기에를 지킬 것이냐가 아니라 어떻게 거기서 빠져나오느냐의 문제였다. 독일인들이 스당을 지나 뫼즈 강 훨씬 남쪽으로 치고 내려왔다. 연합국의 전체 작전 병력이 둘로 나뉠 위험에 처했다.

치명적인 일격이었다. 히틀러가 제안했고 만슈타인이 지지했으며 할더가 세부계획을 짰고, 실행한 사람은 독일 기갑부대를 지휘하는 구데리안Heinz Guderian이었다. 구데리안은 다른 어느 장군들보다도 빠른 속도를 신뢰했다. 신뢰의 결과는 즉시 드러났다. 독일 일반

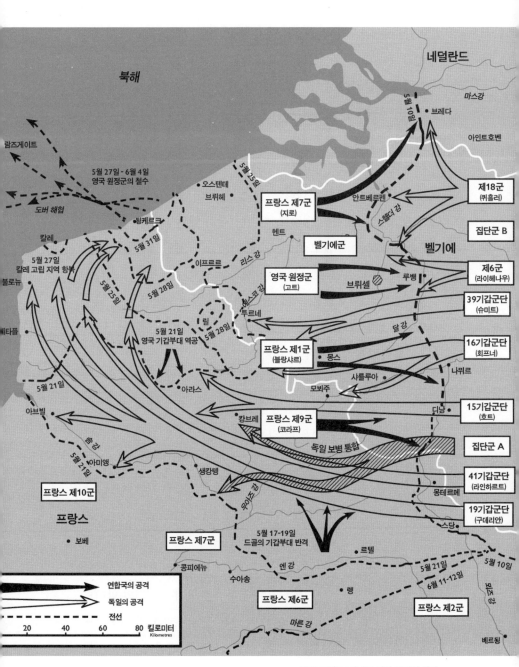

네덜란드

북해

마스강
브레다

아인트호벤

5월 10일

람즈게이트

5월 27일 - 6월 4일
영국 원정군의 철수

도버 해협

오스텐테
브뤼헤

5월 25일

제18군
(뀌흘러)

안트베르펜

스헬더 강

집단군 B

딩케르크

칼레

5월 31일

헨트

프랑스 제7군
(지로)

벨기에군

벨기에

5월 27일
칼레 고립 지역 항복

불로뉴

이프르르

5월 28일

5월 23일

리스 강

영국 원정군
(고트)

브뤼셀

루뱅

제6군
(라이헤나우)

베타플

에스코 강

투르네

릴

5월 28일

5월 21일
영국 기갑부대 역공

5월 21일

5월 28일

프랑스 제1군
(블랑샤르)

몽스

39기갑군단
(슈미트)

달 강

16기갑군단
(회프너)

나뮈르

아라스

사를루아

모뵈주

딩낭

15기갑군단
(호트)

아브빌

솜 강

5월 21일

아미앵

캉브레

프랑스 제9군
(코라프)

생캉텡

우아즈 강

독일 보병 통합

집단군 A

41기갑군단
(라인하르트)

몽테르메

프랑스 제10군

프랑스

보베

프랑스 제7군

5월 17-19일
드골의 기갑부대 반격

르텔

엔 강

19기갑군단
(구데리안)

스당

5월 21일

5월 10일

6월 11-12일

뫼즈 강

콩피에뉴

수아송

렝

프랑스 제6군

프랑스 제2군

연합국의 공격

마른 강

베르됭

독일의 공격

전선

20   40   60   80 킬로미터
Kilometres

지도2 프랑스: 바다를 향한 독일의 진격.

참모부와 프랑스 일반 참모부 모두 독일인들이 뫼즈에 닿는 데 9일
이 걸릴 것이라고 예상했다. 구데리안은 4일이라고 말했고, 이틀 만
에 뫼즈에 도달했다. 오늘날 우리는 전쟁 중 언제 프랑스가 패배했고
강대국의 자리에서 내려왔는지 그 시점을 정확하게 집어낼 수 있다.
5월 13일 15시에 독일군의 선두가 뫼즈 강을 건넜다. 프랑스의 저항
은 미약했고 조직적이지 못했다. 독일 전차들은 다음 날 새벽에 도강
했고, 5월 15일이 되자 구데리안의 앞으로 길이 열렸다. 그는 멈추라
는 소속 육군 사령관의 명령도, 심지어 잠시 담력을 잃은 히틀러의
비슷한 명령도 듣지 않고 파죽지세로 나아갔다. 독일 전차들은 뚫린
길을 따라 방해 받지 않고 달렸다. 전차의 연료가 떨어지면 가까운
주유소에 전차를 세우고는 대가를 지불하지 않고 연료를 채운 뒤에
계속 전진했다. 때때로 젖소의 젖을 짜기 위해 멈추기도 했다.

휠씬 북쪽에서 롬멜의 전차들 역시 뫼즈 강을 케이블 바지선
으로 건너 아벤까지 돌진했다. 결정타라기엔 약했지만 그 덕에 구데
리안은 오른쪽 측면을 전혀 걱정할 필요가 없었다. 독일 최고 사령부
는 구데리안의 왼쪽 측면을 더 걱정했다. 여기에 독일 보병의 신속함
이 성공을 거두었다. 독일인들에게는 세 개의 보병 기동 사단이 있었
다. 기동력을 갖추지 못한 보병들은 1914년에 그랬던 것처럼 보급품
을 마차에 싣고 터벅터벅 걸어가야 했다. 그들은 그 시절과 같은 속
도, 즉 하루에 사십 마일씩 거의 일주일을 나아갔다. 프랑스인들이
5월 17일에 반격을 시도했지만 구데리안의 왼쪽 측면에서 강력한 방
어에 부딪혔다. 이러한 공격들 가운데 하나는 당시에는 거의 알려지
지 않았던 드 골 준장이 지휘했다. 이 일은 훗날 프랑스 장군들이 드
골의 공격 의지에 고무되었더라면 프랑스인들이 해낼 수 있었을 일

사진30 뫼즈 강을 건너는 독일군: 결정적 순간.

들을 보여준다고 이야기되었다. 사실 드 골의 공격은 시작하기도 전
에 공습으로 인해 저지되었고 구데리안은 본부에 그 일을 보고조차
하지 않았다. 알리스테어 혼Alistair Horne이 친절하지 않을지는 모르지
만 적절하게 존슨 박사[2]의 말을 인용하고 있다. "파리 한 마리가 우
람한 말을 쏘아서 움찔하게 만들 수는 있겠죠. 하지만 파리는 벌레에
불과하고 상대는 여전히 말입니다." 독일의 공격 선봉을 차단할 수
있는 기회는 지나가버렸다.

　　　레노는 어떤 사태가 벌어졌는지 알아차린 첫 번째 인물이었
다. 5월 15일 이른 시간에 그는 처칠에게 전화했다. "우리가 졌습니
다. 전투에서 패배했습니다." 처칠은 그의 말을 믿으려 하지 않았고

2　　18세기 영국 작가 새뮤얼 존슨Samuel Johnson을 말한다. 시, 희곡, 수필, 평론, 전기, 사
　　　전 편찬 등 다양한 방면에서 공헌했다.

사진31 어린 젖소를 놓아주는 친절한 독일 병사들.

가믈랭과 조르주 두 사람 모두 동요하지 않고 있음을 확인했다. 그날 밤 가믈랭의 용기가 꺾였다. 그는 "그것은 프랑스 육군의 붕괴를 의미합니다"라고 밝혔다. 5월 16일 처칠은 파리로 날아갔다. 그는 독일인들이 수일 내에 파리에 도달할 것이라는 말을 들었다. 외무성 뜰에서는 문서를 소각하는 연기가 피어올랐고, 파리 시민들이 파리를 탈출해 남쪽으로 가는 도로를 가득 메우고 있었다. 처칠이 가믈랭에게 물었다. "전략적 예비 병력은 어디에 있습니까?" 가믈랭이 대답했다. "전혀 없습니다Aucune." 처칠은 끈질기게 물었다. "언제 그리고 어디에서 반격을 할 작정입니까?" 가믈랭이 대답했다. "수적으로 불리하고, 장비도 열세에 있고, 방법도 형편없습니다." 그는 이렇게 말하면서 어깨를 으쓱했고, 그러고는 역사에서 퇴장했다.

처칠은 프랑스인들의 사기를 북돋우려했다. 그는 열 개의 전투기 중대를 추가로 프랑스로 파견하겠다고 약속했다. 전시 내각은

전화로 내용을 듣고 동의했다. 본국으로 돌아간 처칠은 저항에 부딪
혔다. 전투기 사령부의 지휘관인 휴 다우딩Sir Hugh Dowding 경이 영국
방어를 확실히 하기 위해서는 52개 중대가 필요하다고 강력하게 주
장했다. 지금도 36개로 줄어들어 있으니 만약 더 많은 전투기 중대를
프랑스에 파견한다면 곧 아무것도 없는 지경에 이른다는 것이었다.
다우딩은 전시 내각에 호소했다. 그는 과거의 손실을 나타낸 그래프
를 보이며 장래 추산치를 제시했다. 전시 내각은 그의 말을 받아들였
다. 전시 내각은 전투기 중대들이 영국 기지에서 출발해 프랑스에서

사진32
전차전의 대가 구데리안.

작전을 하는 데만 동의했다. 하루 이틀이 지나자 영국인들이 프랑스에서 작전할 수 있는 대부분의 출발기지들이 독일인들에 의해 파괴되었고 논쟁은 의미가 없어졌다. 그러나 다우딩이 제시한 그래프는 영국 본토 항공전의 승리에 이르는 첫걸음이었다.

독일인들은 5월 18일에 파리로 진입하지 않았다. 그들은 그렇게 할 생각이 없었다. 구데리안의 시선은 바다에 고정되어 있었다. 5월 20일 그의 전차들이 아미엥을, 이어 아브빌을 점령했다. 그날 저녁에는 느와이엘에서 바다에 다다랐다. 열흘 동안에 200마일을 돌파한 셈이었다. 좀 더 북쪽 벨기에에서는 연합국이 후퇴하고 있었다. 영국인들은 쉘데 강 뒤편까지 물러났고 프랑스인들은 릴 남쪽까지 내려갔다. 5월 19일 고트가 그의 프랑스 상관인 비요트Gaston Billotte와 상황을 논의했다. 비요트는 솜므강까지 후퇴해야 한다고 말했다. 고트는 됭케르크와 해협의 항구들을 간절히 바라보고 있었다. 어찌됐건, 만약 그들이 솜므강까지 무사히 도달하지 못한다면? 고트는 명

사진33
비시의 인물 페탱.

사진34 됭케르크의 영국군.

석한 군인은 아니었다. 그는 어울리지 않게 제국총참모장 자리에 있
었고 단지 육군에서 가장 잘 싸우는 장군이라고 해서 영국 원정군 사
령관으로 임명되었다. 이제 그는 용감하고 독자적인 결정을 내렸다.
그는 자신의 군대를 구하기로 마음먹었다. 5월 19일 저녁 그는 육군
성에 영국 원정군의 철수를 고려해야 할 것 같다고 말했다. 다음 날 제
국총참모장 아이언사이드Edmund Ironside가 고트는 남쪽으로 뚫고 내려
가야 한다는 정식 명령을 들고 찾아왔다. 고트는 거부했다. 그의 아홉
개 사단 가운데 일곱 개가 북쪽에서 독일군 B집단군과 싸우고 있었고,
전투를 중단할 수 없었다. 아이언사이드는 "절박한 상황. 신께서 영국

원정군을 도와주시길. 이 상황은 프랑스 사령부의 무능함에서 비롯된 것"이라고 언급했다.

무능함은 이제 그 극치에 이르러 혼란으로 이어졌다. 5월 19일, 마침내 가믈랭이 힘을 냈지만 독일의 공격 선봉을 끊어야 한다는 뻔한 소견을 내놓았다. 그는 이 의견을 조르주에게 보냈다. 몇 시간 뒤 가믈랭은 레노로부터 자신이 면직되었다는 사실을 들었다. 레노는 제1차 세계대전의 살아 있는 두 영웅인 페탱Philippe Pétain과 베강을 불러들였다. 여든 네 살의 페탱은 정부에 참여했다. 베강은 최고 사령관이 되었다. 그는 일흔 셋이었다. 그는 "나는 포슈Ferdinand Foch 원수의 비밀을 가지고 있네" 라고 말하면서 서류가방을 만지작거렸다. 서류가방은 비어 있었다. 베강은 가믈랭이 내린 합동 공세 명령을 철회했고, 그러고 나서는 시리아로부터의 비행에 지쳐 스물네 시간 동안 취침에 들어갔다. 5월 21일 그는 플랑드르로 날아갔다. 그는 고트를 만나지 못했다. 레오폴드Leopold III 국왕이 그에게 벨기에군이 그리 오래 버티지 못할 것 같다고 말했고, 프랑스 사령관 비요트는 베강과 헤어지고 난 후 교통사고로 사망했던 것이다.

프랑스인들은 모르고 있었지만, 고트는 충실하게도 독일의 포위망을 돌파할 시도를 했다. 그가 동원할 수 있는 것은 다 합해서 16대의 전차를 보유한 두 개의 전차 대대뿐이었다. 5월 21일 이 소규모 병력이 아라스에서 독일인들을 공격했다. 독일인들은 훨씬 막강했지만 상당히 놀랐다. 롬멜은 자신이 다섯 개의 전차 사단으로부터 공격을 받고 있다고 주장했다. 저녁이 되자 영국인들은 힘이 떨어졌고 포위당할 위험에 처했다. 그들은 후퇴할 수밖에 없었다. 5월 22일 프랑스 부대 하나가 비슷한 시도를 했으나 효과는 크지 않았다. 5월

24일에는 프랑스인들이 남쪽에서 공격했으나 얻은 것이 전혀 없었다. 독일의 공격 선봉은 이제 너무 막강해져서 뚫을 수 없는 굳건한 방어선을 형성했다. 이 결정적인 순간에 독일인들의 전진은 며칠 동안 중단되었다. 프랑스 육군이 제1차 세계대전 때처럼 막강한 군대라고 생각하고 있던 룬트슈테트가 그의 남쪽 측면을 염려했고, 전역의 두 번째 국면을 위해 전차를 아끼기로 결심했다. 마찬가지로 프랑스 육군을 경계한 히틀러가 그의 결정을 승인했다. 뒷전에 있던 괴링은 그의 공군이 단독으로도 영국인들을 끝장낼 수 있다고 주장했다. 전쟁이 끝난 뒤, 착상이 기발한 이론가들이 히틀러는 영국인들과 무난하게 강화를 맺기 위해 일부러 그들을 놔둔 것이라는 설을 내놓았다. 아무런 의미도 없는 설에 불과했다. 독일인들은 단지 자신들이 이룬 승리의 규모를 완전히 파악하지 못했을 뿐이었다.

5월 25일 고트는 프랑스인들에게는 반격을 할 능력이 없다

사진35 됭케르크 해안의 독일 병사들.

사진36 샹젤리제로 들어오는 독일의 승전 행진.

고 판단했다. 그래서 그는 자신의 군대라도 건사하기로 마음먹었다. 5월 27일 벨기에군이 항복했을 때 그의 결심이 확고해졌다. 벨기에 정부는 처음에는 프랑스로 나중에는 런던으로 옮겨갔다. 레오폴드 국왕은 남기로 결정해 포로가 되었다. 이로 인해 그가 부당한 비판을 받게 되었다.[3] 그는 사실 커다란 공헌을 했다. 남아 있던 벨기에 육군 의 용감한 저항으로 영국인들은 됭케르크 주변 방어선을 공고히 할 수 있었다. 영국 원정군의 철수는 5월 27일에 시작되었다. 간신히 만 명 정도만 구할 수 있으리라 예상되었다. 처칠은 하원에 어렵고 가혹 한 소식을 접할 것을 각오해두라고 예고했다.

---

3   레오폴드 3세는 정부를 옮기기로 결정한 내각과 행동을 함께 하지 않았고 망명 정부 는 레오폴드의 헌법상 권한을 박탈했다. 벨기에가 나치로부터 해방된 후에도 그의 복 위가 논란이 되었고 1950년 국민투표로 복위가 결정되었으나 이로 인해 발생한 소요 와 불안으로 인해 그는 왕위를 아들인 보두앵 1세**Baudoin I**에게 넘겼다.

철수는 바라던 것보다도 훨씬 더 성공적이었다. 괴링의 호언 장담은 실현되지 않았다. 영국 전투기들은 독일 폭격기들에 커다란 손실을 입혔다. 낮게 깔린 구름도 독일 폭격기들에게 불리함을 선사했다. 구축함들은 유람선, 소형어선, 내륙 여객선 등 각종 선박 860척의 도움을 받아 인명 대부분을 구해냈다. 철수가 종료된 6월 4일까지 영국군 이십만 명과 프랑스군 십사만 명이 영국으로 건너왔다. 대가는 결코 적지 않았다. 여섯 척의 구축함과 177대의 전투기를 잃었다. 영국 원정군이 보유하고 있던 전차, 포 그리고 동력을 가진 수송 수단 전부를 포기해야 했다. 소총을 가져오지 못한 군인도 많았다. 오로지 근위대만이 당당하게 행동했다. 그들은 도버에 도착해 세면하고 면도하고 단추에 광내고 구두까지 닦은 모습으로 행진하며 배에서 내렸다.

됭케르크 철수는 영국에서 놀라운 성과로, 거의 승리로 환영받았다. 프랑스에서는 그 일이 원한 어린 감정을 불러왔다. 패배를 앞두고 철수하는 일은 언제나 영국인들의 방식이었다. 1809년 발헤렌에서, 1915년 갈리폴리에서, 그리고 이제 노르웨이와 됭케르크에서 그랬다. 프랑스의 방식은 바젠François Bazaine이 1870년 메츠에서 그랬던 것처럼 요새로 물러나 앉는 것이었다. 그래서 그들은 마지못해 그리고 늦게 철수에 참여했다. 처칠은 영국인들과 프랑스인들이 손에 손을 잡고bras dessus, bras dessous 철수할 것이라고 약속했다. 이 말은 이미 영국군 대부분이 떠났기 때문에 철수하는 프랑스인의 수가 영국인의 수를 따라잡을 때까지 더 이상 움직이면 안 된다는 말이었을까? 아니면 돌출부에 남아 있는 수에 따라 ― 5대 1의 비율로 ― 그들이 이동해야 한다는 뜻이었을까? 혹은 단지 같은 수의 프랑스인과 영국인이 철수해야 한다는 뜻이었을까? 고트가 전출 명령을 받아 지휘권을 이어받은 알렉산더Harold Alexander 장군은 런던으로부터 명확한 지시를 받지 못했고, 이 해석들 중 마지막 것을 받아들였다. 결과적으로 프랑스군 15만 명이 뒤에 남게 되었다. 사실 그들이 물러서지 않고 방어한 덕에 영국인들이 그렇게 성공적으로 철수할 수 있었다. 이들 프랑스군은 포로가 되었다. 영국인들에 대한 프랑스인들의 우애를 커지게 하지 못하는 결과였다.

전역의 나머지는 에필로그에 지나지 않았다. 베강은 제1차 세계대전의 방식을 충실하게 지켜 50개 사단 — 그에게 남아 있는 전부 — 으로 솜므 강 방어선을 지키자고 제안했다. 6월 5일 독일인들이 공격을 개시했다. 이틀 후에 그들은 돌파하고 내려갔다. 독일 군대 하나가 노르망디를 휩쓸고 브르타뉴로 돌진해갔고, 다른 한 군대가 샹파뉴를 지나 마지노선을 뒤에서 뚫었고, 세 번째 군대는 리용을 지나 남쪽으로 나아갔다. 프랑스 정부는 투르로, 다시 보르도로 피난했다. 6월 14일 독일인들은 파리에 입성해 샹젤리제 거리를 행진해 들어갔다. 두 개의 영국군 사단이 장군 앨런 브룩 경Sir Alan Brooke의 지휘 하에 노르망디에 파견되었다. 그는 곧 전역이 실패하리라는 것을 알아차렸고 6월 15일에 만 명의 폴란드인들을 데리고 철군했다. 영국 군대가 프랑스 땅에서 다시 행동하기까지는 거의 사 년이 지나야했다. 6월 10일에는 무솔리니가 전쟁을 선포했다. 이탈리아 군은 거의 장비를 갖추지 못했다. 그들이 보유한 유일하게 좋은 총기는 제1차 세계대전이 끝날 때 오스트리아인들에게서 탈취한 것이었다. 무솔리니는 전혀 신경 쓰지 않았다. 전쟁이 끝나가고 있으니 즉시 전쟁 선포를 하지 않는다면 협상 테이블에서 자신의 자리를 놓치게 될 거

(오른쪽) **사진37**
히틀러와 괴링: 승리의 기쁨

Kölnische
Illustrierte Zeitung

5. Dezember 1940
Nummer 49 / 15. Jahr
Druck und Verlag von
DuMont Schauberg, Kö
Auslandspreise siehe Fuß der Nach

ROSSEN NARVIK-

사진38 첫 방송을 마친 드 골: 런던의 자유 프랑스 정부.

라고 생각했다. 이탈리아 군대는 대항하고 있는 프랑스군보다 세 배나 강했음에도 불구하고 전투가 종료되기 전까지 망통으로 고작 수백 야드를 전진했을 뿐이었다.

지난 20년 동안 국제 문제를 좌지우지하는 것처럼 보였던 영국-프랑스 동맹은 이때 소멸의 고통을 겪었다. 처칠은 레노의 꺼져 가는 의지를 되살려 보려는 생각으로 그를 만나기 위해 두 번이나 바다를 건너갔다. 브르타뉴에 견고한 요새를 건설하는 방안, 구세계를 구하기 위해 신세계를 끌어들일 수 있도록 루스벨트 대통령에게 호소하는 방안과 같은 현실성 없는 계획들이 발표되었다. 두 동맹국 사이에는 근본적인 견해 차가 있었다. 프랑스인들은 오직 프랑스 방어만 중요하고 영국 원정군과 영국 전투기의 희생은 감수해야 한다고 생각했다. 그들은, 그들이 생각했던 대로, 영국인들이 자신들을 저버린 그 방식에 분개했다. 영국인들은 전쟁을 지속시키기를 원했다. 그들은 다른 정부들처럼 프랑스 정부가 프랑스를 떠나 망명해야 한다고 주장했다. 무엇보다도 그들은 프랑스 함대를 보존하기를 원했다. 프랑스 함대가 있으면 영국은 계속해서 바다를 지배할 수 있었으나 프랑스 함대가 없으면 심각한 위험에 빠지게 될 것이었다. 만약 프랑스 함대가 사실상 독일의 수중에 들어가게 된다면 영국의 패전이 현실이 될 수 있을 것이었다. 영국인들은 프랑스 함대를 영국 항구에 보내라고 요구했다. 몇 주 후에는 루스벨트로부터 영국 함대를 미국 항구로 보내라는 비슷한 요구를 받고 매우 분개했지만 말이다.

6월 13일 처칠, 할리팩스, 그리고 비버브룩Max Aitken, 1st Baron Beaverbrook이 투르에서 마지막으로 레노를 만났다. 처칠이 프랑스 함대를 보존하는 문제에 대해 말하자 레노는 휴전 조약을 맺게 허락해 달라고 간청했다. 영국 정치가들은 정원으로 나와서 어떤 답을 해야 할지 의논했다. 비버브룩이 "여기 있어 봐야 할 수 있는 게 없습니다. 돌아갑시다."라고 말했다. 이 영국인들은 더 이상의 논의 없이 투르를 떠났다. 이것이 영국-프랑스 동맹의 끝이었다. 뒤이은 혼란 속에서, 함대를 안전한 곳으로 피신시키라는 영국인들의 요구는 프랑스 정부에 결코 명확히 제시되지 않았다. 6월 16일에 영국인들은 두 나라의 굳은 결속을 제안하는 데 도움이 되게 하려고 요구를 접어 두었다. 이미 소멸한 동맹의 마지막 불꽃이었다. 프랑스인들은 제안을 비웃는 조로 거절했다. 레노는 사임했다. 페텡이 프랑스 수상이 되었고 즉시 휴전을 요청했다.

히틀러는 마치 1933년 1월에 자신이 독일 수상이 되었을 때 그럴듯하게 온화함을 보여주었던 것처럼 온화함과 정치적 기술을 과시했다. 그는 프랑스 정부가 지속되기를 바랐다. 그리고 프랑스 함대와 식민 제국이 영국 편으로 넘어가는 것을 막기를 훨씬 더 간절히 원했다. 양측 협상자들이 1918년 11월 11일의 휴전 협정이 조인된 르통드에 마련된 포슈의 열차 객실에서 서로 만났고, 여기서 프랑스 측은 온당한 조건을 제안 받았다. 북부 프랑스와 스페인 국경까지 내려가는 해안 전체는 독일 점령지로 남아 있게 되었고, 르와르 이남의 프랑스는 해방되었으며, 비시에서 곧 수립된 프랑스 정부는 나라 전체에 걸쳐 민정을 수행하게 되었다. 프랑스 함대는 모항에서 무장해제하는 것으로 정해졌다. 그러나 히틀러는 거기에 손대지 않겠다고 약속했다. 휴전 협정은 6월 22일에 조인되었다. 독일의 프랑스에 대한 승리가 달성되었다. 승리를 위해 독일인들은 2만8천 명의 군인을 잃었다. 1916년 영국인들이 솜므에서 첫날 잃었던 것보다 그리 많지 않은 수였다. 독일의 탄약고는 바닥났다. 그러나 히틀러는 개념치 않았다. 그가 예상했던 대로 그건 딱 필요한 만큼이었다. 그의 전략적 식견이 입증되었다. 그는 "사상 최고로 위대한 야전 지휘관"이라고 칭송을 받았고, 어떤 독일 장성도 다시는 그의 지시에 제대로 도전하지 못했다.

　　프랑스 국민 대다수에게는 전쟁이 끝났다. 적어도 그렇게 보였다. 비시의 페탱 정부는 독일인들이 점령군을 위해 징수하는 과도한 요구 금액에 대해 미약하고 효과 없는 항의를 하는 것 말고는, 독일인들에게 충실하게 협력하는 정책을 따랐다. 약간의 주저함이 있은 후 거의 모든 프랑스 식민 제국이 페탱의 권위를 인정했다. 이런 결속에 아주 작은 균열이 있었다. 마지막 순간에 샤를 드 골이 보르도를 빠져나와 런던으로 갔다. 그는 정말로 소장少將 장교였다. 그보다 계급이 높은 사람들 가운데 저항을 주도할 사람이 없었다. 6월 18일 그는 프랑스 국민들에게 항전을 호소했다. 그는 "프랑스는 전투에서 진 것이다. 전쟁에서 진 것이 아니다"라고 외쳤다. 몇 백 명의 프랑스인들만 그의 호소에 응했다. 영국 정부는 그를 자유 프랑스의 수반으로 인정했다. 비록 망명 중이라 하더라도 정부라 하기엔 거리가 멀었다.

　　프랑스 함대의 위기는 아직 사라지지 않았다. 6월 24일 프랑스 해군의 수장인 다를랑François Darlan이 만약 독일의 수중에 넘어갈 위험이 조금이라도 있다면 배를 가라앉히라고 함장들에게 지시했다. 이 저항의 몸짓이 영국인들에게는 알려지지 않았다. 어쨌거나 그들은 히틀러만큼은 아니어도 다를랑의 말 역시 믿을 수 없을 터였다. 영국 항구에 있는 몇 척의 프랑스 함정이, 프랑스 선원 몇 명이 죽었지만, 쉽게 무장해제되었다. 알렉산드리아에서는 영국 제독들과 프랑스 제독들 사이의 합의에 따라 프랑스인들이 자신들의 함정을 무장해제했다. 가장 막강한 함대는 오란 근처 메르-엘 케비르에 있었다. 7월 3일 서머빌James Somerville 제독이 "매우 끔찍한 결정, 이제까지 나와 관련된 것들 가운데 가장 이치에 어긋나고 뼈아픈 일"이라 처칠이 부른 일을 실행에 옮겼다. 서머빌은 최후통첩을 보냈다. 프랑스 함정들은 영국 항구나 신대륙으로 가거나 아니면 여섯 시간 안에 자침해야 한다는 것이었다. 프랑스 제독들은 이 요구를 거절했다. 저녁 6시에 서머빌이 발포했다. 프랑스 전함 한 척이 툴롱을 빠져나갔다. 전함 두 척과 순양 전함 한 척이 전투력을 잃거나 파괴되었다. 천삼백 명의 프랑스 선원들이 죽었다. 영국의 행동은 영국과 미국에서 결의와 항전의 표시로 환영받았다. 하원에서 보수당원들은 처음으로

아낌없이 처칠을 환호했다. "모두가 엄숙하고 우렁차게 찬성을 표하며 참여했다." 프랑스인들은 사태를 다르게 보았다. 다시 한 번 그들은 영국의 이기심의 희생양이 되었다. 프랑스 정부는 전쟁을 선포하지는 않았지만 영국과 외교 관계를 단절했다. 오랜 파트너십의 슬픈 결말이었다.

4장

원거리 전쟁
1940 -1941년

히틀러의 승리는 유럽 역사에서 전례가 없었다. 나폴레옹이 그나마 이에 필적했지만 나폴레옹은 제국을 수립하는 데 십 년이 걸렸다. 세 번의 전역을 치러야 했고, 그 가운데 마지막 전역은, 아우스테를리츠 전투에서 절정에 달했는데, 막대한 인명 손실을 가져왔다. 더욱이 그의 제국은 결코 완전하지 못했다. 프로이센이 미약하나마 독립을 유지했고 오스트리아는 더 큰 독립을 누렸다. 히틀러의 독일은 일 년도 안 걸려서 그리고 인적·물적 손실을 별로 입지 않고 소련 서쪽의 전 대륙에 대한 지배를 확보했다. 프랑스와의 싸움에서 이기느라 들어간 비용은 몇 배나 뽑아 낼 수 있었다. 독일인들은 프랑스의 석유 저장고에서 영국 본토 항공전과 소련에서의 첫 번째 대규모 작전에 충당할 충분한 석유를 찾아냈다. 프랑스인들에게서 징수한 점령 비용은 천팔백만 명 규모의 군대를 유지하는 데 충분했을 것이다.

독일이 유럽 지배에 사용한 수단은 합병이나 직접 통치에서

부터 이탈리아와의 명목상 평등한 협력 관계까지 다양했다. 전쟁 전
에 독일은 오스트리아와 체코슬로바키아 주데텐 지역을 합병했다.
독일은 첫 승리를 거둔 후 단치히와 서부 폴란드를 합병했고 그 뒤에
거둔 승리로 오이펜과 말메디를 합병했다. 룩셈부르크와 알자스-로
렌도 명목상은 아니었지만 실제로는 역시 합병되었다. 알자스인들은
독일 군대에 징집되었고, 그들이 프랑스 마을인 오라두르-쉬르-글란
의 전 주민을 학살함으로써 전쟁 동안 가장 끔찍한 범죄 가운데 하나
를 저질렀다. 독일이나 소련에 합병되지 않은 폴란드의 나머지 지역
은 독일의 직접 통치 하에 들어갔다. 나중에 러시아에서 점령한 지역
이 더해질 때까지 놀랍게도 유럽에서 유일한 직접 통치 지역이었다.
이곳에 나치 독재자 한스 프랑크Hans Frank의 명령 아래 익명으로 통
치하는 총독 정부가 들어섰고, 나치의 인종우월과 인종청소의 교리
가 처음으로 적용되었다. 벨기에와 점령지역 프랑스에서는 독일의
군정이 실시되었다. 명목상으로는 영국을 정복할 때까지만이었다.
독일인들은 또한 해외의 작은 영토를 획득했다. 채널 제도였는데 국
왕 조지 6세의 이름으로 독일인들이 통치했다. 그 섬이 해방을 맞았
을 때 독일인들을 공격해 투옥되었던 주민 몇 명이 실제로 윈체스터
감옥으로 이송되어 형기를 마쳤다.

　　　　보헤미아와 때때로 체키아로 불렸던 모라비아는 명목상으로
는, 전쟁 동안 자리를 지켰던 체코인 대통령 하하Emil Hácha와 체코인
장관들이 있는 독일의 보호령이었다. 실제로는 독일인 보호자가 장
악하고 있었다. 처음에는 노이라트Konstantin von Neurath였고 다음에는
SS의 테러리스트였던 하이드리히Reinhard Heydrich, 마지막으로 프리
크Wilhelm Frick였다. 1942년에 영국에서 베네슈Edvard Beneš가 보낸 두

명의 체코슬로바키아 공수요원이 하이드리히를 암살했다. 이 일은 그 끔찍함으로 이름 높은 리디체 참사와 잘 기억되고 있지는 않지만 프라하 근교의 또 하나의 마을인 레자키 참사를 비롯해 무자비한 보복을 불러왔다.

네덜란드와 노르웨이는 제국 감독관의 감독을 받는 약간 더 독립적인 정부였다. 그 감독관들의 통제는 전쟁이 진행될수록 강화되었다. 두 나라에서는 협력자들이 생겨났다. 네덜란드의 국가사회주의자인 무세르트Anton Mussert와 노르웨이인 원조 퀴즐링, 크비슬링Vidkun Quisling[1]이었다. 두 명 모두 나치 당국으로부터 그다지 환영받지 못했다. 사실 이 시기가 파시즘의 시대이긴 했지만 이탈리아, 스페인, 크로아티아를 제외한 나머지 나라들은 파시즘 국가의 모습을 완전히 갖추지 못했다. 덴마크와 비점령지역 프랑스는 실제로 어느 정도는 내부적으로 독립적이었다. 이러한 독립성은 나중에는 줄어들었고 결국 사라졌다.

독일의 소위 동맹국들 가운데 슬로바키아는 소문난 위성국이었다. 이런 사실이 전쟁 중에 슬로바키아가 명목상 중립을 지키는 데 장애가 되지 않았다는 점이 흥미롭다. 헝가리와 루마니아는 독일의 동맹국에 좀 더 근접했다. 두 나라는 트란실바니아를 놓고 서로 경쟁했고 모두 러시아 원정에 참여했다. 불가리아는 유고슬라비아 공격에 참여할 만큼 적극적이었지만 나라 안의 슬라브 감정이 너무 강하다고 주장하며 소련에 대한 전쟁 선포는 거부했다. 이탈리아는 히틀러가 무솔리니를 유일하게 동등한 지도자로 인정해주는 등 동맹국

1　매국노라는 뜻의 단어 "퀴즐링 quisling"이 이 사람의 이름에서 비롯되었다.

으로서 완전한 대우를 받았다.

　스웨덴과 스위스는 자신들의 민주적 제도를 유지했고 독자적인 길을 가기도 했다. 그러나 사실상 그들은 독일 경제 체제에 묶여 있었고, 독일 점령지역이 아니므로 영국의 폭격으로부터 안전했기 때문에 정복된 것보다 독일에게 더 이로움을 주었다. 독일은 스웨덴에서 철광석을 들여왔고 정밀 기계를 스위스에서 가져왔다. 이것들이 없었다면 독일은 전쟁을 계속해 나가지 못했을 것이다. 정말로 정책 선택의 자유가 있었던 나라들은 바깥 세계로의 접근로를 가지고 있던 나라들이었다. 유럽의 한쪽 끝에 스페인과 포르투갈이 있었고 다른 쪽에 터키가 있었다. 스페인의 중립 그리고 포르투갈의 중립 역시 오랫동안 확고한 것은 아니었다. 아일랜드는 영국 정부의 관용 덕에 다소 허구적인 중립을 지키고 있었다.

　독일의 권력 기구들은 유럽 국가들이 지니고 있는 명목상의

사진39 독일 주부가 살 바나나가 없어요.

독립성이 어느 정도인가와 무관하게 거의 모든 국가들에 침투했다. 때로 그 기구는 비밀경찰이나 SS였고 때로는 군대였으며 때로는 제국의 권위로 무장한 독일인 사업가들이었다. 군사적 승리 후에 이루어진 대독일 제국은 그저 자급자족의 원칙을 제한 없이 적용하는 방법으로 유럽을 지배했다. 유럽은 독일의 독점적 이익을 위해 운영되는 경제적 공동체가 되었다. 중상주의적 체제가 "새로운 질서"라는 이름으로 불리며 발전했다. 몇몇 독일 기관들은 독일을 제외한 전 유럽을 순전히 농업 생산만 하는 단계로 떨어뜨리려는 계획을 세웠다. 다른 기관들은 당면한 전쟁 수요를 생각해 유럽의 공업시설을 독일의 전쟁 물자를 생산하는 기계로 이용하려 들었다. 또 다른 기관들은 오로지 약탈에만 관심이 있었다. 어떠한 목적이 적용되든 간에 유럽 국가들은 독일에 식량과 공산품 그리고 궁극적으로 노동력을 제공하는 식민지가 되어버렸다. 때로 이렇게 수탈을 당하는 나라들이 약간의 독일 제품을 대가로 받기도 했다. 그보다 더 흔한 일로는, 독일이 전쟁이 끝나면 변제한다고 하는 채권債權의 형태로 지불받았다. 심지어 소련조차도 이러한 이름뿐인 약속을 수용했다. 전쟁이 끝났을 때 오로지 헝가리만이, 말하자면, 베를린에 대변 잔액을 쌓아놓을 수 있었다.

　　패배한 국가들은 정복당했다는 특권의 대가를 지불했고 독일인들은 그 이익을 챙겼다. 독일에서의 생활은 전쟁으로 바뀐 것이 거의 없었다. 독일인들의 생활수준은 1940년 하반기에 사실상 향상되었다. 군사 장비의 손실은 산업의 정상적인 운영으로도 쉽게 만회되었다. 경제적 동원이나 노동 통제는 필요 없었다. 일부 15개 사단은 동원 해제되었다. 25개 사단은 평시 체제로 운영되었다. 군수품 생산은 1940년 가을에 감소되었고 1941년 여름에 다시 감소되었다. 자동차도로의 건설은 계속되었다. 새 베를린 건설을 위한 히틀러의 장대한 계획 실행이 시작되었다.

독일 국민들은 아마도 전쟁이 끝났다고 생각했을 것이다. 히틀러는 그렇지 않았다. 전쟁의 추진력이 그 자체로 그를 앞으로 나아가게 만들었다. 독일 국민들은 일생 동안 두 번 전쟁에 참여했고, 히틀러는 이번 전쟁이 끝나 가는 것을 내버려두고 나면 자신이 독일 국민들을 세 번째 전쟁으로 끌고 들어갈 수 있을지를 의심했다. 손쉬운 승리를 가져온 이미 써먹었던 방법으로 계속 전쟁을 해나가는 것이 훨씬 나았다. 더욱이 히틀러는 시간이 독일 편에 있지 않다고 여전히 주장했다. 그는 자기 기준으로 다른 사람들을 판단해, 독일이 소련과 미국을 치지 않는다면 그들이 언젠가 독일을 쓰러뜨릴 것이라 예측했다.

히틀러의 분명한 목표는 아직 전쟁 중에 있고 저항하고 있는 영국이었다. 히틀러는 이와 같은 상황을 예상하지 않았거나 아니면 이러한 상황을 타개할 어떤 계획도 세워놓지 않았다. 그는 과거 루덴도르프Erich Ludendorff처럼 일단 대륙을 향한 영국의 칼인 프랑스가 손에서 떨어져나가면, 영국이 강화를 하게 될 것이라고 생각했다. 영국 정복은, 가능하다손 치더라도 히틀러에게는 얻는 것보다 잃는 것이 많을 것이었다. 대영제국을 결국 일본과 미국이 분할해 가질 것이었다. 적어도 히틀러는 그렇게 생각했다. 어쨌거나 독일은 얻을 게 하나도 없었다. 영국 함대는 신대륙으로 가게 될 것이고, 그 결과 대규모로 전쟁을 준비해가고 있는 미국은 감히 넘볼 수 없는 상대로 커져버릴 것이었다.

영국과의 강화가 히틀러가 원한 것이었다. 사실상 영국을 미국으로부터의 공격을 막는 완충지역으로 만들어버리려는 의도였다. 그렇게 독일이 서부전선에서 겪는 모든 위험이 사라지면, 히틀러는 자유롭게 소련에 대적할 수 있게 될 것이었다. 그러나 그는 상황을 자신에게 유리하게 만드는 전술을 단 하나만 가지고 있을 뿐이었다. 상대의 투지가 꺾일 때까지 기다리는 전술이었다. 그는 독일에서 수상이 되기 전에 이 전술을 따랐고, 체코슬로바키아에 대해서도, 폴란드에 대해서도 그랬다. 그는 이제 영국에 대해서도 그 전술을 따르고 있었다. 프랑스인들과 휴전 협상을 하면서 히틀러는 요들Alfred Jodl에게 "영국인들은 전쟁에서 졌는데도 그것을 모르오. 우리는 그들에게 시간을 주어야 하오. 그러면 그들은 제정신이 돌아올 것이오"라고 말했다. 히틀러는 영국인들에게 시간을 주었다. 그는 7월 19일까지 침묵을 지켰다. 그러고 나서 제국 의회에서 연설을 했다. 그는 "이성과 상식"에 마지막으로 호소했다. 그러나 적절한 조건은 하나도 제시하지 않았다. 그는 단지 처칠을 비난하고 영국인들이 강화하지 않을 경우 "끝없는 고난과 화"를 겪을 것이라고 위협했다.

영국인들, 아니면 적어도 전시 내각의 몇몇 각료들이 강화를 맺는 것을 깊이 생각한 때가 있었다. 됭케르크 철수가 시작되기 전인 5월 27일에 전시 내각은 무솔리니를 중개자로 삼아 협상을 하는 가능성을 논의했다. 외상 할리팩스는 지중해에서 몰타와 키프로스가 이탈리아령이 되고 이집트가 공동 통치국이 되는 내용으로 무솔리니에게 양여를 해주자고 제안했다. 독일에 관해서는, "영국의 독립에 필수 불가결한 사안들에 해를 입지 않는 것으로 만족한다면" 할리팩스는 조건을 논의할 준비가 되어 있었다. 체임벌린은 할리팩스의 의

견에 찬성했다. 애틀리Clement Attlee는 무솔리니의 생색내기뿐인 친절
을 애원하는 구애자가 되는 아이디어를 신랄하게 비판했다. 전시 내
각의 다른 노동당 각료였던 아서 그린우드Arthur Greenwood는 이를 두
고 "궁극적인 항복으로 가는 한 걸음"이라 칭했다. 처칠은 처음에는
그러한 생각을 무시했다가 나중에는 마지못해 만약 히틀러 씨가 독
일의 식민지와 중부 유럽의 지배권을 반환한다는 조건으로 강화할
준비가 되어있다면 그 한 가지는 되었다고 말했다. 히틀러가 그런 제
안을 하리라는 것은 매우 있을 법하지 않은 일이었다.

다음 날 처칠은 두 노동당 각료의 대응에 고무되어 다시 생각
했다. 내각에 소속된 각료 전원을 소집한 가운데 그는 "됭케르크에서
무슨 일이 일어나든 간에 그 결과의 여하를 막론하고 우리는 계속해
서 싸울 것입니다"라고 말했다. 각료들은 환호했다. "잘 결정하셨습
니다. 수상 각하!" 몇 명은 울음을 터뜨렸고, 다른 이들은 처칠의 등
을 두드렸다. 이는 부지불식간에 히틀러뿐 아니라 체임벌린과 할리
팩스에 대한 반감을 내보인 것이었다.

히틀러의 7월 19일 연설 후에 처칠은 상하 양원에서 공식적
인 거부를 발의해주기를 희망했다. 양당 지도자 체임벌린과 애틀리
는 "너무 큰 소란을 벌이는 것"이라 생각했고, 적절하게도 할리팩스
가 라디오 연설로 히틀러의 강화 제의를 무시하는 일을 맡았다. 사석
에서 할리팩스는 여전히 스웨덴 공사에게 타협할 시간이 곧 다가온
다고 힘주어 말했다. 그러나 그의 시대는 이미 지나갔다. 8월 초에 처
칠은 영국이 전쟁이 끝날 때까지 추구해야 할 목표를 규정했다. 독일
인들은 영국인들이 황공하게도 타협을 해주기 전에 자신들이 얻은
모든 것을 포기하고 그러한 일이 다시는 일어나지 않는다고 "말 대신

행동으로 보장을 해야 할 것"이었다. 타협으로 평화에 이르는 문은 굳게 닫혔다. 독일의 "무조건 항복"이 영국의 계획이 되었다.

영국이 홀로 남아 싸우고 있고 독일의 침략이 목전에 있을 때 제시한 요구라는 것을 생각하면 주목할 만한 일이었다. 문서상으로 영국에는 많은 동맹국이 있었다. 노르웨이, 네덜란드, 벨기에 그리고 폴란드 정부가 런던을 피난처로 삼고 있었다. 베네슈는 체코슬로바키아 망명정부의 수반으로 인정받고 있었으며 드 골은 자유 프랑스를 대표했다. 네덜란드와 벨기에에는 막대한 식민지 자원이 있었으며, 드 골은 나중에 조금 획득했다. 또한 상당 규모의 폴란드 육군과 공군이 있었다. 그러나 망명 정부들 가운데 어느 정부도 유럽에서 힘을 쓸 수 없었다. 그들의 나라는 독일 통제 하에 옴짝달싹 못하고 있었고, 처음에는 저항 운동도 거의 없었다. 그 뒤 시작한 저항 운동도 그저 비밀 정보를 모아 전달하는 이상의 일은 하지 못했다. 저항 운동은 어떤 실제적인 의미에서도 저항을 할 수 없었다.

유럽 밖의 세계는 나폴레옹에 대항한 전쟁에서도 그랬던 것처럼 영국에게 의지가 되었다. 영국 자치령들은 아일랜드를 제외하고 이미 전쟁에 들어와 있었다. 캐나다의 산업은 영국의 군사적 수요를 대기 위해 돌아가고 있었고 나중에 미국이 주게 되는 것보다 후한 조건으로 공급했다. 캐나다 군대가 영국 방어를 위해 건너왔으며 북부 프랑스 공격에 가담했다. 남아프리카군이 아비시니아와 이집트에서 싸웠고 뉴질랜드군은 큰 손실을 입어가며 크레타섬 획득을 위한 전투에서 고군분투했다. 오스트레일리아군은 북아프리카에서 토브룩을 지켰다.

미국은 훨씬 큰 규모의 경제 지원을 해주리라는 전망을 주었다. 영국인들이 어떻게 대가를 지불할 수 있을지 알지 못했지만 말이다. 거국 내각이 구성된 직후 랜돌프 처칠Randolph Churchill이 부친을 찾아가 당시 형국의 어려운 일들에 대해 대화를 청했다. 처칠이 대답했다. "나는 오로지 하나의 방책만 볼 수 있을 뿐이다. 우리는 미국인들을 끌어들여야만 한다." 그리고 처칠 자신의 노력보다는 일본인들 덕택이었지만 그는 결국 그렇게 했다.

처칠과 그의 조언자들은 미국이 전쟁에 들어오길 기다리는 것만으로 만족하지 않았다. 혼란과 모순 속에서 그들은 다가오는 여름의 위험만 잘 견뎌낸다면 영국이 스스로의 힘만으로 전쟁에 이길 수도 있겠다는 생각을 품었다. 부분적으로는 제1차 세계대전의 기억에, 부분적으로는 반나치 망명자들로부터의 잘못된 보고에, 또한 부분적으로는 그들 자신의 전략적 오판에 이끌려서 그들은 영국이 실행하는 봉쇄의 효과를 실제보다 크게 생각했다. 그들은 독일 경제가 붕괴직전에 있다고 믿었는데 이는 완전히 잘못된 생각이었고, 장거리 폭격이 결정적 결과를 가져오리라 예상했지만 나중에 현실로 드러난 결과는 그렇지 못했다.

전혀 맞지 않는 예측이었다. 1940년 6월 됭케르크에서 성공적으로 철수한 후에 영국인들에게는 패배한 국민의 정서가 없었다. 그들은 자신들이 버틸 수 있을 가능성이 크다고 생각했고, 일어나는 일들은 그들이 옳다고 증명했다. 그들은 이로부터 만약 자신들이 버틴다면 제1차 세계대전이 끝날 때 그랬던 것처럼 어떻게든 다시 승전국으로 부상하리라는 생각에 쉽게 빠져들었다. 제1차 세계대전의 기억은 그들에게 용기를 불어넣었고, 때때로 독일인들에게 큰 짐이 되었다. 바르샤바 점령에 참여했던 독일인 장교 한 명은 이렇게 말했다.

"지난번에 나는 세탁부에게 무장을 빼앗겼네. 이번에는 누가 나를 무장해제할지 모르겠다네." 입장은 반대지만 영국인들도 같은 생각을 했다. 그러나 동유럽에 있던 독일 장교들 가운데 세탁부에게 무장해제당할 만큼 운이 좋은 이는 거의 없었다. 죽지 않은 이들 가운데 대부분이 러시아의 강제 노동 수용소로 끌려가서 수년을 머물렀다.

히틀러는 이제 바랐건 바라지 않았건 자신이 위협한 바를 이행해야 했다. 7월 21일 그는 베를린에서 삼군의 대표들을 만났다. 영국 침공 계획인 바다사자 작전이 원칙적으로 결의되었다. 열흘이 지나 추가 논의가 있은 뒤 공격 날짜가 9월 15일로 정해졌다. 히틀러는 처음부터 공격이 "기술적으로 실행가능한지"를 의심했다. 그는 공격 실행 여부는 시일이 임박해서야 결정하겠다고 말했다. 공격은 임시변통과 허장성세가 뒤섞인 것이었다. 어쩌면 공격은 결과를 낳는 대로 실

사진40 독일의 침투선은 결코 사용되지 않았다.

행가능하다고 판명될 것이었다. 그렇지 않더라도 영국인들이 두려운 생각으로 가득 차 용기가 꺾일지 모를 일이었다. 어느 경우든지 시도해 볼 만했다.

히틀러는 계획된 공격에 대해 계속해서 반신반의했다. 그는 육상동물이었고, 러시아에 대한 대원정을 항상 염두에 두고 있었다. 심지어 영국인들의 됭케르크 철수가 종료되기 전에도 그는 룬트슈테트에게 드디어 러시아와의 필사적인 대결이라는 자신의 중대 과업을 이룰 수 있도록 손이 자유로워졌다고 말했다. 영국의 끈기는 그에게 새로운 논리를 가져다주었다. 7월 21일의 회의에서 그는 안심하며 영국 침공에서 러시아 원정으로 방향을 선회했다. 얻을 수 있는 이익도 더 클 것이고, 그가 생각하기에 이편이 더 손쉬운 계획이었다. 그는 프랑스가 아니라 러시아가 대륙을 향한 영국의 칼이며 "러시아를 분쇄하면 영국의 마지막 희망이 날아가게 될 것"이라고 말했다. 히틀러에게 영국 침공은 중요성이 작은 작전이었다. 자신의 진짜 일대 작전이 준비될 때까지 시간을 때우는 것 정도였다. 그는 지금껏 그래왔고 앞으로 다른 모든 일에도 그럴 것이듯 원정을 직접 지시하지 않았다. 그는 자신의 산장 휴양지인 베르크호프로 들어가 한발 물러나 진행 상황을 관심 있게 지켜보았다.

그리고 나서 삼군 사이에 의견 조율은 없었다. 총사령관 브라우히치Walther von Brauchitsch와 참모총장 할더는 퐁텐블로에 있었고, 대제독 레더는 베를린에 있었으며, 공군의 수장 괴링은 9월 들어 보베에 전방 본부를 세울 때까지 베를린에서 외곽으로 40마일 떨어진 자택인 카린홀에 머무르고 있었다. 육군 수뇌들은 딜부터 웨이머스까지의 넓은 전선에 상륙할 준비를 하며 충실하게 바다사자 작전을 준

비했다. 그들은 영국 해협을 신경 쓸 필요조차 없는 대전차용 도랑
정도로 생각했다. 다른 누군가가 그들을 해협 건너로 데려다 줄 것이
고 그다음에 그들은 성공적인 원정을 수행할 수 있을 것이었다.

　　레더의 생각은 완전히 달랐다. 독일 함대는 노르웨이에서 손
실을 입은 후 매우 축소되어 전방의 하위치Harwich에 주둔한 영국
타격부대조차 감당해내기 힘들었다. 레더는 장기 전략을 원했다.
1941년 말까지 대서양을 장악하기 위해 몇백 척의 유보트가 마련되
어야 했고 1942년이나 1943년까지 지중해에서 영국인들에게 맞설
수 있도록 대규모 해상 함대가 준비되어야 했다. 히틀러에게는 너무
느린 계획이었다. 하지만 독일 철강 생산량 중 고작 5 퍼센트만 해군
건설에 할당되었고, 1940년 동안 독일인들은 전쟁이 시작될 때 보유
하고 있던 것보다 적은 수의 유보트를 운용했다. 따라서 영국 본토
항공전의 부수적 결과로, 너무나 당연했지만, 독일인들은 대서양 전
투에서도 패배했다.

　　레더는 일단 9월 15일까지 연기되어야 한다고 못 박은 다음에
는 바다사자 작전을 겉으로는 충실히 따랐다. 내륙 하천의 바지선과
해안 여객선들이 공격을 위한 출발지로 예정된 항구에 소집되었다.
공급을 주로 수상 운송에 의존하는 독일 산업에 큰 손실이었다. 한
가지 중요한 점에서 레더는 뜻을 굽히지 않았다. 육군의 계획을 전달
받고 나서 그는 전선의 전면全面으로 공격해 들어가는 것은 불가능
하다고 주장했다. 해군이 할 수 있는 최대한이라 해봐야 육군을 도버
해안에 떨어뜨려 놓는 게 고작일 뿐이라는 것이었다. 육군 장성들은
레더의 주장을 받아들일 수밖에 없었다. 그래서 딜에서 브라이튼까
지 상륙지역을 좁히는 수정안을 만들었다. 그러나 그들은 이렇듯 제

한적인 작전이 성공하리라고 믿지는 않았다. 사실 레더와 육군의 수장들은 영국인들이 이미 항복한 다음이 아닌 이상 공격이 성공할 수 없다는 데 의견을 같이하고 있었다.

따라서 모든 것이 독일 공군에 달려 있었다. 괴링은 기쁘게 그 일을 맡았다. 과거 볼드윈과 이탈리아 장군 두에Giulio Douhet처럼 그 역시 공중 무기는 막아낼 수 없다고 생각했다. 폭격기는 언제나 성공을 거둘 것이었다. 그는 독일 공군이 타군의 조력이 전혀 없어도 영국을 쳐부술 수 있을 것이라 확신했다. 독일 공군의 공격 계획인 독수리 작전과 바다사자 작전에는 일치하는 점이 하나도 없었다. 히틀러가 8월 1일에 내린 지시는 영국 정복에 유리한 조건을 만들라는 것이었다. 그러나 독수리 작전은 폭격기 편대가 전투기들의 호위를 받아 영국 상공으로 날아가 있는 대로 때려 부숴 영국인들을 항복시키는 것이었다. 말하자면 대규모의 게르니카였다. 영국 본토 항공전 기간 내내 독일 공군은 다른 군의 필요를 전혀 고려하지 않았다. 독일 공군은 영국 전함을 폭격할 시도를 거의 하지 않았고 육군의 침입 공격에 필요해질 수 있는 항구나 비행장도 종종 폭격해버렸다. 심지어 독수리 작전은 그 자체의 작전 수행 면에서조차 잘못 세워졌다. 영국 전투기들을 고려하지 않았다. 이는 실수로 판명되었다.

영국 국민들은 됭케르크 이후 두 달 동안 매우 들뜬 상태에 있었다. 그들은 이제 최전선에 서 있다고 생각했다. 그들은 독일 장군들이 그랬던 것과 마찬가지로 해협의 존재는 잊어버리고, 낙하산 부대원들이 떼를 지어 하늘에서 내려오는 한편 독일 전차가 영국 곳곳을 누비고 다닐 것으로 오판했다. 탄약 없는 소총과 창으로 무장한 국토 방위군 부대들이 원시적인 도로 차단물을 쌓아놓고 마을 도랑

에서 그야말로 죽음을 각오하고 있었다. 만약 독일인들이 들어온다
면 처칠은 "언제고 한사람씩은 맡으라"는 구호를 외칠 생각이었다.
좀 더 현실적인 차원에서 육군의 수장들은 침략군이 일단 상륙했을
때 장비도 제대로 갖추지 못한 몇 개 사단으로 침략군을 물리칠 수
있을지를 의심했고, 해군의 수장들은 상륙 자체를 저지할 수나 있을
지 의심했다. 참모부가 보고한 대로 "모든 것은 공군에 달려 있었다".

　　통계상으로 독일의 공군력은 2대 1 이상 항공기의 우위를 가
지고 있어 훨씬 더 강했다. 이러한 우위가 오해를 불러왔다. 폭격기
는 전투기들의 공격으로부터 보호를 받아야만 성공적으로 작전을
할 수 있었는데, 전투기 측면에서는 서로 대응하는 두 나라의 공군력
이 거의 비등했다. 더욱이 영국인들은 독일인들보다 더 큰 예비력이
있었다. 또한 비버브룩이 항공기 생산 부서에서 노력한 덕분에 전투
가 벌어지는 동안 영국 전투기의 성능이 실제로 향상되었다. 게다가
영국 전투기는 본거지에서 작전을 할 수 있는 반면 독일 전투기들은
작전 반경에 한계가 있었다. 영국인들에게는 또한 항공기의 이동을
추적하고 예측할 수 있는 레이더라는 값진 자산이 있었다(독일인들에
게도 레이더라 할 수 있는 물건이 없는 건 아니었지만 그것은 오로지 선박을
추적하는 데만 사용되었다).

　　무엇보다도 영국인들은 자신들이 무엇을 하고 있는지 알고
있었다. 독일인들은 그렇지 못했다. 독일 공군의 수장들은 독일 공군
이 전투기들의 공격에 상관없이 폭격하며 나아가야 할지 아니면 영
국 전투기들을 먼저 파괴해야 할지 결정하지 못했다. 그리하여 그들
은 두 가지 모두 실패했다. 영국의 전투기 사령부 사령관 휴 다우딩
경에게는 그러한 흔들림이 전혀 없었다. 그는 오직 독일 폭격기 부대

사진41 공중에서의 전투, 1940년 9월.

의 전투력을 없애는 것만을 목표로 했다. 다우딩은 낭만적으로 보이는 전투기끼리의 공중전을 가능한 한 회피하면서 자신의 전투기를 극도로 아꼈다. 결과가 모든 것을 말해준다. 전투기 손실만을 놓고 비교하면 영국인들이 독일인들보다 많이 잃었다. 그러나 독일 폭격기들이 입은 손실은 이를 무색하게 할 정도로 훨씬 컸다.

　　독수리 작전은 공식적으로 8월 13일에 개시되었다. 궂은 날씨로 공격이 이틀 지연되었고, 이제 그렇게 이름 붙여진 영국 본토 항공전은 8월 15일에서 9월 15일까지 계속되었다. 전투는 세 국면을 거쳤다. 첫째 국면에서는 독일인들이 정확한 목표물 없이 건너와서 큰 손실을 입었다. 8월 15일 하루 동안 그들은 34대의 항공기를 파괴하고 75대를 잃었다. 두 번째 국면에서 독일인들은 전방에 있는 켄트 비행장을 집중적으로 공격해 상당한 성공을 거두었다. 영국의 손실이 독일보다 많았고, 영국 공군은 후방으로 이동해야 할 위기에 처했다. 사태를 빗나가게 만든 흥미로운 일이 뒤따랐다. 8월 24일 독일 항공기 한 대가 항로를 벗어나 실수로 런던에 폭탄을 떨어뜨렸다. 다음 날 영국 공군은 보복으로 베를린을 폭격했다. 효과적이지 못한 제스처였으나 히틀러를 분노하게 만들었다. 그는 다시 보복했다. 아니면 아마도 괴링이 영국인들의 사기를 모조리 꺾을 때가 바로 왔다고 생각했던 것일지도 모른다. 9월 7일 독일인들은 런던 폭격으로 방향을 전환했다. 이로써 세 번째 국면이 시작되었다. 아무도 알아차리지

(아래, 오른쪽) **사진42-43**
독일의 번개 작전 후의 런던.

사진44
런던 상공의 독일 폭격기.

못했지만 또한 이로써 전쟁 내내 지속되는, 도시에 대한 무차별 폭격이 시작되었다.

영국인들은 위기가 다가왔다고 생각했다. 9월 7일 밤, "적의 공격이 임박함"을 알리는 "크롬웰Cromwell" 신호가 발효되었다. 국토방위군이 전투 준비를 했다. 도시의 몇몇 지구에서는 교회 종이 울려 독일군 낙하산병들이 실제로 상륙했음을 알렸다. 잘못된 경보였다. 독일인들은 9월 9일 런던을 다시 폭격했다. 첫 번째보다는 효과가 작았다. 폭격기들 가운데 절반도 성공하지 못했다. 독일인들은 마지막으로 막대한 노력을 기울였다. 이번에는 영국 공군에게 성공이 따랐다. 26대의 항공기를 잃었으나 60대의 독일 항공기를 파괴했고, 자신들이 185대를 격추했다는 틀린 믿음으로 더욱 고무되었다. 60대를 파괴한 것만으로도 충분했다. 독일 공군은 공중 우세를 확립하는 데 실패했다. 결과적으로 독일인들은 영국 본토 항공전으로 1,733대의 항공기를 잃었다. 영국인들은 915대를 잃었고, 운용할 수 있는 전투기가 7월에는 656대였는데 전투가 끝났을 때도 여전히 665대를 운용할 수 있었다.

바다사자 작전으로 가는 길은 아직 마련되지 못했다. 더군다나 영국인들은 거센 폭격을 받고도 항복하지 않았다. 9월 17일 히틀러는 바다사자 작전을 "추후 통지가 있을 때까지" 연기했다. 10월 12일에는 겨울이 온다는 이유로 취소했다. 독일인들은 1942년 3월까지도 몇 가지 준비를 계속했고, 영국인들은 특히 훨씬 강화된 국토 방위군으로 그보다 훨씬 뒤까지도 방어 태세를 유지했다. 그러나 9월 15일이 결정의 날이었다. 그 뒤 제2차 세계대전이 지속되는 동안 영국은 공격으로부터 안전했다. 영국 본토 항공전의 승리는 됭케르크 철수가 시작한 것을 마무리 지었다. 승리가 영국의 정신을 회복시킨 것이었다. 이후로 특별히 만족스럽지 못한 일에 대해 종종 불평이 일어났고 전쟁 운영이 잘못되거나 적어도 성공적이지 못할 때 때로 신랄한 비판이 가해졌다. 하지만 역사가의 입장에서 말해보자면, 영국 국민들은 완전한 승리가 이루어질 때까지 자신들이 계속 나아가야한다는 데 대해 결코 의심을 품지 않았다.

그럼에도 불구하고 영국인들이 지금 들어와 있는 이 전쟁은 이상한 전쟁이었다. 서로 화해할 수 없는 두 적대국이 서로 상대방 파괴에 목숨을 걸면서도 정작 아무것도 하지 못하고 있었다. 독일인들은 영국 침공에 실패했다. 영국인들에게는 대륙에 침입해 들어갈 군사력이 없었다. 1940년 6월 중순에서 1941년 3월 사이에 영국 특공대원 몇 명이 프랑스 해안을 급습한 일을 제외하면 영국군과 독일군 간에 총격을 주고받은 일이 없었다. 양측은 모두 뒤로 물러나 폭격하고 봉쇄하는 원거리 전쟁에 돌입할 수밖에 없었다.

독일의 영국에 대한 야간 폭격기 공격은 다소 우연하게 영국 본토 항공전에서 시작되었고, 다른 어떤 이유만큼이나 영국의 폭격에 대한 보복으로서 계속되었다. 독일인들에게는 원거리 폭격용으로 설계된 항공기가 없었고 야간 작전 훈련을 받은 조종사도 없었다. 자신들이 무엇을 이루기를 원하는지에 대한 뚜렷한 생각도 없었다. 때로 그들은 항구와 철도의 중심지를 폭격함으로써 영국의 병참선을 무너뜨리려고 시도했다. 때로 그들은 고성능 폭탄과 소이탄으로 도시의 심장부를 황폐화함으로써 영국인들의 사기를 꺾으려 시도했다. 또 어떨 때는 생각 없이 그냥 폭탄을 떨어뜨렸다. 영국 대공습은 번개the Blitz[2]라고 이름이 잘못 붙기는 했지만 많은 피해를 입혔다. 350만 가구가 손상되거나 파괴되었다. 하원이 파괴되었다. 버킹엄 궁도 폭격을 받았다. 시티오브런던, 이스트엔드, 그리고 많은 지방 도시들이 황폐화되었다. 인명 손실은 염려했던 것보다는 덜 심각했다. 대공습 기간 동안 약 3만 명이 사망했다. 대부분 런던에서였다. 폭격이 산업 생산에 끼친 결과도 덜 심각했다. 가장 악명 높은 공습 중 하나를 겪었던 코벤트리에서조차도 폭격 닷새 만에 모든 공장들이 다시 완전가동을 할 수 있었다. 처음 며칠 동안의 공황이 지나가자 사기는 흔들리지 않았고 양국 국민들은 모두가 함께 겪는 위험 앞

---

2   영국 언론이 독일의 전술 교리인 전격전 Blitzkrieg에서 따온 말로, 1940년 9월부터 1941년 5월까지 벌어진 런던 및 기타 지역에 대한 독일의 공습을 의미한다.

에서 총화 단결된 나라가 되었
다. 1941년 5월에 독일인들은
러시아 공격을 준비하면서 대
공습을 중단했고, 이후로 공습
자체보다도 공습에 대한 대비
책을 마련하는 일이 더 큰 부담
이 되었다.

영국의 폭격기 공격은
이 당시 이름뿐이었다. 영국 공
군에게는 이론상 전략 목표가
있었다. 종합 석유 공장 및 독
일의 군사력이 의존하고 있는
다른 중요 산업 시설을 파괴하
는 것이었다. 이러한 종류의 정
밀 폭격은 오로지 주간에만 가
능했고 영국인들은 곧 전투기
의 호위 없이는 주간 공습이 불
가능하다는 것을 깨달았다. 영

사진45 세인트폴 성당에서 바라본
폭격 후의 시티오브런던.

국 공군의 고위 지도자 중 어느 누구도 원거리 전투기라는 해결책을
찾아보지 않았다. 제1차 세계대전 당시 영국 육군 고위 장성 어느 누
구도 참호전의 문제를 해결할 전차라는 해답을 구하지 않았던 것과
마찬가지였다. 대신 영국인들은 야간 폭격에 의존했다. 정밀하게 목
표를 맞추는 것이 불가능했기 때문에, 아니면 실상 어떠한 목표도 없
었기 때문에 영국인들은 독일인들의 사기가 자신들보다 떨어진다는

사진46 런던 지하도의 임시 대피소.

잘못된 믿음으로 무차별 폭격에 의존했다. 사실 영국의 폭격기 공격은 단지 그것이 영국이 여전히 독일과 전쟁 중에 있다는 사실을 보여주는 유일한 방법이기 때문에 수행되었다.

폭격이 독일의 산업 생산에 끼친 효과는 미미했다. 오히려 영국의 산업이 입은 피해가 막대했다. 1941년 동안 영국 공군은 10톤의 폭탄을 떨어뜨릴 때마다 폭격기 한 대를 잃었고, 폭격기 공격으로 독일 민간인들보다 더 많은 영국 공군이 사망했다. 이와 더불어 인력과 산업 자원과 원자재가 폭격기 생산에 투입되었다. 폭격은 독일에게 피해를 준 것보다 영국에 더 많은 손실을 가져온 것이 분명하다. 1941년 11월에 폭격기 공격은 중단되었다. 사상자를 낸 만큼의 좋은 결과가 없었다는 현실을 공식적으로 인정한 셈이었다. 그러나 영국인들은 전략 폭격이 충분히 강력하다면 결정적일 수도 있다는 생각을 멈추지 않았다. 전쟁이 지속되는 동안 영국 산업 자원이, 그리고 곧 미국 산업 자원 또한 중폭격기 생산에 집중적으로 투입되었다. 이는 영국이 홀로 대항하던 그 해의 운명적인 유산이었다.

폭격보다는 봉쇄가, 적어도 독일 측에는 더 파괴적인 무기로 판명되었다. 온 유럽이 독일의 지배하에 있고 소련에서 독일로 자원이 풍부하게 흘러들어가기에 영국인들은 남아메리카와 동남아시아같이 멀리 떨어진 곳으로부터의 물자 이동을 막는 것 말고는 할 수 있는 일이 거의 없었다. 그러나 대제독 레더는 자신이 항상 선호하던 장기 전략을 다소 자유롭게 수행했다. 그는 좁은 범위 내에서 작전을 수행했다. 히틀러는 대형 해상 선박을 값진 소유물이라 생각해서 위험스럽게 바다에 내보내기를 싫어했다. 1941년 5월 레더는 바다에 떠 있는 선박 가운데 가장 대형인 비스마르크Bismarck 호를 다소 무의

사진47 비스마르크 호의 마지막 출항.

미한 원정을 위해 대서양으로 보냈다. 영국 해군 합동군이 순양전함 후드Hood 호를 잃고 나서 비스마르크 호를 침몰시켰다. 그리하여 히틀러는 대형전함을 내보내기를 더욱 싫어하게 되었다.

히틀러는 또한 독일의 자원을 유보트 생산에 사용하기를 싫어했고, 레더는 자신이 가진 것으로만 작전을 수행해야 했다. 독일 유보트들의 작전 수행 능력은 1941년 여름까지 전쟁 전의 능력에 미치지 못했다. 그래도 유보트 공격이 이뤄낸 성과는 놀라울 정도였다. 독일인들은 프랑스의 대서양 항구를 사용할 수 있었고 멀리 대양으로 나아갈 수 있었다. 독일인들에게 유리한 점이 생긴 데 비해 영국인들은 불리한 점이 생겼다. 아일랜드에 있는 세 개의 해군항이 사용을 거부당했고, 군사 행동을 하겠다는 처칠의 위협으로도 굳게 중립을 지키고 있는 아일랜드를 움직일 수 없었다. 1941년 4월에만 거의 70만 톤의 선박이 침몰했다. 피해 규모가 영국 조선소들이 다시 만들어낼 수 있는 규모보다 훨씬 컸다. 선박당 화물 규모를 줄여야 했다. 이때가 영국이 거의 전쟁에 질 뻔했던 순간이었다.

　　그때 조류가 바뀌었다. 제1차 세계대전 중에 재발견한 호위함 대 방법이 다시 성공을 거두었다. 영국 공군은 독일 폭격에서 해상 로 순찰로 마지못해 방향을 바꿨다. 미국의 원조가 점점 더 많이 오 고 있었다. 1940년 8월 루스벨트가 오십여 척의 구식 구축함을 내주 었다. 오직 아홉 척만이 재빨리 운용할 수 있는 것으로 판명되었는 데, 선물은 당장 유용하기보다는 장래에 대한 상징이었다. 루스벨트 는 1940년 11월에 대통령으로 당선되어 세 번째 임기를 맞이하고 나 서 더욱 더 적극적으로 도우려 했다. 미국 전함이 서대서양에서 순찰 을 맡았다. 미국군은 영국-미국 호위함대의 집결 기지인 아이슬란드

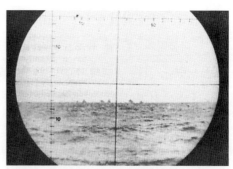

사진48
영국 호위함대를 발견한
독일 유보트 지휘관.

에서 영국군과 교대했다. 처음에 미국 선박들은 단지 영국인들에게 유보트의 출현을 신호했다. 1941년 가을이 되자 그들은 스스로 유보 트를 침몰시키고 있었고, 자신들도 유보트에 의해 침몰 당했다. 유보 트의 수가 늘어났지만 침몰당하는 선박의 수는 감소했다. 약 50척의 유보트가 지중해로 전속되었고 거기서 곧 영국인들에게 매우 불리 한 변화를 일으켰다. 그러나 대서양 전쟁의 첫 번째 국면은 영국-미 국 군이 승리했다. 루스벨트는 더 많은 물자가 영국인들에게 갈수록 미국인들이 전쟁에 개입할 가능성이 줄어든다고 계속해서 주장했다. 처칠은 "우리에게 연장을 주시오. 그러면 우리가 일을 마무리 짓겠 소"라고 입장을 표명함으로써 그를 도왔다. 매우 위험한 의견이었다. 사실 미국은 바다에서 독일과 전쟁 선포 없이 전쟁을 수행하고 있었 다. 전쟁 그 자체는 오로지 미국의 행동에도 자극받지 않겠다는 히틀 러의 결단 덕분에 일어나지 않고 있었다.

　　히틀러의 생각에 유보트 작전은 성공을 거두고 있을 때에도 너무 느렸다. 그는 전쟁의 추진력을 유지하기를 원했다. 그는 대서 양에서 소식을 기다리는 동안 추진력이 감소하는 것을 원치 않았다. 아주 잠깐 그는 지브롤터를 공격해 북아프리카로 침입할 생각을 했 다. 레더는 영국이 장악했던 지중해 제해권을 흔들어놓기 위해 그러 길 원했다. 독일의 육군 장성들은 자신들의 대군을 어딘가 금방 그 리고 그들 생각에 쉽게 쓸 수 있는 곳에 활용하기 위해 그러길 원했 다. 1940년 10월 히틀러는 헨데에서 스페인의 독재자 프랑코를, 몽 트와르에서 페탱을 만났다. 그는 두 명 모두에게 모로코 원정이 가져 올 좋은 점을 늘어놓았다. 프랑코는 끌려들어가기를 거부했다. 페탱 은 프랑스가 패전국이자 영토를 크게 빼앗긴 피점령국이 아니라 독일의 동맹국이 되었을 때 큰 보상을 얻게 될 것이라 기대했다. 곧 히틀러는 곤란한 일만 생기게 되리라 예상하게 되었다. 프랑코, 페탱, 그리고 무솔리니까지도 북아프리카에서 얻은 것을 놓고 다투려 할 것이고, 히틀러는 그들 모두를 만족시킬 수 없을 것이었다. 스페인령 카나리 제도와 포르투갈령 아조레스 제도는 영국이나 미국의 손에 들어갈 것이고, 독일 해군의 지위는 전보다 악화될 터였다. 지브롤터 공격은 일반 참모부가 거의 러시아 침공 때까지 계획을 진행시켰음에도 불구하고 결코 실행되지 못했다.

　　만약 서부 지중해가 불가능하다면 동부 지중해는 더욱 이득이 될 수도 있었다. 또 다시 레더와 육군 장성들은 그렇게 하고 싶어했다. 이집트와 중동 정복은 지중해에서 영국 세력을 끝장내버리고 이라크와 페르시아의 석유를 얻으러가는 길을 열어줄 것이었다. 몇 주 동안 히틀러는 그렇게 하고 싶은 생각이 들었다. 히틀러는 지중해가 이탈리아의 세력권이라고 강조하긴 했었다. 이탈리아가 시디 바라니까지 전진하는 것을 반겼고 이탈리아의 그리스 공격도 처음에는 환영했다. 그러나 11월에 그는 마음을 바꿨다. 아마도 이탈리아를 별 쓸모도 없는 수단이라 생각했거나 아니면 자신의 뒤에 드리워진 러시아의 환영에 사로잡혀 있었을 것이다. 기본적으로 그는 중동을 중요하게 생각할 수 없었다. 나중에 그곳을 지키려는 행동을 하지만 ─ 영국인들의 테살로니키 상륙을 막아내기 위해서였는데 ─ 그는 독일이 여기서 적극적인 행동을 하는 데 흥미를 잃었다. 육상동물로서 히틀러는 전략적 관점이 아니라 대륙의 관점에서만 생각했고, 중동은 그에게 중요하지 않은 사안으로 보였다.

　　따라서 히틀러는 1940년 6월 이후로 자신의 머릿속에 있었

고 그의 이력이 시작될 때부터 희미하게 존재했던, 소련을 끝장낸다
는 소련 원정의 대계획으로 항상 돌아왔다. 그는 영국에 대한 전쟁은
어떻게든, 특히 러시아가 정복되면, 저절로 해결되리라 생각했다. 러
시아를 정복하는 동안 영국인들은 히틀러에게 해를 줄 수 없을 것이
었다. 적어도 히틀러는 그렇게 생각했다. 그는 언젠가는 미국이 독일
의 지배권에 도전하리라 예상했다. 그는 미국인들이 전쟁할 준비가
될 시점을 1942년으로 잡기도 했다. 1944년이 더 정확한 추측이 될
수도 있었다. 이는 소련을 신속하게 끝장내야 하는 또 다른 이유였다.
히틀러는 미국의 참전을 늦추기 위해 할 수 있는 바를 다 했다. 그는
구축함 거래, 무기 대여, 그리고 심지어 미국 함대의 대서양 전투 참
여 등 미국의 중립 위반을 모른 척했다.

　히틀러는 중대한 결과를 가져오게 될 외교적 행동 한 가지를
취했다. 이제까지 일본인들은 반코민테른 협약의 일원이었지만 공
식 동맹을 맺기를 거부해왔다. 히틀러가 유럽을 정복하자 일본인들
은 동맹을 맺고 싶은 생각이 들었다. 1940년 9월 27일 독일, 이탈리
아, 일본은 만약 세 나라 중 어느 한 나라라도 새로운 적에게 공격을
받는다면 참전할 것임을 약속하며 삼국 조약에 서명했다. 히틀러는
러시아 공격에 대한 일본의 지원에 관심이 있던 것은 아니었다. 그는
동맹을 맺음으로 인해 미국에 대항한 일본인들의 자신감이 커지리
라 기대했다. 만약 극동 전쟁이 뒤따른다면 미국이 유럽 사안에 관여
할 틈은 사라지고, 독일의 서부전선은 안전해질 것이었다.

　극동에서 일본은 확실히 움직이고 있었다. 새로 조인된 동맹
때문만은 아니었다. 히틀러의 승리로 극동에는 일본인들이 빨려 들
어갈 수밖에 없는 힘의 공백이 생겼다. 프랑스령 인도차이나와 네덜

란드령 동인도 제도는 무방비상태였고, 싱가포르의 영국인들도 별로 나을 바 없었다. 일본이 요구하는 대로 중국 국민당 정부가 있는 충칭으로의 보급을 끊는 방법으로 일 년 이상 지속되었던 교착 상태에서 빠져나올 수도 있었다. 프랑스인들은 충칭으로 가는 보급로를 끊는 데 동의했다. 영국인들은 단 석 달 그것도 전혀 도로를 사용할 수 없는 우기雨期 동안이었지만 버마 로드를 폐쇄하는 데 동의했다. 일본인들은 네덜란드령 동인도 제도로부터의 석유 공급을 보장받기를 또한 원했다. 런던의 네덜란드 망명 정부는 동의해 주고 싶었을지도 모른다. 그러나 미국의 심기를 건드리게 될 것을 두려워해 그러지 못했다. 일본과 미국 사이의 적대감은 히틀러가 바라던 대로 매우 커져가고 있는 것처럼 보였다.

이는 상황을 잘못 이해하는 것이었다. 일본이나 미국이나 극동에서 전쟁을 원하지 않았다. 그들은 타협을 원했다. 물론 서로 원하는 타협의 조건이 전혀 달랐고, 그들이 타협에 이르기 위해 노력하는 도중 사용한 수단들은 전쟁을 멀어지게 하는 것이 아니라 더 가까이 다가오게 만들었다. 일본인들은 히틀러가 전망한 것과 반대로 생각했다. 즉, 미국이 곧 대서양에서 바빠지게 되어 극동 문제에 사용할 시간이나 자원이 없게 될 것이라고 판단했다. 따라서 일본이 자신의 지위를 강화하고 미국의 경제적 압력에 대한 자신의 안보를 굳게 한다면 미국인들은 일본에게 중국에 대한 사실상의 패권을 부여하는 타협을 기꺼이 할 수 있게 될 것이었다. 미국인들이 자신들의 뜻을 굽히지 않는 것으로 드러날 때마다 일본은 항상 미국인들이 결국에는 양보할 것이라는 확신에서 극동에서의 이익 추구를 밀어붙였다.

루스벨트 대통령과 그의 군사 고문들은 확실히 유럽 전쟁을 우선했다. 이러한 결정에는 멀리 제1차 세계대전 직후 미국인들이 가능성은 희박하지만 그래도 없지는 않은 영국과 일본에 대항한 전쟁을 예상할 때로 거슬러 올라가는 긴 역사가 있다. 그 당시 미국의 전략가들은 계속해서 일본을 상대하기 전에 더 강한 해군력을 가진 영국을 먼저 제압해야 한다고 주장했다. 그들은 적이 될 가능성이 있는 나라가 독일과 일본으로 바뀌었을 때도 여전히 대서양을 태평양보다 우선시했다. 독일에게 이렇다 할 해군이 없었는데도 말이다. 독일의 위험성은 독일인들이 남아메리카를 공격하고 거기서부터 워싱턴으로 진격할 계획을 세우고 있다는 경고들 때문에 부풀려졌다. 히틀러가 전혀 품었던 적이 없는 환상이었다. 좀 더 현실적인 근거에서 미국인들은 영국을 독립적인 세력으로 유지시키는 것이 대서양과 태평양 두 지역 모두의 안보에 필수적이라고 판단했다. 영국인들

사진49 베를린에 온 몰로토프: '아니오'라고 말했다.

은 유럽 전쟁을 우선해야만 했고 미국인들은 자동적으로 그들의 뒤를 따르게 되었다.

루스벨트가 어느 지역에서든 미국을 전쟁에 끌고 들어가려고 의도적으로 계획했다고 말하는 것은 아니다. 어느 전쟁보다 사태가 돌발적으로 일어났던 이 전쟁에서 그때그때 대처를 가장 잘 했던 루스벨트는 미래가 현실로 닥칠 때까지 미래에 대해 결정을 내리지 않았다. 1940년 가을 3선을 위한 대통령 선거 유세 기간 동안 그는 "여러분의 아들들은 어떠한 국외 전쟁에도 파병되지 않을 겁니다"라고 말했다. 비록 사석에서는 "만약 우리가 공격을 받는다면 선택의 여지가 없다"라고 덧붙여 말했지만 당시 그는 진심이었다. 1941년 가을에도 그는 미국의 지원으로 영국이 버텨가는 한 결국에 가서는 어떻게든 독일의 지배권이 쇠할 것이라고 생각했다. 마음이 유럽에 향해 있던 루스벨트는 분명히 일본과의 합의를 원했다. 그러나 그가 구상한 합의의 조건에는 만주를 제외한 전 중국에서의 일본의 철수와 "문호개방" 원칙의 회복이 포함되었다. 그가 합의를 촉진하기 위해 사용한 수단들은 일본인들의 수단을 뒤집은 것이었다. 극동에서 일본이 한걸음씩 나아갈 때마다 루스벨트는 금융 및 경제적 압력을 강화했다. 그렇게 하면 일본인들이 물러설 것이라는 확신에서였다.

따라서 극동에는 유럽 지역에 마찬가지로 존재하던 것과 비슷한 교착상태가 있었다. 11월에 히틀러는 흥미로운 외교적 행동을 개시했다. 어쩌면 리벤트로프가 주도하고 히틀러가 묵인했을지 모른다. 독일인들은 소련이 반코민테른 협약에서 제4의 당사국이 되면 어떻겠냐고 제안했다. 협력국들이 세계를 분할하자는 제안이었다. 즉 유럽은 독일이, 지중해는 이탈리아가, 극동은 일본이, 페르시아와 인도는 소련이 갖자는 내용이었다. 이는 과연 대규모의 대륙 연맹이 될 것이었다. 스탈린은 관심이 있는 것처럼 보였다. 몰로토프가 베를린으로 왔다. 몰로토프에게는 앞으로 이어질 외유 중 첫 번째였다. 그는 협상장에 "아니오" 단 한 마디만 가지고 왔음을 보여주었다. 그는 히틀러가 제안한 동방의 화려함에 현혹되지 않고 핀란드와 루마니아의 독일군에 관한 당혹스런 질문을 던졌다. 그는 소련의 보스포루스-다르다넬스 해협 통제권을 요구했다. 영국의 공습으로 협상자들이 대피호로 피신해야 했을 때는 이렇게 일침을 놓았다. "영국이 이미 패배했다면 우리가 왜 여기에 있는 것입니까?" 소련은 독일에 계속해서 필수적인 원자재를 공급했지만 독일의 위성국이 되지 않을 것임이 분명했다. 스탈린은 "제국주의" 전쟁에서 중립을 지키고 있다가 아마도 교전국들이 지쳤을 때 개입하려고 생각했을 것이다. 히틀러는 안심하며 소련의 최종 파괴라는 자신의 계획으로 돌아왔다.

이러한 협상과 술수가 진행되는 동안 전쟁은 모두가 잊고 있던, 강대국들 가운데 가장 별 볼일 없는 나라에 의해 갑작스레 불이붙었다. 무솔리니는 프랑스에 대항해 전쟁하던 며칠 동안 시시한 역할만 맡았다. 그는 주요 무대에서 배제된 데 대해 분개했고, 스스로독립적인 행동을 취하기로 마음먹었다. 그는 이미 자신의 주도로 두군데에서 전쟁을 하고 있었다. 아비시니아에서 20만 명의 이탈리아군이 본국과 단절된 채로 자신들보다 적은 수의 영국군과 싸우고 있었다. 북아프리카에서는 사막전을 위한, 아니 사실 사막이 아닌 다른곳에서의 전투를 위한 장비조차 갖추지 못한 또 다른 21만5천 명의이탈리아인들이 1940년 9월에 조심스럽게 이집트 국경을 건넜고 이후의 진격을 애써 준비했다. 무솔리니는 이에 만족하지 못하고 10월 28일에 알바니아에서 그리스를 공격해 들어가기 시작했다. 그는 치아노Galeazzo Ciano에게 말했다. "히틀러는 항상 내게 기정사실이 된 일을 들이댄단 말이야. 이번에는 내가 똑같이 갚아줄 차례야."

히틀러는 사실 놀라거나 동요하지 않았다. 나중에 그랬었다고 말했지만 말이다. 당시 그는 자신의 발칸 전선을 굳건하게 하는 수단으로 이탈리아의 그리스 공격을 반겼다. 무솔리니는 마지막으로 자유롭게 독자적인 행동을 계속해나갈 수 있었다. 그러나 그 기회를 잘 살리지는 못했다. 그리스인들은 이탈리아인들보다 산악 전투에 더 능숙했고 곧 이탈리아인들을 알바니아로 몰아냈다. 더 많고 더 극심한 어려움이 영국인들에게서 무솔리니에게 다가왔다.

영국인들은 넬슨Horatio Nelson 시절 이래로 지중해에 함대를 주둔시켜왔다. 이제 그들은 수에즈 운하를 지키기 위해 이집트에서 육군 또한 유지하고 있었다. 대륙에 개입하리라는 전망이 없어 이 군대가 달리 갈 곳도 없어 보였다. 프랑스가 전쟁에서 떨어져나갔을 때 잠시 동안 영국인들이 지중해와 이집트를 혼자서 지킬 수 있겠는가 하는 의심이 있었다. 1940년 6월 16일에 해군 제1군사위원[3] 더들리 파운드 경Sir Dudley Pound이 지중해 해군 총사령관인 제독 앤드류 커닝엄 경Sir Andrew Cunningham에게 수에즈 운하를 봉쇄한 뒤 함대의 상당 부분을 지브롤터로 철수하고 남은 함대는 아덴으로 철수하면 어떻겠냐고 제안했다. 커닝엄은 이 제안이 영국의 위신에 더욱 타격을 입히는 것이라며 좋아하지 않았다. 파운드도 계속 주장하지는 않았고,

---

3 다른 나라의 참모총장에 해당한다.

동부 지중해에 남아 있던 문제는 참모부나 전시 내각에서 결코 공식적으로 논의되지 않았다.

이집트에 있던 세 명의 영국 사령관들은 자신들의 군대가 보강되어야만 이집트를 지킬 수 있겠다고 보고했다. 8월 16일 영국 본토 항공전이 한창일 때 남아 있던 전차 중 삼분의 일을 이집트로 보내라는 명령이 내려졌다. 그렇게 함에 따라 이때부터 영국은 물자와 수송수단이 필요하게 됨에도 불구하고 지중해에서 점점 더 큰 규모로 전쟁에 개입하게 되었다. 그 이면에는 앞으로 무척 중요한 의미를 지닐 부정적인 결정도 있었다. 영국은 오스트레일리아와 뉴질랜드에 일본이 공격을 가하게 되면 영국은 지중해에서 손실을 줄이고 "이 브리튼 섬을 방어하고 보존하는 것 말고는 그 두 나라의 방어를 위해 모든 이익을 희생하겠다"고 말을 해왔는데 그럼에도 불구하고 영국 정부는 지중해에 개입함에 따라 사실상 극동을 방치했고 일본이 중립을 지키리라는 데 운명을 걸었다.

이집트에 남아 있어야 하는 이유를 좀 더 상세히 밝힌 주장이 종종 제기되었다. 지중해와 수에즈 운하가 제국의 생명선으로 주어졌다는 주장이다. 평시에는 확실히 그랬었다. 그러나 이탈리아가 참전하자 영국 선박은 지중해를 항해할 수 없었고 1943년까지 그런 상태가 지속되었다. 남아프리카의 희망봉을 돌아 이집트로 물자를 보내고 그다음에 지중해에서 다시 선박이 통행할 수 있게 만드는 데에 소모된 영국 선박이 지중해 통행으로 얻은 것보다 훨씬 더 많았고, 영국인들이 대서양 전투에서 거의 질 뻔한 것은 주로 지중해에 대한 집착 때문이었다. 영국인들은 또한 히틀러가 이라크와 페르시아의 유전 지대로 전진하는 것을 막기 위해 이집트에 있어야만 한다고 주장했다. 단언컨대 히틀러의 머릿속에는 이런 계획이 들어 있지 않았다. 아마 그렇게 했어야만 했음에도 불구하고 말이다. 만약 그가 그 유전 지대로 전진할 의도를 가지고 있었다고 한다면 그것은 소련을 무찌른 다음 코카서스를 통해서였을 것이고, 그 경우 영국군은 독일의 전진을 막기 위해 이집트에서 철수해야만 했을 터였다.

영국인들이 지중해에 남기로 마음을 정하게 되는 데는 좀 더 긍정적인 이유가 있었다. 처칠은 새로운 동맹국을 얻기를 바랐다. 지중해 한쪽 끝의 프랑스인들과 또 다른 쪽의 터키였다. 실패로 끝난 1940년 9월의 서아프리카 다카 공격은 프랑스인들을 돌이키려는 바람에서 나온 것이었다. 그러나 이 공격으로 프랑스인들의 적대감만 커졌고 재촉했던 드 골은 신뢰를 잃었다. 터키에 관련된 희망은 영국인들이 제공할 수도 없는 군수 물자에 대한 끊임없는 요구를 불러일으킨 것만 제외하면 아무 결과도 없었다. 영국인들은 좀 더 야심차게 처칠이 공격하기 쉬운 하복부라고 잘못 이름붙인 유럽 대륙 남쪽에서 침입해 들어갈 날을 고대했다. 갈리폴리와 같은 지역들이 그럴듯하게 부각되고 있었다. 그러나 이러한 것들은 합리화하는 구실일 뿐이었다. 영국인들이 지중해에 머무르는 이유는 그냥 그들이 거기 있기 때문에 머물러 있는 것이었다. 그들은 달리 싸울 곳이 없었기 때문에 거기서 싸웠다. 이 단순한 사실이 제2차 세계대전의 마지막 해까지도 영국 전략 그리고 나중에는 미국 전략의 가장 중요한 부분을 결정했다.

이집트에서, 좀 더 일반적으로는 중동에서 영국의 지위는 제국주의의 흥미로운 유산이었다. 이집트와 이라크는 외관상으로는 독립 왕국이었고, 팔레스타인에서조차도 영국의 위임통치는 명목상 대영제국의 이익을 위해서가 아니라 그 지역에서 유대인들의 조국 건설을 진척시켜주려는 목적으로 존재했다. 그러나 중동의 두 왕국은 독립할 때 곧 그 한계를 깨달았다. 1941년 영국의 무장 군사력이 영국 공군 기지를 접수하려는 이라크의 시도를 분쇄했다. 1942년 이집트 국왕이 자신의 총신을 수상으로 임명하려 시도했을 때 그의 왕궁은 영국 전차들로 둘러싸였고 영국 대사는 그에게 영국이 원하는 인물을 수상으로 임명하지 않는다면 그가 곧장 서명하도록 명하는 퇴위 증서를 제시했다. 팔레스타인에서 영국인들은 아랍인들의 감정을 상하지 않기 위해 유대인의 이주를 허용하지 않았다. 그럼에도 불구하고, 독일인들은 노르웨이나 벨기에 같은 전략적 지역을 확보할 때 침략 행위를 해야 했던 반면 자신들은 그 자리에 이미 있었고 자신들을 내몰려는 어떤 시도도 반란으로 처리할 수 있었다는 점이 영국인들에게, 적어도 그들 자신이 보기에는, 도덕적 우위를 가져다주었다. 그래도 중동에서 전쟁 내내 영국의 중심기지 역할을 한 이집트가 1945년까지 이론상 중립을 지키고 있었다는 점은 약간 기묘했다.

　　1940년 여름, 군사력은 보강되고 있었지만 영국인들이 이집트나 중동에 머물러 있을 수 있을지 의심스러워 보였다. 아프리카에서 이탈리아군은 영국군보다 수적으로 5대 1의 비율로 앞섰다. 이탈리아 해군과 공군 역시 통계상으로는 분명히 우위였다. 영국 해군 총사령관 커닝엄은 공격적인 사람이었고, 되풀이해서 자신의 함대를 위험한 수역으로 이끌었다. "함대 보존"이라는 교리에 집착하던 이탈리아인들은 그때마다 항상 도망했다. 따라서 커닝엄은 그들의 본거지까지 추적해 들어갔다. 11월 11일 항공모함 일러스트리어스Illustrious 호에서 이륙한 항공기들이 타란토의 항구에 정박해 있는 이탈

사진50 이라크를 접수한 영국군.

리아 함대를 공격했다. 전함 석 대가 침몰했다. 이탈리아 전함함대의
절반이 운용할 수 없게 되었다. 나머지는 이탈리아 서부 해안의 나폴
리로 퇴각했다. 그렇게 해서 영국인들은 동부 지중해의 제해권을 회
복했다. 그들은 자신들이 공군력으로 제해권을 얻었고 이는 곧 역전
될 수도 있다는 점을 숙고하지 않았다.

　　이집트 주둔 육군 총사령관 웨이벌은 좀 더 신중한 성격의 인
물이었다. 그는 현역 고참 지휘관이었고 가장 뛰어나다는 평을 듣고
있었다. 그의 숭배자들은 그에게서 크롬웰Oliver Cromwell을 발견했고,
만약 제2차 세계대전 동안 처칠에게 도전한 군인이 있었다면 확실
히 그 사람은 웨이벌이었을 것이다. 그러나 그가 반항을 생각하고 있
었더라도 그는 그 생각을 일기에만 적었다. 오랫동안 간직하고 있었
을 군인으로서의 열정은 그에게서 이미 사라졌다. 그는 이집트 자체

사진51 리비아의 정복자 오코너 장군.

뿐 아니라 중동 전체까지 확장된 자신의 막대한 책임에 눌려 있었다. 그는 처칠로부터 계속되는 "재촉"에 매우 화가 났다. 1940년 7월 그는 본국으로 소환되었고, 처칠은 입을 굳게 다문 그를 접하고 그에게 "투지"가 부족하다고 판단했다. 마땅히 대체할 인물은 없었고 그는 기분이 상해서 이집트로 돌아갔다.

웨이벌은 놀랍게도 성공을 거두었다. 그는 철저하게 규율을 따르는 방식으로 먼저 아비시니아의 이탈리아인들을 상대하기로 작정했다. 전초전으로서 그는 후방을 공고하게 만들기 위해 이집트 국경에 있는 이탈리아군에 타격을 한 번 가했다. 웨이벌이 부른 대로 이 "일대 습격"은 기대했던 것보다 훨씬 성공적이었다. 12월 7일 오코너Richard O'Conner 장군이 총 3만5천의 병력과 275대의 전차로 이탈리아 방어선의 틈을 뚫고 지나가 후방에서 이탈리아인들을 공격했

다. 이탈리아인들은 기동전에 대한 훈련을 받지 못했고, 지난 5월에
프랑스인들이 그랬던 것처럼 전차와 항공기 앞에서 무너졌다. 오코
너는 계속해서 전장을 휩쓸었다. 1941년 1월 22일에는 강습으로 토
브룩을 점령했다. 2월 9일에는 엘 아게일라에 도달했다. 키레나이카
전체가 영국의 수중에 들어왔다. 그들은 두 개 사단이 결코 넘지 않
는 규모의 군사력으로 열 개의 이탈리아 사단을 쳐부수었고 십삼만
을 포로로 잡았다. 영국군은 438명이 사망했고, 그 중 353명이 오스
트레일리아인이었다. 독일이 프랑스에서 승리했던 것만큼이나 작은
규모의 군사력으로 거둔 압도적인 승리였다.

하지만 이 승리의 순간은 또한 영국이 더 이상 스스로의 자원
에 의존해 대규모 전쟁을 치를 수 있는 독립적 강대국이기를 멈춘 순
간이기도 했다. 1941년 초 영국의 재정 자원은 거의 고갈되었다. 만
약 이 상태가 유지된다면 영국인들은 수출에 전념해야 하고 명목상
으로만 전쟁에 남아 있게 되었을 것이다. 미국 스스로 참전할 때가
올 때까지 영국이 미국의 검으로 행동해주기를 바라던 루스벨트 대
통령에게는 바람직하지 않은 상황이었다.

1941년 3월 루스벨트는 무기 대여법을 제정했다. 아마도 전
쟁에서 가장 두드러진 정치적 공격이었을 것이다. 미국은 "민주주의
의 군수공장"이 되었고 비용 지불을 요구하지 않았다. 그래도 지불
되어야 할 값비싼 대가는 있었다. 미국 당국은 영국의 금 보유고와
해외 자산을 가져갔다. 그들은 영국의 수출을 제한했고, 미국 사업가
들은 이제까지 영국 것이었던 시장으로 진출했다. 영국 경제는 오로
지 전쟁을 위해서만 가동되었다. 케인즈John Maynard Keynes가 이 사실
을 정확히 지적했다. "우리는 건전하던 국내 경제를 던져버렸다. 그

러나 우리는 우리 자신을 구했고 세계를 구하는 데 공헌했다." 무기 대여법 덕분에 거의 전쟁이 끝날 때까지 영국은 실제로는 아니지만 겉으로는 강대국의 모습을 유지했다.

북아프리카의 승리로 영국의 지위가 결정적으로 변화한 사실이 감춰졌다. 승리 자체는 그리 오래 가지 않았다. 오코너의 군수 물자가 떨어져가고 있었다. 그러나 키레나이카에 있는 이탈리아 항구들은 손실을 입지 않아 오코너에게 도움이 되었고, 그는 트리폴리로 압박해 들어감으로써 북아프리카의 이탈리아 점령지 정복을 달성하기를 원했다. 그를 막을 것은 아무것도 없었다. 그러나 그는 돌연 전진을 멈추고 병력 대부분을 이집트로 돌려보내라는 명령을 받았다. 히틀러가 그리스에 개입하기로 결심했던 것이다. 이렇게 역설적인 방식으로 이탈리아는 자신이 그리스에서 당한 패배 덕에 북아프리카에서 즉각적인 패배를 모면할 수 있었다.

영국은 전쟁 전에 그리스 보장을 약속했었다. 그러나 이탈리아만 관련되어 있는 한은 독일을 자극하지 않기 위해 이 보장을 실행에 옮기지 않았다. 영국인들은 몇 대의 항공기를 그리스로 파견했고 크레타섬을 점거했다. 그러나 해군력에 대한 믿음으로 거기에 방어 공사를 거의 하지 않았다. 무솔리니는 처음에는 자존심이 너무 강해서 독일에 지원을 요청하지 않았다. 러시아 침공에 전념하던 히틀러는 지중해에 관심을 갖지 않았지만 곧 다시 생각했다. 어느 때보다도 제2의 전선을 걱정한 그는 독일군이 러시아에서 교전할 동안 영국인들이 발칸 반도로 침입해 들어올까 봐 걱정했다. 그래서 내키지 않았지만 무솔리니를 곤경에서 구해내기로 결심했다. 이론상 무솔리니는 계속해서 히틀러의 유일한 동등자 대우를 받았다. 그러나 실제로 이

사진52-53 항복해 포로가 된 이탈리아인들.

탈리아는 어쩔 수 없이 독일에 의존적인 위성국이 되었다. 앞서 프랑스와 마찬가지로 이탈리아는 강대국 그룹에서 떨어져 나갔다. 오로지 영국만이 겉으로는 제1차 세계대전에서 승리한 유럽 강대국의 명성을 유지했지만, 영국조차도 결국에는 상황이 감당하기 어렵다는 것을 깨달았다.

독일 항공기들이 시칠리아로 파견되었고, 거기서 곧 중부 지중해에 대한 영국의 지배권을 흔들어놓았다. 히틀러가 총애했던 장군 중 하나인 롬멜이 전차 사단을 거느리고 트리폴리로 왔다. 이 전차 사단은 나중에 아프리카 군단Afrika Korps으로 확대되었다. 롬멜은 그냥 장군이라기보다는 용감한 기병 지휘관이었고 구데리안이 통달했던 전차전에 대한 이해가 전혀 없었다. 그러나 그의 추진력은 영국의 예측을 쓸모없게 만들어버리기에 충분했다. 영국인들은 자신들의 속도에 비추어 롬멜의 속도를 생각했고 그가 6월에나 공격을 할 수 있으리라 예상했다. 예상과 달리 그는 3월 30일에 공격했다. 앞서 오코너처럼 롬멜은 오로지 일대 습격을 감행하기로 작정했다. 그 역시 놀랍게도 성공을 거두었다. 영국의 전방 진지들이 무너졌고, 오코너는 포로로 사로잡혔다. 4월 11일 영국인들은 결과적으로 당황스럽게도 고립된 요새가 된 토브룩을 제외하고 키레나이카에서 얻은 모든

사진54-55 트리폴리에 도착한 아프리카 군단(아래)과 롬멜(오른쪽).

것을 잃었다.

히틀러가 애초에 그리스에서 의도한 것은 단지 당시 불가리아에 넘겨주려고 생각했던 테살로니키를 점령하는 것이었다. 1940년 12월 그는 그리스와 이탈리아 사이의 중재를 제안함으로써 그리스를 자신의 편으로 만들려고 했다. 이 시도가 실패하자 그는 그리스 전체를 점령해야겠다고 결심했다. 히틀러는 불가리아의 지원과 유고슬라비아의 우호적 중립을 기대했다. 그는 대신 유고슬라비아의 철로를 사용하지 않는다는 약속을 하게 되었지만 3월 25일에 중립 약속을 얻었다. 이틀 후 유고슬라비아에서 섭정 왕자 파블레 카라조르제비치Pavle Karadjordjević를 타도하고 연소한 국왕 페타르 2세Petar II를 옹립하는 애국주의 쿠데타가 발생했다. 그리스 침공을 준비하던

독일군은 방향을 바꿔 유고슬라비아로 들어가 일주일 안에 유고슬라비아군을 쳐부쉈다. 속도가 빠른 이 전쟁 중에서도 가장 신속한 승리였다. 유고슬라비아는 해체되었다. 마케도니아가 불가리아에 편입되었고, 이탈리아의 보호 하에 파시스트 크로아티아가 수립되었으며, 세르비아의 남은 부분은 독일 통치 하에 들어갔다. 독일은 또한 슬로베니아와 트리에스테로 가는 철로를

차지했다. 더욱이 독일인들은 이제 유고슬라비아의 철로를 자유롭게 사용할 수 있었다. 독일에 협력해 추축국 편에 선 섭정 왕자를 제거한 유고슬라비아의 영웅적 행동으로 사실상 그리스에서 독일의 승리가 쉬워졌다.

1월부터 영국인들은 독일이 개입한다면 그리스를 지원할 것인가에 대해 토론해오고 있었다. 군사적인 주장들은 모두 반대의견이었다. 파견할 병력이 거의 없고 특히 항공기가 없다는 것이었다. 그러나 정치적인 주장들이 더 강력했다. 보장을 해주었던 국가를 돕지 않는 것은 영국에게 치욕적인 일이 되리라는 것이었다. 영국의 개입은 그리스, 유고슬라비아, 터키로 이루어지는 발칸 연합의 전주곡이 될 수 있을 것이었다. 당시 카이로에 있던 남아프리카의 수상 스뫼츠Jan Smuts가 말한 그대로였다. "어떤 수단으로 자유 애호국들에게 용기를 불어넣게 될 것인가?"

각의에 혼란이 있었다. 처칠은 처음에는 개입에 전적으로 찬성했다가 나중에는 북아프리카에서 획득한 것을 포기하기를 꺼렸다. 육군성에서 외무성으로 막 자리를 옮긴 이든Anthony Eden과 참모총장 존 딜 경Sir John Dill이 이집트로 가서 상황을 살펴보았다. 그리고 나서 이든은 앙카라로, 딜은 베오그라드로 갔다. 두 나라의 수도에 간 그 둘은 영국의 계획을 낙관적으로 보았다. 따라서 처칠과 전시 내각이 신중한 경고를 했을 때 이든과 딜은 이번만큼은 자신들의 수장보다 더 호전적으로 되기로 결심했다. 군사 계획 역시 완벽하게 혼란스러웠다. 영국인들은 단지 남부 그리스에서 교두보를 확보하기를 원했다. 그리스인들은 그들이 승리를 거둔 알바니아에서 철수하고 싶지 않았다. 결과적으로 독일인들은 모나스티르에서 알바니아의 그리스

(위) **사진56** 사라예보의 독일군.
(아래) **사진57** 그리스의 영국군.

군과 테살로니키의 그리스군 사이에 생긴 틈을 돌파했고, 그 뒤에도 거의 저항에 부딪히지 않고 전진했다.

그때 영국군이 그리스에 상륙했다. 유고슬라비아는 붕괴했고 그리스군은 패배 직전에 몰려 있었다. 영국 군대는 적군과 결코 심각한 접전을 벌이지 않았다. 영국군 가운데 일부가 후속 병력이 아직 도착하고 있는 와중에도 이미 철수하고 있었다. 영국인들은 그리스에 6만2천 명을 파병했고, 철수한 수는 5만이었다. 국왕과 그의 정부를 포함해 약 만 명의 그리스인들을 포함한 수였다. 또 다시 모든 중장비를 잃었다. 됭케르크의 축소판이었지만 이번에는 아무런 효과도 없었다. 처칠은 사실 원정에 대해 의구심을 표명했지만 실패에 따른 비난은 그에게 떨어졌다. 야심찬 계획이 부적절한 수단으로 추구된 고전적인 이야기였다.

기운을 북돋는 소식 하나가 다른 곳에서 들려왔다. 아비시니

사진58 아디스아바바에 돌아온 하일러 젤라시: 첫 희생자이자 첫 귀환자.

아에서 이탈리아군이 결정적인 패배를 당했다. 5월 5일 하일러 젤라시 황제가 자신의 수도에 다시 발을 디뎠다. 그는 추축국이 저지른 침략행위의 첫 번째 희생자였고 또한 복귀한 첫 번째 인물이었다. 그는 스스로 건설할 수 없었던 근대적 학교, 병원, 도로를 이탈리아인들에게서 물려받았다. 5월 19일 마지막 이탈리아 부대가 항복했다. 상당수의 영국 병력이 다른 곳에서 자유롭게 행동할 수 있게 되었다. 루스벨트는 홍해가 더는 전쟁 수역이 아니라고 선언했고, 따라서 미국의 상업 선박들이 수에즈로 군수물자를 가져올 수 있었다.

그러는 사이, 좀 더 기묘한 일이 일어났다. 5월 10일 히틀러 총통의 부관 루돌프 헤스Rudolf Hess가 탄 비행기가 날아와 스코틀랜드의 한 농가에 낙하산을 탄 그를 떨어뜨렸다. 그는 해밀턴 공작Douglas Dougls-Hamilton, 14th Duke of Hamilton이 이끄는 반처칠 세력이 자신의 화해 제의를 적극적으로 받아들일 것이라 확신하고 평화의 사절로 왔다. 현재 영국 공군에서 장교로 복무 중인 공작은 응하지 않았다. 처칠은 처음에는 헤스가 찾아왔다는 이야기를 믿지 않았다. 이야기를 듣고 그는 "글쎄요. 그가 진짜 헤스라 하더라도 나는 마르크스 브라더스[4]를 보러갈 겁니다"라고 대꾸하며 개인 영화관에서 영화를 보기 위해 자리를 떴다. 그다지 중요하지는 않은 일화였다. 헤스는 독일에서 오래전부터 핵심인물이 아니었고 히틀러 내각에 포함되지도 않았다. 그는 영국에 히틀러가 소련을 곧 공격할 것이라는 암시도 주지 않았고 단지 영국과 독일이 싸울 이유가 없다는, 히틀러 자신이

---

4 미국에서 음악 공연 등으로 무대에 서던 마르크스Marx 가족이 1912년부터 형제들의 코미디를 연극 무대에 올리고 1920년대부터 영화로 제작했다. 스무 편에 가까운 영화가 있다.

종종 했던 예전 주장을 반복했다. 헤스의 말은 무시되었고 그는 전쟁 포로로 대우받았다. 나중에 그는 전범이라는 매우 부당한 비난을 받았다. 그의 진정한 범죄는 영국과 독일 사이의 강화를 제안한 것이었다. 처칠에 따르면 "정신 나간 선의에 따른" 행동이었다. 타협으로 강화를 이루자는 이야기가 있었음에도 불구하고 양측에서 실제로 주도한 것은 이번 일이 유일했다. 그것도 별가치 없는 일이었다.

헤스가 스코틀랜드에 온 일은 잠깐의 소동에 불과했다. 영국인들에게는 염려해야 할 좀 더 심각한 일들이 있었다. 중동 전체가 넘어갈 지경에 처한 것처럼 보였다. 5월 2일 이라크 군대가 바그다드와 다른 지역에 있는 영국 공군 기지를 공격했다. 5월 11일에는 페탱이 이끄는 비시 정부의 현재 실질적인 수반인 다를랑이 이라크로 향하는 독일 항공기들이 시리아 공군 기지를 이용하는 것이 허용되어야 하고 롬멜이 튀니지의 비제르테를 통해 군수 물자를 공급받아야 한다는 데 동의했다. 며칠 후 첫 번째 독일 항공기들이 날아왔다. 비시 정부가 파견한 총독이 지배하는 시리아는 독일의 전진기지가 될 조짐을 보였다.

크레타섬은 좀 더 절박한 위험에 처했다. 그리스를 떠난 영국군과 그리스군이 도착함으로써 연합국 병력이 늘어나 4만이 넘었다. 해군력만을 고려한다면 영국 해군이 동부 지중해를 지배했다. 그러나 영국인들은 안타깝게도 공중에서 약했다. 크레타섬에는 전투기가 일곱 대밖에 없었고, 이마저도 독일이 공격해온 첫날인 5월 20일에 철수했다. 몇몇 영국 전투기들이 제각각 이집트 기지에서 날아와 300마일을 담당해야 했다. 휴 다우딩 경이 스코틀랜드 경계를 넘어와 영국 본토 항공전을 치러야 했던 것과 비슷했다. 규모야 어떻든

사진59 크레타 섬에 내리는 독일 낙하산부대.

항구들이 섬의 북쪽에 있어 독일의 공중 공격에 곧장 노출되었다. 영국이 점령하던 여섯 달 동안 방어는 등한시되었다. 5월 초에 이곳을 이어받은 버나드 프레이버그 경Sir Bernard Freyberg이 이 여섯 달 동안 제7군 사령관이었다.

　　프레이버그는 종종 대담한 투사의 모습을 보였고 이제는 자신감에 넘쳤다. 5월 5일 그는 처칠에게 전보를 보냈다. "안절부절 못하는 것을 이해할 수 없음. 공수 부대의 공격을 염려할 것이 전혀 없음." 독일인들이 제해권 없이 크레타섬을 점령할 수 있다는 것은 있을 법하지 않은 일처럼 보였다. 그러나 그들은 그렇게 했다. 독일 항공기 715대가 크레타섬을 얻기 위한 전투에서 승리했다. 공격은 5월 20일에 낙하산 부대의 대량 투입으로 시작되었다. 그들 중 일부는 말레메 비행장 한쪽을 탈취해냈고, 다음 날 비행장이 아직 포화에 휩싸여 있는 중에 독일인들이 수송기와 글라이더를 타고 날아왔다. 영국인들은 뒤늦게 대응했으나 효과가 없었다. 독일의 해상 수송 호위함

지도3 독일의 점령지역 1938-41년.

아이슬란드

노르웨이

스웨덴

오슬로

스톡

스캐퍼 플로

덴마크

코펜하겐

북해

베를린

암스테르담

독일

아일랜드 자유국

영국

네덜란드

주데텐 지방

코벤트리

하위치

루르

프라

런던

됭케르크

브뤼셀

벨기에

자르

대서양

디에프

룩셈부르크

채널 제도

캉

파리

뮌헨

오스트리

브레스트

프랑스

스위스

비시

1940년 비시 정부
통제 지역

이탈리아

스페인

코르시카

로마

포르투갈

마드리드

사르데냐

리스본

지중해

알제

튀니스

지브롤터

오란

스페인령 모로코

비시 정부 통제 지역

(장

카사블랑카

비시 정부 통제 지역

튀니지

모로코

알제리

란드

헬싱키
레닌그라드

에스토니아

라트비아

리투아니아

모스크바

쿠이비셰프

1941년 12월 독일
전선

벨라루스　쿠르스크　러시아

우크라이나

오데사　　로스토프　　스탈린그라드

1942년 11월 독일
전선

루마니아

크리미아

아스트라한

부쿠레슈티

콘스탄차　세바스토폴

볼가강

카스피 해

아
불가리아

소피아

흑해

이스탄불

데살로니키

바쿠

그리스

에게 해

터키

앙카라

아테네

크레타

시리아

이란

지중해

키프로스

이라크　바그다드

키레나이카

알렉산드리아　팔레스타인

엘 알라메인

1942년 8월 전선

요르단

이집트

아라비아

페르시아만

대가 영국 구축함의 공격을 받았다. 한번은 큰 피해를 입었으나 다른 한번은 손상을 입지 않고 돌아갔다. 전투가 벌어지는 동안 독일인들은 해상으로 군수물자를 받지 못했다. 그러나 독일인들이 일단 말레메의 지배권을 확보하자 그들에게 저항하는 것은 불가능했다.

처칠은 이렇게 명령을 내릴 수 있었다. "전쟁의 전환점에서 크레타 섬에서의 승리가 필수적이다." 명령은 실행될 수 없었다. 독일 공군이 바다를 장악했고 영국 해군은 낮 동안 바다를 이용할 수 없었다. 피해가 늘어갔다. 5월 26일 프레이버그는 전투에서 졌다고 판단했다. 영국군을 남쪽 해안의 아주 작은 항구를 이용해 철수시키려는 시도가 이루어졌다. 커닝엄은 하룻밤 더 고집을 꺾지 않았다. 그는 "우리는 육군을 실망시킬 수 없다"고 함대에 신호했으며 참모의 항의에 "해군이 배 한 척을 건조하는 데 삼 년이 걸린다. 하지만 전통을 다시 세우는 데는 삼백 년이 걸릴 것이다"라고 대답했다. 그는 또한 "전투기 중대 셋이면 크레타섬을 구하는 데 충분하다."고 말했다. 그러나 쓸 수 있는 전투기가 없었다. 독일에 대한 전략 폭격을 위해 폭격기에 집착한 영국인들의 강박관념 때문이었다.

크레타 섬이 넘어갔다. 영국군 1만8천 명이 철수했고 1만3천 명이 뒤에 남았다. 남은 이들은 크레타섬에 있던 그리스군 전부와 함께 전쟁포로가 되었다. 영국 해군은 순양함 세 척과 구축함 여섯 척을 잃었다. 두 척의 전함, 유일한 항공모함, 두 척의 순양함 그리고 두 척의 구축함이 본국으로 돌아와 수리해야 할 정도로 손상을 입었다. 영국인들은 에게 해의 지배권을 잃었고 그리하여 앞으로 삼 년 동안 독일인들에게 테살로니키에서 콘스탄차와 흑해에 이르는 안전한 길을 열어주게 되었다. 독일인들도 대가를 지불했다. 사실 그들은 5천

명의 사망자를 내고 유고슬라비아, 그리스, 그리고 크레타 섬을 점령
했다. 그러나 낙하산 부대는 심각한 피해를 입었고, 220대의 항공기
를 잃었다. 리델 하트Liddell Hart의 표현에 따르면, 히틀러는 팔목을 삐
었다. 그는 수에즈 운하와 몰타에 공수부대를 투입해 공격하려는 계
획을 포기했다. 크레타 섬의 정복이 공수부대를 투입한 공격의 유일
한 예가 되었다.

히틀러는 또한 이라크에 더 이상의 지원을 하지 않았는데 아
마도 원래 그렇게 할 의도는 결코 없었던 것 같다. 영국인들은 6월
초에 이라크 지배권을 회복했고 이른바 반란군 정부를 전복했다. 그
때 모든 독일 항공기가 시리아에서 철수했고, 비시 정부는 군수물자
가 비제르테를 거쳐 롬멜에게로 가도록 허용했던 일을 취소했다. 그
러나 드 골은 시리아의 프랑스군이 자유 프랑스의 외침에 응할 것이
라고 영국 정부를 설득했다. 잘못된 생각이었다. 어디서나 재촉 받던
웨이벌은 상당수의 영국 병력을 시리아로 돌려야 했다. 싸움은 6월
말까지 계속되었다. 양측에서 각각 천 명 가까운 사망자가 났다. 프
랑스인들이 마침내 항복했을 때 거의 아무도 드 골에 합류하는 데 동
의하지 않았다. 자유 프랑스 정권이 시리아에 수립되었다. 아랍인들
을 회유하길 원한 영국인들은 전후 독립을 약속해야 한다고 주장했
다. 이로 인해 영국인들이 전리품으로 프랑스 제국을 빼앗을 계획을
하고 있다는 드 골의 믿음이 강해졌고, 처칠은 곧 자신이 지고 있는
십자가가 드 골의 상징인 로렌의 십자가라며 불평하게 되었다.

웨이벌은 계속된 실패로 자신의 지위가 위태롭다는 현실을
인식했다. 그는 처칠에게 잘 보이기 위해 자신의 신념과 크게 어긋나
는데도 롬멜에 대한 공격에 착수하는 데 동의했다. 거창한 이름이 붙

사진60 우방국 사이의 전투: 시리아의 프랑스군 시신.

은 이른바 도끼 전투는 6월 15일 시작되었다. 토브룩을 해방하고 롬멜을 키레나이카 밖으로 내몰기 위한 전투였다. 롬멜은 사실상 놀랄 이유가 전혀 없었던 이변을 연출했다. 독일의 88밀리 포는 플랙(대공)포라 불렸지만 사실상 두 가지 용도가 있었고 항공기는 물론 전차에 대해서도 효과적이었다. 영국인들은 대공포라는 이름에 속아서 이러한 사실을 생각지 못했고 롬멜이 포를 사용한 것을 천재적 발상이라 생각했다. 독일인들이 12대의 전차를 잃은 반면 영국인들은 91대를 잃었고, 영국 지휘관들에게는 독일 전차가 영국 것보다 뛰어나다는 하등 근거 없는 생각이 고착되었다. 도끼 전투는 사흘 후 중지되었다. 불길한 징조였다. 대전차포 덕분에 방어가 우위를 회복했다. 앞으로의 전투는 수 시간 만에 돌파하는 것이 아니라 힘든 싸움이 될 것이었다.

　도끼 전투의 실패로 웨이벌은 종말을 맞았다. 처칠은 그에 대한 모든 신뢰를 상실했다. 6월 21일 그는 총사령관으로 인도에 파견되었다. 변방 지휘권이었다. 적어도 그렇게 간주되는 자리였다. 직전 인도 총사령관인 장군 클로드 오친렉 경이 중동에서 웨이벌의 자리를 이어받았다. 그러나 중동은 더 이상 무대의 중심에 자리하지 못했다. 오친렉이 임명된 다음 날인 6월 22일, 독일인들이 소련을 침공했다. 세계적 강대국으로 발돋움하기 위한 전쟁이 본격적으로 시작되었다.

5장

진정한 세계대전의 시작
1941년 6월-12월

독일의 소련 공격은 제2차 세계대전에서 가장 큰 사건이었다. 규모 면에서 엄청났고 결과 면에서도 그랬다. 전쟁이 가져온 대부분의 결과는 상황을 이전으로 돌려놓는 보수적인 것이었다. 전후 유럽 나라들의 국경은 러시아에 관련된 곳을 제외하면 거의 변한 곳이 없었다. 유럽 대부분의 정부들도 역시 러시아가 관련된 곳을 예외로 하면 마찬가지로 변하지 않았다. 좀 더 길고 넓은 안목으로 보면 전쟁은 이미 일어나고 있던 일을 앞당겼을 뿐이었다. 미국은 이미 세계적 강대국이었고 대영제국은 이미 쇠퇴하고 있었다. 일본의 통치자들 자신이 알아차리고 있었듯이 중국이 일본보다 전쟁을 오래 견뎌내리라는 것도 이미 명확해지고 있었고, 또한 몇몇 미국 관찰자들이 인식했듯이 공산주의자들이 결국에는 독립된 중국을 소유하게 되리라는 것도 마찬가지로 거의 뚜렷했다. 그러나 러시아는 처칠의 표현을 빌리자면 신비에 싸인 수수께끼였다. 공산주의 체제가 점점 붕괴하고 있었을까? 소련이 정말 강대국이었을까? 위대한 애국 전쟁이 대답해주었다. 히틀러는 언제나 세계를 뒤엎기를 원했다. 자신에게 유리한 쪽으로는 아니었지만 그는 그렇게 하는 데 성공했다. 히틀러는 지하 벙커에서 죽었다. 하지만 히틀러 덕에 소련이 세계적 강대국으로 드러나게 되었고, 그 결과는 오늘날까지 이어져오고 있다.

러시아 침공 결정은 유일하게 히틀러가 전적으로 스스로 주도해 내린 일이었다. 이전에는 일어난 사태에 대응하거나 상황을 이용했다. 체코 위기와 폴란드 위기는 히틀러뿐 아니라 다른 사람들도 함께 만들어냈다. 체임벌린과 달라디에, 베네슈와 유제프 베크가 모두 한몫을 했다. 독일의 노르웨이와 프랑스 침공은 유고슬라비아와 그리스 침공이 영국의 지중해 전략에 대한 대응이었듯이 영국-프랑스의 참전에 대한 대응이었다. 그러나 러시아 침공은 그렇지 않았다. 프랑스와 휴전한 뒤로 정확히 열두 달 동안 히틀러는 다음에 무엇을 할 것인가의 문제를 놓고 곰곰이 생각했다. 어떤 관점 — 이념이든 지정학이든 전략이든 — 에서 보든 간에 히틀러는 항상 러시아 공격이라는 동일한 답을 떠올렸다. 1941년 6월 22일, 그는 그 답을 실행에 옮겼다.

히틀러의 러시아 침공을 그가 정치를 시작한 때부터 지니고 있던 계획에서 나온 일로 해석할 수도 있다. 영국과 전쟁 중에 있던 히틀러가 영국을 신속하게 패배시킬 방법을 찾지 못한 결과로 해석하는 것도 마찬가지로 가능하다. 히틀러 자신이 종종 거의 한 자리에서 두 가지 해석을 다 내리고 있었다. 이로써 우리는 히틀러가 장기 계획을 따르고 있었는지 아니면 상황이 제공해주는 대로 즉흥적으로 성공을 만들어냈는지라는 문제의 답에 거의 근접할 수 있다. 그는 두 가지를 동시에 했던 것으로 보인다.

　　확실히 러시아 침공은 히틀러가 자신이 20년 전쯤에 발표했던 교리의 논리적인 결과로서 내놓을 수 있고, 또 실제로 내놓았던 일이다. 그는 반볼셰비키주의자로 정치 경력을 시작했고 소비에트 공산주의 붕괴에 헌신했다. 유대인들이 공산주의를 이끌고 선동한다는 믿음으로 이러한 십자군 운동에 대한 그의 열정은 한층 강해졌다. 그는 독일을 공산주의로부터 구해냈다. 적어도 그는 그렇게 주장했다. 그리고 이제 그는 세계를 구하게 될 터였다. 다른 많은 사람들이 이러한 생각에 귀가 솔깃했다. 히틀러는 그 일을 실행한 유일한 인물이었다.

　　생활공간Lebensraum은 제1차 세계대전 직후 히틀러가 뮌헨에서 지정학자들로부터 배워 직접 만든 특별한 교리였다. 독일이 세계적 강대국이 되려면 대륙의 심장부Heartland를 손에 넣어야 하고 러시아 정복으로써만 이 일을 이룰 수 있다는 것이다. 생활공간은 영토의 획득 그 이상을 의미했다. 히틀러가 이 대목에서 모순되게 말하기는 했다. 그는 어떨 때는 러시아 주민들을 절멸시키고 독일의 잉여 인구로 대체해야 한다고 주장했다. 실제로는 독일에 잉여 인구가 없었다. 또 어떨 때는 좀 더 현실적인 말로 러시아 자원의 장악을 이야기했다. 이는 자급자족이라는 독일의 경제적 목표와 일치했다. 그러나 독일의 자급자족이 지속되기 위해서는 러시아의 원자재가 필요했는데, 그 원자재를 이미 지금 있는 러시아 주민들로부터 얻고 있었다. 소련은 자신이 소유한 자원에서건 극동에서 운반해와서건 간에 원자재를 아낌없이 독일에 공급하고 있었다. 러시아 침공은 독일의 원자재 부족을 경감시켜주기는커녕 오히려 발생시켰다. 러시아 침공 후에는

더 이상 코카서스에서 석유가 들어오지 않았고 극동에서도 주석과
고무가 들어오지 않았다.

이 시점에서 히틀러는 장기적 논리를 당면 논리로 전환했다.
확실히 러시아는 당시 독일의 필요를 채워주고 있었다. 하지만 그것
이 얼마나 계속될 것인가? 때때로 히틀러는 스탈린이 살아 있는 동
안은 독일이 안전하다고 말했다. 그는 좀 더 자주 스탈린은 독일이
영국에 적대적인 방향으로 휘말려 들어가는 즉시 독일의 등 뒤에 칼
을 꽂을 준비를 하고 있다고 단언했다. 러시아는 핀란드에 대해 새로
운 요구를 하고 있었고 곧 독일이 스웨덴으로부터 철광석을 공급받
는 것을 위협할 것이었다. 1940년 8월 러시아는 베사라비아를 회복
했고 루마니아로부터 북부 부코비나를 획득했다. 러시아는 자국산
석유 공급을 중단함은 물론 곧 루마니아로 쳐들어가서 루마니아산
석유 공급도 차단할 수 있을 것이었다. 또 한편 러시아는 유고슬라비
아의 대독 저항을 지원해왔고 터키가 독일 편에서 전쟁에 참여하는
것을 막았다. 분명히 러시아는 발칸 반도와 보스포루스-다르다넬스
해협으로 들어가고 있었다. 히틀러는 좀 더 직접적인 위협을 목도했
다. 러시아인들이 무력을 증강시키고 있었다. 히틀러는 곧 러시아 침
공이 예방전이라고 확신했고 장군들 또한 납득시켰다. 나폴레옹이
한 세기도 전에 내세웠던 것과 똑같은 논리였다.

영국 역시 문제가 되었다. 영국인들은 사실상 패배했거나 아
니면 적어도 승리할 수 없었다. 하지만 그들은 전쟁을 계속해나갔다.
히틀러는 이에 대해, 실제로는 틀렸지만, 영국인들이 러시아의 도움
을 기대하고 있다는 판단을 내릴 수밖에 없었다. 러시아가 패하기만
한다면 영국인들은 전쟁을 포기하고 타협을 통한 강화에 동의할 것

이었다. 여기에서 다시 히틀러는 모순된 논리를 내세우고 있었다. 그가 말하길, 러시아 침공은 영국이 무너지기 전에 꼭 먼저 이루어져야만 했다. 그러나 영국이 무너지지 않는다면 독일 국민들은 그를 따라 새로운 전쟁으로 들어가지 않을 터였다.

　　여기에 히틀러가 내린 결정의 가장 실제적인 동기가 있었다. 러시아 침공의 장기적인 논리가 무엇이든 간에 그것이 사실상 그가 할 수 있는 유일한 일이었다. 독일은 사실상 해군이 없었다. 독일 공군은 폭격으로 영국인들을 항복시킬 수 없다는 것을 이미 증명했다. 그러나 독일에는 큰 규모의 육군이 있었고, 러시아는 그런 육군을 대규모로 사용할 수 있는 유일한 장소였다. 러시아의 힘에 대해 무시무시하게 이야기한 후에 히틀러는 마지막으로 러시아의 약점을 알림으로써 침공을 정당화했다. 독일인들은 유럽에서 가장 강하다고 여겨지던 프랑스군을 6주 만에 패배시켰다. 러시아 정복은 훨씬 더 쉬울 것이었다. 그는 러시아가 제1차 세계대전 때 가지고 있던 힘조차도 없다고 주장했다. 러시아의 경제체제는 혼란 상태에 있고, 사람들은 공산 독재를 혐오했으며, 스탈린은 대숙청 기간 동안 대부분의 러시아 장성들과 장교들을 죽였다.

　　우리는 결과를 알고 있고 따라서 히틀러의 중대 결정을 대실패로 간주한다. 그런데 일이 일어나기 전에는 그렇게 보이지 않았다. 사실상 판단할 능력이 있는 모든 사람들이 싸움이 몇 주 내로 끝나리라 예상했다. 어떤 독일 장성도 그들 가운데 일부가 프랑스 공격을 앞두고 그랬던 것처럼 의심을 표명하지 않았다. 영국 정보당국은 러시아인들이 열흘은 버틸 것이라 분석했다. 러시아 주재 영국 대사 크립스Stafford Cripps는 한 달이라고 말했다. 참모총장 딜은 러시아인들

사진61
러시아를 침공하는
스페인 청색사단.

이 6주를 버티리라고 생각했다. 미국에서는 루스벨트의 군사 고문들이 루스벨트에게 "독일은 최소한 한 달, 최대한 길게 잡아 석 달 동안 러시아를 쳐부수는 데 완전히 전념할 것입니다"라고 말했다. 미국의 전략 지도자들은 러시아가 제거되면 가을에 영국이 급박한 위험에 처할 것이고, 독일을 패배시키려면 3백 개 사단을 전장에 투입해야 할 것이라고 진단했다. 결국 그들은 백 개의 사단으로 해나갈 수 있었다.

히틀러가 오판하지 않았다는 훨씬 더 확실한 증거가 있다. 러시아인들 자신이 극도의 불안에 빠져 있었다. 러시아는 대단한 규모로 전쟁을 준비했지만 전적으로 방어적이었다. 그리고 그 역시 지체되고 있었다. 스탈린은 영국이 패배하고 난 후에야 비로소 독일의 공

격이 현실화될 것이라 생각했다. 그래서 그는 영국 정부와 미국 정부
로부터 받은 충분한 근거가 있는 경고를 도발이라고 여기며 물리쳤
다. 그는 독일의 침공을 늦추기 위해서는 어떠한 굴욕이라도 받아들
였다. 소련이 독일로 보내는 원자재 공급은 적절한 보상이 없는데도
증가했다. 독일이 침략했던 나라들의 정부들은 유고슬라비아의 경우
와 같이 러시아가 그들의 저항을 지원했음에도 불구하고 소비에트
정권에 대한 승인을 철회했다. 독일군이 실제로 러시아에 침입했을
때 스탈린은 처음에는 모든 것이 날아가버렸다고 생각했다. 그는 키
예프가 무너진 후에 "레닌이 애써 이루어놓은 모든 것이 영원히 파괴
되어버렸다"라고 탄식했다.

　　요컨대, 히틀러는 소련이 위험해서가 아니라 소련을 패배시키
는 것이 엄청나게 쉬울 것이기 때문에 소련을 침략했다. 히틀러가 항
상 도박을 했다는 것은 사실이다. 그러나 그는 이번에는 확실한 패에
걸었다고 생각했다. 소련 침략은 그의 대규모 전쟁 중 첫 번째 것으
로 예정되었던 것이 아니라 소규모 전쟁 가운데 마지막 것으로 계획
되었다. 러시아에 침입했던 독일 군대들은 프랑스를 침략했던 군대
들과 거의 다를 바 없었다. 비축 물자는 오로지 한달 동안의 "대규모
전투 비용"으로만 공급되었다. 그리고 히틀러의 명령에 따라 독일의
군수 생산은 1941년 가을에 더 이상 필요치 않을 것이라는 이유에서
40퍼센트 삭감되었다.

　　히틀러는 대규모 원정을 위해서라면 그럴법했을 터인데도 동
맹국을 찾지도 않았다. 루마니아가 끌어들여졌는데 루마니아 자체
의 힘보다는 독일의 군대가 출발하는 지점이 필요해서였다. 헝가리
도 참여했는데 마찬가지로 트란실바니아를 두고 루마니아와의 경

사진62 소련 국경으로 향하는 독일의 장비.

쟁에서 지지 않기 위해서였다. 그러나 히틀러는 자신의 계획을 무솔리니에게 알리지 않았고 무솔리니가 이탈리아군을 동부전선으로 보내겠다고 주장했을 때는 화를 냈다. 히틀러 측에서 반공산주의 십자군 운동을 부르짖으려는 시도는 거의 없었다. 그리고 그가 파시스트 동조자들로부터 받은 도움은 스페인의 청색사단을 포함해서 하찮은 것이었다. 히틀러가 일본을 대한 태도는 모든 것 가운데 가장 예외적이었다. 그는 일본과의 동맹을 러시아에 대항하는 수단으로 승격시켜 왔다. 그러나 일본 외상 마쓰오카 요스케松岡洋右가 1941년 4월에 베를린에 왔을 때 그는 독일의 계획에 대해 아무것도 듣지 못했고, 그러는 대신에 일본군을 남쪽으로 돌려 싱가포르에 있는 영국인들에 대항하라고 재촉 받았다. 히틀러는 러시아에서 얻은 전리품을 일본과 나누지 않으려고 마음먹었다. 반면 그는 일본이 극동에서 영국인들과 미국인들을 혼란시킴으로써 독일이 러시아를 침공할 동안 서유럽에서 독일의 지위를 지켜주기를 원했다. 마쓰오카는 히틀러의 조언을 받아들였다. 그는 돌아가는 길에 모스크바에 들러 스탈린과 중립 조약에 서명했다. 양측이 전쟁이 끝나기 전 마지막 주까지 지켰던 조약이었다. 도쿄에 돌아온 마쓰오카는 싱가포르에 대한 조기 공격을 재촉했다. 내각에 있는 동료 각료들은 아직 미국과 합의를 이루어내기를 희망하고 있어 주저했고, 독일의 러시아 공격이 그의 예측을 빗나가자 그를 내보냈다. 그래도 일본 각료들은 좀 덜 공식적으로는 같은 방향으로 나아갔다. 일본은 러시아에게 더 이상 먼 장래의 위협조차 되지 않았다. 이것은 부분적으로는 히틀러 자신이 그렇게 만든 것이다.

　독일의 침공 준비는 마구잡이식으로 이루어졌다. 장기 계획이 필요치 않을 정도로 승리가 쉬울 것이라는 가정에서였다. 일반 참모부에는 러시아군이나 러시아의 상황에 대해 거의 정보가 없었다. 러

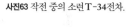
사진63 작전 중의 소련 T-34전차.

시아는 마치 도로가 잘 닦여 있고 석유를 비롯해 물자가 풍부한 프랑스인 것처럼 다루어졌다. 독일의 전차들은 캐터필러를 장착했으나 수송차량들은 그렇지 않았다. 따라서 기갑 사단들, 더욱이 나머지 독일 육군은 사실상 좋은 상태의 도로에 의존했다. 그러나 그런 도로는 사실상 존재하지 않았다. 독일 일반 참모부는 식량이 문제를 발생시킬 것을 인식했다. 경제적 측면의 어느 작전 명령은 다음과 같이 말하고 있었다. "만일 우리가 필요한 것들을 그 나라로부터 얻지 못한다면 수백만의 사람들이 굶어 죽을 것이 확실하다." 독일 장성들은 이 명령을 대수롭지 않게 생각했다.

최고 사령관들은 프랑스 전역 때와 같았다. 그러나 전략 계획은 훨씬 세밀하지 못했다. 일반 참모부는 조심스럽게 집단군 셋을 소련 국경으로 보냈다. 레프가 이끄는 집단군은 북쪽에서 발트 해안을 따라 레닌그라드와 그곳의 산업 시설을 향하고 있었다. 가장 강한 집단군을 가진 보크는 중앙에서 모스크바를 겨냥하고 있었다. 남쪽의 룬트슈테트의 군대는 우크라이나와 궁극적으로는, 희망사항인, 코카서스를 바라보고 있었다. 어디가 중심 목표가 되어야 할지에 대해서 어떠한 명확한 결정도 내려지지 않았다. 히틀러는 산업 지역과 원자재 산지를 가장 먼저 정복해야 하고 다음으로 모스크바를 직접 공격하는 한편 포위해야 한다고 역설했다. 장군들은 곧장 정치적 수도이자 병참의 중심인 모스크바로 진군해 들어가기를 바랐다.

그 차이는 별로 중요하지 않은 것처럼 보였다. "국경에서의 전투"가 대략 4주 정도 지속되리라고 생각되었기 때문이다. 그 뒤에 남은 문제라고는 뿔뿔이 흩어진 러시아 군 잔당을 소탕하는 일뿐일 것이었다. 사실 독일 일반 참모부는 주로 장래 계획에 전념했지만 이번에는 "일단 들어가서 무슨 일이 일어나는지 보라On s'engage et puis on voit"라는 나폴레옹의 금언을 따랐다. 레닌 역시 좋아하던 금언이었다. 처음부터 불행한 결과가 뒤따랐다. 프랑스 전역에서는 보크와 룬트슈테트의 두 군대가 전진하면 할수록 서로 점점 더 가까워졌었다. 러시아에서는 세 집단군이 전진함에 따라 갈라졌고, 전진하면 전진할수록 전선에서 그들 사이의 거리는 점점 더 벌어졌다. 이 혼란의 정점으로서, 독일인들은 기갑 사단이 독립적으로 서서히 전진해야 하는가 아니면 단지 주력 부대를 위해 길을 예비해야 하는가라는 이미 프랑스에서 고개를 들었던 논쟁을 해결하지 못했다.

    독일인들은 기술적 우위와 승리의 명성을 믿고 오로지 대등한 군사력만으로 러시아를 침공했다. 독일인들에게는 동맹국 사단들을 포함해 200개 사단이 있었다. 러시아인들은 209개 사단이 국경을 따라 드문드문 퍼져 있었다. 독일인들에게는 3,350대의 전차가 있었는데, 프랑스 전역에서보다 겨우 600대가 많은 것이었다. 러시아인들에게는 T-34가 전쟁 당시 가장 훌륭한 전차였기는 하지만 독일이 침공할 때는 상대적으로 극소수였고, 대부분이 구형인 전차 25,000대가 있었다. 독일인들에게는 3,000대의 항공기가 있었고, 러시아인들이 가진 항공기는 역시 구식이었지만 그 두 배였다. 거기에 독일 일반 참모부가 전혀 염두에 두지 않은 상대가 하나 있었다. 광대한 공간이었다. 프랑스에서 독일군은 처음에 대략 250마일을 전진했고 흩어진 프랑스인들을 추적하기 전에 보름을 머물렀다가 다시 200마일을 전진했다. 러시아에서는 거리가 5배나 길었고, 거의 쉴 시간이 없었다. 프랑스에서 독일인들은 전선 1킬로미터 당 열 대의 항공기를 배치할 수 있었으나, 러시아에서는 한 대였다. 전쟁 후 카이텔Wilhelm Keitel은 이렇게 고백했다. "히틀러는 마치 러시아 원정이 확실히 성공하는 일인 양 말했다. …… 그러나 이제 돌이켜보니 나는 그것이 단지 가망 없는 도박이었음에 틀림없다고 생각한다."

러시아 원정의 목적은 그냥 승리가 아니라 정복이었다. 유럽에 속한 러시아는 독일의 식민지가 되어야 했다. 히틀러는 소비에트 정치 체제가 일격에 붕괴될 것이라고 주장했다. 그 빈자리는 무엇으로 대체해야 할까? 이 문제에 답이 전혀 제시되지 않았다. 나치의 러시아 문제 전문가로 간주되던 로젠베르크Alfred Rosenberg는 주민들을 독일 편으로 만들기를 원했다. 공산당을 해체하고 소수민족을 해방하고 집단농장을 농민들에게 되돌려 주는 것이었다. 이전 발트 국가들의 경우에 이러한 계획이 적용되어 상당한 성공을 거두었다. 히틀러는 그 밖의 다른 곳에서는 전혀 그렇게 하려 들지 않았다. 그에게는 공포와 주민 몰살이 정답이었다. SS가 정복된 영토를 접수하게 될 것이었다. 모든 정치위원들과 공산당 지도자들은 재판 없이 처형당할 것이었다. 장성들은 이 명령을 미약한 항의 끝에 받아들였다. 그들은 또한 소련이 제네바 협약의 당사국이 아니므로 전쟁법규를 준수할 필요가 전혀 없다는 말을 들었다. 장성들은 이 또한 받아들였다. 히틀러와 마찬가지로 그들에게 슬라브인들은 단지 인간 이하의 짐승일 뿐이었다. 기사도는 망각되었고, 독일 병사들은 상관의 명령에 따라 행동해 전쟁이 진행되는 동안 이백만의 러시아 포로들을 죽였고 천만이 넘는 러시아 민간인들을 학살했다. 아틸라Attila가 다시 등장한 것이었다.

나중에 러시아 침공 계획인 바르바로사Barbarossa 작전이 원래 5월 15일로 예정되었었고 유고슬라비아에서 예상치 못했던 혁명이

사진64 침공에 성공한 독일 병사들의 즐거운 시절.

일어나는 바람에 연기되었다고, 그래서 중요한 한 달을 놓쳤다고 믿어지게 되었다. 이는 독일 장성들이 러시아인들에게 패배한 것을 변명하기 위해 만들어낸 전설이다. 거기엔 사실상 근거가 없다. 첫 공격에 배치되었던 독일의 150개 사단 가운데 오직 15개만이 발칸으로 돌려졌다. 심각한 손실이라고 거의 말할 수 없었다. 동부전선을 형성하기 위한 독일의 동원계획이 5월 15일까지 달성되지 못한 것은 장비 부족, 특히 동력 차량의 부족이라는 전혀 다른 이유에서였다. 히틀러는 전면전이 될 전쟁을 개시하는 데 평시 경제를 기반으로 하려고 애썼다. 작전이 한 달 지체되었는데도 92개의 독일군 사단, 즉 전 군의 40퍼센트가 전적으로든 부분적으로든 프랑스의 물자를 공급받아야 했다. 지체된 것은 어쩌면 운 좋은 일이었다. 러시아의 토양은 봄에 얼음이 녹은 후 5월 중순에도 여전히 질척거렸고 6월 중순이 되어서야 말랐다.

바르바로사 작전은 1941년 6월 22일에 시작되었다. 그리하여 거의 날짜까지도 나폴레옹의 러시아 공격을 환기시켰다. 공격은 사전 경고 없이 개시되었다. 독일의 전쟁 선포는 싸움이 이미 시작되고야 전달되었다. 몰로토프는 "도대체 우리가 무슨 일을 저질렀기에 이런 일을 당해야 하는 겁니까?"라고 항변했다. 러시아인들은 도처에서 기습을 당했다. 그들이 보유한 1,500대의 항공기가 지상에서 파괴되었다. 독일군은 프랑스에서보다 훨씬 빠르게 전진했다. 그러나 결과는 같지 않았다. 러시아 병사들은 "인간 이하의" 끈질김으로 자신들이 졌다고 인정하길 거부했다. 포위당해 어찌할 수 없는 상황에서도 그들은 보급품이 떨어질 때까지 계속해서 싸웠다. 상당수의 러시아 병력이 독일 전차들이 이미 그들을 뚫고 지나갔지만 독일군의 전열의 틈을 통과해 후퇴한 뒤 전투를 재개했다. 때로 그들은 필사적인 반격을 시도했다. 6월 말에 많은 비가 내려 모든 독일 차량이 이틀 동안 꼼짝할 수 없었다. 안전하게 본부에 있던 할더는 득의양양하게 말했다. "이번만은 우리 군대가 전투 교범대로 싸울 수밖에 없다. 폴란드에서 그리고 서부전선에서는 마음대로 할 수 있었으나 여기서는 그렇게 할 수 없다." 최전선에 있던 한 장교는 다른 판단을 내렸다. "상황이 때로 너무 혼란스러워 우리가 적의 허를 찌른 것인지 아니면 적이 우리의 허를 찌른 것인지 모르겠다."

7월 말에 이르러 예정에 따라 "국경에서의 전투"는 승리했다. 소련군은 어디서나 후퇴했다. 중앙 집단군은 스몰렌스크에 있었고 다른 두 집단군은 레닌그라드와 키예프에 다다르고 있었다. 그러나 중심 목표가 아직 달성되지 못했다. 소련군은 해체되기는커녕 점점 더 강해지고 있었다. 초반부에는 소련 측에 엄청난 혼란이 있었다. 모스크바에서는 무자비하게 싸우라는 것 이외에 어떠한 명확한 명령도 오지 않았다. 후퇴 명령을 내렸거나 후퇴하는 일이 일어나도록 놔둔 장군들은 정말 자코뱅[1] 방식으로 총살되었다. 때로는 장군들과 함께 부대 전체가 처형되었다. 열흘 후 스탈린은 냉정을 되찾았다. 7월 3일 그는 일생 처음으로 소련 국민들 앞에서 연설을 했다. 그의 연설을 듣던 사람들은 그의 그루지아 억양에 놀랐다. 이미 수상이 되었던 스탈린은 몇 주 후 최고 사령관이 되었다. 이때부터 그는 다른 전시 지도자들보다 전쟁을 좀 더 직접적이고 좀 더 개인적인 방식으로 주도했다. 가장 훌륭한 소련 장군들은 대숙청 때 대부분 살해되었다. 중앙에 있던 티모쉔코Semyon Timoshenko는 그저 그런 장수였고, 남쪽의 부돈니Semyon Budyenny는 오로지 구레나룻으로만 유명했다. 그러나 상황이 변화하기 시작했다. 아마도 제2차 세계대전에서 가장 출중한 장군인 주코프가 벌써 모스크바 전선에서 예비군을 조직하고 있었다.

　독일인들은 이제 공격의 중심을 중앙에 둘 것인가 양쪽 측면에 둘 것인가라는, 바르바로사 작전에 처음부터 잠재해 있던 문제에 직면했다. 이제까지 그들은 세 전선을 동시에 전진시킴으로써 그 문제를 회피했지만 더 이상 그렇게 할 수 없었다. 힘이 떨어져가고 있었다. 할더는 다음과 같이 기록했다. "전쟁이 시작될 때 우리는 러시

1　프랑스 혁명기에 발생한 정치세력으로 처음에 파리의 자코뱅 수도원에서 모였던 데서 이름이 붙었다. 대내적 반란과 대외적 전쟁 가운데 강력한 정부를 지향함과 동시에 공포정치를 실행했다.

아 사단이 200개가 될 것이라 예상했다. 우리는 이미 360개를 세웠다." 구데리안이 좀 더 많은 전차를 요구했을 때 히틀러는 떼어줄 것이 없다고 대답하고 다음과 같이 덧붙였다. "내가 귀관이 귀관의 책에 적은 러시아의 전차의 수가 실제인 줄 알았다면 나는 이 전쟁을 시작하지 않았을 것이오." 구데리안은 자신의 전차로 모스크바까지 곧장 달려가기를 원했다. 직속상관인 클루게Günther von Kluge가 그에게 "자네의 작전은 매우 위태롭네."라고 했다. 히틀러는 "나의 장군들은 전쟁의 경제적인 측면을 이해하지 못한다"라고 말하고 있었다. 거의 한 달 동안 독일 장군들과 일반 참모부 그리고 히틀러는 그들의 군대들이 멈춰서 있는 동안 다음에 무엇을 할 것인지 논쟁을 벌였다. 8월 23일까지 아무런 결정도 내리지 못했다. 원정에서 정말로 치명적인 시간 손실은 원정 시작 전 한 달이 아니라 아무런 행동도 하지 못한 이 시기였다.

히틀러는 "세계가 숨을 죽일 것이다"라고 말했었다. 영국의 대응이 나오는 데는 그리 오래 걸리지 않았다. 6월 22일 저녁 처칠이 BBC에서 연설했다. "우리의 정책이 어떤 것이 될까 의심하십니까? 우리에게는 오로지 하나의 목적 그리고 유일하고 돌이킬 수 없는 목표만이 있습니다. 우리는 히틀러와 나치 정권의 모든 흔적까지도 분쇄하자고 결의했습니다. …… 따라서 당연히 우리는 러시아와 러시아 국민들에게 우리가 줄 수 있는 어떠한 도움이든 주어야 합니다." 이는 1939년에 스스로 보인 본보기를 따라 영국이 히틀러와 타협을 이룰지 모른다고 반쯤 예상하고 있던 스탈린에게 확실히 반가운 소식이었다. 산업 현장의 노동자들은 처칠의 선언에 적극적으로 환호했다. 공산주의자들은 하룻밤 사이에 전쟁을 지지하는 쪽으로 돌아섰고, 이전에 시설을 파괴하는 쪽이던 노조 대표들은 이제 파업을 깨는 사람이 되었다. 상황은 더 크게 달라졌다. 노동당 지도자들은 보수당원들보다 더 러시아를 불신했다. 그들은 러시아의 성실성이나 그 나라의 힘을 믿지 않았다. 전시 내각에서 오로지 비버브룩만이 산업 현장에서의 결과를 보고서 전적으로 러시아 편을 들었다. 처칠은 아마 자신의 주장대로 한 가지 목표만 가지고 있었을 것이다. 처칠도, 그리고 다른 각료들도 영국과 미국이 독일과의 전쟁에서 승리할 나라와 동맹을 맺었다는 생각은 떠올리지 못했다.

　　미국에서는 러시아 침공이 전쟁 개입을 찬성하는 사람들에게 커다란 장애로 다가왔다. 영국에 대한 원조와 공산주의 국가 러시아에 대한 원조는 성격이 전혀 달랐다. 이미 영향력이 있었고 언젠가 루스벨트의 대통령직을 승계하게 될 트루먼Harry S. Truman 상원의원은 러시아인들과 독일인들이 서로의 목을 찌르는 동안 서방 국가들은 한발 물러서 있어야 한다는 입장을 표명했다. 루스벨트는 미국의 여론을 기다려야 했다. 그의 가장 가까운 조언자인 해리 홉킨스Harry Hopkins가 7월에 모스크바에 가서 스탈린을 만났지만 러시아가 버틸 수 있다는 것이 확실해진 11월까지 무기 대여법이 연장되지 않았고, 가을 내내 루스벨트는 미국이 전쟁에 끌려들어가지 않을 것이라고 연거푸 강조했다. 그러나 이때는 영국이 미국의 도움을 그 어느 때보다 필요로 하던 때였다.

　　모든 영국인들이 잠시 숨 돌릴 틈이라고 생각했던 그때 그들은 안도보다는 더 많은 걱정을 해야 했다. 독일 군대가 가을까지 코카서스에 이르러 영국이 페르시아와 이라크로부터 받는 석유 공급을 위협할 것이라는 예측이 퍼져 나갔다. 오친렉은 북아프리카에서 새로운 공격을 준비하기를 그만두고 페르시아 만에 주의를 기울이기 시작했다. 그는 런던을 방문해 북아프리카에서 공격을 시작하도록 명령을 받는다면 자신은 사임하겠다고 말했다. 영국인들은 극동에 대해 더 심각한 위협을 느꼈다. 그들은 히틀러가 그랬던 것과 마찬가지로 만주에서 위험요소가 모두 사라진 일본이 남쪽으로 고개를 돌려 싱가포르를 공격할 것이라 예측했다. 영국인들은 늘 싱가포르가 위협을 받더라도 자신들이 함대를 보낼 시간은 충분하다고 생각했다. 이제 그들에게는 아마도 시간이 없는 것 같았고 어쨌거나 따로 떼어 보낼 배도 없었다. 그들은 항공기로 싱가포르를 방어하는 방법에 의지했다. 그러나 역시 파견할 비행기도 없었다. 게다가 영국인들은 싱가포르가 위험에 처하게 된다면 자신들이 중동을 포기하겠다고 오스트레일리아와 뉴질랜드에 약속하고 있었다. 지금까지 그들은 운이 따르기만을 바라고 있었고 거의 방어 못 할 요새를 들먹거리는 데 일본인들이 속아서 억제되길 소망했다. 이것에 실패한다면 미국의 싱가포르에 대한 해군 원조가 그들의 마지막 방편이었다.

이는 처칠이 루스벨트 대통령과 가진 아홉 번의 회담 가운데 첫 번째 회담을 연 목적이었다. 8월 중순 그 두 거물과 그들의 조언자들이 뉴펀들랜드의 플러센시아 만에 정박 중인 전함에서 의견을 나누었다. 영국인들의 목적은 성취되지 못했다. 미국인들은 극동 문제를 논의하길 거부했고, 중동을 가리켜 영국이 벗어버려야만 하는 짐이라고 선언했으며, 대규모 지상 교전 없이 독립적인 폭격만으로 독일을 패배시킬 수 있다는 생각을 받아들이지 않았다. 영국인들에게는 매우 달갑지 않았지만 그 말은 영국인들이 폭격과 중동이라는 전략적 망상을 떨쳐버린다면 싱가포르를 스스로 지킬 수 있을 것이라

는 뜻이었다. 루스벨트가 원한 것은 미국 여론에 영향을 줄 일반적인
원칙의 선언이었다. 그 결과는 대서양 헌장이었다. 아무도 감화시키
지 못했으며 거의 다시는 언급되지 않은 경건한 일반 원칙의 나열이
었다. 헌장은 고상하게 들리는 이름에도 불구하고 공식 문서조차 아
니었다. 서명도 없는 단지 보도 자료였다. 하지만 어떤 점에서 그것
은 이해될 법도 했다. 영국인들 그리고 전쟁에 들어선 후의 미국인들
은 세계를 재편하기 위해 싸우고 있는 것이 아니었다. 그들은 단지

사진65
처칠과 루스벨트의
플러센시아 만에서의 첫 회담.

그들과 다른 이들이 가만히 내버려두어지기를 바라며 싸우고 있었다. 대단히 고상한 목적이었다. 마지막 순간에 그 두 거물은 스탈린을 기억해냈고 앞으로 그를 지원하겠다는 모호한 약속과 함께 인사말을 보냈다. 러시아가 승전에 혹은 전후 세계에 기여할 대단한 무엇을 가지고 있다는 생각이 분명히 그들에게는 떠오르지 않았다.

스탈린은 침공을 받기 시작할 때부터 영국에 원조를 구하는 간절한 호소를 보냈다. 그는 때때로 러시아 내에서 성공했던 병참술을 적용할 생각을 전혀 하지 않고 영국이 프랑스나 발칸 반도에 상륙하는 즉각적인 제2의 전선을 원했다. 이것이 좌절되자 그는 영국군 25개 내지 30개 사단을 코카서스에 파병해달라고 제안했다. 처칠은 "물리적으로 말도 안 되는 일"이라며 거부했다. 사실이 그랬다. 영국인들은 폴란드를 돕지 못했던 것처럼 러시아를 군사적으로 지원할 수 없었다. 오로지 그들은 자신들이 계속해서 싸우고 있다는 바로 그 사실로 인해 약 40개의 독일군 사단이 서부 유럽에 묶여 있다고 변명할 수 있을 뿐이었다. 그 사단들은 히틀러에게 전혀 쓸모없는 2급 사단이었다. 영국인들은 또한 자신들의 독일 폭격이 전쟁에 직접적으로 도움을 주고 있다고 주장했다. 폭격이 독일인들보다 영국인들 자신에게 더 많은 손실을 가져오고 있다는 이유로 영국인들이 11월에 폭격을 중지했으므로 이 주장 역시 별로 인상적이지 못해 보였다.

영국인들은 물자 지원에 관해서는 나았다. 9월에 비버브룩이 루스벨트의 순회대사인 해리먼Averell Harriman과 함께 모스크바에 갔다. 미국인들은 제공할 것이 거의 없었다. 러시아를 도와야한다는 굳은 생각을 가지고 있었던 비버브룩이 영국이 약속받았던 미국의 지원 물자 중에 상당 부분을 받지 않기로 했고, 이런 방식으로 스탈린

의 요구가 대부분 성취되었다. 비버브룩은 영국에 돌아와서 각료들
과 각군 참모장들로부터의 반대에 부딪혔다. 처칠이 기록한 대로 "군
부서들은 그 일을 마치 자신들의 살점을 깎아내는 것이라 생각했다."
비버브룩이 잠시 동안은 자신이 하고 싶은 대로 했음에도 불구하고
물자를 러시아에 보내는 것은 다른 문제였다. 또 다른 병참상의 문제
가 결코 완전하게 해결되지 못했다.

　　　러시아와의 정치적 합의 역시 어려움이 있었다. 영국인들은
공동으로 전쟁을 수행하고 개별적으로 강화를 맺지 않는 데 합의할
준비가 되어 있었다. 스탈린은 좀 더 많은 것을 원했다. 이런 필사적
인 순간에도 그는 영국이 동맹국으로 인정하는 러시아는 1941년 국
경의 러시아, 즉 동부 폴란드와 발트 국가를 포함하는 러시아라고 주
장했다. 영국인들은 예전에 동부 폴란드가 인종적으로 폴란드가 아
니라고 인정했음에도 불구하고 당혹스러워했다. 루스벨트는 전쟁이
끝날 때까지 어떠한 국경 변경도 논의할 수 없다는 숭고한 노선을 따
랐다. 좀 더 현실적인 수준에서 그는 미국 내의 폴란드계 유권자들을
염두에 두고 있었다. 하지만 러시아가 주장하는 발트 국가와 동부 폴
란드에 대한 권리는 미국이 뉴멕시코에 대해 내세우는 것보다 훨씬
일리가 있었다. 영국인들과 미국인들은 사실상 자신들에게는 적용하
지 않는 기준을 러시아인들에게 적용하고 있었다. 그리하여 나중에
벌어질 냉전이 동맹 초기부터 고개를 들고 있었다.

　　　장래에 영국과 미국으로부터 지원을 받을 전망이 어떻든 간
에 러시아는 홀로 전쟁의 위기에 맞서고 있었다. 8월 23일 독일 장성
들은 다음 공세에 대한 결정을 내렸다. 아니, 히틀러가 미리 내려놓
은 결정을 강요했다. 처음으로 그는 드러내놓고 장성들의 조언을 따

사진66 얼어붙은 라도가 호수 위로 보급품을 운반하는 소련의 트럭.

르지 않고 원정 지휘를 맡았다. 육군 중앙 집단군은 정지하도록 명령을 받았다. 측면의 두 집단군은 마주하는 소련군을 격퇴하도록 명령을 받았다. 그러고 나서 세 집단군 전체가 마지막으로 모스크바에 일격을 가하기 위해 하나로 합쳐질 것이었다. 전쟁이 끝난 뒤에 많은 독일 장성들이 이 결정은 잘못되었고 이로 인해 히틀러가 전쟁에서 졌다고 주장했다. 주코프는 그들과 의견이 달랐다. "8월에 독일군은 몇몇 독일 장군들이 계획한 대로 모스크바로 진군해 그 도시를 공략할 위치에 있지 않았다. 따라서 독일 장군들과 역사가들이 패배의 책임을 전부 히틀러에게 돌리려는 모든 노력은 헛된 일이다."

사실 다른 대안이 없었다. 세 집단군 전부 러시아의 저항과 점점 넓어져가는 작전 공간에 지쳐서 힘이 소진되어 갔다. 가장 강력한 육군 중앙 집단군은 수비 형세를 취할 때에 남쪽 집단군을 강화할 수

사진67-68 초토화된 시가지를 지나는 독일 병사들.

있을 것이었고, 다른 두 집단군은 중앙 집단군을 강화하거나 중앙 집단군이 모스크바를 향해 돌진할 때 그 측면을 엄호할 수 없을 것이었다. 어쨌거나 결정은 내려졌다. 구데리안의 전차들이 모스크바로 전진하다가 방향을 되돌렸고 키예프를 수비하는 소련군의 노출된 측면과 남동쪽에서 부딪쳤다.

북쪽의 레프와 남쪽의 룬트슈테트 모두 자신들의 군대를 남쪽으로 움직였다. 9월 초에 레프는 레닌그라드 교외에 도달했다. 그는 전차를 시가전에 투입하거나 도시를 공격하지 말라는 명령을 받았다. 그러나 레프는 자신만의 승리를 원했다. 자신의 기갑 부대가 다른 곳에 필요해질지 모른다는 생각을 하지 못했다. 독일 전차들은 전진했다. 레닌그라드 수비를 맡고 있던 보로실로프Kliment Voroshilov와 즈다노프Andrey Zhdanov는 어쩔 줄 몰랐다. 스탈린은 그들이 이탈해 독자적으로 강화를 교섭하지 않을까 의심했다. 그들은 경질되었다. 보로실로프는 국방위원회로 올려 보내졌다. 주코프가 책임을 이어받았고 자신의 첫 번째 승리를 거두었다. 독일인들의 진격은 멎었고, 그 도시를 다시는 공격하지 못했다. 11월에 이르러 레닌그라드는 거의 포위되었고 라도가 호수가 얼었을 때 그 위를 가로질러 놓인 철로로만 통행할 수 있었다. 삼백만 주민 가운데 삼분의 일이 넘는 사람들이 1944년에 포위가 풀리기 전에 굶주려 죽었다. 그러나 레닌그라드는 견뎌냈다. 좀 더 직접적인 결과로 레프에게는 모스크바 공격을 위해 떼어낼 기갑 부대가 없게 되었다.

남쪽에서는 모든 일이 독일인들에게 순조로웠다. 그들이 부른 대로 가장 대규모의 가마솥 전투였다. 백만이 넘는 러시아 육군은 부돈니의 무능한 통솔을 받았고 또한 후퇴란 없다는 스탈린의 명령

(위) **사진69** 러시아 빨치산을 교수하는 독일 병사.
(아래) **사진70** 강제노동수용소로 보내지는 러시아 시민들.

으로 제대로 움직이지도 못했다. 부돈니가 키예프로 여전히 병력을 투입하고 있는 동안 남쪽에서 치고 올라온 클라이스트Paul Ludwig von Kleist의 기갑부대가 러시아 후방 백 마일 북쪽에서 갑자기 밀고 내려온 구데리안과 만났다. 러시아인들은 너무 약해서 빠져나갈 수 없었다. 독일인들 계산에 따르면 그들은 665,000명을 포로로 잡았다. 아마도 과장된 수치일 것이다. 그들은 718대의 전차와 3,718문의 포를 획득하거나 파괴했다. 룬트슈테트는 우크라이나, 크리미아의 대부분 지역, 그리고 도네츠 강 유역을 점령하기 위해 계속 전진했다. 이 작전이 진행되는 동안 독일인들은 40만 명을 포로로 잡았고 753대의 전차와 2,800문의 포를 획득하거나 파괴했다.

히틀러가 탐내던 커다란 포획물이 여기에 있었다. 승리만이 아니라 러시아의 거대한 산업 지역과 식량 생산의 주요 근원지 그리고 산업 원자재였다. 러시아는 산업 생산량의 삼분의 일을 잃고 농토

사진71 러시아 공장의 동부 이주.

사진72 레닌그라드의 텃밭.

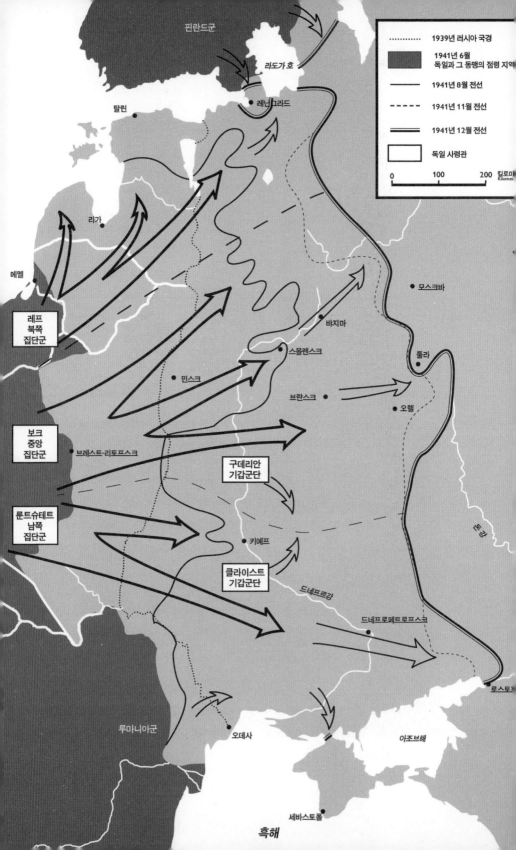

핀란드군

라도가 호

레닌그라드

탈린

	1939년 러시아 국경
	1941년 6월 독일과 그 동맹의 점령 지역
	1941년 8월 전선
	1941년 11월 전선
	1941년 12월 전선
	독일 사령관

킬로미
0   100   200   Kilomet

리가

메멜

레프
북쪽
집단군

모스크바

바지마

스몰렌스크

툴라

민스크

보크
중앙
집단군

브란스크

오렐

브레스트-리토프스크

구데리안
기갑군단

룬트슈테트
남쪽
집단군

클라이스트
기갑군단

키예프

돈 강

드네프르강

드네프로페트로프스크

로스토

루마니아군

오데사

아조브해

세바스토폴

흑해

의 절반을 상실했다. 1941년 말까지 소련의 산업 생산량은 전쟁 전의 절반 이하로 떨어졌다. 독일은 이제 생활공간을 얻었다. 그러나 환상일 뿐이었다. 러시아인들은 후퇴하면서 가차 없이 초토화 정책을 실행했다. 그들은 드네프로페트로프스크 수력 발전 댐을 폭파했고 철로와 교량을 파괴했으며 비축된 식량을 불살랐다. 독일인들은 주민들을 잔혹하게 다룸으로써 사태를 악화시켰다. 그렇게도 원하던 우크라이나는 정복자들에게 거의 이득을 가져다주지 않았다.

한창 패배의 일로를 걷는 중에도 러시아인들은 커다란 승리를 거둔 것이다. 우크라이나의 기계와 공장들은 노동자들과 함께 소리 없이 사라졌다. 전쟁 전에 소련 정부는 우랄 동쪽에 새로운 산업 지대를 건설하기 시작했고, 이 지역에서 1941년에 이미 러시아 공업 제품 공급량의 삼분의 일을 생산하고 있었다. 전쟁 발발 직후 러시아인들은 그들의 기존 공장을 동쪽으로 옮기기 시작했다. 우크라이나가 침략당하기 전 대략 오백여 개의 공장이 이전했다. 공장 하나를 옮기는 데 화물차가 팔천 량이나 소요되었지만, 공장은 넉 달 내로 다시 가동되었다. 1942년에 소련 산업은 한 달에 이천 대의 전차와 삼천 대의 항공기를 생산해냈다. 농업에는 좀 문제가 있었다. 대부분의 농민들이 군대에 징집되었고, 농토 절반을 잃었다. 식량 공급은 전전 수준의 절반도 되지 않았고, 모든 러시아인들이 전쟁 내내 굶주렸다.

9월말까지 독일인들은 자유롭게 모스크바 진격을 재개할 수 있었다. 베를린에서 기자들은 모스크바 함락과 전쟁 종결에 대한 특별 보도를 준비하라는 말을 들었다. 10월 2일 히틀러는 독일 국민들에게 장담했다. "나는 오늘 비로소 처음으로 이렇게 말을 할 수 있게 되었기에 말합니다. 적군이 괴멸되었고 다시 일어설 수 없는 지경에 처하게 될 것입니다." 다시 한 번 모든 일이 순조로워 보였다. 뱌지마와 브랸스크에서 또 다른 가마솥 전투가 있었다. 673,000명을 포로로 잡았고 1,242대의 전차와 5,432문의 포를 노획하거나 파괴시켰다. 모스크바는 공황 상태였다. 군중들은 기차역으로 몰려들었고, 열차들이 동으로 향했다. 계엄령이 발포되었고, 전투 경찰 NKVD이 시가지에 발포했다. 피난 행렬은 점차 질서를 찾아갔다. 정부와 외교단은 쿠이비셰프로 자리를 옮겼다. 약 2백만의 모스크바 주민이 더 동쪽으로 피난했다. 스탈린은 모스크바에 남았고, 주코프가 전선 중앙에서 지휘를 맡았다. 11월 6일 볼셰비키 혁명 기념일 전날 밤 스탈린은 지하철 중앙역에서 모스크바 시민들에게 연설했다. 11월 7일 기념일 당일에 그는 다소 작은 규모로 진행되었지만 붉은 광장에서 레닌 묘소를 지나 행진하는 군대의 사열을 받았다.

사진73 러시아에서 진흙탕에 빠진 독일 트럭.

사진74 전선으로 향하는 러시아군.

독일의 공세는 멈추고 있었다. 눈이 쏟아지고 있었다. 진흙 장군이 사태를 장악했다. 독일 수송 수단은 진창에 처박혔고 전차들은 앞으로 나아가지 못했다. 병사들은 겨울 복장을 갖추지 못해 진지에서 동사했다. 러시아 저항군들이 철로를 파괴했다. 11월 12일 독일 장군들은 다시 한 번 그들의 다음 조치에 대해 논의를 벌였다. 그들 가운데 몇몇은 진격을 중지하고 봄을 기다리길 원했다. 최종적인 승리를 선언하고 얼마 지나지도 않은 이 때, 히틀러에게 이것을 어떻게 설명한단 말인가? 할더가 토론을 가로막았다. 공격을 계속하는 것이 "총통의 뜻"이라는 것이었다.

196

주코프는 새로운 자원을 얻었다. 소련군에서 가장 장비를 잘 갖춘 25개 사단이 극동에 주둔하고 있었는데, 11월 초 스탈린이 이동을 승인했다. 어쩌면 그는 일본인들이 남쪽으로 움직이고 있고 만주 전선은 안전하다는 도쿄의 공산당 요원 리하르트 조르게Richard Sorge의 정보에 따라 행동했는지도 모르겠다. 아니면 베일에 싸인 정보 조직인 스위스의 루시Lucy 네트워크로부터의 정보 때문이었을 수도 있다. 그것도 아니라면 스탈린이 단지 도박을 한 것인지도 모르겠다. 어쨌거나 더 이상 독일인들의 승리는 없었다. 전략적 전투로 예정되었던 것이 개인적인 전술에 의지한 교전으로 전락했다. 11월 27일 독일의 병참감이 보고했다. "우리는 인적 측면에서나 물적 측면에서나 자원이 바닥났습니다."

11월 29일 소련군이 남쪽에서 로스토프를 회복했다. 러시아 전쟁에서 독일이 첫 번째로 당한 패배였다. 12월 2일 독일군 부대들은 모스크바 전차 종점에 이르러 멀리 크렘린의 탑들이 석양에 빛나는 것을 보았다. 보크는 히틀러에게 다음과 같이 보고했다. "공격을 지속하는 것에 무슨 의미가 있는지 알기 어렵습니다. …… 무엇보다 군대의 전력이 전부 소모될 때가 매우 가까워져 오고 있기 때문입니다." 그는 성공의 가망이 없을 때는 공격을 중지해도 좋다는 내키지 않는 말을 들었고, 이미 그 때가 다가와 있었다. 12월 5일 주코프는 모스크바 전선에서 총공격을 명령했다. 전격전은 끝났다.

러시아인들에 대한 영국의 지원 문제와는 전혀 별개로 영국인들은 러시아에서 벌어진 가을 전투로 한숨을 돌렸다. 어쨌거나 당분간은 코카서스에 독일인들이 닿지 못할 터라 오친렉은 마침내 오래도록 지연되던 북아프리카에서의 공격을 재개하는 사치까지 부릴 수 있었다. 러시아인들의 기준에서 보면 작은 규모의 전역이었다. 양측에 각각 약 열 개 사단 규모로 영국 전차 710대가 174대의 독일 전차와 146대의 낡은 이탈리아 전차에 대항했다. 전차의 우위가 더는 결정적이지 않았다. 롬멜이 다시 그의 대전차포를 최대한 활용했고, 영국인들이 아연실색하게도 영국 전차들이 다시 파괴되었다. 전차가 지원을 받지 않고 전투에 투입되던 때는 지났다. 토브룩을 해방하기 위해 계획된 영국의 공격은 11월 18일에 시작되었다. 엿새가 지나도록 얻은 것은 아무것도 없었고, 앞서 아비시니아의 해방자이자 이제 제8군의 지휘를 맡은 커닝엄Alan Cunningham은 중단을 원했다. 오친렉은 처칠의 불호령이 두려워 카이로에서 달려와 커닝엄을 면직하고 공격을 계속할 것을 명령했다.

작전 전문가들에게만 흥미로울, 매우 혼란된 싸움이었다. 전략가라기보다 전차전의 루퍼트 공[2]이었던 롬멜은 영국의 방어선 훨씬 뒤로 습격해 들어갔고 그 과정에서 거의 포로가 될 뻔했다. 습격이 실패했을 때 오친렉보다 현명했던 롬멜은 자신의 군대를 보존하기로 결심하고 서쪽으로 퇴각했다. 이에 따라 토브룩이 해방되었다. 새해 초에 영국인들은 벵가지에 다다랐다. 일 년 전 오코너의 승리 이후 있었던 그 자리로 돌아온 것이었다. 싸움이 진행되는 동안 양측은 2,500명의 사망자를 냈다. 러시아인들의 기준에서 보면 사망자 명단이랄 수도 없었다.

북아프리카에서 영국이 거둔 이 두 번째 승리는 첫 번째와 마

---

2 Prince Rupert, 1619-82. 보헤미아 출신으로 영국 내전 시기 왕당파 군대에서 활약했으며 기병을 이용한 속도전으로 유명하다.

사진75 북아프리카:
화염에 싸인 독일 전차와
차량, 1941년 12월.

찬가지로 얻은 것이 별로 없었다. 롬멜이 전차의 삼분의 일을 잃었지만 영국인들은 삼분의 이를 잃었다. 더구나 지중해에서 그들의 지위가 점점 불분명해졌다. 대서양에서 이동해온 독일의 유보트들이 항공모함 아크로얄Ark Royal 호와 전함 바럼Barham 호를 침몰시켰다. 이탈리아 잠수부들이 알렉산드리아 항에 정박 중이던 전함 두 척을 운용할 수 없게 만들었다. 커닝엄 제독의 함대는 세 척의 경순양함과 한 척의 대공순양함으로 줄어들었다. 그러는 동안 독일 항공대가 시칠리아와 북아프리카에 도달했다. 몰타로 보급품을 전달하는 것이 불가능해졌다. 몰타는 추축국의 병참을 교란하기는커녕 봉쇄당했다. 가장 나쁜 일은 영국 전략 전체의 기초가 되는 가정이 그 근본에서부터 무너졌다. 일본이 더 이상 중립을 지키지 않았다. 영국의 극동 제국이 위험에 직면했다.

극동에서 전개된 상황은 러시아 전쟁과 영국이 점점 더 크게 겪는 곤란의 필연적인 결과였다. 일본인들에게는 루스벨트가 영국과 러시아를 도우려면 태평양에 등을 돌려야만 한다는 것이 분명해

보였다. 이는 루스벨트 자신에게도 분명했다. 일본과 미국 둘 다 어느 때보다 절박하게 합의를 원했다. 그러나 전과 다름없이 양측은 각자 원하는 조건으로 하는 합의를 원했다. 일본인들은 루스벨트가 유럽으로 눈을 돌려 결국에는 타협을 하게 되어 중국에 대한 일본의 지배권을 아무리 기만적이더라도 받아들이게 되리라 생각했다. 루스벨트는 이제까지 일본 문제를 다루어왔던 방법으로 훨씬 안전한 상황으로 가게 될 것이라 믿었다. 1941년 7월 일본인들은 프랑스령 인도차이나에 대한 지배를 북에서 남으로 확장했다. 그렇게 해서 그들은 시암 국경에 닿았고 거의 싱가포르 문전에 도달했다. 루스벨트는 일본 자산을 동결하고 일본에 대한 석유 공급을 막음으로써 대응했다. 영국인들과 네덜란드인들은 같은 행동을 취하는 수밖에 다른 길이 없었다. 일본의 해외 무역은 사분의 삼이 줄어들었고 석유 공급량의 90퍼센트가 끊겼다. 일본인들은 아마도 얼마간 과장이 있었겠지만 금수조치를 깨뜨리지 못한다면 봄까지는 일본 경제가 붕괴할 것이라고 예측했다. 일본의 중립을 끝내는 시한폭탄이 작동되었다.

고노에 후미마로近衛文麿 일본 수상은 타협을 간절히 원했다. 그는 자신과 루스벨트 사이의 회담을 제안했다. 루스벨트는 일본인들이 아직 충분히 고분고분해지지 않았을 거라 생각해서 거절했다. 10월 16일 고노에가 사임했다. 육군상이던 도조 히데키東條英機 장군이 군에 책임을 바로 지우기 위해 수상이 되었다. 아마도 도조는 고노에가 감히 하지 못했던 지점에서 타협을 하게 될 것이었다. 일본인들은 인도차이나에서 철수하고 장제스와 합의를 이룰 때까지는 군대를 물리지 않겠지만 중국에서 문호개방 원칙을 인정하겠다고 제안했다. 미국 국무장관 헐Cordell Hull은 일본이 먼저 독일과의 협력관계를 끊어야 한다는 요구로 응답했다. 이 협력관계는 일본에 결코 큰 이익을 가져다주지 않았다. 그러나 바로 이때 독일인들이 관계를 좀 더 긴밀하게 하자고 재촉해오고 있었다. 리벤트로프는, 그리고 어쩌면 히틀러도 일본이 미국과 타협을 하고 그럼으로써 미국 해군이 대서양에서 자유롭게 작전을 하게 되리라 걱정하게 되었다. 그래서 그들은 일본이 미국을 공격하게 된다면 자신들이 미국에 선전 포고를 하겠다고 굳게 약속을 했다. 일본인들이 거의 거절하지 못할 제안이었다.

시간이 다 되어가고 있었다. 일본인들은 11월 25일을 전쟁이 불가피해지는 날로 예정하고 있었다. 11월 18일 일본인들은 현상유지 협정, 혹은 미국인들이 부르는 대로 잠정협정modus vivendi을 제안했다. 미국은 석유 금수조치를 해제하고 장제스에 대한 지원을 보류하며, 일본은 인도차이나에서 군대를 철수한다는 협정이었다. 루스벨트는 동의할 준비가 되어 있었다. 헐이 미국의 협력국들에 문의했다. 중국은 당연히 반대했다. 네덜란드인들은 적극 동의했다. 영국인들 역시 동의했으나, 그들은 미국이 타협하는 데 따르는 어떤 책임도 떠맡지 않기를 간절히 바랐고, 대영제국과 미국을 상대로 전쟁하겠다는 일본의 각오를 가볍게 생각했다. 처칠은 따라서 장제스가 "매우 곤궁한 상황에" 처해 있다고 대답했다. 이에 헐은 인내심을 잃었고 잠정협정을 곧장 거절했다. 이렇게 흥미로운 방식으로 독일에 대항한 미국의 지원을 확보하기를 바라고 마찬가지로 극동에서 전쟁을 피하고자 했던 영국인들이 사실상 극동에서의 전쟁을 불가피하게 만드는 마지막 고비를 제공했다.

싱가포르는 방어가 불가능했다. 이것이 바로 영국이 처한 상황의 요체였다. 싱가포르에는 158대의 항공기밖에 없었다. 최소한 582대가 필요했다. 설상가상으로 영국인들은 존재하지도 않는 공군을 위해 다수의 비행장을 건설해놓았다. 지켜낼 수 없는 비행장이라서 일본인들에게는 사용할 수 있는 수많은 착륙 장소가 되었다. 싱가포르에 예정되어 있던 육군 병력 증강은 오친렉에게 대신 제공되었다. 딜이 북아프리카 공격 연기를 제안했을 때 처칠은 멋대로 그를 오해하고 중동 철수를 제안했다고 비난했다. 처칠에게는, 사실은 허세에 가깝지만, 그만의 수단이 있었다. 그는 해군을 싱가포르에 파견하는 "막연한 위협"을 실행해야 한다고 주장했다. 12월 2일 톰 필립스Tom Phillips 제독이 전함 프린스오브웨일즈Prince of Wales 호 그리고 전함 리펄스Repulse 호와 함께 싱가포르에 도착했다. 합류하기로 되어 있던 항공모함은 자메이카에서 선저가 긁히는 손상을 입어 이동하지 못했다. 필립스가 런던을 떠나기 전 공군 대장 해리스Arthur Harris 가 그에게 충고했다. "톰, 공중 엄호를 벗어나지 말게. 만약 그런다면 실패하게 되네." 필립스는 이 주의를 등한시했다. 하지만 그는 배두 척으로 전체 일본 해군을 견디지 못하리라는 것을 인식했고 전쟁이 시작되면 싱가포르에서 철수하겠다고 마음먹었다. 처칠의 무기인 "막연한 위협"이란 그런 정도였다.

　　영국인들은 일본이 미국과 전쟁에 들어가는 대신 싱가포르를 공격해 자신들이 홀로 싸워야하는 처지가 될지 모른다는 걱정에 종종 사로잡혔다. 미국인들을 끌어들이려는 필사적인 노력이 시도되었다. 11월 10일 처칠은 만약 일본과 미국이 전쟁에 들어가게 된다면 영국의 전쟁 선포가 "한 시간 안에" 뒤따를 것이라고 선언했다. 미국인들은 대답으로 비슷한 선언을 하지 않았다.

사진76 일본군의 진주만 공습.

사실 일본인들은 싱가포르와 극동에 있는 영국군 진지에만 따로 공격을 가할 계획을 결코 세운 적이 없다. 만약 그들이 전쟁에 돌입한다면 그들은 일련의 신속한 공격으로 자신들이 이름붙인 대동아공영권을 획득하려고 계획한 것이다. 그리고 나서 말라야, 보르네오, 그리고 네덜란드 령 동인도제도에 대한 지배를 공고히 한다면, 미국의 반격에 저항하면서 받아들일만한 타협 제안을 기대할 수 있을 것이었다. 일본인들은 자신들이 극동에서 영국, 네덜란드 그리고 미국 해군과 실제로 상대할 수 있다고 확신했다. 그들의 생각에 드리운 검은 그림자가 있었다. 그들의 예측에 미국의 주력 함대는 일본인들의 힘이 미치지 못하는 곳으로 보이는 진주만에 있었다. 해결책

은 야마모토 이소로쿠山本五十六 제독 한 사람이 제공했다. 야마모토
는 초창기 시절부터 대부분의 해군들과 달리 공군력을 믿었다. 그 덕
분에 일본 해군은 항공모함으로 강력하게 무장되었다. 야마모토는
1940년 11월 영국의 타란토 작전 성공에 고무되어 진주만 습격으로
미국 주력 함대를 제거하는 목적으로 항공모함을 사용할 것을 제안
했다. 12월 1일 일본 황국 각의는 공영권을 위해 전쟁에 돌입하는 것
은 잘못된 일이나 일본은 국가의 존망이 위태한 지경에 있다면 싸워
야 한다고 결의했다. 그리고 각의는 국가의 존망이 위태하다고 생각
했다. 주사위는 던져졌다.

　　미국인들은 일본의 결정을 알고 있었고 따라서 무슨 일이 뒤
따를지를 예상했어야만 했다. 미국인들은 일본인들의 암호를 해독해
서 지난 몇 달 동안 일본의 모든 전신을 읽고 있었다. 따라서 전쟁이
임박했다는 경고가 11월 27일에 발해졌다. 그러나 전쟁 중이나 혹은
전쟁 직전에 종종 그랬듯이 미국인들은 싱가포르와 필리핀을 너무
걱정한 나머지 진주만 공격은 떠올리지도 못했고 그 일이 일어날 조
짐을 알리는 많은 징조를 무시했다. 루스벨트 대통령이 일본의 공격
을 유발하고 그래서 미국을 전쟁으로 끌고 들어가기 위해 일부러 진
주만에 예방조치를 취하지 않았다는, 아직도 몇몇 미국인들이 좋아
하는 또 다른 설명이 있다. 이 설명은 현실성이 없는 것으로 보인다.
어떤 정치가도, 아무리 무모한 인물일지라도 함대 대부분을 잃는 일
을 계획함으로써 전쟁을 시작하지 않을 것이다. 더욱이 마지막에 진
주만에 대한 예방책을 강구하지 않은 일은 어떤 인간의 지능으로도
계획할 수 없었을 정도로 괴상한 일련의 사태에 따른 것이었다.

　　미국인들은 마지막 순간에 진주만에 관한 분명한 경고를 입

수했다. 12월 6일 미국 암호담당자들이 일본의 불만을 열거하는 열네 개 부분으로 이루어진 전신을 해독하기 시작했다. 그날 저녁 처음 열세 개 부분이 루스벨트에게 보여졌을 때 그는 "이것은 전쟁을 의미한다"고 말했다. 다음 날 아침 일찍 미국인들은 마지막 부분에 일본 대사가 그날 오후 1시에 전체 전신을 전달하라고 지시하는 내용을 해독했다. 그러나 12월 7일은 일요일이었다. 일본인들은 왜 중요한 전신을 일요일 오후에 전달하길 원했을까? 이를 고민하던 해군 장교들이 한 가지 답을 생각해냈다. 진주만은 해가 그 시간에 뜨는 태평양 유일의 미국 기지였다. 정답이었다. 꼼꼼한 일본인들은 진주만 습격 반시간 전에 전쟁을 선포하기로 작정했다. 불행하게도 일본 대사가 시간 안에 해독하기에 전보가 너무 길었고, 그는 공격이 시작된 후에야 해독한 내용을 전달했다.

암호해독은 해군의 업무였다. 스타크Harold R. Stark 제독은 일본 전신의 중요성을 인식했으나 진주만 방어는 육군의 소관이라고 언급했다. 그래서 그는 육군 참모총장 마셜George C. Marshall 장군에게 전신을 보냈다. 마셜은 밖에서 승마 중이었다. 승마를 마치고 돌아왔을 때 그는 육군 통신소가 잠시 업무중단 중이라는 이야기를 들었다. 그는 자존심이 강해 해군 통신소를 사용하지 않았고, 진주만에 대한 경고를 일반회선으로 보냈다. 전신은 샌프란시스코에서 중계되어 현지시각 7시 33분에 진주만에 도착했다. 거기서 전신이 다른 전신선으로 보내지는 한편 모터사이클로 배달하는 배달부에게 전달되었다. 모터사이클이 엔진 소리를 내며 언덕을 급히 올라 군 사령부로 향하는 동안, 폭탄이 떨어지기 시작했다. 배달부는 도랑에 몸을 숨겼다. 일본인이었던 그는 도로 검문소에서 붙잡혀 일본 낙하산병으로 의

심받았고, 집으로 돌아가라는 지시를 받았다. 그는 집으로 돌아가지 않았고, 오전 10시 45분에 충실하게 전보를 배달했다. 모든 상황이 끝난 때였다.

　　그보다 명확하게 위급을 알리는 정보도 있었다. 새벽이 얼마 지나지 않아 레이더 탐지병 두 명이 미확인 항공기를 탐지해냈다. 상관에게 보고했지만, 그 상관은 오전 7시에 관측소를 닫고 군 내 교회 행사에 참여하라는 지시를 내렸다. 잠시 더 관측을 진행하자 항공기 한 대의 항적이 여러 대로 분열되었다. 탐지병들은 항공모함에서 이륙해 날아오는 미국 항공기들이라 생각하고 관측소를 닫았다. 진주만은 방어 태세를 갖추지 못한 채로 있었고 항공기들은 비행장에 모여 있었으며 전함은 항구에 묶여 있었다. 대부분의 대공포에는 배치된 인원이 없었고 탄약고는 자물쇠로 잠겨 있었다.

　　일본의 공격은 오전 8시가 조금 못되어 시작되었고 두 시간이

사진77 진주만 공습 후 수병들의 화재 진압.

채 안 되어 멈췄다. 일본인들은 두 척의 전함과 수행 함대의 지원을 받는 여섯 척의 항공모함으로 작전을 수행했다. 360대의 항공기를 출격시켰는데 29대만 잃었다. 네 척의 미국 전함이, 그 가운데 전소된 것은 한 척뿐이지만, 침몰했고, 네 척이 심하게 손상을 입었다. 열 척의 다른 군함들은 침몰하거나 출항 불능 상태가 되었다. 349대의 미국 항공기가 파괴되거나 손상을 입었고, 3,851명의 전투원과 103명의 민간인이 사망하거나 부상당했다. 오전 10시에 일본인들이 퇴각했을 때 미국의 태평양 함대는 이제 존재하지 않는 것이나 다름없었다. 일본의 진주만 작전은 아무리 무모했다 할지라도 군사적 천재가 발휘된 성공이었다. 제2차 세계대전에서 오로지 독일의 스당 돌파가 이에 견줄 수 있다. 영국 역사가 가이 윈트Guy Wint는 다음과 같이 적었다.

일본이 진주만에서 얻은 승리는 당시에는 어쩔 수 없이 적국의 입장에서 평가되었지만 언젠가 그와 다른 관점에서 평가될 것이다. 배반의 기억은 사라질 것이다. 진주만은 매우 기억될 만한 군사상의 위업으로 우뚝 솟을 것이다.

그럼에도 불구하고 일본의 승리는 더 큰 승리가 될 여지가 있었다. 미국 항공모함 네 척이 모두 진주만에서 떨어져 있었다. 세 척은 해상에 있었고 한 척은 캘리포니아에서 수리 중에 있었다. 그 뒤의 전황이 보여주듯, 항공모함이 전함보다 더 중요한 전력이었다. 게다가 일본인들은 하와이에 있는 미국의 거대한 석유 저장고를 파괴하려 시도하지 않았다. 사실 그 저장량은 일본의 총 공급량에 거의 맞먹는 것이었다. 한발 더 나아가 일본인들은 수송수단이 다른 전장에서 필요할 수 있다는 이유에서 진주만 항구가 위치해 있는 섬인 오아후에 군대를 상륙시킬 생각을 하지 않았다. 따라서 미국인들은 일급 해군 기지를 계속해서 소유하게 되었고 단지 이제 항공모함에 밀려 중요성이 떨어진 전함들만 잠시 동안 혹은 완전히 잃었을 뿐이다.

　　진주만은 진정한 세계대전이 시작되었음을 알렸다. 일본 대사가 원래 방문했어야 하는 시간보다 한 시간 반 뒤 헐을 방문했을 때, 진주만에는 폭탄이 떨어지고 있었고 선전포고는 무용지물이 되었다. 윈스턴 처칠은 수상 별장에서 저녁식사 중이었다. 집사가 들어와 "실례합니다. 수상 각하. 방금 부엌 라디오에서 일본인들이 진주만을 공격하고 있다는 뉴스를 들었습니다"라고 말했다. 처칠은 확실히 안도하여 "전쟁을 선포해야겠군"이라고 말하면서 자리에서 일어나 방을 떠났다. 실제로 영국인들의 전쟁선포는 다음 날이 되어서야 나왔다. 그러나 의회의 전쟁 결의보다 앞서기에는 충분히 이른 시간이었다. 다른 연합국들은 영국의 예를 따랐다. 중국도 마침내 일본에 전쟁을 선포하고 덤으로 독일에 대해서도 선전포고를 했다. 소련에게는 당연히 선전포고보다 해야 할 더 중요한 일들이 있었고 극동에서 1945년까지 전쟁에 들어가지 않았다.

　　히틀러는 진주만 소식을 듣고 동료 중 한 명에게 말했다. "우리는 엉뚱한 사람들과 싸우고 있네. 우리는 영-미 국가들을 우리의 동맹국으로 삼아야만 했는데 말일세. 하지만 거스를 수 없는 상황에 따라 우리는 어쩔 수 없이 세계 역사에 남을 실수를 저지르고 말았네." 만약 히틀러가 미국에 대한 전쟁 선포를 몇 주 동안만이라도 미루었다면 어떤 일이 벌어졌을까를 추측해보면 어떨까 하는 마음이 들기도 한다. 그 당시 미국인들은 태평양 문제에 끌려들어갔고 유럽에 등을 돌렸다. 히틀러는 진주만 습격 소식을 듣고 보였던 최초의

208

반응에도 불구하고 이러한 과정을 깊게 숙고하지 않았다. 바로 일본이 저지른 행동의 무모함이 그를 움직였다. 그는 일본 대사에게 말했다. "전쟁 선포를 옳은 방법으로 잘 하셨소. 오로지 이렇게 하는 것이 타당한 방법이오. 가능한 한 강력한 타격을 가해야 하고 선전포고를 하느라 시간을 낭비해서는 안 되오."

아마도 히틀러는 처칠이 미국에 신의를 지켰던 것만큼 자신

사진78 일본, 독일, 이탈리아에 대한 선전포고에 서명하는 루스벨트.

이 일본에 충실할 수 있음을 보여주길 원했는지도 모른다. 어쩌면 그
는 독일이 이미 미국과 전쟁 중에 있으니 별로 달라질 게 없다고 생
각했는지도 모른다. 아니면 사태가 벌어진 규모에 지나치게 흥분되
었는지도 모른다. 이것이 가장 그럴듯한 설명인 것처럼 보인다. 제국
의회가 12월 11일에 미국에 대한 전쟁 선포를 듣기 위해 소집되었을
때 히틀러는 다음과 같이 말했다.

> 나는 앞으로 오백 년 내지 천 년 동안 독일 역사뿐 아니라 유럽 전체와 실로
> 세계 전체를 결정했다고 서술될 이런 역사적인 투쟁에서 나에게 지도자의 역
> 할을 맡겨준 신의 뜻에 감사할 따름이다. 다시없는 규모의 역사적인 변혁의
> 과제가 조물주에 의해 우리에게 맡겨진 것이다.

　　좀 덜 자아도취적인 수사를 사용했지만, 무솔리니도 미국에
대한 이탈리아의 선전포고를 발표했다. 동맹이 완성되었다. 세계대
전이 시작되었다.

　　히틀러는 영국이나 미국과의 전쟁을 적어도 향후 몇 년 동안
은 결코 원치 않았다. 러시아 전쟁이 그가 스스로 선택한 유일한 전
쟁이었다. 일본인들은 영국과 미국 혹은 심지어 중국과도 전쟁하기
를 원치 않았다. 무솔리니는 아비시니아나 그리스보다 강한 어느 국
가와도 전쟁을 원하지 않았다. 추축국 국가들은 그들에게 달갑지 않
은 세계대전이 다가올 때까지 일련의 즉흥적인 소규모 전쟁을 하며
조심스럽게 앞으로 나아갔다. 이탈리아는 사실상 이미 길가로 쓰러
졌다. 독일과 일본은 굳건한 지위를 유지했다. 독일은 유럽 대륙 전
체와 유럽 지역 러시아의 자원을 통제 하에 두고 있었다. 일본은 대

동아 — 말라야, 버마, 보르네오, 그리고 네덜란드령 동인도 제도 — 를 손에 넣을 순간에 도달해 있었다.

　이 명백한 침략자들은 자신들의 근본적인 취약점을 알고 있었다. 그들 가운데 누구도 장기전을 끌고 나갈 여력이 없었다. 모스크바 전선에서 저지당하고 며칠 뒤 히틀러는 자신과 가장 가까운 군사 고문인 요들에게 말했다. "더는 승리를 얻을 수 없을 걸세." 야마모토는 진주만 공습 후에 누이에게 이렇게 써서 보냈다. "글쎄요 전쟁이 결국 시작되었습니다. 하지만 이 계속되는 떠들썩함에도 불구하고 우리는 질 수 있을 겁니다." 그는 또한 동료 제독에게 다음과 같이 적어 보냈다. "우리가 진주만에서 작은 성공을 거두었다는 사실은 아무것도 아니다. 사람들은 사태를 숙고하고 상황이 얼마나 심각한지를 깨달아야만 한다." "결국 우리가 이겼다"라고 기뻐할 수 있었던 사람은 히틀러나 야마모토가 아니라 처칠이었다.

6장

최전성기에 달한 독일과 일본,
1942년

1941년 6월, 전쟁은 영국과 독일 사이에 승부를 내지 못하는 결투였
다. 여섯 달이 지나, 전쟁은 세계대전이 되었다. 모든 강대국들과 대
부분의 군소 국가들이 전쟁에 휘말렸다. 전쟁은 대서양과 태평양 그
리고 아메리카 대륙을 제외한 모든 대륙에서 치러졌다. 일본인들은
진주만 공습 후 백 일 동안 마지막으로 연거푸 손쉬운 승리를 얻었
다. 그 뒤로는 놀랄 만한 일이 거의 없었고 힘이 더 센 측이 승리를 거
두었다. 이제는 어떻게 적의 허점을 찌르느냐가 아니라 적에 대항해
얼마나 큰 군사력을 동원하느냐가 더 중요해졌다. 명민한 재간보다
조직이 더 중요했다. 1941년 12월에 시작된 세계대전은 이전의 제
1차 세계대전이 그랬던 것처럼 끈질기게 싸우는 대결이었다.

　　이제 국제연합이라 불리게 된, 독일, 이탈리아, 일본에 대항한
연합은 대항하는 적들보다 자원 면에서나 인력 면에서 또한 전략적
지위에서 잠재적으로 훨씬 강력했다. 독일과 일본이 세력권을 대단

히 넓게 확장했지만 포위망을 분쇄하지 못했다. 이론상 독일과 일본은 여전히 포위되어 있었다. 그러나 국제연합이 이 이론상의 포위망을 현실로 만들까지는 먼 길이 남아 있었다. 일본 잠수함이 캘리포니아 해안 저 앞에 나타났을 때 깜짝 놀라기는 했지만, 근본적으로 미국은 일본의 공격이 미칠 수 없는 곳이었다. 러시아와 영국 두 나라 모두 아직은 추축국의 공격을 견뎌내야만 했다. 러시아는 자신의 땅에서 그래야 했고, 영국은 극동과 중동에서 그리고 어쩌면 본국에서 그래야 했다. 러시아와 영국은 이미 전쟁을 수행하기 위해 조직을 이루었다. 미국은 아직 평시 체제를 유지하고 있었다. 수백만의 사람들이 동원되어 훈련을 받아야 했다. 산업도 전쟁 목적으로 전환되어야 했다. 그 뒤에는 결국 미국의 자원이 전쟁 수요를 충족시키면서 자국민들의 생활수준까지 향상시킬 수 있을 정도로 막대한 규모라는 것이 판명되었다.

　　러시아인들은 가장 넓은 의미에서 전략적 문제가 없었다. 그들의 유일한 관심사는 독일 육군을 패배시키는 것이었고 실제로 그들은 전쟁이 진행되는 동안 내내 독일 지상 병력의 사분의 삼과 교전했다. 영국인들과 미국인들에게 반드시 필요한 사전 단계는 제해권 회복이었다. 태평양을 일본 해군으로부터 그리고 대서양을 독일 유보트로부터 빼앗아 와야 했다. 그런데 막상 그렇게 하고 나니, 행동의 선택권이 지나치게 넓어져서 결정을 내리기가 어려워졌다. 많은 미국인들이 바라던 대로 일본을 먼저 공격해야 했을까? 그들이 실제 그렇게 한 대로 유럽에서의 승리를 우선으로 한다면 어디에서 행동해야 했을까? 북아프리카와 지중해일까? 아니면 북부 프랑스로 바로 쳐들어가야 했을까? 어쩌면 심지어 독립적 폭격이 가져올 결정타

에 의존해야 했을까? 더 깊이 감추어진 문제가 있었다. 1941년 12월
에 영국, 러시아, 미국은 오로지 추축국에 대한 공동의 적대감으로
뭉쳤다. 국제연합이 어떻게 해야 명목상의 표현 이상의 것이 될 수
있었을까?

　　이러한 것들이 진주만 공습 직후 처칠이 워싱턴으로 들고 간
문제였다. 영국인들은 미국의 군수물자에 주로 의존하고 있었고 나중
에는 미국과의 협력관계에서 주도권을 넘겨주게 되었지만 지금은 얼
마간의 우위가 있었다. 그들은 두 해가 넘도록 전쟁을 치러왔고 경험
으로부터 무언가 배웠다. 미국인들은 종종 이러한 교훈을 이용하지
않으려 했고 피해를 입었다. 예를 들어 그들은 영국이 하던 방식의 호
위함대를 채택하기 전에 대서양 화물 수송에서 큰 손실을 보았다. 처
칠이라는 인물이 영국의 엄청난 자산이었다. 이즈메이Hastings Ismay 장
군의 말을 빌리자면, "그의 사고가 얼마나 넓은 전략의 영역을 포괄하
고 있는가에서 — 우리 미국 친구들이 말하는 '전체적인 전략적 관점'
에서 — 자신의 고문관들보다도 머리 하나가 차이 날 만큼 뛰어났다".
처칠의 전략적 사고가 맞았느냐 아니냐 하는 것은 얼마간 논쟁이 되
는 문제다. 하지만 그는 확실히 그 생각들을 설득력 있는 말로써 실제
로 옮길 수 있었다. 반면 미국인들에게는 전쟁에서 이겨야겠다는 것
말고는 무엇을 해야겠다는 분명한 생각이 거의 없었다.

　　한 가지 점에 대해서는 즉시 합의가 이루어져 사실상 토론이
필요 없었다. 일본을 패배시키기 전에 독일을 패배시켜야 한다는 것
이었다. 이는 진주만 공습에 앞서 이루어졌던 토론들에 따른 것이었
다. 더욱이 태평양은 주로 해군의 소관일 수밖에 없었고, 미국 육군
은 독자적인 행동을 원했다. 동원이 거의 시작되지 않아 미국 육군은

사진79 1942년의 영-미 호위함대.

영국인들을 돕는 방식으로만 행동을 할 수 있었고, 영국인들은 유럽 전역戰域에 전념했다. 놀라운 결과가 뒤따랐다. 미국인들은 곧바로 처음부터 독일에 대한 직접 공격을 목표로 했다. 반면 영국인들은 지상에서 독일과 싸우고 있지 않았다. 그들은 이탈리아와 싸우고 있었다. 따라서 미국인들은 덜 심각한 상대인 일본을 주로 상대하지 않겠다고 결정함으로써 이탈리아에 대한 행동에 끌려 들어가게 되었다. 그 나라 역시 별로 중요하지 않은 나라였다. 이 결정은 첫 번째 워싱턴 회의에서 분명하게 결정된 것은 아니었다. 영국인들은 독일에 대한 공격이라는 마지막 미끼를 꺼내놓지 않고 있었다. 다른 모든 일들은 이를 위한 준비 작업이었다. 그러나 이 경우에도 그랬듯이 전쟁에서는 준비 작업이 실제로 하는 일로 바뀌어 가는 법이다. 부지불식간에 첫 번째 워싱턴 회의는 독일에 대한 지상 전역戰役 — 제2의 전선 — 을 2년 반 동안 연기하기로 결정했다.

이러한 전략적 관점의 차이는 나중에 문제가 될 일이었다. 워

싱턴에서 이루어낸 근본적인 결과는 영국과 미국 간의 협력관계를
이전에 전시 동맹국간에 이루어졌던 그 어떤 관계보다도 긴밀한 관
계로 만든 것이었다. 이 결과는 다 이유가 있어서 일어난 것이면서,
동시에 개인들 간의 관계에서 만들어진 것이기도 했다. 제1차 세계
대전의 말미에 연합국들 사이에 설립되었고 제2차 세계대전 처음 몇
달 동안 영국과 프랑스 사이에 있었던 전시 최고 위원회는 다시 설립
되지 않았다. 추축국과 일본을 — 동시에 혹은 그 가운데 하나를 —
상대로 전쟁을 하는 모든 나라들은 당연히 국제연합 국가로 인식되
었다. 하지만 러시아 그리고 정도는 덜하지만 중국은 독자적으로 행
동했다. 나머지는 위성국들 — 영국에게는 영연방과 영국에 있는 유
럽 망명 정부들 그리고 관련지을 수 있는 한에서 미국에게는 남아메
리카의 공화국들 — 이었고 이들은 어느 정도 자발적으로 각자 보호
국의 뜻에 따랐다.

     연합 참모 위원회가 전략을 총괄했다. 이론상 영국과 미국의
참모총장들이 함께하는 자리였지만, 실제로 모임은 워싱턴에서 이루
어졌기에 미국 측은 참모총장들이 직접 참석했지만 영국인들은 그보
다 급이 낮은 대표들을 파견했다. 이러한 연유에서인지 몰라도 점차
미국이 위원회를 주도하게 되었다. 그럼에도 불구하고 1941년 12월
에는 영국인들 홀로 교전 중에 있었고, 따라서 그들은 변화한 상황 하
에서 강대국의 지위를 유지하기 위해 스스로의 주장을 굽히지 않았다.

     자신들을 위해 입안된 전략을 운용하는 곳도 연합 참모 위원
회였다. 모든 중요한 결정은 처칠과 루스벨트가 내렸고, 영국-미국
동맹은 단지 그들의 개인적인 관계에 달려 있었다. 두 사람은 각각
자기 나라에서 최고의 위치에 있었다. 하지만 처칠은 이론상으로 전

시 내각에 구속되어 있었던 반면, 루스벨트는 누구에게도 매어 있지 않았다. 처칠은 자신의 생각을 글로 쏟아냈던 반면, 루스벨트는 자신의 생각을 거의 드러내지 않았다. 처칠은 자신과 관련을 맺은 사람이면 어느 누구에게도 ― 루스벨트에게 때로는 스탈린에게도 ― 감정적으로 친밀한 관계를 쉽게 발전시켰던 반면에, 루스벨트는 사교적인 태도는 가지고 있었지만 그럼에도 불구하고 어떠한 감정적 관계도 맺지 않았다. 그는 도와주겠다고 말하면서도 실제 행동은 확답하지 않는 철저한 정치가였다.

영국-미국 관계에는 또 하나의 중요한 요소가 있었다. 그것은 군사적인 면에 못지않은 경제적 협력관계였다. 영국은 무기 대여를 받는 측이었고, 미국은 그렇게까지 후하게 주는 편은 아니었지만 영국이 계속해서 나아가도록 지원할 의무가 있다고 인식했다. 미국 경제는 아직 거의 평시 수준이었다. 이를 끌어 올리도록 재촉한 인물은 처칠을 수행해 워싱턴에 간 유일한 내각 각료인 비버브룩이었다. 비버브룩은 루스벨트에게 "현재 나타나 있는 미국의 1942년 생산 계획이 적어도 50퍼센트 증가될 수 있어야만 한다"고 말했다. 루스벨트는 비버브룩의 충고를 받아들였다. 그는 의회에서 생산 계획을 공표하며, 이미 발의된 목록을 연필로 쫙 그어버리고 수치를 반만큼 더 올렸다. 예를 들어 1942년에 전차 3만 대가 아니라 4만5천 대로 했다. 미국의 전시 생산은 비버브룩이 항공기 생산 부서에서 전투기를 생산해낼 때 보여주었던 것 같이 갑작스럽게 발동한 열의에 따라 운영되었다. 그리고 마찬가지로 성공을 거두었다. 미국의 공식 사가史家 한 사람이 다음과 같이 적었다. "1941년에 걸쳐 추진된 생산 증대 작전은 비버브룩 경의 개입으로 그 절정에 이르렀다. 그리고 그 결과는 실로 놀랄 만한 것이었다."

　　무기 임대는 영국과 그 위성국들뿐 아니라 소련에까지 확대 되었고, 좀 더 후한 조건이었다. 영국인들은 받는 품목 하나하나를 스스로의 부담으로 해야 했다. 러시아인들은 미국이 떼어줄 수 있는 만큼을 전부 받았고 영국의 호위함대가 수송해주었다. 이와는 별개 로, 공동의 전략이나 연합 군사 행동은 없었다. 영국인들과 러시아인 들이 철로를 접수하고 얼마 후 왕을 퇴위시켰던 페르시아만 예외였 다. 러시아인들은 1941년 가을에 독일의 공격으로 위기에 몰려 경보 를 보낸 이후에는 직접적인 군사 원조를 거의 요청하지 않았고, 영국 인들과 미국인들도 러시아에 제공해줄 것이 없었다. 대신 러시아인 들은 연합군의 서유럽 상륙, 되도록이면 북부 프랑스 상륙을 의미하 는 제2의 전선을 끈덕지게 요구했다.

　　이러한 요구는 영국 정계에 상당한 동요를 불러왔다. 하지만 영국-미국 전략에는 거의 영향을 끼치지 않았다. 미국인들은 러시아 가 패배할 급박한 위험에 처할 경우에 대비해 상륙을 서둘러 준비해 왔고, 영국인들은 이를 묵인하는 것으로 보였다. 실제로는 동부전선 이 있다는 바로 그 사실 때문에 서부에서의 행동이 무한정 미루어지 게 된 것이었다. 러시아인들이 계속해서 대부분의 독일군과 교전을 하고 있다면 즉각적으로 제2의 전선을 만들 필요는 없었다. 만일 러 시아인들이 패배한다면 유럽 대륙에서 오랫동안 독일을 패배시킬 수 없을 것이고, 서방 국가들은 아프리카와 지중해에 대한 지배권을 공고히 할 필요가 생길 것이었다. 영국인들과 미국인들이 이때 어쩌 면 결코 고려하지 않았던 점이 한 가지 있었다. 그들은 러시아의 완 전한 승리에 어떠한 주의도 기울이지 않았다.

워싱턴에서 전략을 의논할 때 확실히 빠뜨린 것이 또 한 가지 있었다. 영국인들은 독일에 대한 1942년의 대규모 폭격 작전을 준비했고, 곧 폭격기 사령부의 수장이 될 아서 해리스 경은 충분한 규모라면 독립적인 폭격으로 전쟁을 승리로 이끌 수 있으리라 확신했다. 미국 공군 지휘관들은 그의 견해에 동의했다. 영국에서나 미국에서나 육군과 해군의 수장들은 단호하게 반대를 표명했다. 그들은 오로지 대규모 지상 전투로만 독일이 무너질 것이라고 확신했다. 워싱턴에서는 이러한 논쟁이 벌어지지 않았다. 아니 언급조차 되지 않았다. 따라서 두 가지 전략은 2년 이상 나란히 추진되었다. 최종적인 유럽 공격을 위해 육군이 준비를 갖추고 계획들도 세워졌다. 미국 해군은 일본인들에 대항한 전투를 준비했다. 동시에 영국 공군과, 그 뒤 미국 공군이 독자적인 길을 걸었고 다른 도움 없이도 전쟁 승리를 가져올 것이라 주장했던 독립적인 독일 폭격을 수행했다.

이러한 폭격 작전은 전쟁 중의 다른 어떤 경험보다도 대중들의 뇌리에 박혔다. 폭격 작전으로 제2차 세계대전은 특별한 모습을 띠게 되었다. 영국과 독일의 거의 모든 이들이 그리고 유럽 다른 지역 대부분의 사람들이 "웨엥" 하며 울리는 사이렌 소리와 방공호 안에서의 생활을 경험했다. 나중에는 런던과 코벤트리, 베를린, 함부르크, 그리고 드레스덴 등 폐허가 된 유럽의 도시들이 제2차 세계대전의 상징이 되었다. 지상에서 대규모 전투가 없었기에 영국인들에게 폭격 작전은 전쟁이 치러지고 있고 더구나 공세의 국면에 있다는 성공적인 선전이 되었다. 소수의 사람들이 민간인 살상에 맞춰진 전략의 도덕성을 문제시했다. 그러나 거의 아무도 공중 공격이 그 맡겨진 임무 범위 안에서 생각했을 때조차도 피해 막급한 실수라고 생각하지 않았다.

1944년까지 영국인들과 미국인들에게는 정밀 폭격에 필요한 기술도, 정밀폭격을 수행할 만한 항공기도 없었다. 실행에 옮겼을 때 효과적이라고 앞으로 증명되어야 할 전략일 뿐이었다. 미국의 주간 폭격은 통탄스러운 실패였다. 영국인들이 할 수 있는 건 정밀폭격이 아니라 야간의 지역 폭격뿐이었다. 원래 독일의 공장들을 파괴하기 위해 수행되는 전략이라고 생각되었지만, 효과를 보지 못하자 독일인의 사기를 저하시키는 것으로 초점이 바뀌었다. 그리고 두 가지 목표 중 아무것도 달성하지 못했다.

무차별 폭격으로 입은 피해는 독일보다 연합국이 더 컸다. 중폭격기의 생산은 탐욕스럽게 자원을 잡아먹었다. 영국 전시 생산 중 삼분의 일 이상이 여기에 들어갔고, 무기 대여에 따라 공급된 것 가운데 상당부분도 투입되었다. 전차 생산에 할애될 자원은 이보다 적었고, 1943년까지 상륙정 생산을 위한 자원은 사실상 전혀 없었다. 무차별 폭격은 또한 항공기를 좀 더 유용한 임무에 투입하지 못하게 만들었다. 영국 해군은 유보트 대응을 위한 지중해 정찰에 충당할 항공기를 요구했다. 독일 폭격보다 극적이지는 않지만 더 시급한 활동이었다. 영국 공군은 한 대라도 내주기를 거부했다. 때때로 전시 내각이 각군 간의 실갱이에 개입했지만, 영국 공군은 곧바로 또 항공기 예산을 끌어왔다. 지중해 정찰은 부족을 겪었고 극동과 중동도 부족을 겪었으며 제2의 전선도 그랬다. 모든 것이 결과를 낳지 못한 폭격 전략에 들어갔다.

아서 해리스 경은 능숙한 선전가였다. 예를 들어 1942년 5월 천 대의 폭격기를 동원한 쾰른 공습을 독일인이 아닌 영국 여론에 대한 효과를 노리고 계획했다. 독일의 공식 보고에 따르면 쾰른에서"두

주일 만에 도시의 생활이 거의 정상적으로 돌아가고 있었다". 영국 신문들은 이 사실을 알지 못했고, 정부 안에 있는 해리스의 비판자들은 그의 추가적인 요구에 맞서지 못했다. 해리스는 폭격이 결정적인 결과를 낳지 못한다는 증거가 나와도 좌절하지 않았다. 그는 현재는 효과적이지 못한 작전이지만 그로 인해 나중에 좀 더 효과적인 작전을 수행할 수 있도록 폭격기 사령부가 훈련을 쌓는 셈이라고 주장했다. 실제로 무차별 폭격에 대한 주장이 통한 까닭은 전시에는 잘못된 일이라도 아무것도 하지 않는 것보다는 낫다는 단순한 법칙 덕분이었다. 독일을 폭격하지 않는다면, 영국인들은 독일과 거의 전쟁을 하지 않는 것처럼 보일 터였다. 이는 솜므와 파쉔달을 정당화했던 헤이그의 주장이었고, 아서 해리스 경은 제2차 세계대전의 헤이그였다.

　　물론 얻은 게 없지는 않았다. 백만이 넘는 독일인들이 공장에 투입되지 못하고 공습 대비에 소요되었다. 공장들도 폭격기 생산에서 전투기 생산으로 전환되었는데 이로써 독일인들은 폭격에 보복하기가 점점 더 어려워졌다. 훨씬 더 중요한 점은 독일 전투기들이 독일의 도시를 방어하기 위해 본국에 머무르게 되었으며, 전선에서 거의 사라졌다는 것이다. 1944년 연합국이 노르망디에 상륙했을 때, 완전한 제공권이 연합국의 손에 있었다. 마찬가지로 전차에 치명적인 타격을 주는 무기였던 중대공포도 방어를 위해 독일 내에 배치되었다. 예상하지는 못했지만 폭격기 공격으로 생긴 헤아릴 수 없이 귀중한 이득이었다.

워싱턴에서의 논의는 독일과 일본의 패배에 초점이 맞추어져 있었다. 그러나 1942년 한 해가 지나가는 상당 기간 동안 두 적국은 여전히 앞으로 나아가고 있었다. 일본이 특히 그랬다. 진주만에서 미국

주력 함대를 파괴함으로써 일본의 앞길에는 거칠 것이 없었다. 일본인들은 그러한 지위를 상상조차 하지 못했고, 계속되는 승리도 전쟁에서 무엇보다 즉흥적으로 이루어진 일이었다. 그들은 매우 소규모의 군사력으로, 대체로 상대보다 작은 군사력으로 이를 이루어냈다. 일본 육군은 대부분 전쟁 내내 만주에 머물러 있었고, 나머지 병력의 상당 부분도 중국 본토에 있었다. 일본인들은 앞선 속도와 기술로 그리고 일시적이었지만 제해권을 장악함으로써 승리했다.

이론상 극동에서 연합국에게는 두 곳의 본거지가 있었다. 미국인들에게는 마닐라였고 영국인들에게는 싱가포르였다. 두 곳 모두 해상을 통한 병력 증원을 기대하고 있었고, 제해권을 상실하리라고는 예상하지 못했다. 한때 미국인들은 전쟁이 일어나면 필리핀을 포기해야 한다고 생각했다. 그러나 1941년 여름 맥아더Douglas MacArthur 장군이 파견되어 지휘권을 이어받았다. 그는 미국에서 가장 매력적인 장군이었다. 그는 은발머리를 검게 염색했고 ─ 무더운 날씨에는 염색약이 흘러내리기도 했다 ─ 자신이 디자인한 번쩍이는 제복을 입었다. 그는 또한 1935년에 육군 참모총장 자리에서 전역한, 미국에서 가장 고참 장군이었고, 후임자인 마셜조차도 그를 두려워했다.

맥아더가 증원군이 올 때까지 자신이 필리핀을 지킬 수 있겠노라 주장하자, 감히 그의 주장에 반박하는 사람이 없었다. 사태는 처음부터 악화의 일로를 걸었다. 진주만에서 공격을 받은 전례가 있었음에도 불구하고 미국 항공기의 대부분이 첫날 지상에서 파괴되었다. 미국인들은 바탄 반도로, 이어 코레히도르 요새로 후퇴했다. 증원군은 도착하지 않았다. 1942년 3월 11일 맥아더는 전출 명령을 받았다. 떠나기 전에 그는 "다시 돌아오겠다I shall return"고 선언했다.

5월 6일 그의 후임자인 웨인라이트Jonathan Wainwright가 코레히도르에서 항복했다. 미국인과 필리핀인 연합군은 14만 명을 잃었다. 일본인 희생자는 만2천 명이었다. 맥아더의 위신을 주장하기 위해 치른 너무 큰 대가였다.

영국인들 측에서는 홍콩이 똑같은 길을 걸었다. 참모부는 홍콩이 전쟁이 일어나도 방어할 수 없는 전초 기지라고 줄곧 시인해왔다. 1940년 8월 그들은 철수를 권고했다. 그러나 행동은 취해지지 않았다. 그 대신, 바로 1941년 10월에 "좀 더 그럴듯한" 방어를 위해 두 개 대대가 증파되었다. 일본인들은 12월 8일 본토에서 공격해왔고 성탄절에 승리를 달성했다. 일본인들은 만2천 명을 전쟁포로로 잡았고, 포로가 된 이들에게는 험난한 운명이 기다리고 있었다. 일본의

사진80 죽음의 행진을 하는 미국인과 필리핀인 포로들.

사진81 싱가포르 방어시설을 시찰하는 웨이벌 장군.

사상자는 3천 명이었다.

　싱가포르는 영국인들이 크게 기대를 걸고 있는 곳이었다. 그곳은 일본의 북부 말라야 상륙이 저지되어야만 방어할 수 있었고, 이를 위해서는 영국의 시암 진군이 필요했다. 영국 당국은 마치 1940년에 벨기에의 중립을 침해하기를 망설였던 것처럼 시암의 중립을 침해하기를 주저했고, 어쨌거나 시암은 일본인들을 맞아들일 준비가 되어 있었다. 마침내 영국인들이 행동하기로 결심했을 때는 너무 늦었다. 일본인들이 이미 상륙하기 시작했다. 소식을 들은 톰 필립스 제독은 자신의 대형 선박들을 안전한 곳으로 옮겨야 한다는 것을 알았다. 그러나 그는 육군을 돕기 위해 무엇인가를 먼저 하지 않고서는 떠날 마음이 들지 않았다. 1941년 12월 8일 오후 프린스오브웨일즈 호와 리펄스 호가 필립스의 지휘 하에 일본의 수송선들을 공격하기 위해 북쪽으로 항해했다. 그는 공군의 엄호를 받지 못했고, 일본 수송선을 찾지 못한 채 돌아왔다. 그리고 다른 곳으로 한 번 더 가보기로 결심했다. 일본 잠수함 한 대가 영국군의 위치를 탐지했다. 12월 10일 영국군은 고공 폭격기와 뇌격기의 공격을 받았다. 리펄스 호는 정오가 조금 지나 침몰했고 한 시간 뒤 프린스오브웨일즈 호가 침몰했다. 일본인들은 항공기 석 대를 잃었다.

이번 일격으로 말라야와 싱가포르의 운명이 결정지어졌다. 일본인들은 저항을 받지 않고 추가 병력을 상륙시킬 수 있었으며 제공권을 장악했다. 일본인들은 계속해서 영국 기지들을 포위하거나 거의 싸우지 않고 지나갔다. 1월 말 싱가포르에 도착할 때까지 일본인들은 4천5백 명의 사상자를 냈다. 영국은 2만5천 명을 잃었는데 거의 포로로 잡혔다. 본국에서 처칠은 아직 싱가포르가 함락될 수 있다는 사실을 믿지 않았다. 신규 부대가 파병되었으나 수송선에서 나와 상륙하자마자 곧장 포로로 잡혔다. 일본인들은 2월 8일에 싱가포르 공격을 개시했다. 일주일 후 영국인들은 항복했다. 정확히 일본의 군수물자가 막 바닥난 시점이었다. 일본인들은 3만5천 명의 병력으로 싱가포르를 획득했다. 수비 측 병력은 8만 명에 달했는데 모두 전쟁 포로가 되었다. 영국 역사상 가장 큰 규모의 항복이었고, 가장 치욕스러운 것들 가운데 하나였다.

점령지를 획득해가는 일본의 기세는 아직 저지되지 않았다. 1941년 12월 말에 그들은 버마에 진입했다. 영국인들은 먼저 랭군 방어를 생각했고 다음에는 만달레이를 방어하겠다고 생각했다. 결

(위) **사진82** 프린스오브웨일즈 호의 침몰.
(아래) **사진83** 일본군의 싱가포르 공격.

(위) **사진84** 싱가포르: 증강되는 오스트레일리아군.
(아래) **사진85** 일본의 수중에 있는 네덜란드 포로들.

국 이곳을 지휘하기 위해 도착한 알렉산더 장군은 완전 철수만이 가
능한 방책이라고 판단했다. 버마가 포기되었다. 1942년 5월 초에 약
6만 명의 영국군이 천 마일을 후퇴한 끝에 아삼에 도착했다. 훨씬 더
동쪽에서는 1월 6일에 일본인들이 인도네시아에 상륙했고 이후로도
계속해서 전진했다. 2월 말, 네덜란드와 영국 혼성군을 지휘하던 도
어만Karel Doorman 제독이 일본 호위함대에 대한 공격을 시도했다. 일
본 해군이 끼어들었고 사흘간의 전투 끝에 도어만의 함대 전체가 파
괴되었다. 일본의 전진을 가로막는 것은 아무것도 없었다. 3월 8일
네덜란드인들이 항복했다. 9만8천 명의 네덜란드령 동인도군 병력
이 포로로 잡혔다.

　　일본인들은 이제 인도 국경에서부터 오스트레일리아 국경까
지 휩쓸었고 멀리 태평양 한가운데로 전진해 들어갔다. 대동아공영
권이 이룩되었다. 일본인들이 여기서 전진을 계속할 것이라는 두려
움이 퍼져나갔다. 영국인들은 실론을 걱정했고, 오스트레일리아인들
은 포트 다윈을 염려했다. 실론에서 영국인들은 어떻게든 이곳저곳
에서 흩어진 해군을 그러모았다. 구식 전함 다섯 척과 소형 항공모함
세 척이었다. 4월에 훨씬 더 강력한 일본 함대가 인도양으로 항해해
왔다. 영국 제독 서머빌이 일본인들의 암호문을 획득했고, 그래서 실
론에서 남서쪽으로 6백 마일 떨어진 아두 아톨에 있는 잠복 장소로
퇴각했다. 그리하여 일본인들은 콜롬보 공격에서 많은 피해를 입혔
고 순양함 두 척을 침몰시켰지만 서머빌의 함대를 찾아내지 못했다.
일본인들은 철수했고, 그 뒤 다시는 돌아오지 못했다. 공영권으로 설
정해놓은 경계에서 훨씬 더 멀리 있는 실론을 공격하기 위해 따로 떼
어놓은 부대가 없었고, 일본 해군에게 습격이란 단지 좀 더 작은 규

모로 또 다른 진주만 공습을 시도하는 것일 뿐이었다. 영국인들은 이를 알아차리지 못했고 일본인들이 마다가스카르에서 해군 기지를 획득할까 봐 혹은 심지어 중동에서 독일인들과 손을 잡게 될까 봐 전전긍긍했다. 사실 독일과 일본은 조금이라도 서로 전략을 조율한 적이 없었고, 일본인들은 태평양에 온 신경을 집중하고 있어 인도양에 마음을 둘 여유가 없었다. 이러한 두려움이 남긴 유일한 결과는 5월에 시작해서 9월에 마무리한 영국의 마다가스카르 점령뿐이었다. 마다가스카르 점령은 영국인들과 자유 프랑스 사이의 관계를 좋게 만들지 못했다.

오스트레일리아를 향한 일본인들의 전진 또한 곧 멈추었다. 4월초에 그들은 파푸아의 포트 모스비 점령을 계획했고 오스트레일리아로 압박해 들어갔다. 미국인들은 일찌감치 일본인들의 암호 전문 내용을 파악하고 대응을 준비했다. 5월 8일 두 나라의 해군이 산호해에서 만났다. 항공모함을 두 척씩 가지고 있는 양측의 전력은 대

사진86 싱가포르의 항복.

강 엇비슷했다. 산호해 전투는 불길한 전조였다. 역사상 처음으로 두 함대가 백 마일이 넘는 사정거리에서 서로를 보지 못하는 가운데 전투를 벌였다. 대형 전함은 시대에 뒤지는 것으로 판명이 났고, 항공모함이 새로운 별로 떠올랐다. 미국인들은 중항공모함 렉싱턴Lexington 호를 잃었다. 일본인들은 경항공모함 한 척만을 잃었다. 그러나 일본인들은 원정을 중지했다.

야마모토 제독은 놀랐다. 미국인들이 그가 예상했던 것보다 훨씬 빨리 회복되고 있었다. 그는 미국의 남은 태평양 함대가 강화되기 전에 파괴해서 미국인들을 캘리포니아 해안으로 물러나게 만들기로 결심했다. 그의 목표는 진주만으로 가는 길목에 있는 미드웨이 제도였고, 알류샨 열도를 먼저 공격해 미국 함대를 북쪽으로 유인하기를 기도했다. 여기서 일본의 암호문을 해독하는 미국의 능력이 제대로 발휘되었다. 미국 사령관인 니미츠Chester Nimitz 제독은 야마모토의 계획을 전부 알고 있었고 알류샨에 던져진 미끼를 무시했다. 반면 일본인들은 정보가 전혀 없는 상태에서 행동하고 있었다. 심지어 그들은 독일인들이 친절하게도 선사한 레이더 장비 두 기조차 사용하지 않았다. 그렇기는 했지만 일본의 힘은 압도적인 것으로 보였다. 그들은 전함 11척, 항공모함 8척(그 가운데 4척이 대형), 순양함 22척, 구축함 65척과 잠수함 21척을 이끌고 출항했다. 역사상 태평양에서 가장 큰 규모의 집적 함대였다. 이에 맞서는 니미츠는 전함 한 척 없이 항공모함 3척(일종의 예비 항공모함으로 간주되는 미드웨이 섬이 있긴 했다), 순양함 8척 그리고 구축함 17척만으로 작전을 진행했다.

6월 4일 일본의 함재기들이 미국의 함대가 멀리 있을 것이라 확신하고 미드웨이 섬을 공격했다. 함재기들이 갑판으로 돌아와

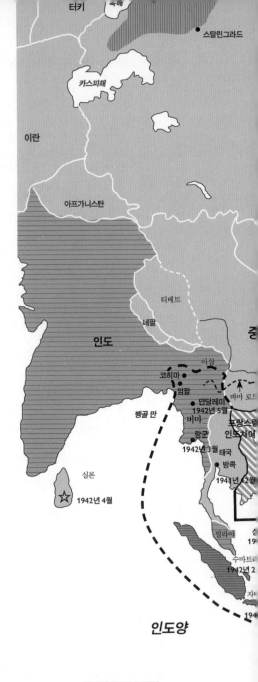

서 재무장하고 있을 때 미국 항
공기들이 날아와서 330 대의 항
공기와 함께 네 척의 대형 항공
모함을 5분 만에 모두 침몰시켰
다. 미국인들은 항공모함 요크타
운Yorktown 호 한 척을 잃었다. 일
본의 대형 전함들은 전투를 하지
도 못했다. 역사상 이보다 더 신
속하고 극적으로 힘이 역전된 일
은 없었다. 어느 순간 일본인들
은 태평양을 지배하고 있었다.
5분 후 그들은 가장 중요한 무기
인 항공모함의 수에서 동등한 수
준으로 떨어졌다. 아홉 달 후에
일본인들이 전함 아홉 척인데 비
해 미국인들은 전함 열다섯 척을
보유했고 일본인들이 열 척의 항
공모함을 가진 반면에 미국은 열
아홉 척이었다. 미드웨이의 5분
이 일본의 최종적인 파멸을 가져
왔다.

　　그럼에도 불구하고 일본
이 이루어낸 것은 보기에도 대단
했다. 일본은 대략 석 달이 지나

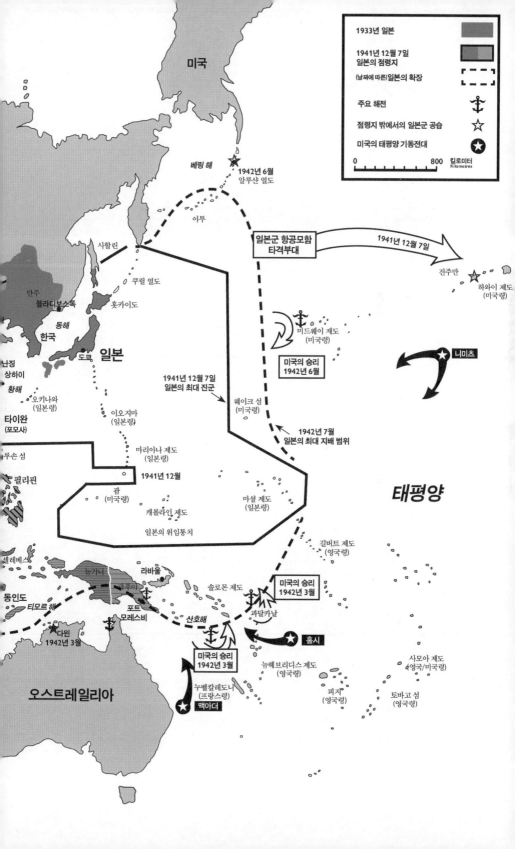

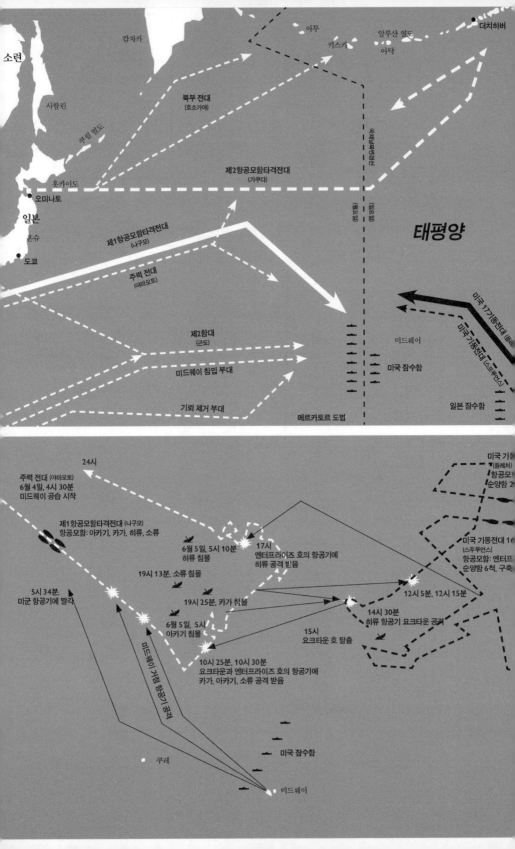

소련

캄차카

아투

알루샨 열도
아다

더치하버

사할린

쿠릴 열도

북부 전대
(호소가야)

키스카

제2항공모함타격전대
(가쿠다)

호카이도

오미나토

일본

제1항공모함타격전대
(나구모)

혼슈

주력 전대
(야마모토)

도쿄

제2함대
(곤도)

미드웨이 침입 부대

기뢰 제거 부대

태평양

미드웨이

미국 잠수함

미국 제17기동전대 (플레처)

미국 기동전대 (스프루언스)

일본 잠수함

메르카토르 도법

24시

주력 전대 (야마모토)
6월 4일, 4시 30분
미드웨이 공습 시작

미국 기동
(플레처)
항공모함
순양함 2

제1항공모함타격전대 (나구모)
항공모함: 아카기, 카가, 히류, 소류

6월 5일, 5시 10분
히류 침몰

17시
엔터프라이즈 호의 항공기에
히류 공격 받음

19시 13분, 소류 침몰

미국 기동전대 16
(스프루언스)
항공모함: 엔터프
순양함 6척, 구축

5시 34분,
미군 항공기에 발각

19시 25분, 카가 침몰

6월 5일, 5시
아카기 침몰

12시 5분, 12시 15분

14시 30분
히류 항공기 요크타운 공격

15시
요크타운 호 탈출

미드웨이 거점 항공기 공격

10시 25분, 10시 30분
요크타운과 엔터프라이즈 호의 항공기에
카가, 아카기, 소류 공격 받음

쿠레

미국 잠수함

미드웨이

는 동안 거의 손실 없이 제국을 획득했다. 미국의 봉쇄를 무너뜨렸고, 세계 고무 생산량의 전부와 주석의 70퍼센트 그리고 네덜란드령 동인도 제도의 석유를 손에 넣었다. 버마 점령으로 중국이 외부 세계와 단절되었고, 장제스는 일본의 손에 내맡겨진 것으로 보였다. 영국의 위신은 싱가포르를 잃음으로써 산산이 깨져버렸다. 그러나 일본인들은 정치적으로 자신들의 성공을 거의 활용하지 못했다. 그들은 백인들에 대항해 황인종을 이끌기는커녕 자신들이 정복한 영토를 착취했고 곧 영국인과 네덜란드인이 한때 그랬던 것보다 더 큰 증오를 사게 되었다. 공영권은 허울뿐인 표현임이 밝혀졌다.

　더욱이 일본인들에게는 이미 취약점이 있었다. 그들이 네덜란드령 동인도 제도에서 확보한 삼백만 톤의 석유는 평시 필요량을 충족했다. 그러나 그들은 지금 긴 항로를 따라 전쟁을 수행하고 있었고

사진87 미드웨이에서 미국 해군 항공기의 공격을 받고 파손된 일본의 중순양함.

대규모 해군을 동원하여 해상 전투를 치르고 있었다. 곧 미국의 잠수함들이 그들의 보급선을 침몰시켰다. 그리하여 일본인들은 앞으로 일어날 일들에 속수무책이었다. 일본인들의 승리는 사실상 평시의 미국에 맞서서 얻어낸 것이었다. 이제 그들은 전쟁을 위해 동원을 진행하는 미국에 맞서야 했고, 자신들은 상대가 되지 않는다는 것도 알고 있었다. 그들의 희망은 독일에 달려 있었다. 만약 독일이 미국의 힘을 소진시켜준다면, 더 나아가 독일이 승리한다면, 결국에는 미국인들에게 타협을 통해 강화할 마음이 생기게 될지도 몰랐다.

1942년 한 해가 지나가는 상당 기간 동안 그리고 이후로도 여전히 독일이 일본의 기대에 어긋나지 않고 전쟁에서 승리할 수도 있을 것처럼 보였다. 독일인들은 대서양을 가로지르는 연합국의 병참선을 거의 무너뜨렸다. 그들은 알렉산드리아 문턱에 다다랐다. 그들은 모스크바 전선의 패배에서 회복되어 러시아를 패배시키는 순간을 눈앞에 둔 것처럼 보였다. 1941년 가을에는 영국인들이 대서양에서 유보트의 공격을 평정한 것처럼 보였지만 침몰하는 선박의 수는 곧 다시 늘어났다. 1942년 6월에는 불길하게도 그 규모가 70만 톤에 달했다. 되니츠Karl Dönitz 제독은 이전의 어느 때보다 더 많은 유보트를 보유했고, 이는 무리지어 사냥하기라는 자신의 새로운 전술을 구사하기에 충분했다. 1942년에 연합국은 거의 8백만 톤의 선박을 잃었고, 건조된 선박은 7백만 톤뿐이었다. 영국 공군은 확고부동하게 독일 폭격만을 고집하고 있었다. 결국에 해군에 협조해야 했을 때, 영국 공군은 2만 톤의 폭탄을 유보트 기지에 쏟아 부었지만 작전수행이 불가능해진 유보트는 단 한 척도 없었다.

대서양에서 1943년 3월은 연합국에게 전쟁 중 최악의 달이었
다. 영국 해군 본부는 다음과 같이 기록했다. "1943년 3월이 시작된
후 20일까지의 기간만큼 독일인들이 신대륙과 구대륙 사이의 병참
선을 거의 파괴할 뻔한 적은 없었다." 극적인 변화가 다가왔다. 영국
인들은 두 가지 새로운 장치를 완성했다. 유보트의 위치를 찾아내는
고주파 대잠 탐지기, 일명 허프더프와 항공기와 소형군함에 소형 레
이더 장치를 갖출 수 있게 해준 초극초단파 레이더였다. 서부 접근로
의 지휘를 맡고 있는 맥스 호튼Max Horton 제독은 이 장치들을 잘 사용
했다. 대양을 휘저으며 유보트를 찾으러 다니는 대신 그는 지원 부대
를 조직해 유보트들이 호위함대를 공격하려 할 때 역습했다.

5월 4일에는 두 개 단위의 영국 지원 부대가 한 무리의 유보트
와 전투를 벌여 일곱 척의 유보트를 침몰시키고 단 열두 척의 상선만
잃었다. 얼마 지나서는 다섯 척의 유보트가 침몰한 반면 한 척의 상
선 손실도 없었다. 되니츠는 그렇게 큰 손실을 감당할 수 없었다. 그
는 유보트 작전을 중단하고 히틀러에게 보고했다. "우리는 잠수함 전
투에서 가장 큰 위기를 맞고 있습니다. 새로운 탐지 장치를 이용하는
상대가 전투를 불가능하게 만들고 있기 때문입니다." 유보트 작전은
효과적으로 재개되지 못했다. 고주파 대잠 탐지기와 초극초단파 레
이더 그리고 항공기 정찰의 도움을 받은 호튼의 지원 부대가 대서양
전투를 승리로 이끌었다.

1942년에 영국의 해상 자원을 소모시킨 곳은 대서양뿐이 아
니었다. 러시아로 가는 호위함대가 입은 피해도 만만치 않았다. 군수
물자 공급은 영국인들과 미국인들이 러시아를 지원할 수 있는 유일
한 방법이었고, 실제적인 효과를 내기 위해서만큼이나 지원하고 있

음을 보여주기 위해서 강행했다. 러시아인들은 1941년의 첫 번째 절체절명의 상황에서는 보내줄 수 있는 것은 아무거나 보내달라고 요청했다. 그러나 1942년 동안에 러시아인들 스스로 필요한 전차와 항공기를 생산할 수 있음이 점차로 분명해졌고, 서방에서 그렇게 큰 희생을 치르고 보낸 군수물자 대부분은 풀지도 않은 채 아르한겔스크의 부두에 쌓여 있었다. 1943년까지 미국인들은 식량, 의료품 그리고 무엇보다 인원 수송 차량같이 러시아인들이 정말로 원하는 것을 보내지 않았다. 그러는 동안 호위함대는 얼어붙은 북쪽 수역을 뚫고 지나가느라 애썼다. 처음 열두 번 동안은 호위함대가 손실을 입지 않고 임무를 수행했다. 위험은 다른 요인으로 발생했다. 연합국이 노르웨이에 상륙 준비를 하고 있다고 히틀러가 믿게 되었다. 그는 두 척의 순양전함 샤른호스트Scharnhorst 호와 그나이제나우Gneisenau 호에 브레스트에서 트론헤임으로 물러나 있도록 명령하고, 유럽 수역에 떠 있는 군함들 가운데 가장 강력한 티르피츠Tirpitz 호를 그 두 척의 전함과 합류하도록 했다. 처칠이 때때로 주장하기는 했지만, 노르웨이 상륙은 일어나지 않았다. 하지만 그때부터 호위함대가 오갈 때마다 대규모 해군 전투의 위협이 드리워져 있었다. 해군 본부가 호위선 한 척의 손실이라도 감당할 수 없는 때였다.

1942년 7월에 재난이 닥쳤다. 처칠의 주장에 따라 백야임에도 불구하고 호위함대 PQ 17이 아르한겔스크로 항해했다. 해군본부의 정보 당국은 티르피츠 호가 출항했다고 잘못 보고했다. 해군 제1군사위원 더들리 파운드는 그곳 지역 사령관을 무시하고 호위선 철수와 호위함대 분산을 명령했다. 상선들은 독일 유보트와 항공기들의 손에 내맡겨졌다. 나중에 잘못된 것으로 밝혀진 이 경보로 35척

사진88 러시아로의 보급로: 호위함대 PQ17.

의 상선 중 24척이 침몰했다. 1942년 나머지 기간 동안 호위함대
는 단 두 번 항해했고 두 번 모두 항공모함의 호위를 받았다. 그리고
1943년에 백야가 있는 달에는 한 번도 출항하지 않았다. 호위함대
는 모두 합쳐 마흔 번 출항했고, 백 척의 선박을 잃었다. 아이러니하
게도 이렇게 큰 희생을 치르고도 달성한 것은 거의 없었다. 러시아에
보낸 연합국의 지원 물자 중 사분의 삼은 페르시아를 거쳐서 갔다.
극적이지는 않지만 좀 더 안전한 수송로였다.

　　대서양의 험난한 상황과 러시아로 가는 호위함대가 입은 엄청
난 피해 때문에, 1942년이 시작되고 아홉 달이 영국인들에게는 전쟁
중 가장 암울한 시기였다. 식량 배급이 삭감되어야 했고 석탄은 부족
해져갔다. 어쩌면 지배층들은 다르게 생각했을지 몰라도, 일반 국민

들은 러시아 원조 실패로 매우 격분했다. 프린스오브웨일즈 호와 리펄스호의 침몰에 이은 싱가포르 상실로 영국의 제국 관념이 매우 흔들리게 되었고, 오스트레일리아인들이 영국이 자신들을 보호하지 못했다고 불평했을 때 제국의 일치단결이 좀 더 실제적으로 위협받았다.

처칠을 향해 처음으로 모진 폭풍이 불어왔다. 결국, 극동에서의 위기는 대체로 그가 초래했다. 그는 일본이 몰고 오는 위험을 과소평가했고, 항공기의 엄호를 받지 못하는 두 척의 대규모 전함이 가하는 "막연한 위협"에 기대를 걸었으며, 고문관들의 경고를 무시했다. 처칠이 위신을 지키기 위해 쓸모없는 희생을 주장한 것은 많은 일들이 절정에 달한 때였다. 위신이란 사실 승리를 통해서 얻어지는 자질이다. 독립적인 국방상직을 만들자는 논의가 있었다. 아마도 웨이벌이 새로운 크롬웰이 되어야할 터였다. 처칠은 자신의 웅변술로

사진89 페르시아의 미국 트럭.

이런 공격을 물리쳤으나 내각을 다시 구성했다. 전쟁 중 유일한 경우
였다. 제2의 전선을 주장한 유일한 각료인 비버브룩이 자리를 떴다.
러시아를 전쟁에 끌어들였다는 완전히 부당한 명성을 누리던 스태
포드 크립스 경이 하원 원내총무가 되었고 내각의 간판이 되었다. 처
칠은 크립스가 인도로 향하도록 허용한 대가를 추가로 치렀다. 크립
스는 거기서 전후 자치령의 지위를 허용할 전망을 주어 무익하게도
인도 지도자들의 환심을 사려고 했다. 간디는 이를 "지급날짜를 미루
는 연延수표"라며 거절했다. 참여하지 않고 밖에서 지켜보는 이가 한
명 늘었고, "파산해가는 은행 앞으로 발행된" 격이었다.

　　　처칠은 웅변술로 하원에서 표를 얻을 수 있었다. 그러나 승리
를 얻을 수는 없었다. 처칠은 북아프리카를 위해 극동을 희생했고 이

사진90 서부 사막 전역:
비르하켐 전투 후
자유 프랑스 병사.

240

사진91
골치 아픈 표정을 짓는
리치 장군.

제 그곳에서 1940년 12월 승리의 재연을 필요로 했다. 그런데 상황
이 바뀌었다. 영국 함대는 지중해의 제해권을 잃었다. 몰타는 추축국
호위함대를 애먹이는 대신 독일의 항공기와 유보트에 공격당하고
있었고 생존을 위협 받았다. 1942년 1월에는 롬멜이 전차를 이용한
침공을 시도하여, 롬멜 스스로도 놀란 일인데, 영국인들을 가잘라 선
뒤편까지 몰아냈고, 영국이 얻은 영토의 삼분의 이를 빼앗았다. 그
리하여 몰타가 중심으로 들어왔다. 처칠과 참모부는 새로운 공격으
로 항공기가 북아프리카에서 몰타를 지원하러 갈 수 있기를 원했다.
몰타가 영국의 첫 번째 북아프리카 공격을 가능하게 만들어주었던
1940년 12월의 상황과 정반대였다. 오친렉은 공격을 서두르길 거부
했고, 크립스는 인도로 가는 중에 즉각적인 공격은 "책임질 수 없는
모험"이 될 것이라고 말했다. 전시내각은 오친렉의 해임 여부를 논
의했다. 내각은 해임하는 대신 몰타에서 적을 흐트러뜨리기 위해 대
규모 전투를 벌이라는 강제 명령을 5월 10일에 내렸다.

사진92 토브룩에서 사로잡힌 영국군 포로들.

　　바로 그때 추축국 지도자들이 몰타에 대한 전면적인 공격을 개시할 것인가를 논의하고 있었다. 레더는 줄곧 그래왔듯이 강력히 찬성했다. 그가 보기에 몰타가 무너지면 추축국 군대가 이집트를 점령할 것이고 중동을 정복할 것이었다. 히틀러는 크레타에서 입었던 낙하산 부대의 심각한 손실을 떠올리며 곧이어 있을 러시아 공격을 위해 독일 공군의 전력을 보존하기를 절실히 원했다. 롬멜은 지원을 받지 않고도 자신이 알렉산드리아에 이를 수 있다고 주장하며 재가를 기다리지도 않고 공격에 나섰다. 히틀러와 무솔리니는 롬멜의 주도를 받아들였고 무솔리니는 카이로 입성에 앞장서기 위해 백마를 타고 리비아로 건너갔다.

　　롬멜은 5월 26일에 첫 공격을 했다. 영국인들은 전차에 3대 1의 우세가 있었고 포에 3대 2의 우세가 있었다. 정확한 판단을 내릴 충분한 자질을 갖춘 리델 하트에 따르면, "영국인들은 압도적인 수

적 우세뿐 아니라 질적으로 우위에 있었다". 그러나 지휘가 변변치
못했다. 전투를 지휘해야 할 뿐 아니라 중동 전체를 통제하고 코카서
스에 접한 북쪽 측면을 걱정해야 하는 오친렉은 그렇다 치고, 아무도
자신의 업무를 감당해내는 사람이 없었다. 영국인들은 전차부대를
분산시켰고, 롬멜은 자신의 전차부대를 집중시켰다. 롬멜의 표현으
로 "영국인들은 자신들의 기갑부대를 낱낱이 흩뜨려 전투에 투입했
고 그리하여 우리가 가진 전차만으로도 그들 각각과 충분히 교전할
수 있는 기회를 주었다". 전투에서 돋보인 일은 자유 프랑스군의 비
르하켐 방어였다. 프랑스의 군사적 부활이 시작되었다.

6월 중순이 되어 영국인들은 전투의 주도권을 빼앗겼고, 후퇴
하기 시작했다. 토브룩이 일 년 전처럼 고립된 전초기지로 사수되어
야만 한다고는 결코 예상하지 못했다. 토브룩 방어는 등한시되어왔
고 그곳에 해상으로 군수물자를 수송하는 일은 함대가 감당하기에
너무나 큰 부담이었다. 처칠은 상황을 파악하지 못하고 런던에서 전
보를 보냈다. "어떤 경우에도 토브룩을 포기한다는 것은 논의의 여지
가 없다고 생각함." 제8군 사령관 리치Neil Ritchie는 따라서 며칠 안으
로 토브룩에 다시 합세할 요량으로 토브룩에 상당수의 병력을 남겨
둔 뒤 국경까지 후퇴했다. 롬멜은 너무나 신속하게 움직였다. 롬멜은
자신의 전체 병력보다도 많은 3만5천 명을 포로로 사로잡으며 하루
만에 토브룩을 획득했다.

6월 25일 오친렉은 국경으로 올라가서 제8군의 지휘권을 이
어받았다. 그는 장애물이 없는 사막의 너른 공간에서 롬멜이 남쪽에
서 달려와 영국인들을 포위할 수 있기 때문에 현재 위치에 머무른다
는 생각을 완전히 배제했다. 그는 알렉산드리아에서 60마일밖에 떨

어지지 않은 엘 알라메인까지 후퇴하기로 결심했다. 이곳은 가는 모래 바다가 포위 기동을 방해했다. 엘 알라메인 전선은 직접 공격으로만 획득할 수 있었다. 지금 롬멜은 영국인들에게서 탈취한 군수물자에만 의존했고, 전차도 60대로 줄어 있었다. 이론상 그의 최고 사령관이었던 이탈리아 장군이 그에게 정지를 명령했다. 롬멜은 자신은 "충고를 받아들이지" 않겠다고 유쾌하게 대답했고, 카이로에서 함께 식사하자고 초대했다.

영국인들은 엘 알라메인으로 가는 경주에서 이겼을 뿐이다. 7월 1일 그들이 거기서 방어 태세를 취하기 시작했을 때 롬멜이 그들을 따라잡았다. 롬멜에게는 전차가 40대 있었을 뿐이고, 이 즉흥적인 공격은 불발로 그쳤다. 알렉산드리아는 공황 상태였다. 영국 함대가 수에즈 운하를 지나 홍해로 향했다. 영국 대사관은 문서를 소각하기 시작했고, 영국 대사는 특별 열차를 주문했으며, 열차는 증기를 내뿜으며 대사와 직원들을 비교적 안전한 팔레스타인으로 옮길 준비를 했다. 모두가 알지 못했지만 최악의 상황은 이미 지나갔다. 7월 4일 롬멜은 본국에 이렇게 적어 보냈다. "우리의 힘이 소진되었습니다." 이제 독일인들이 천 마일의 사막길을 가로지르는 보급선에 의존할 차례였다. 독일인들은 자원이 바닥났다. 영국인들은 사실 좀 더 장비를 잘갖추기는 했지만 오친렉을 제외한 모든 지휘관들에 대한 신뢰를 상실했다. 3주 동안 더 산발적인 전투가 일어나다 7월 말에는 그쳤다. 독일인들은 여전히 알렉산드리아 바깥 60마일 지역에 있었지만 거기서 더이상 나아가려 하지 않았다. 제1차 엘 알라메인 전투 ─ 체계가 무너진 병력으로 치러진 이 혼란된 교전이 이렇게 불리게 되었다─ 가 결정적이었다. 추축국의 북아프리카 진격은 완전히 멈추었다.

영국에서는 토브룩 항복 소식과 알렉산드리아 퇴각 준비 소문이 전해져 거의 싱가포르 함락 때만큼 혼란이 벌어졌다. 처칠도 이번만큼은 용기를 잃었다. 그는 또 다시 하원에서 비난을 받았다. 독립적인 국방상직을 요구하는 소리가 또 다시 높아졌다. 글로스터 공작Prince Henry, Duke of Gloucester을 총사령관으로 하자는 제안이 더해졌다. 적절한 생각은 아니었다. 하원에서 공식적인 불신임 발의가 있었다. 로이드 조지는 제1차 세계대전 동안 겪지 않았던 모욕이었다. 처칠은 발의를 476대 25의 표차로 물리쳤다. 약 40표의 고의적인 기권이 있었다. 그러나 이번에도 처칠에게 필요한 것은 표가 아니라 승리였다. 모든 이들의 예상과 반대로 승리가 멀리서 점차 다가 오고 있었다.

북아프리카는 영국 대중의 눈에 비칠 때를 제외하면 작은 규모의 사안이었다. 양측이 각각 몇 백 대의 전차로 싸울 뿐이고 때때로 수십 대만으로 승리를 얻곤 했다. 독일의 운명과 전쟁의 결과를 결정짓는 곳은 동부전선이었다. 모스크바 전선에서 좌절당한 후 독일 사령부는 혼란에 빠졌다. 룬트슈테트는 좀 더 짧은 방어선으로 후퇴하기를 원했고 자신의 조언이 수용되지 않자 사임했다. 보크와 레프가 곧 그의 뒤를 따랐다. 총사령관 브라우히치는 무너져 내렸고 그 역시 사임했다. 그의 뒤를 이을 사람은 없었다. 히틀러 자신이 동부전선 최고 사령관이 되어 세세한 사항까지 작전을 이끌었다. 동시에 그는 모든 독일군의 최고 사령관이자 나치당의 지도자이고 독일의 독재자였다. 이 네 가지 업무는 누가 맡든 한 사람의 능력을 넘어서는 것이었으나, 히틀러의 재가가 없으면 아무 일도 할 수 없었다.

동부전선에서 히틀러가 내린 첫 번째 명령은 "후퇴는 없다"

였다. 그는 제1차 세계대전의 후퇴를 기억하며 후퇴는 사기를 무너뜨린다고 주장했다. 독일인들은 방어 진지를 줄지어 구축했다. 러시아인들이 공격을 위해 그 주위로 밀려왔으나 헛된 일이었다. 1941년 12월의 몇 주 동안 러시아인들은 자신들이 전쟁에서 이미 이겼다고 생각했다. 스탈린은 이든에게 러시아가 당장은 일본에 대해 아무것도 할 수 없지만 "봄이면 준비를 갖출 수 있고 그 다음에는 도울 수 있을 것"이라고 말했다. 이렇게 고조된 희망은 좌절되었다. 러시아인들은 많은 영토를 회복했고 수많은 돌출부를 구축했다. 하지만 독일의 본거지를 점령하지 못했다. 1942년 2월에 러시아의 공격이 점차 줄어들어 멈추었다. 이번에는 러시아인들이 힘이 소진된 것이었다. 앨런 클라크Alan Clark가 정확히 지적했듯, 이때가 히틀러에게 가장 좋은 때였다. 독일군의 자신감이 되살아났다. 그러나 큰 대가를 치러야 했다. 독일 공군은 겨울 동안 수행해야 했던 수송 비행으로 여력이 없었다. 사단들은 수적으로는 늘어났지만 역량은 줄어들었다. 훈련이 덜 된 신병이 거의 백만 명 투입되었다. 독일 육군은 더 이상 1941년 6월의 막강한 군대가 아니었다.

    독일의 장군들은 제한적인 공격만을 원했거나 어쩌면 전혀 공격을 원하지 않았다. 장군들과 달리 히틀러는 1942년을 독일이 전쟁에서 이길 마지막 기회라고 보았다. 러시아의 반격 실패로 히틀러의 희망은 다시 한 번 고조되었다. 이번에 그는 러시아의 군사력과 경제력을 최종적으로 파괴할 것이었다. 그는 언제나 직접 공격보다는 측면 공격을 좋아했고, 장군들은 자신들의 구식 전략을 히틀러에게 강요할 처지에 있지 못했다. 모스크바에 대한 새로운 공격은 예정되지 않았다. 북쪽에서 레닌그라드에 대한 사단 규모의 공격이 러시아군의 주의를 돌릴 것이었다. 중요한 목표는 남쪽 멀리 스탈린그라드로 예정되었다. 일반 참모부는 불평을 좀 한 후에 실행 가능한 목표라고 동의했다. 어쩌면 붉은 군대가 도중에 무너질 수도 있었다. 어쨌거나 스탈린그라드 점령은 중앙아시아와 코카서스 유전 지대 사이의 병참선을 단절시킬 것이었다.

히틀러와 그의 장군들은 지난번에 바르바로사를 놓고 그랬던 것처럼 모호한 말을 주고받으며 의견의 불일치를 피했다. 장군들에게 스탈린그라드는 그 해 작전의 마지막 목표였다. 히틀러에게는 단지 시작이었다. 일단 스탈린그라드를 얻고 나면 북으로 선회하든지 모스크바를 포위할 것이었다. 이는 그가 1940년에 프랑스에서 수행했고 1941년에 러시아에서 재연하고 싶어 했던 측면 우회 공격 전략이었다. 만약 러시아 육군의 저항이 만만치 않다면, 남쪽으로 선회하여 코카서스의 유전 지대를 확보하게 될 것이었다. 히틀러는 더욱 모호하게도 최남단의 육군 사령관 클라이스트에게 스탈린그라드를 신경 쓰지 말고 곧장 비껴가서 코카서스를 얻기 위해 노력하라고 은밀히 명령을 내렸다.

러시아인들은 크게 빗나간 전략으로 독일인들의 일을 비교적 쉽게 만들어주었다. 그들은 겨울의 승리에 잘못 이끌려서 자신들의 전력이 앞서지 않고 동등할 뿐인데도 불구하고 공세를 취할 수 있다고 믿었다. 세 곳에서 그러한 공세가 있었는데, 서로 멀리 떨어져 있었고, 모두 이전과 같이 무모한 방식으로 수행되었으며, 스탈린은 계속해서 어떤 희생을 치르더라도 밀고 나가라고 강요했다. 세 곳 모두 완전한 실패였다. 크리미아에서 러시아인들은 십만 명을 포로로 잃고 이백 대의 전차를 잃었다. 레닌그라드 외곽에서는 육군 전체를 잃

사진93 돈 강의 독일군.

었고, 사령관 블라소프Andrey Vlasov는 반스탈린 해방군을 이끌 수 있으리라는 희망으로 독일군에게 의도적으로 항복했다. 최악의 재난은 카르코프를 획득하려는 시도였다. 티모쉔코가 육백 대의 전차를 가지고 고립 지대로 전진하는 동안 독일인들은 이를 제거하기 위해 움직이고 있었다. 깊이 들어간 러시아의 측면이 독일인들의 뒤로 바짝 붙어 포위될 위험이 커지기 시작했다. 티모쉔코는 중지를 요청했다. 그는 강행하라는 명령을 받았고 자신의 군대가 분쇄 당할 때까지 계속 전진했다. 러시아인들은 24만 명을 포로로 잃고 천 대의 전차를 잃었다. 독일의 공격이 시작되었을 때 전체 남부 전선을 통틀어 러시아인들에게는 고작 이백 대의 전차만 남아 있었다.

독일의 진격은 6월 28일에 시작되었다. 세 개의 군이 러시아 전선을 쿠르스크 양편에서 무너뜨리고 앞으로 나아갔다. 남부 러시아 전체가 그들 앞에 활짝 열린 것처럼 보였다. 7월 20일 히틀러는 할더에게 전화해 말했다. "러시아인들은 끝장났네." 할더가 대답했다. "인정해야겠습니다. 그렇게 보입니다." 보로네즈에서 독일인들은 공격의 왼쪽 측면에서 돈 강을 따라 교두보를 구축했다. 장군들은 측면을 지키기 위해 돈 강 너머로 전진하기를 원했다. 히틀러는 그렇게 하면 스탈린그라드라는 진짜 목표에서 멀어지게 된다면서, 러시아인들이 공세를 취할 형편이 아니기 때문에, 돈 강이 그 자체로 측면에 대한 완벽한 차폐물이라고 대답했다. 따라서 독일 군대들은 매우 안전하게 돈 강과 도네츠 강 사이의 넓은 통로로 밀고 들어갈 것이었다.

이에서 더 나아가 히틀러는 승리에 들떠서 군사력을 나누었다. 클라이스트는 스탈린그라드에 대한 걱정에서 벗어나 코카서스 너머의 유전을 획득하도록 노력하라는 명령을 받았다. 그의 군대는 처음에는 거의 저항을 받지 않았다. 8월 8일 독일인들은 마이코프에서 첫 번째 유정탑을 발견했다. 그러나 산악 지역에 이르자 전진 속도가 늦춰졌고, 10월 초에 눈이 내리자 더는 앞으로 나아갈 수가 없었다. 독일인들은 히틀러가 탐냈던 코카서스의 중심 유전지대에 결코 이르지 못했다.

클라이스트의 진격이 스탈린그라드 점령이라는 목표의 포기를 의미하지는 않았다. 오히려 히틀러는 자신이 두 가지 작전을 동시

그림1 〈대공포〉, 네빈슨 C. R. W. Nevinson.

그림2 〈영국 본토 항공전〉, 폴 내쉬 Paul Nash.

그림3 〈이륙〉, 로라 나이트 부인Dame Laura Knight.

그림4 〈크류코보 기차역 전투〉, 고펜코A. A. Gorpenko의 작품 중 일부.

그림5 〈코르순-세브첸코브스키 전투〉, 크리보노고프 I. Krivonogov.

그림6 〈빨치산의 어머니〉, 게라시모프S. Gerasimov.

그림7 〈공습당하는 미국의 클라크 공군기지〉, 일본 작가 사토 카이의 작품.

그림8-11 독일과 연합국의 선전물

왼쪽부터 시계방향으로 "네덜란드는 일어날 것이다. 당신의 외침, 그들의 행동",
"적들의 뒤에: 유대인", "그들은 피를 바친다: 당신의 땀으로 유럽을 볼셰비즘에서 구해내라",
"항복은 없다: 네덜란드, 자유로운 국민들의 조국".

그림12 "인도 제도는 해방될 것이다! 이를 위해 일하라!"
문어같이 팽창하는 일본에 대항하는 선전물이다.

그림13 〈올드 비커스Old Vickers 진지 점령〉, 봄두비 능선, 뉴기니, 1943년 7월 27일,
오스트레일리아 작가 이보르 헬Ivor Hele의 작품 중 부분.

그림14 〈D–Day의 새벽, 육지에서 떨어진 프랑스 해안〉, 제이미슨Mitchell Jamieson.

그림15 〈시비 언덕으로부터의 공격〉, 제이미슨.
그림16 〈브레스트 교외〉, 제이미슨.

그림17 〈노르망디 팔레즈 협곡의 파이어링타이푼〉, 1914년, 우튼Frank Wootton.

그림18 〈1944년의 러시아: 참호 속의 독일 병사들〉, 프란츠 아이히호스트.

에 수행할 만큼 강한 힘을 가지고 있다고 믿었다. 스탈린그라드 점령
은 러시아의 석유 공급을 차단할 것이었다. 더구나, 스탈린의 도시를
점령하는 것은 스탈린의 패배를 상징하게 될 터였다. 따라서 중앙에
서 진격을 지휘하는 파울루스Friedrich Paulus에게 밀고 나가라는 명령
이 내려졌다. 그는 클라이스트보다 더 큰 어려움을 겪었다. 한 달 동
안 치열한 전투를 치르고 나서야 독일군은 스탈린그라드 외곽에 이
르렀다. 새로운 종류의 전투였다. 러시아인들이 후퇴하는 법을 알게
되었다. 더는 마지막 한 사람까지 굽히지 않고 싸우지 않았다. 대신
그들은 측면이 위협을 받는 즉시 후퇴했다. 새로 포위된 곳은 없었
다. 독일의 돌파도 없었다. 러시아군은 약화되기는 했어도 살아남아
버텼다. 모스크바에서 철로를 통해 계속해서 증원군이 오고 있었다.
8월 23일 파울루스는 볼가 강에 다다랐다. 히틀러는 자신의 사령부
를 라스텐부르그에서 우크라이나의 빈니차로 옮겼다. 중요한 것은,
히틀러가 지시했듯, "가능한 한 신속하게 스탈린그라드 전체와 볼가
강의 제방을 획득하는 일"이었다. 돈 강의 측면을 염려할 필요는 없
었다. 루마니아와 헝가리 군대가 맡을 것이었다. 바로 그때 러시아인
들도 대비를 했다. 훗날 역사에 이름을 남기게 될 장군들이 모습을
드러냈다. 추이코프Vasily Chuikov가 스탈린그라드에서 지휘하게 되었
고, 단 한 번도 패배하지 않은 유일한 소련 장군 주코프가 남부 전선
의 최고 지휘권을 맡았다. 8월 24일, 아무도 알지 못했지만 나치 제
국도 그 한계에 이르렀다.

　　나치 제국은 일본 제국보다 훨씬 거대했고 역시 굉장한 승리
로 달성되었다. 더 이상 새로운 질서니 독일의 통솔 아래 온 유럽이
단결하자니 하는 이야기가 나오지 않았다. 오로지 착취로 하나가 되

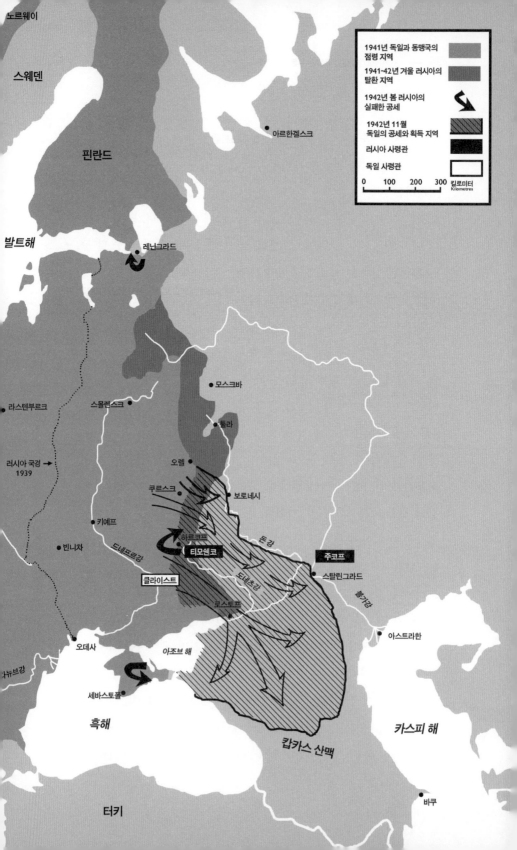

노르웨이

스웨덴

핀란드

발트해

레닌그라드

아르한겔스크

범례	
1941년 독일과 동맹국의 점령 지역	
1941~42년 겨울 러시아의 탈환 지역	
1942년 봄 러시아의 실패한 공세	
1942년 11월 독일의 공세와 획득 지역	
러시아 사령관	
독일 사령관	

0   100   200   300
킬로미터
Kilometres

모스크바

라스텐부르크

스몰렌스크

툴라

오렐

러시아 국경
1939

쿠르스크

보로네시

키예프

돈강

빈니차

하르코프

티모쉔코

주코프

드네프르강

클라이스트

도네츠강

스탈린그라드

볼가강

로스토프

오데사

아조브 해

아스트라한

세바스토폴

흑해

카스피 해

칵카스 산맥

도나우강

터키

바쿠

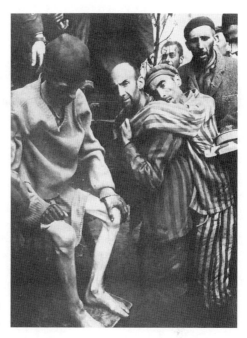

사진94
강제수용소: 생존자.

어 있었을 뿐이다. 슬라브인들의 노동력이 독일의 산업을 지탱했고, 유럽의 자원이 독일의 전쟁 기계를 돌아가게 하고 독일인들에게 높은 생활수준을 가져다주었다. 1942년 초반에 누구도 따라올 수 없는 악惡의 속성을 나치 제국에 부여하는 결정이 내려졌다. 유대인들을 말살하라는 결정, 즉 나치 친위대장 히믈러Heinrich Himmler가 부른 대로 "최종적 해결책"이었다. 이 무시무시한 결정에는 오랫동안 계속되어온 배경이 있었다. 반유대주의는 히틀러의 머릿속에 있는 가장 강력한 요소였고, 독일인의 삶에서 유대인들을 제거하는 일은 그가 권좌에 오르게 된 순간부터 추구한 목표였다. 유대인들은 전문 직종과 실업계에서 쫓겨났고, 나라를 떠나도록 압력을 받았다. 그들 가운데 많은 사람들이 독일을 지적으로 대단히 황폐하게 만들기 때문이라는 이유에서였다. 전쟁 전에는 그들이 조직적으로 살해되지는 않았다. 독일이 유럽을 점령한 뒤에는 희생당할 가능성이 있는 사람의 수가 오십만에서 팔백만 내지 천만으로 늘어났다. 1940년 프랑스가 무너지고 난 뒤 히틀러는 유럽 내 모든 유대인들을 마다가스카르로 이주시켜버릴 계획을 짰다. 그들 중 많은 이들이 이주를 준비하기 위해 검거되어 강제 수용소로 갔다. 그러나 마다가스카르 계획은 없던 일로 되었다.

    이것이 1942년 초의 상황이었다. 그때까지 나치 친위대는 비조직적인 방식으로 이미 폴란드와 러시아에서 수천 명의 유대인을 살해해왔었다. 그러다가 히믈러 및 다른 나치 친위대 지도자들이 살인을 과학적으로 하자는 결정을 내렸다. 히틀러는 적극적으로 승인했다. 1942년 8월 15일 히틀러는 히믈러와 친위대 지역대장 글로보

사진95 강제수용소: 사망자.

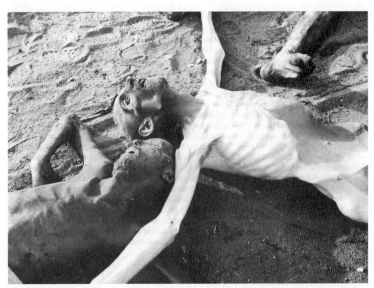

츠닉Odilo Globočnik을 대동해 죽음의 수용소를 둘러보면서 학살이 너무 느리게 진행되고 있다고 불만스러워했다. "전체 운영에 속도가 붙어야 하겠네. 상당히 빨라져야 하겠어." 글로보츠닉은 동판에다 이런 엄청난 임무를 용맹스럽게 완수한 이가 바로 우리들이었다고 새겨 넣어야겠다고 제안했다. 히틀러는 대답했다. "좋아, 나의 훌륭한 글로보츠닉. 자네가 옳다고 생각하네."

　　최종적인 해결책은 역사상 다른 극악한 범죄가 그러했듯이 대량 학살과 무자비한 파괴만의 문제가 아니었다. 그것은 사악한 목적을 위해 근대의 진보된 과학을 적용했다. 반유대주의와 인종에 관한 모든 이야기는 과학적이어야 했다. 따라서 과학이 인종적 목적에 적용되어야 했고, "순수한" 국민을 만들어내야 했다. 화학자들은 가장 과학적인 학살 방식을 고안했다. 의사들은 의학적인 목적이라 주장되는 바를 위해 유대인을 고문하고 신체를 구석구석 살폈다. 숙련된 기술자들이 죽음의 수용소를 건설했고 소각로를 완성했다. 처음에는 주저했던 사람들조차도, 마치 오펜하이머Robert Oppenheimer가 수소 폭탄에 관해 말했던 것처럼, 최종적 해결책이 수반하는 문제점들을 매우 매력적이라고 곧 생각하게 되었다. 어쩌면 전쟁이라는 총체적인 살상의 상황에서 양심이 민감하지 않게 무뎌졌는지도 모르겠다. 어쨌든 고위직에 있던 어느 누구도 항의하지 않았다. 독일의 자원들은 전쟁을 위해 쓰이다가 무고한 사람들을 살해하는 용도로 전환되었다. 얼마나 많은 사람들이 죽었는지는 결코 알 수 없을 것이다. 어쩌면 4백만이고 어쩌면 6백만일 것이다. 저 멀리 러시아에서 안톤 슈미트Anton Schmid라 불리는 독일군 부사관 한 사람이 유대인들의 탈출을 조직적으로 도왔다. 제2차 세계대전이라는 상황 속에서, 그는 선한 독일인이었다.

다른 민족들의 행동도 그다지 나은 편은 아니었다. 프랑스 경찰은 독일인들이 유대인들을 학살 열차에 태우는 데 전적으로 협조했다. 헝가리인들은 자기 나라 유대인들을 지키려고 얼마간 노력했지만 다른 나라의 유대인들은 모두 넘겨주었다. 교황은 침묵으로 일관했다. 그나마 덴마크에서는 위급을 알리는 경보가 들리자 전체 덴마크 국민들이 덴마크 유대인들을 배에 태워 스웨덴의 안전지대로 옮길 수 있을 때까지 그들을 숨기는 데 가담했다. 네덜란드인들은 만약 힘이 닿았다면 똑같은 일을 했을 것이다. 인종적인 광란은 한층 더 나아갔다. 반유대주의에는 오랜 역사가 있었다. 하지만 나치주의자들 이전에는 아무도 집시들의 말살을 떠올리지 않았다. 이제 그들 또한 일제히 검거되어 가스실로 보내졌다. 프랑스 역사가 앙리 미셸Henri Michel은 유대인 학살에 대해 다음과 같이 적고 있다.

> 이것은 인류의 모든 역사 가운데 가장 극악무도한 범죄였다. 그 범죄의 불운한 희생자들은, 죽음을 당함으로써, 결코 독일군의 성공을 돕지 않았다. 그들은 권력을 향한 의지와 인종주의에 기초한 도덕이 적용되면서 살해되었고, 세계에서 가장 우수한 민족들 중 한 민족인 독일 민족이 우수한 조직과 과학적 지식을 투입한 국가 업무 수행의 방식으로 살해되었으며, 독일 민족의 규율 관념과 그들의 애국심이 완전히 잘못된 길로 빠져들었기 때문에 살해되었다.

나치 제국이 이룩한 다른 모든 것들이 잊혀질 때에도 오슈비엔침과 다른 죽음의 수용소의 기억은 남게 될 것이다.

7장
전환점
1942년

러시아인들이 살아남기 위해 필사적으로 싸우고 있는 동안 서방에 있는 그들의 대단한 동맹국들은 말만 하고 있는 것처럼 보였다. 그러나 현실은 보이는 것과 달랐다. 영국과 미국은 해상 세력이라서 제해권을 회복하기 전까지는 원하는 대로 전쟁을 수행할 수 없었다. 이는 유보트를 상대로 한 끊임없는 전투만을 의미하는 것이 아니다. 잃어버린 선박들을 대체할 선박 생산을 위한 경제 전쟁도 미국에서 수행되어야 했다. 이 경제 전쟁은 매우 효과적으로 수행되어 영국인들과 미국인들은 아직 유보트들의 활동을 평정하지 못했음에도 불구하고 1942년 11월에 해상을 통한 북아프리카 진입을 개시할 수 있게 되었다.

러시아인들은 어쩔 수 없이 늦어지는 것이 이해가 가지 않았고, 아르한겔스크로 호위함대가 오는 것으로는 화가 풀리지 않았다. 5월에 소련 외상 몰로토프가 처음으로 서방을 방문했다. 런던에서 그는 놀랄 정도로 유순한 모습을 보였다. 그는 자신이 이제까지 주장해오던 1941년 러시아 국경의 인정 요구를 버렸고 영국과 20년 기한으로 직접적인 군사 동맹을 맺는 데 동의했다. 그는 그 대가로 제2의 전선을 즉시 형성해주기를 바랐다. 처칠은, 할 수 있는 일은 할 준비가 되어 있었으나, 동맹에 대해서는 곤란한 점들을 설명하며 구속력 있는 약속을 맺는 일은 거부했다. 워싱턴의 루스벨트는 어쩌면 그가 처칠보다 좀 더 경솔해서 그랬는지는 몰라도, 다소 전향적인 태도를 취했고, 그래서 "1942년에 제2의 전선을 형성하는 시급한 일에 관하여 완전한 이해에 이르렀다"는 성명을 인가했다.

　이것이 단지 루스벨트는 대범하고 대화할 때 참을성이 있으며 처칠은 누군가가 그에게 강요하면 쉽게 맞선다는 두 사람 간 기질의 차이에 기인한 것만은 아니었다. 근본적인 관점의 차이가 있었다. 1941년 12월에 있었던 워싱턴 회의에서 독일을 먼저 패배시키자는 합의가 이루어졌었다. 미국인들은 "대량 생산" 전쟁의 관점에서 생각해 자신들이 준비가 되자마자 적의 가장 중요한 방어거점에서 대항하자고 주장했다. 영국인들은 자신들의 제한된 자원을 아꼈고, 독일을 포위하는 것을 비롯해 다른 곳의 작전으로 독일이 지쳤을 때라야 독일에 대한 직접 공격을 할 수 있다고 생각했다. 미국 참모부와 영국 참모부는 4월부터 6월까지 지루한 토론을 계속했다. 미국인들은 점차 1942년에는 북부 프랑스에 대규모로 상륙하는 것이 불가능하다는 것을 믿게 되었다. 미국군의 대규모 원정 준비는 불가능했다. 독일의 유보트들이 점점 더 선박의 부족을 가져왔고, 기운차게 독자적으로 행동하는 미국 해군이 상륙정을 태평양에서 빼내기를 거부했다.

　미국인들은 적어도 쉘부르에 교두보를 구축하자고 항변했다.

영국인들은 러시아가 패배의 위험에 빠지게 되는 경우에 취할 필사
적인 수단이 아닌 이상 그 또한 실행할 수 없는 일이라고 그들을 납
득시켰다. 6월 21일 처칠이 다시 워싱턴에 왔을 때 연합 참모부는
1943년 이전에 프랑스에 상륙하는 모든 계획을 논외로 간주했다. 그
렇다면 두 강대국은 다음 열두 달 동안 아무것도 하지 않을 것이었는
가? 프랑스령 북아프리카 상륙이 유일한 대안으로 보였다. 이는 원
래 다른 일 때문에 논의되었다. 드 골을 심하게 싫어한 루스벨트는
자신이 비시의 프랑스 정부를 구워삶을 수 있고 영국군은 아니더라
도 미국군은 프랑스령 북아프리카에 초대를 받아 상륙할 수도 있을
것이라 생각했다. 비시 정부는 응하지 않았다. 북아프리카 상륙은 군
사 작전이 되어야만 하리라는 것이 분명해졌다. 연합 참모부는 프랑
스령 북부 아프리카에서의 어떠한 행동도 주요 전장에서 벗어나는
것이 될 것이며 따라서 바람직하지 않다고 보고했다.

　　　이는 두 정치적 수장들의 마음에 드는 생각은 아니었다. 처칠
은 어디에서든 중동에서의 장기적인 교착상태를 타개할 행동이 필
요했다. 또한 그는 유럽 권역에서 아무 행동도 취하지 않는다면 미국
인들이 태평양으로 주의를 돌리게 될까 염려했다. 루스벨트는 가을
의회 선거에 영향을 미치기 위해 뭐든 극적인 공격을 필요로 했다.
프랑스령 북아프리카는 필요를 충족시킬 유일한 곳이었다. 루스벨트
는 고문관들에게 만약 북부 프랑스가 배제된다면 그다음에는 "차선
책을 취해야만 하며 그곳이 태평양은 아니"라고 말했다.

　　　영국의 토브룩 상실과 곧이어 벌어진 엘 알라메인으로의 후
퇴가 북아프리카 상륙이 결정되는 마지막 계기가 되었다. 몇 개 사단
규모의 행동이 긴급하게 필요한 것으로 보였다. 만약 상륙이 저항을

받게 된다면 미국군만으로는 충분치 않을 것이었다. 비시 정부에 끼치게 될 결과가 무엇이든 영국인들도 참여해야만 할 것이었다. 참모부는 북아프리카에서의 전면적인 군사 행동으로 북부 프랑스 상륙이 1942년뿐 아니라 1943년에도 배제될 것이라는 유감스러운 경고를 덧붙였다. 앞으로 일어나는 일들이 참모부가 옳았다는 것을 증명하게 될 것이다.

결정을 위해 전략상의 주장들이 제시되었다. 물론 아프리카 원정 때문에 선박이 주로 소모될 것이지만 지중해를 장악함으로써 선박을 잃지 않을 수 있게 될 것이었다. 프랑스령 북아프리카 점령은 히틀러가 러시아를 무찔러 유럽 지배권을 유지하게 될 경우 영국인들과 미국인들에게 의지할 무엇인가를 가져다 줄 것이었다. 독일인들은 동맹국 이탈리아를 도우러 가야만 할 것이고, 그래서 자원을 러시아와 프랑스에서 북아프리카로 전용해야 할 것이었다. 상륙은 따라서 제2의 전선을 효과적으로 대신할 수 있는 것이자 그에 대한 준비가 될 것이었다. 이러한 주장들은 정말로 적절치 못한 것이었다. 결정은 전략상의 이유보다는 정치적인 이유에 따라 내려졌다. 그렇기는 하지만 영국-미국의 첫 번째 행동이 아직도 친구가 될 것이라고 기대되는 이전의 동맹국에 대해 취해졌다는 결과는 기묘했다.

연합 행동이 이루어지리라는 전망으로 군사 행동의 지휘 방식에 변화가 일어났다. 이제까지 영국인들은 육해공 삼군에 독자적인 지휘권을 두고 운영해왔다. 예를 들어 이집트에서 오친렉은 지상에서 전쟁을 이끌고 커닝엄은 바다에서 전쟁을 수행하며 그러는 동안 공군 사령관 테더Arthur Tedder는 스스로의 판단에 따라 둘 중 한 사람을 지원했다. 미국인들은 대통령과 유사한 최고 사령관을 원했다.

사진96 소식이 반갑지 않은 카이로 주재 영국 대사: 철수는 없소, 없소, 없소.

1942년 초 웨이벌이 인도에서 인도네시아에 걸친 지역의 최고 사령
관이 되었을 때 처음으로 이러한 시도가 이루어졌다. 이 최고 사령부
는 일본이 연달아 성공을 거두게 되면서 곧 없어졌다. 이후로 태평양
에서 압도적으로 해군 전쟁이 벌어지면서 니미츠 제독이 최고 사령
관이 되는 것이 당연하게 여겨질 것이었다. 그러나 위대한 맥아더 장
군을 간과할 수 없었다. 따라서 오스트레일리아와 남서 태평양에 맥
아더, 중부 태평양에 그리고 전적으로 해군 작전일 경우 니미츠, 이
렇게 두 명의 최고 사령관이 임명되었다. 예상대로 그들은 두 개의
독자적인 그리고 시간상 충돌하는 전역을 수행했다. 맥아더는 필리
핀으로 돌아가는 데 전념했고 니미츠는 직접 일본을 목표로 했다. 그
들의 병력에는 오스트레일리아인들도 조금 들어와 있었지만 대부분

사진97 디에프: 실패한 상륙.

미국인들로 구성되었기 때문에 그들의 지위는 연합 지휘권의 실례가 되지 못했다. 프랑스령 북아프리카 상륙을 지휘할 사령관으로 임명된 아이젠하워 장군이 제2차 세계대전에서는 최초이자 진정한 연합국 최고 사령관이었다.

누군가 스탈린에게 1942년에는 제2의 전선이 이루어지지 않을 것이라는 소식을 알려야 했고, 처칠이 그 일을 하는 데 동의했다. 가는 길에 그는 카이로를 지났다. 그는 영국군이 퇴각으로 혼란에 빠져 있고 오친렉은 코카서스에 독일군이 도달하는 것을 어깨 너머로 걱정스럽게 바라보고 있으며 대사의 특별 열차가 여전히 대기 중이라는 것을 알았다. 처칠은 대사와 직원들을 대사관 뜰에 불러 모았다. "퇴각은 없을 것입니다. 퇴각은 없습니다. 퇴각은 없습니다." 특별 열차는 해산되었고, 그날 저녁 대사는 외관상 당당하게 게지라 클럽에 모습을 드러냈다.

오친렉은 새로운 공격을 계획하기를 거부했다. 처칠은 오친렉보다 좀 더 공격적인 지휘관을 찾아보기로 결심했다. 아마도 또한 그는 좀 더 말 잘 듣는 지휘관을 찾기를 바랐을 것이다. 알렉산더가 버마 국경에서 오친렉을 대신하기 위해 소환되었고, 몽고메리가 제8군 사령관을 맡기 위해 영국에서 소환되었다. 알렉산더는 타고난 최고 사령관이었다. 온화하고 타협적이면서도 적이나 정치가들 또는 수하의 장군들에게 휘둘리지 않았다. 몽고메리는 웰링턴 이후 가장 뛰어난 영국의 야전 사령관이었다. 거칠고 자신감에 넘치는 그는 조직적인 계획이 편의와 임기응변을 대체하는 바로 그 순간에 등장했다. 처칠의 선택은 결국에는 옳았다는 인정을 받았다. 그러나 그가 즉각적으로 받은 보답은 오친렉이 그래왔던 것보다 훨씬 더 미루기를 원하는 두 장군과 마주해야 한 일이었다.

　　모스크바에서 처칠은 스스로 예상했던 것보다 잘 해냈다. 스탈린은 처음으로 일급의 정치가를 만났다. 소련이 강대국의 대열에 완전히 복귀했음을 나타내는 것이었다. 스탈린은 자신의 새로운 지위에 맞게 예전에 입던 겉옷을 치워두고 이후로는 육군 원수의 화려한 제복을 입고 나타났다. 이는 기묘한 조우였다. 처칠은 볼셰비키를 몰아내는 개입전쟁을 추진했었고 스탈린은 세계가 보기에 볼셰비즘의 화신이었다. 이제 두 사람 모두 히틀러를 패배시키리라는 결심 하나에만 전념했다. 스탈린은 제2의 전선이 지연되는 데 대해 불만을 토로했다. 그는 북아프리카 상륙에 공감했고 "신께서 이 작전에 함께하시길 빈다"고 말했다. 이런 그에게서는 확실히 어린 시절 신학생의 모습이 나타났다. 처칠은 사실상 1943년에 제2의 전선을 형성하기로 약속했다. "히틀러에 대한 치명적인 공격이 내년에 있을 겁니다." 분명히 그는 참모부의 경고를 받아들이지 않았다.

영국인들이 엘 알라메인 방어선에 서 있고 러시아인들은 스탈린그라드에 집결하는 동안 결과적으로 제2의 전선이 형성될 뻔한 일이 한 차례 있었다. 8월 19일 영국군과 캐나다군이 디에프에 상륙했다. 이 작전에는 혼란스러운 배경이 있었다. 연합 작전으로서 첫 번째 시도되는 일이었다. 당시 영국에서 지휘하던 몽고메리는 공군과 해군의 완전한 지원이 있어야 한다고 주장했다. 영국 공군은 내어줄 항공기가 없다고 대답했고 해군은 한 척의 대형 군함이라도 잃을 위험에 처하게 할 수 없었다. 준비가 계속되었다. 연합할 것이 아무것도 없는 연합 작전이었다. 몽고메리는 이집트로 떠났다. 그의 명성을 생각하면 천운이었다. 불충분한 공중 엄호와 몇 척 안 되는 구축함의 지원을 받아 약 6천명이 디에프에 상륙했다. 그들은 독일의 방어 거점을 획득하지 못했고 많은 사상자를 냈다. 캐나다인들 중에 5천 명이 전진했으나 3천 명이 돌아오지 못했다. 이 작전에서 귀중한 교훈을 얼마간 얻었다고들 했다. 그러한 교훈이 무엇인지 말하기는 힘들지만 말이다. 갈리폴리에서건 노르웨이와 그리스에서건 그리고 지금 디에프에서건 정말로 얻은 교훈은 즉흥적인 작전에 대한 경고였다. 이 교훈은 이후에 잘 적용되었다. 1944년 6월 6일에 있었던 성공적인 프랑스 상륙을 앞두고는 18개월 동안 계획이 치밀하게 준비되었다.

오랜 기다림의 시기가 찾아왔다. 달리 말하면 처칠이 부른 대로 "시련과 근심"의 시기였다. 10월 말까지 이집트에서 영국의 공격이 없었고, 11월 8일까지 프랑스령 북아프리카에 상륙하는 일도 없었으며, 국내에는 사회적 불안과 정치적 불만이 팽배했고, 지중해에서

는 손실이 쌓여만 갔다. 스탈린그라드에서는 한숨 돌림 여유조차 없
었다. 도시는 볼가 강 우안을 따라 약 20마일에 걸쳐 산발적으로 형
성되어 있었다. 따라서 도시를 에워싸고 정규적인 포위 공격을 벌이
는 것이 불가능했다. 직접 공격으로 빼앗을 수 있을 뿐이었다. 전투
는 제1차 세계대전 때의 참호전보다 훨씬 더 격렬할 것이었다. 9월초
에 독일인들은 훨씬 더 강력했다. 인원은 3대1, 전차는 6대1로 우세
했다. 그러나 군수물자가 수천 마일 밖에서 와야 했다. 러시아인들은
이제 동쪽으로 멀리 왔기에 우랄 산맥 너머에 새로 지은 공장들에서
직접 군수물자를 끌어올 수 있었다. 독일인들에게 또 다른 불길한 사

지도8 스탈린그라드 공격.

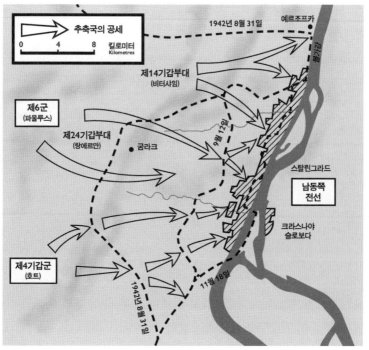

(위) **사진98** 스탈린그라드의 수비군(왼쪽에서 두 번째가 추이코프).
(아래) **사진99** 전투 후의 스탈린그라드.

태가 있었다. 그들이 스탈린그라드 전선으로 점점 더 많은 군사력을 보냄에 따라 돈 강을 따라 길게 노출된 측면을 전투력이 의심스러운 루마니아와 헝가리 군대에게 넘겨주어야 했다.

스탈린그라드 공격은 이전의 베르됭 공세처럼 어리석은 싸움이었다. 독일인들이 일단 스탈린그라드 남북에서 볼가 강 제방에 다다랐을 때 러시아인들의 하상 교통이 끊겼고, 도시 자체를 점령해서는 얻을 것이 아무것도 없었다. 그들은 위신을 위해서 계속 나아갔다. 히틀러는 스탈린의 도시를 점령한다는 기대감에 사로잡혔다. 9월에 할더가 사임하도록 내몰렸고 그의 퇴장과 함께 육군의 마지막 남은 한 조각 독립성마저 사라졌다. 히틀러는 작년에 그랬던 것처럼 실제 일어난 일에 비해 너무 앞서나갔다. 11월 8일 그는 뮌헨의 맥주 저장고에 모인 관례적인 나치당 집회에서 연설하며 스탈린그라드를 언급했다. "아는가? 허풍이 아니다. 우리는 그곳을 획득했다. 그리고 이제 아무도 우리를 물러나게 할 수 없음을 확신해도 좋다." 하지만 괴벨스는 "세상이 보아 왔던 중 가장 대규모의 소모전이 벌어지고 있다"고 발표했다. 소모전은 독일인들에게 불리하게 작용했다. 러시아인들은 독일인들을 파멸에 빠져들도록 꾀어내는 미끼로서 스탈린그라드 공격이 계속되도록 했다. 러시아인들은 가옥 한 채, 공장 하나를 놓고도 독일과 싸움을 벌였다. 멈추지 않고 계속되는 시가전으로 독일의 전차 수가 줄어들었다. 그러는 동안 주코프는 추이코프와 그의 62군을 최소량의 식사로 연명시켰다. 9월 1일에서 11월 1일 사이에 오직 다섯 개의 러시아 보병 사단이 볼가 강을 건넜다. 동시에 27개의 새로운 보병 사단과 19개의 기갑 여단이 돈 강 너머에 창설되었다. 독일 장군들은 경고를 보내기 시작했다. 히틀러는 기각했다.

공격은 계속되어야 했다. "대대 하나가 남을 때까지 계속한다." 후퇴
는 패배의 인정이었다. 어쨌거나 경고는 그렇게 긴급한 것이 아니었
다. 독일 장군들 중 아무도 러시아인들이 총공세를 개시할 수 있으리
라 믿지 않았다.

연합국이 가을에 최초로 거둔 성공적인 공격은 이집트에서 있었다.
몽고메리는 꾸준히 힘을 키웠다. 절박할 정도로 연료가 부족했던 롬
멜은 너무 늦기 전에 영국의 대비를 무너뜨리기로 결심했다. 8월
30일 그는 이전에 자신에게 승리를 자주 가져다주었던 방식으로 적의
진지를 습격하면서 알람 엘 할파 전투를 개시했다. 몽고메리는 서두
르지 않았다. 영국 전차들은 독일인들을 막아내면서 순수하게 방어전
을 치렀다. 단 하루분의 연료가 남았을 때 롬멜은 전투를 중지했다. 몽
고메리는 그가 후퇴하게 내버려두었다. 그로서는 이전의 작전들처럼
즉흥적으로 반격할 생각이 없었다. 건강을 잃은 롬멜은 독일로 떠났
다. 처칠이 몽고메리를 재촉했으나 다음과 같은 대답을 받았다. "공격
이 9월에 시작된다면 실패할 것입니다. 10월까지 기다린다면 대성공
을 거두고 롬멜의 군대를 파괴할 수 있으리라 확신합니다. 그래도 제
가 9월에 공격해야겠습니까?" 처칠은 더는 재촉하지 않았다.

　　공격을 미룬 것이 좋은 결과로 바뀌었다. 9월에 지중해를 건
너는 이탈리아 선박 가운데 삼분의 이만 목적지에 도달했고, 10월에
는 절반만 그럴 수 있었으며 유조선은 한 척도 없었다. 추축국의 전
차들은 삼십 대가 있다고 생각할 때 수중에 있는 연료를 고려하면 세
대로 떨어졌다. 그러는 동안 증원 병력과 미국의 군수물자가 방해를
받지 않고 수에즈 운하를 거쳐서 밀려들어 왔다. 전투가 시작되었을

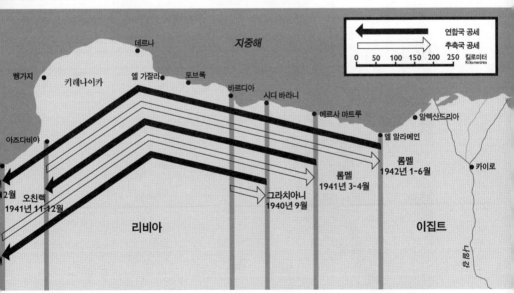

(위) **사진100** 알람 엘 할파: 전투가 끝난 뒤.
(아래) **지도9** 동맹국과 연합국이 엎치락뒤치락한 북아프리카 지역 1940년 9월 - 1942년 12월.

때 추축국은 8만이었지만 영국인들에게는 23만 명의 인원이 있었고 전차는 독일의 260대, 이탈리아의 구식 전차 280대에 대해 1,440대가 있었다. 몽고메리는 이러한 우위를 최대한 이용하기로 작정했다. 이전 방식인 대담한 습격은 예정되지 않았다. 대신 난타전이었고 소모전이었다. 몽고메리는 승리는 군수물자가 풍부한 장군에게 돌아간다는, 윌리엄 로버트슨 경Sir William Robertson이 제1차 세계대전 시기 참모총장으로 있을 때 세웠던 원칙을 적용했다. 이번에는 몽고메리 자신에게 풍부한 물자가 있었다는 것이 다른 점이었다.

두 번째이지만 좀 더 유명한 제2차 엘 알라메인 전투가 10월 23일에 시작되었다. 영국 전차들이 추축국의 주요 방어 거점으로 쳐들어가서 방어선을 공격했다. 그러나 지뢰밭을 뚫고 개활지로 진입

사진101 엘 알라메인:
교전하러 들어가는 영국 보병.

하는 데는 실패했다. 모든 일이 계획에 따라 진행되고 있다고 말하기를 좋아했던 몽고메리는 물러나서 다시 시도해야 했다. 독일에서 서둘러 돌아온 롬멜이 다시 한 번 그를 저지했다. 그러나 아프리카 군단의 전차는 이제 90대로 줄어 있었다. 몽고메리는 아직 거의 800대를 가지고 있었다. 런던에서 처칠은 공격이 느리게 진행된다고 크게 노했고, 참모총장 브룩조차도 자신이 "잘못 생각했고 몽고메리가 지친 게 아닐까" 하고 생각하기 시작했다.

11월 2일 영국인들은 전차 200대를 잃었고, 롬멜의 전차는 30대로 줄었다. 그는 퇴각하기로 결심했다. 다음 날 히틀러의 강제 명령이 떨어졌고, 롬멜은 어떤 희생을 치르더라도 돌아서서 엘 알라메인 방어선을 사수할 수밖에 없었다. 혼란 가운데 영국 전차들이 11월 4일에 마침내 돌파에 성공했다. 추축국 군대를 끊어 놓을 기가 막힌 기회가 생긴 것처럼 보였다. 그러나 영국의 전진은 너무 느렸다. 그들의 포위시도는 항상 너무 제한적이었고, 너무 조심스러웠으며, 너무 느렸다. 롬멜은 빠져나갔다. 영국인들은 독일인 만 명과 이탈리아인 2만 명을 포로로 잡았다. 그들은 또한 전진하면서 450대의 버려진 전차와 1,000문이 넘는 포를 노획했다. 사상자는 13,500 명이었다. 몽고메리는 원칙을 잘 따르며 앞으로 나아갔다. 롬멜은 처음에는 벵가지 500마일 서쪽에 멈출 작정이었고, 히틀러도 그렇게 하라고 명령했다. 그러고 나서 롬멜은 무솔리니를 이용해 히틀러의 명령을 지키지 않았다. 무솔리니는 튀니지 국경까지 퇴각하도록 허용했고, 거기서 롬멜은 1943년 봄의 마지막 저항을 준비했다.

롬멜이 멀리 튀니지까지 물러나게 된 것이 엘 알라메인의 패배 때문만은 아니었다. 11월 8일에 영국군과 미국군이 프랑스령 북

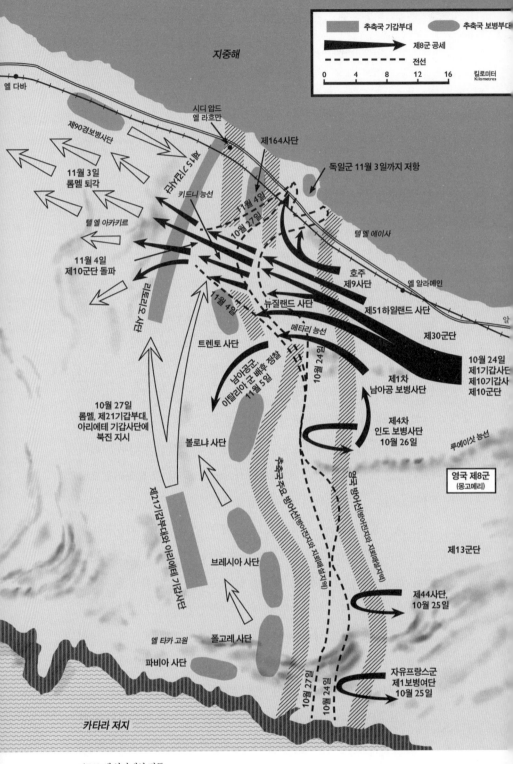

지도10 엘 알라메인 전투.

아프리카에 상륙했다는 소식 때문이기도 했다. 아이러니하게도 이 군사 행동은 부분적으로는 이집트에서 곤란을 겪고 있던 영국군을 구하려는 바람으로 생겨난 것이었으나 사실상 영국이 결정적인 승리를 거둔 뒤에야 실행되었다. 시기 또한 영향을 미칠 것으로 기대했던 의회 선거보다도 오히려 일주일 뒤였다. 상륙은 연합 작전을 처음 시도할 때의 경험에서 예상되었던 대로 무질서와 혼란 속에서 시작되었다. 미국인들은 대서양 해안에 발판을 구축하기를 원할 뿐이었고, 영국인들은 지중해 평정을 희망하며 튀니지 국경에 곧장 상륙하기를 원했다. 양측은 각각 바라던 것을 조금씩 해냈다. 무의미한 행동이었지만 미국인들은 카사블랑카에 상륙했고, 영국인들은 알제까지 나아가게 되었다. 그렇게까지 멀리 간 건 아니었다.

정치적인 혼란도 있었다. 미국인들은 아직도 비시 정부와는 아니더라도 북아프리카의 비시 행정부와는 협력하기를 바랐다. 그런 바람이 없었던 영국인들은 무시되었다. 드 골은 그러한 계획에 관여할 수 없었다. 사실 계획에 대해 듣지도 못했다. 비시 당국의 응답이 없는 것으로 판명나자 미국인들은 독일 수용소에서 탈출한 프랑스의 노장 지로Henri Giraud를 선택했다. 그는 프랑스에서 잠수함으로 이동해왔다. 지로는 성가신 인물임이 드러났다. 그는 프랑스 본토에 상륙할 것과 자신을 연합군 최고 사령관으로 만들 것을 요구했다. 그는 그리하여 모든 상황이 종료될 때까지 지브롤터에 감금되어 있어야 했다. 어쨌든 북아프리카의 프랑스 관리들은 그를 인정하기를 거부했다. 북아프리카에는 12만 명의 프랑스군이 있었다. 연합국이 겨우 만 명을 상륙시킬 수 있던 시기에 이는 막강한 저항세력이었다. 마지막 순간에는 페탱의 오른팔인 다를랑이 알제에 나타났다. 이는 천운인 것처럼 보였다. 그러나 오늘날 우리는 그가 우연히 거기에 있던 것이 아니라는 것을 알게 되었다. 미국인들이 지로뿐 아니라 그와도 협상하고 있었던 것이다. 다를랑의 의도는 이기는 편에 붙는 것이었다. 그는 오랫동안 망설이다가 이전에 독일인들과 협력했던 것처럼 연합국에 협력하기로 합의했다. 그가 이런 결정을 내리게 된 데는 독일군이 비점령지역 프랑스에 진입했고 비시 정부가 다소 의심스럽지만 누려오던 독립을 상실했다는 소식의 영향이 컸다. 한편, 비시 프랑스 점령의 전리품 하나가 독일인들의 손에서 빠져나갔다. 11월 27일 독일인들이 툴롱에 이르렀을 때 그곳 프랑스 제독이 함대를 독일인들에게 넘기지 않으려고 바다에 수장시켰다. 그는 연합국에 합류하라는 다를랑의 명령에 따르지도 않았다.

북아프리카에서는 저항을 중지하라는 다를랑의 명령이 준수되었다. 아이젠하워는 그를 최고 행정관으로 인정했다. 영국과, 정도는 덜했지만 미국에서 반대하는 목소리가 있었다. 11월 15일 엘 알라메인의 승리, 즉 영국군의 승리이자 자유진영의 승리를 기념하여 영국 전역에서 교회의 종들이 울렸다. 이제 연합국은 돌이킴 없이 비열한 나치 협력자였던 다를랑 제독에게 권한을 주었다. 이것이 연합국 국민들에게 약속해왔던 반파시스트 십자군 운동의 결과였던가? 루스벨트는 다를랑과의 거래가 "전투의 심각성으로만 정당화될 수 있는, 오로지 일시적인 방편"이라고 항변했다. 이 목전의 문제는 성탄 전야에 다를랑이 한 젊은 프랑스 왕정주의자에게 살해됨으로써 해결되었다. 그는 즉시 프랑스 군법회의에서 재판을 받고 처형되었다. 가장 반대가 적을 대체 인물로서 지로가 그 자리에 임명되었다. 더 심각한 문제가 남아 있었다. 영국 정부와 미국 정부는 히틀러가

지도11 연합국의 북아프리카 상륙, 1942년 11월 8일.

없어져야 한다는 것을 제외하고 유럽에서 어떠한 변화가 일어나는 것도 원하지 않았다.

알제에서 지연되고, 동쪽으로 더 나아간 지역에서 시도한 상륙이 실패함으로써 상륙 작전으로 얻었어야 하는 가장 큰 이득이 날아가버렸다. 연합군이 진격하기 시작할 때까지 독일군과 이탈리아군이 튀니스로 몰려들어오고 있었다. 거기서 프랑스 총독은 그들에 협력했다. 연합군의 작전 수행은 변변치 못했다. 군대는 숙련되어 있지 못했고, 지휘관들도 마찬가지였다. 아이젠하워는 이렇게 표현했다.

지금까지 우리들의 작전을 묘사하는 가장 좋은 방법은 그 작전들이 모든 통상적인 전쟁의 원칙을 어겼고, 그 작전들이 교범에 규정된 모든 작전상, 병참상의 방법들과 맞지 않는다고, 그리고 작전 전체가 향후 25년 동안 레븐워스의 육군지휘참모대학과 국방참모대학교 워칼리지 강좌에서 비난 받게 될 것이라고 말하는 것이다.

12월 중순에 들어설 때까지 추축국은 2만5천 명이 튀니지에 있었고, 연합국은 거의 4만 명이었다. 비가 억수로 내렸다. 성탄 전야에 아이젠하워는 공격을 포기했다. 여기서 이렇게 좌절됨에 따라 결국 1943년에 프랑스 북부에 상륙할 수 있는 가능성이 사라졌다. 연합군은 확실히 오랫동안 북아프리카에 붙잡혀 있었다. 거꾸로, 이렇게 멈추었던 일이, 리델 하트의 말로는, 새옹지마였다고 판명되었다. 히틀러와 무솔리니에게는 지중해 지역에 남아 있는 전체 병력인 25만 명을 튀니스로 이동시킬 여유가 있었던 것이다. 그들은 운명의 포로였다.

러시아의 승리는 연합국들이 거둔 승리들 가운데 순서로는 세 번째였지만 규모는 더 컸다. 11월 19일 러시아의 여섯 개 군이 스탈린그라드 남북에서 루마니아군과 독일군의 방어선을 돌파했다. 11월 23일 두 개의 공격 부대가 칼라크 근방에서 만났다. 파울루스와 제6군이 단절되었다. 파울루스는 후퇴하기를 망설였다. 독일의 위신뿐 아니라 자신의 위신이 걸려 있었고, 그는 지난해 독일인들이 모스크바 외곽에서 그랬던 것처럼 자신이 고슴도치 같은 자세를 유지할 수 있다고 생각했다. 히틀러는 당연히 같은 방침을 따랐다. 사실과는 매우 거리가 멀었지만, 괴링이 독일 공군이 군수물자를 공급함으로써 제6군을 유지시킬 수 있다고 확신시키자 히틀러의 결심은 더욱 단호해졌다.

사진102 뉴기니 정글의 오스트레일리아 병사.

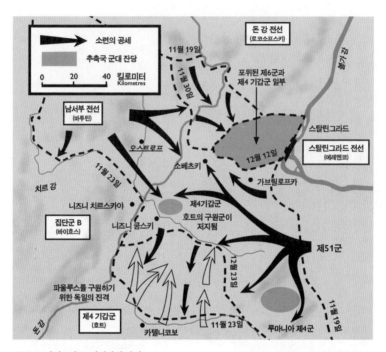

지도12 스탈린그라드: 러시아의 반격.

    11월 20일 가장 명석한 독일 장군이라는 일컬어지는 만슈타인이 돈 강에 있는 군대를 지휘하기 위해 도착했다. 그 또한 망설였다. 만약 파울루스가 후퇴한다면 러시아군이 행동의 자유를 얻어서 돈 강에서 코카서스까지 분산되어 있는 독일군 전체를 무너뜨릴 것이었다. 어쨌든 러시아의 방어선이 단단해지고 있었다. 파울루스가 용기를 짜내 돌파를 시도하더라도 그 뒤를 도모할 수가 없었다. 파울루스에게는 구원해줄 증원군이 필요했다. 호트Hermann Hoth가 이끄는 기갑부대가 스탈린그라드를 향해 힘든 진격을 개시했다. 12월 중순까지 겨우 13마일 나아간 뒤 진격은 멈추었다. 12월 19일 만슈타인의 수석 정보 장교가 스탈린그라드로 날아왔다. 그는 퇴각이 아직 가

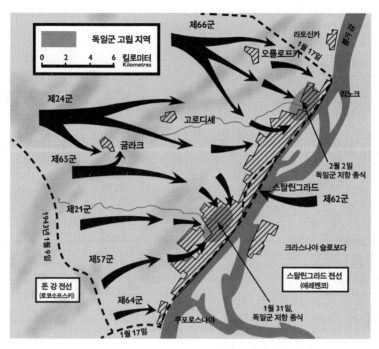

지도13 스탈린그라드: 도시 탈환.

능하다고 주장했다. 파울루스의 참모장은 퇴각이 "재난을 받아들이
는 일이 될 것이며, 제6군은 부활절에도 자리를 지키고 있을 것입니
다. 여러분이 해야 할 일은 지원을 좀 더 잘하는 것뿐입니다"라고 대
답했다.

　　어찌 되었건 조언에도 혼란이 있었다. 만슈타인이 원한 "겨울
폭풍" 작전에서는 파울루스가 호트와 힘을 합쳐 제6군이 군수를 공
급받을 수 있는 통로를 열어주어야 했다. 파울루스는 스탈린그라드
고립지대의 돌출부에 있는 나무를 제거하지 않고는 호트에게로 기
갑부대를 내보내는 것이 불가능하다고 대답했다. 따라서 유일하게
가능한 작전은 "천둥소리" 작전, 즉 완전한 퇴각뿐이었다. 파울루스

사진103 적기赤旗가 다시 휘날리는 스탈린그라드.

는 만슈타인이 천둥소리 명령을 내릴 것인지 물었다. 만슈타인은 결
코 대답하지 않았다. 히틀러가 이를 허락지 않았을 뿐 아니라, 만슈
타인의 생각으로 제6군은 반드시 있던 자리에 남아 있어야 했다. 러
시아인들이 돈 강 위편에서 다시 돌파했고, 포위망을 좁혀오는 오
십만의 러시아 군과 러시아 포의 삼분의 일을 제6군이 계속해서 묶
어두어야 하기 때문이었다. 이 결정이 제6군의 운명을 결정지었다.
1943년 1월 31일, 육군 원수가 된 지 얼마 안 된 파울루스가 항복했
고, 2월 2일에는 독일군의 마지막 부대도 항복했다. 포로가 된 9만
1천 명의 독일인들 가운데 단 6천 명만이 귀환했다. 히틀러는 모질게
말했다. "파울루스는 어떻게 해야 불멸의 문턱을 넘어가는지 모르고

있었군. 스스로 목숨을 끊었어야지." 괴벨스는 삼 일간의 국장을 선포했고, "전면전"이 다가옴을 선언했다.

제6군의 희생이 헛된 일은 아니었다. 클라이스트의 군이 코카서스에서 물러날 수 있었다. 만슈타인에게 퇴각하여 부대를 재편성할 여유가 생겼다. 이번만은 히틀러가 자신의 완강한 입장을 수정했다. 그는 "전략적 행동을 벌일 충분한 공간이 있는 전장이 여기에 있습니다"라는 만슈타인의 의견에 동의해 시간과 공간을 맞바꾸는 데 승낙을 내렸다. 러시아인들은 계속 전진했다. 북쪽에서는 러시아의 공격이 레닌그라드 포위망을 깨뜨렸다. 2월 15일 러시아인들은 카르코프를 획득했다. 그러나 이제 그들이 군수 부족을 겪을 차례였다.

사진104
파울루스 원수의 항복.

독일인들이 역습했다. 러시아군을 포위하는 데 실패하고 단 9천 명을 포로로 잡았을 뿐이었지만, 3월 13일에는 카르코프를 다시 빼앗았다. 이후 봄이 되어 얼음이 녹고 땅이 진창이 되자 전투는 점차로 줄어들었다.

스탈린그라드는 어쩌면, 종종 주장되는 것과 달리, 제2차 세계대전에서 결정적인 전투가 아니었는지도 모른다. 위성국들 — 루마니아, 헝가리, 그리고 이탈리아 — 의 군대는 무너졌고 다시 회복되지 못했다. 하지만 1943년 3월에 독일인들은 여전히 1942년의 공세를 시작했던 전선 상에 있었다. 그들은 투지를 회복했고 카르코프에서 자신들이 다시 전장의 주인임을 보여주었다. 1943년에 전투를 할 수 있는 시기가 시작되었을 때 공세를 취한 이들도 러시아인들이 아니라 독일인들이었다. 그럼에도 불구하고 러시아의 스탈린그라드 승리는 독일 불패의 신화를 무너뜨렸다. 지난해에 있었던 모스크바 방어 때보다도 훨씬 더 영향이 컸다. 무엇보다 히틀러 자신이 요들에게 이렇게 털어놓았다. "전쟁의 신이 상대편으로 넘어갔네."

볼가 강과 북아프리카에서 이같이 엄청난 일들이 벌어지고 있는 동안에도 태평양은 결코 등한시될 수 없었다. 미국 참모부는 독일의 패배를 우선시한다는 연합국의 결정을 무시했고, 1942년 전반기에 유럽 전역戰域으로 보낸 군수물자의 두 배를 태평양으로 보냈다. 1944년까지 프랑스 북부 상륙이 늦어지게 된 데는 지중해에서 군수물자가 필요했기 때문보다 이후로 태평양 전역戰役에 필요한 군수물자의 규모가 계속 증가한 것이 더 큰 이유가 되었다. 니미츠와 맥아더, 이 두 명의 최고 사령관들은 전략 면에서 근본적인 차이가 있었고, 맥아더는 다음과 같이 불평했다. "전쟁에서 내려진 모든 잘못된 결정들 가운데 아마도 가장 말로 다 할 수 없는 것이 태평양에서 지휘권을 통합하는 데 실패한 것이다."

니미츠는 일본인들이 전진하는 가장 앞 지점에서 그들의 머리 부분과 부딪칠 계획을 세웠다. 그 결과 솔로몬 제도의 과달카날에서 장기전을 치르게 되었다. 전투는 1942년 8월부터 1943년 2월까지 계속되었다. 처음에는 양측이 6천 명으로 싸우다가 5만 명까지 증가하는 접전이었다. 여섯 차례의 대규모 해군 교전이 벌어져 양측이 거의 동일한 손실을 입었는데, 같은 손실이라도 일본인들이 감당하기 좀 더 힘들었다. 2월 7일에 일본인들이 포기하고 물러났다. 그들은 2만5천 명을 잃었고 미국인들이 잃은 사람의 수는 훨씬 적었다. 그러나 만약 솔로몬 제도에서 도쿄까지 전진하며 계속 이런 비율로 진행된다면 그것은 미국인들에게 비관적인 전망이었다.

맥아더는 신속히 행동할 생각을 가지고 있었다. 처음 지휘권을 맡았을 때 그는 오스트레일리아인들이 시드니를 포기하고 대륙의 남쪽만 사수할 준비를 하고 있다는 것을 알았다. 그는 삼 주 안으로 그들이 공세를 취하도록 바꾸어놓았다. 전장은 뉴기니였고, 오로지 오스트레일리아의 전쟁이 되었다. 장비를 잘 갖추지 못한 오스트레일리아 군대는 거의 2년 동안 일본인들과, 결국에는 완전한 승리로 끝나게 된, 밀림 속의 전쟁을 치렀다. 본래 그것이 맥아더의 취향은 아니었다. 전쟁 중의 예술가로서 그는 목마넘기 전략을 생각했다. 일본인들의 방어거점을 우회하고 그들을 "덩굴 속에서 말라죽게" 내버려두는 것이었다. 잘 내어주려 하지 않는 선박과 항공기를 일단 공급받자 그는 이 방법을 적용하기 시작했고, 1943년 내내 일본의 기지들이 직접 공격 없이도 잇달아 무너지고 있었다. 니미츠 제독이 계속해서 관습적인 군사적 관점에서 생각하고 있었던 반면 맥아더 장군이 유연한 해상 전략을 따랐다는 것은 매우 기묘한 전쟁의 아이러니였다.

버마 공세는 1942년에는 일어나지 않았고 1943년 초반 몇 달 동안에 진행되었지만 별 소득이 없었다. 계속해서 미국인들은 영국인들에게 버마에서 일본인들에 맞서 행동하고 충칭에 이르는 버마 로드를 다시 개통하도록 재촉했다. 묘하게도 유럽에서의 역할이 역전된 셈이었다. 유럽에서 영국인들은 드 골을 신뢰했고, 미국인들에게는 그런 사람이 없었다. 극동에서 미국인들은 장제스가 일본인들과 싸우기를 원하며, 그럴 능력이 있는 대군을 보유하고 있다고 믿었다. 영국인들은 그런 믿음을 공유하지 않았다. 두 경우 모두 영국인들이 옳았다. 장제스와 그의 동료들이 원한 것은 미국의 달러로 자신들의 배를 채우는 일뿐이었다. 영국인들은 인도에서 의회와의 대화가 좌절된 이후 큰 어려움을 겪었다. 간디가 다시 한 번 시민 불복종을 선언했고 또다시 투옥되었다. 영국인들은 인도양의 제해권을 회복할 수 없었다. 버마에서 퇴각한 후 그들을 구해주었던 산맥과 밀림이 이제 일본인들을 보호했다. 미국인들로부터 몹시 재촉을 받고난 후 영국인들은 1942년 12월 버마를 향해 지상공격을 개시했다. 완전한 실패였고, 영국인들은 1943년 5월에 퇴각했다. 극동의 미국인들과 달리 여기서 영국인들이 성공을 거두기까지는 시간이 더 지나야만 했다.

1942년의 작전 기간이 이렇게 종료되었다. 추축국이 승리한 마지막 해이자 연합국이 승리를 거둔 첫해였다. 연합국의 승리는 일면 방어적이었다. 추축국의 진격이 엘 알라메인과 스탈린그라드에서 저지되었고, 일본인들은 뉴기니와 과달카날에서 저지되었다. 하지만 독일인들은 여전히 러시아 안쪽으로 한참 들어가 있었고, 추축국 군대가 아직 튀니스에 있었으며, 일본은 계속해서 자신의 공영권을 장악하고 있었다. 일본과 추축국의 패배는 아직 오지 않았다.

8장

드디어 시작된 연합국의 공세
1943년

1943년에 연합국의 세 강대국은 마침내 움직였다. 러시아인들은 독일인들을 격퇴하고 있었고, 영국인들과 미국인들은 자신들이 무엇을 하고 있는지 잘 모르고 있었다. 그 해는 카사블랑카에서 있었던 루스벨트와 처칠의 극적인 만남으로 시작되었다. 1919년에 우드로 윌슨Woodrow Wilson의 파리 강화 회의에 참석 이후 미국 대통령이 미국 영토나 영해를 떠난 첫 번째 경우였다. 루스벨트는 스탈린에게 자신의 개인적인 매력을 발휘하고 싶어 했고, 처칠은 강대국의 대열에서 이탈하지 말아야겠다는 굳은 생각을 가지고 있었다. 그러나 스탈린그라드와 그 너머 돈 강에서 전투가 한창 진행되고 있어 스탈린은 모스크바를 떠날 수 없었다. 루스벨트에게 모스크바는 너무 멀었다. 따라서 루스벨트와 처칠 두 사람만 각각 참모들을 대동하고 1월 13일부터 24일까지 카사블랑카에서 회담을 가졌다. 처칠은 도착하자마자 애틀리에게 전보를 보냈다. "분위기가 매우 좋음. 문제를 말할 수 있기를 바람."

영국인들은 자신들이 무엇을 원하는지 알고 있었다. 북부 아프리카를 장악하고 나서 어떻게든 이탈리아를 무너뜨리고, 독일에 대한 폭격을 지속하며, 극동에서는 지금의 위치에서 버티며 때를 기다리는 것이었다. 오로지 처칠만이 불안함을 느꼈다. 그는 이렇게 말했다. "이것은 내가 지난 8월에 스탈린 씨에게 약속했던 것이 아닙니다." 미국인들의 관점은 그렇게 명확하지 않았다. 그들은 지중해에서의 행동을 미봉책으로 수용했지만 이제 끝내버리기를 간절히 원했다. 게다가 1943년에 제2의 전선이 만들어지지 않는다면 그들은 대부분의 병력을 극동으로 옮길 것이었다.

지금까지 종종 그랬듯 양국 참모부 간의 설전보다는 일어난 사태가 따라야 할 결정을 내려주었다. 추축국 군대가 튀니스에 아직 있는 상황이라 북아프리카 전역이 보강되고 결말지어져야 할 것이었다. 그러나 결말이 지어지면 그때는 너무 늦어서 1943년 사이에 프랑스 북부 상륙을 위해 병력을 동원하는 것이 불가능할 것이고, 프랑스 상륙이 아니면 북아프리카의 병력은 무언가 더 나은 임무가 없기 때문에 시칠리아로 가야만 할 것이었다. 그 후에 참모부들은 다시 생각할 것이었다. 미국인들은 시칠리아 점령을 단지 연합국 선박에 지중해를 열어주는 일의 끝마무리 정도로 생각했다. 반면 영국인들은 이탈리아를 끝장내는 첫 걸음으로 간주했다. 루스벨트는 어딘가에서 행동이 벌어지고 있는 한 무슨 일이 벌어지든 상관하지 않았다. 미국 참모부는 미국인인 아이젠하워가 최고 사령관을 맡고 있을 때 지중해에서 적당히 하기는 어려웠다. 미국인들은 어디서 무슨 일을 맡게 되든지 태평양에서는 밀고 나갈 작정이었지만, 그 해 중반

사진105
카사블랑카의 루스벨트와 처칠:
전쟁이 계속되고 있지요, 그렇지요?

까지도 선박의 부족을 극복하지 못한 영국인들은 버마를 향한 공격을 개시하는 것이 불가능했다. 양측은 독일 폭격에 대해서는 기쁘게 동의했다. 미국인들로서는 자신들의 폭격기인 플라잉포트리스Flying Fortress가 주간에도 작전을 할 수 있으리라 믿었기 때문이었다. 이 믿음은 잘못된 것으로 드러났다.

　　카사블랑카에서 정치적 행동들도 벌어졌다. 드 골이 영국에서 불려와 무뚝뚝하게 지로와 악수했다. 미국인들은 자신들이 드 골을 묶어놓았다고 생각했다. 이 또한 잘못된 생각이었다. 드 골은 물질적 자원이 없음에도 불구하고 능숙한 정치적 수완가였다. 지로는 정치적인 면에서는 어찌할 바를 모르고 있었다. 몇 달 안에 지로는 교묘한 술책으로 자리에서 밀려나 무대에서 퇴장했다. 부관들 및 프랑스에서 빠져나온 다른 이들로 이루어진 자문 의회가 알제에 설립되었고 드 골에게 헌정적인 지위를 부여했다. 사실상 그는 공산주의자들로부터 극우 민족주의자들까지 아우르는 프랑스 레지스탕스의 충성을 받는 최고의 지위에 있었다. 이는 미국인들이 북아프리카에 상륙할 때 의도했던 일이 전혀 아니었다. 그러나 미국인들은 전투에 참여할 프랑스 군대가 필요했기에 참아야만 했다.

카사블랑카 회담의 마지막 날 루스벨트는 추축국의 "무조건 항복"이 연합국의 목표이며 전쟁을 종결할 유일한 조건이라고 예고도 없이 공표했다. 그의 머릿속에 들어 있는 주된 생각은 윌슨 대통령이 14개 조항에 기초하여 독일과 강화를 맺는 데 동의함으로써 부딪치게 되었던 곤경을 피하려는 것이었다. 아마도 그는 또한 스탈린에게 서방 국가들이 타협을 통해 강화하지 않으리라는 어떤 보장을 해주기를 원했는지도 모르겠다. 처칠은 이탈리아를 요건에서 제외시키려 했다. 그가 나중에 적은 대로 "전쟁의 결과가 분명하게 드러나게 될 때라도 연합국은 무솔리니를 기꺼이 맞아들이려 했었다". 처칠 자신에게만 해당되었던 언급이다. 영국의 전시 내각은 그를 지지하지 않았고, 그도 고집하지 않았다. 이후로 "무조건 항복"이 연합국의 공식 정책이었다.

그 뒤로도 계속해서 이에 대한 시끄러운 논쟁이 있었고 타협을 통한 강화를 막음으로써 전쟁을 오랫동안 지속되도록 만들었다는 불평도 터져 나왔다. 그러나 불평에 내용은 없었다. 일찍이 1940년 8월에 처칠은 영국의 전쟁 목적을 국가 사회주의의 붕괴와 히틀러가 정복한 지역의 총체적인 원상회복으로 정의했다. 연합국의

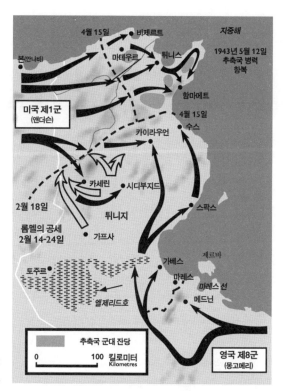

지도14 튀니지:
북아프리카 전역의 종료.

다른 두 강대국도 같은 견해였다. 이보다 약한 목적으로는 평화와 자
유를 확보하지 못하거나 연합국 국민들을 만족시키지 못할 터였다.
어쨌든, 연합국 정부들은 누구와 타협할 생각이었는가? 확실히 나치
지도자들과 파시스트 지도자들은 아니었고, 심지어 소위 독일 레지
스탕스라 불리며 히틀러에 맞선 독일인들도 히틀러가 정복한 지역
의 일부 혹은 전부를 유지하고 싶어 했다. 받아들일 수 없는 조건이
었다. "무조건 항복"은 정책이라기보다는 사실의 인정이었다. 추축
국 국가들은 완전히 패배할 때까지 항복하려 들지 않을 것이었고, 그
들의 무조건 항복만이 완전한 승리를 확보하는 유일한 수단이었다.

306

연합국은 1942~1943년 사이 겨울에는 자신들의 목적을 달성
하기까지 먼 길을 가야했다. 북아프리카에서 영국-미국군은 1943년
2월까지도 1942년 성탄절에 겪은 좌절에서 회복되지 못했고, 바로
그때 몽고메리가 튀니지 국경에 도달했다. 롬멜에게는 두 나라 군대
가 합류하기 전에 그들에 맞서 공격할 마지막 기회가 있었고, 그의
작전은 1814년 나폴레옹의 작전을 답습하는 것이었다. 2월 중순에
그는 영국-미국군을 북쪽에서 공격해서 그들을 카세린 고개로 밀어
냈다. 연합국 군대는 힘에서 훨씬 우위에 있었지만 상당히 큰 혼란에
빠졌고, 앞서 인용했던 미국 공식 사가의 언급대로 "적은 다소 멀쩡

사진106 멀리 인도에서 북아프리카 전역에 참가해
전통칼 쿠크리를 휘두르는 네팔계 구르카 부대.

한 상태로 노획한 미국 장비의 질과 양에서 놀랐다". 롬멜은 이제 몽고메리에 대적할 행동의 자유가 생겼다. 그러나 너무 늦었다. 롬멜이 3월 6일에 메데닌을 공격할 때 몽고메리는 더 강한 군사력을 가지고 있었고, 여섯 달 전에 알람 엘 할파에서 수행했던 견고한 방어전을 치렀다.

　　롬멜은 그날 저녁 공격을 중지했고 사흘 후에 아프리카를 완전히 떠났다. 독일에 돌아간 그는 히틀러에게 추축국 군대가 아프리카에 머물러 있는 것은 "순전히 자살행위"라고 경고했다. 히틀러는 롬멜에게 롬멜이 용기를 잃었으며, "카사블랑카 진공 작전의 지휘를 맡으려면" 좀 더 건강해져야 할 것이라고 대답했다. 환상 속의 계획이었다. 몽고메리는 3월 20일에 개시하게 될 마레스 방어선 공격을 규율에 따라 준비했다. 전면공격은 실패했고, 3월 26일에는 적의 내륙 측면으로 공격의 방향을 전환했다. 완벽한 승리였다. 추축국의 방어선은 무너진 정도가 아니라 아예 걷어 올려졌다. 하지만 엘 알라메인에서 그랬듯 몽고메리는 승리의 기회를 철저히 이용하는 데 느렸고 흩어진 적들은 도주했다. 결국에 이번 작전은 몽고메리식의 특징적인 작전이었다. 최초 공격의 실패, 즉흥적인 측면 전환, 사실과는 매우 어긋나지만 모든 것이 계획대로 되어간다는 몽고메리의 독려, 그리고 마지막으로 승리의 기회를 이용하는 데 실패한 것까지 말이다.

　　연합국은 이제 전장에서 30만의 인원과 천4백 대의 전차를 보유했다. 추축국에는 6만 명의 전투원과 백 대 미만의 전차가 있었다. 그렇기는 했지만 연합군은 이전에 좌절당했던 기억으로 인해 걱정을 놓지 못했고, 천천히 전진했다. 몽고메리는 곧장 뚫고 나가자고 제안했으나, 지상군을 지휘하기 위해 카이로에서 도착한 알렉산더에게서 정치적인 이유에서 북쪽에서 주력 공격이 벌어져야 한다는 말을 들었다. 사실 미국인들이 이전에 당한 패배의 기억을 씻기 위해서였다. 결국 추축국 군대는 전장에서 패했다기보다 연합국의 봉쇄에 질식했다. 추축국 항공기들은 제공권을 잃었고, 되니츠가 호위함대를 조직하러 로마에 도착했을 때 그는 이탈리아 해군이 이제 전투력으로서는 존재하지 않는 것이나 다름없다는 것을 알았다.

5월 초에 추축국 군대는 석유가 바닥났고 사실상 식량이 떨어졌다. 저항은 스러져갔다. 5월 8일에 프랑스 군단이 튀니스로 공식 입성했고, 5월 13일에는 남아 있던 추축국 군대가 항복했다. 추축국 군대는 고작 수백 명이 도주했을 뿐이다. 연합국은 대략 13만 명의 포로를 잡았다. 전후에는 25만으로 부풀려졌다. 알렉산더는 처칠에게 우쭐한 마음이 비치는 전언을 보냈다. "각하, 튀니지 전역이 종료되었다고 보고하는 것이 제 임무입니다. 적의 저항이 모두 그쳤습니다. 우리는 북아프리카 해안의 지배자입니다." 지중해는 다시 연합국 선박에 열렸고, 지브롤터에서 출발한 첫 번째 호위함대가 5월 26일에 알렉산드리아에 도착했다. 이탈리아의 군사력은 사실상 끝장났다. 미국과 대영제국의 연합 군사력이 대체로 두 개 사단 많아도 네 개 사단을 결코 넘지 않는 규모의 전력을 가진 독일군을 무찌르는 데는 다섯 달이 걸렸다.

처칠과 영국 참모부가 5월 12일부터 25일까지 다시 워싱턴을 방문했다. 동시에 다음에는 무엇을 해야 하는가에 대해 새로운 토론이 벌어졌다. 영국인들은 먼저 시칠리아를 공격하고 다음에 이탈리아 본토를 공격해야 한다고 다시 한 번 주장했다. 마셜은 북아프리카 전역의 "흡입 펌프" 효과에 대해 재차 유감을 나타냈다. 그러나 다른 길은 없었다. 1943년에 프랑스 북부에 상륙하기 위해 영국으로 선박과 군대를 이동시키기에는 너무 늦었고, 북부 아프리카의 군은 그동안 무엇이라도 해야 했다. 전쟁의 경과를 매우 자주 결정짓는 중요한 요인이 무엇인지 보여주는 고전적인 예였다. 북아프리카와 그 후에 이탈리아에서 연합국은 거기에 있으니까 그냥 머물러 있었다. 처칠은 제1차 세계대전 때 믿었던 것처럼 지중해가 유럽으로 들어가는 뒷문을 열어주었다고 믿고 있던 거의 유일한 인물이었다. 실제 일어난 일들로 인해 잘못된 생각이었음이 판명되었지만, 이탈리아가 추축국의 핵심 요소이고 이탈리아의 패배가 세력 균형에 결정적인 변화를 가져올 것이라는 감추어진 생각이 있었다. 사실 이탈리아의 패배는 마치 프랑스의 패배로 영국이 안고 있던 문제들이 다소 가벼워

사진107
시칠리아에 상륙하는 영국군,
1943년 7월.

사진108 시칠리아의 패튼 장군: 앞으로! 그가 아는 유일한 명령이었다.

졌던 것처럼 히틀러의 문제들을 경감시켜주었다.

시칠리아 공격을 준비하는 데는 시간이 조금 걸렸다. 연합국은 상륙하면서 저항에 부딪쳐본 경험이 없었다. 거의 저항을 받지 않았던 북아프리카 상륙도 꽤 힘겨웠다. 일찍이 아이젠하워는 두 개 이상의 독일 사단으로부터 저항을 받는다면 작전이 성공하기 어려울 것이라고 보고했다. 처칠은 이에 호통을 쳤다. "스탈린이 이에 대해 어떻게 생각할지, 그는 전선에서 185개의 독일 사단에 부딪쳤는데, 나는 상상이 안 갑니다." 몽고메리는 자신의 지휘 하에 강력하게 한곳으로 힘을 모아 상륙해야 하고 미국인들은 단지 자신의 왼쪽 측면을 엄호하는 시시한 역할을 수행해야 한다고 주장함으로써 어려움을 더했다. 몽고메리는 자기 마음대로 했다. 이때 맞은편의 히틀러 역시 무슨 일을 할지 망설였다. 그는 아마도 "존재하지 않는 사람" — 영국 장교 복장을 하고 스페인 해안에 밀려온 시체 한 구로 그리스와 사르데냐 침공 계획을 소지했다 — 에게 잘못 이끌렸던 것 같다. 좀 더 진지한 이유를 들자면, 그는 이탈리아인들의 배신을 염려했다. 롬멜은 이탈리아 장교들을 신뢰할 만하냐는 질문에 "그럴 만한 사람이 없습니다"라고 대답했다. 결국 마지못해 약간의 독일 병력이 이탈리아인들에 신경 쓰지 말고 스스로의 안전을 생각하라는 명령과 함께 시칠리아에 파견되었다.

시칠리아 침공은 7월 10일에 시작되었다. 상륙 작전은 열한 달 후에 있을 노르망디 상륙 작전보다 더 큰 규모였다. 첫날 15만 명의 인원이 3천 척이 넘는 상륙정에서 쏟아져 나와 천 대가 넘는 항공기의 엄호를 받으며 상륙했고, 전역이 종료되기 전까지 5십만 명이 뭍으로 올라왔다. 몽고메리의 군대는 거의 저항을 받지 않고 상륙했으나 며칠 후에는 앞으로 나아가지 못했다. 미국인 소방수 패튼George S. Patton Jr.은 부수적인 역할에 얽매이지 않고 활약했으며, 알렉산더는 여느 때와 같이 만족하며 그러도록 내버려두었다. 처음 계획이 완전히 뒤집혔다. 몽고메리는 메시나로 진격하는 대신 에트나 경사지에서 움직이지 못하고 머물러 있었고, 그동안 패튼이 서쪽을 따라 오랜 순례의 길을 거쳐 시칠리아 북부 해안으로 갔다. 만약 몽고메리가 메시나에 먼저 도달했다면 시칠리아에 있던 추축국 군대 대부분이 고립되었을 것이다. 그러나 실제로는 패튼이 그들을 사실상 안전한 곳으로 몰고 갔다. 그는 7월 22일에 팔레르모를 점령했고 8월 16일에 메시나에 닿았다. 다음 날 영국인들 역시 그곳에 도착하자 미국인들은 "관광객들이여 어디 갔다 왔느냐?"고 환성을 지르며 그들을 맞았다. 추축국 군대 대부분은 공격을 받지 않고 안전하게 메시나 해협을 건너갔고, 독일인들은 장비를 모두 챙겨가지고 갔다.

군사적 승리는 없었지만 시칠리아 침공으로 파시즘의 몰락이

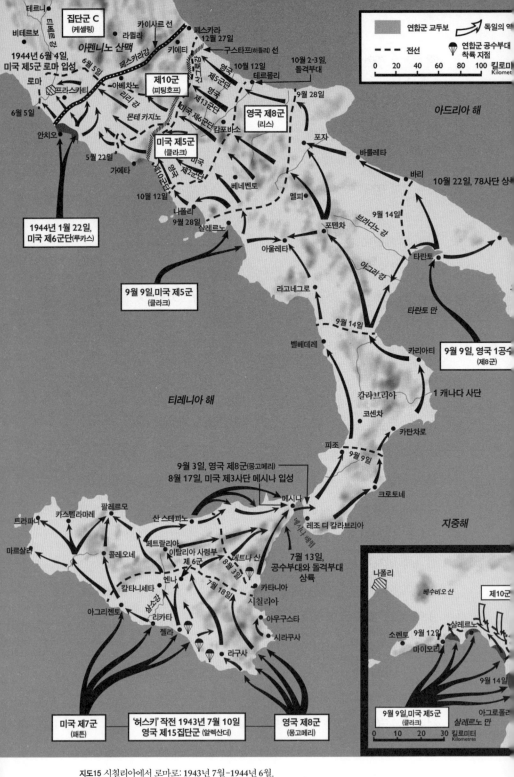

지도15 시칠리아에서 로마로: 1943년 7월–1944년 6월.
(안쪽) **지도16** 살레르노 상륙.

이루어졌다. 이탈리아 경제는 붕괴로 다가가고 있었다. 북부 산업 도시 토리노와 밀라노에서는 대규모 파업이 일어났다. 그 자신도 육체적으로 쇠락한 무솔리니는 이탈리아가 전쟁을 그만두어야 함을 인식했다. 그의 생각에 한 가지 빠져나갈 방법은 히틀러가 러시아와 강화를 맺고 군대를 이탈리아 전선으로 이동해오는 것이었다. 그러나 히틀러와 만났을 때, 무솔리니는 감히 자신의 생각을 입 밖에 꺼낼 수 없었다. 그들은 7월 19일에 펠트르에서 마지막으로 장대한 만남을 가졌다. 옛날식의 화려한 제복을 입고 전통적인 파시스트식 그리고 나치식의 경례를 받았다. 히틀러는 고래고래 소리를 지르며 굳센 정신력의 필요성을 역설했고, 무솔리니는 로마가 연합국의 폭격을 받고 있다는 전보를 읽은 것 말고는 아무 말도 하지 않았다.

　　로마에서는 많은 작은 분파들이 막연하게 무솔리니를 어떻게 밀어낼 수 있을지를 생각했다. 노장 정치가들은 왕정복고를 이야기했고, 몇몇 장성들은 참모총장을 지낸 바돌리오Pietro Badoglio에게 기대를 걸었다. 몇몇 고위 파시스트들은 위험을 모면하기를 바랐다. 비토리오 에마누엘레 3세Vittorio Emanuele III 는 정치가들보다는 장성들의 말에 귀를 기울였고, 조만간 바돌리오를 지명할 것에 동의했다. 펠트르 회담 후 그는 거의 행동하기로 결심했다. 불만을 품은 파시스트들이 먼저 공격해왔다. 친추축국파라기보다는 줄곧 친영파였던 그란디Dino Grandi가 7월 24일에 파시스트 평의회의 소집을 요구했다. 거기서 그는 무솔리니가 권력을 국왕에게 반환할 것을 발의했다. 토론은 밤까지 계속되었고, 새벽 두 시 반에 투표가 실시되었다. 19표가 그란디의 발의에 찬성했고 8표가 반대했으며 1표의 기권표가 나왔다. 무솔리니는 "당신들이 정권의 위기를 불러왔네"라고 말하고,

두체에 대한 전통적인 경례를 받기를 거부하며 성큼성큼 밖으로 나
갔다.

　　　다음 날 오후 무솔리니는 아직 자신을 지지해주리라 확신하
며 국왕에게 갔다. 비토리오 에마누엘레는 군복을 입고 그를 맞았고,
그를 관직에서 해임했으며, 바돌리오 장군이 후임자가 될 것이라고
알려주었다. 그 자리를 나서자마자, 무솔리니는 경찰관에게 제지를
받아 옆문으로 빼돌려져 리파리 섬으로 인도되었다. 겉으로는 무솔
리니 자신의 안전을 위해서였다. 무솔리니의 전쟁 전 시절 옛 사회주
의자 동료인 네니Pietro Nenni가 이미 그곳에 억류되어 있었는데 무솔
리니와 말을 하기를 거부했다. 이탈리아 전역에서 하룻밤 사이에 파
시즘이 사라졌다. 파시스트 지도자들 가운데 일부는 포르투갈로, 일
부는 현명하지 못하게 독일로 도주했다. 파시스트 의용군은 아무 저
항의 시도도 없이 무너졌다. 살아서나 죽어서나 파시즘은 실체 없는
사기였다.

　　　바돌리오는 독일인들을 화나게 하지 않으면서 연합국에게 양
보를 하지 않는 기적의 방법으로 이탈리아를 전쟁에서 빠져나오게
하기를 소망했다. 히틀러는 이탈리아가 계속해서 싸울 것이라는 말
을 들었다. 동시에 반대편으로 밀사들이 계속해서 연합국 대표들에
게 접근했다. 히틀러는 잠시도 속지 않았다. 무솔리니가 실각한 직후
롬멜이 독일 제8사단을 맡아 알프스 통행로를 지켰다. 7월 28일 독
일인들은 루스벨트와 처칠 간의 비화기를 통한 대화를 잡아내 주파
수 변경 암호를 풀었다. 두 사람은 그 대화에서 이탈리아의 항복 조
건을 논의하고 있었다. 연합국이 즉각적인 상륙을 못하자 히틀러는
이탈리아를 지키려는 결심이 굳어졌고 이탈리아 남부에 있는 케셀

링Albert Kesselring에게 증원군을 보냈다.

연합국은 여느 때같이 토론을 한 달 동안이나 질질 끌고 있었다. 처칠과 루스벨트가 이번에는 퀘벡에서 만났다. 미국인들은 1944년 프랑스 상륙에 대비해 이제는 실제적인 조치가 취해져야 한다고 주장했다. 인원과 상륙정이 영국으로 귀환하기 시작했고, 따라서 이탈리아에 할당된 군대의 전투력은 제한되었다. 그러나 무솔리니의 실각을 이용하려는 마음을 물리칠 수는 없었다. 연합국은 바돌리오의 조력으로 이탈리아를 싸우지 않고 점령할 수 있다는 포부까지 갖기도 했다. 이탈리아 영토에서 전쟁의 참화가 일어나는 것을 피해보기 위해 계획된 파시즘 전복은 이렇게 역설적인 방식으로 사실상 그 나라에 참화를 가져왔다.

낙관론이 팽배한 가운데 연합국은 전쟁을 어떻게 수행할 것인가보다는 어떻게 강화를 이룰 것인가에 대해 논쟁을 벌였다. 영국 외무성과 미국 국무부는 이탈리아에 무조건 항복의 세부사항을 하나하나 제시하며 강경한 조건을 부과하기를 원했다. 참으로 관료적이었다. 연합군 본부의 군인들은 이탈리아를 전쟁에서 이탈시킬 수 있다면 어떠한 조건이든 받아들일 생각이었다. 결국 다소 음험한 타협안이 만들어졌다. 이탈리아인들에게 비교적 관대한 "단기" 조건에 서명하도록 요구하고, 그러고 나서 이후에 그들에게 좀 더 가혹한 "장기" 조건을 부과하겠다는 것이었다. (이러한 전술이 실행되었지만, "가혹한" 조건은 결코 완전하게 적용되지 않았다. 왜냐하면 이탈리아 정부가 그 얼마 안 되는 힘을 다해 연합국에 협력했기 때문이다.)

이 모든 일들이 시간을 잡아먹었다. 9월 3일 바돌리오는 단기 조건을 비밀 조인하는 데 동의하고 공수 작전으로 로마에 상륙한다

사진109 이탈리아에서 행군하는 영국 제8군.

는 조건으로 연합국에 협력하기로 약속했다. 아이젠하워는 우선 동의했는데 그러고 나서 독일인들이 이미 로마에 병력을 갖추고 있다는 소식을 들었다. 공수 상륙은 마지막 순간에 취소되었다. 9월 3일 몽고메리와 그의 제8군이 메시나의 정반대편, 이탈리아 반도의 발끝 부분에 상륙했다. 분명히 올라가는 내내 한 치씩밖에 전진하지 못할 운명이었다. 9월 8일 바돌리오의 대리인이 갑자기 연합군 본부에서 그날 저녁 휴전이 공식 발표될 것이라는 말을 들었다. 로마에서는 모든 것이 혼란 상태였다. 이탈리아 군대는 명령을 받지 못했다. 독일군이 그들을 무장해제하고 도시를 접수했다. 바돌리오와 국왕은 바리로 피신했다. 그리스와 유고슬라비아에서도 이탈리아 군대가 독일인들에게 무장해제 당했다. 처칠의 촉구로 소규모의 영국군 부대가에게 제도에 상륙했으나 곧 제압당했다. 터키인들을 참전하도록 격려하는 데는 거의 도움이 되지 않았다. 오로지 이탈리아 함대만 가까스로 피신했다. 커닝엄 제독은 의기양양하게 보고했다. "이탈리아의

전투 함대가 지금 몰타 요새에 있는 대포들의 보호를 받으며 정박해
있습니다."

9월 9일, 저항을 받지 않으리라는 믿음에서 연합국 주력 부대
의 상륙이 살레르노에서 벌어졌다. 독일군의 저항이 없기는커녕 그
들은 케셀링이 보낸 여섯 개 사단을 기다리면서 버텼다. 치열한 전
투가 있었고 어느 순간 지휘를 맡고 있던 미국 장군 마크 클라크Mark
Clark가 도로 승선할 것을 제안했다. 그는 영국 제독들의 항의만으로
단념했다. 추가로 위험신호가 인지된 후, 제8군이 9월 16일에 칼라
브리아에서 도착했고 독일인들은 후퇴했다. 그러나 연합국이 나폴
리에 도달하는 데는 추가로 삼 주일이 걸렸다. 다른 곳에서는 대단히
좋은 기회를 놓쳤다. 이탈리아 남부에서 가장 큰 항구인 타란토였는
데, 공중 엄호가 불가능한 규모라고 생각되었다. 커닝엄 제독은 위험
을 무릅쓸 각오가 되어 있었고, 딱 소리내는 막대기Slapstick라는 적절
한 이름이 붙은 소규모의 원정대가 9월 8일에 타란토를 쉽게 점령했
다. 이탈리아의 동부 해안이 침입자에게 널찍이 열렸다. 그러나 진격
을 위해 끌어올 수 있는 병력이 없었고, 다시 한 번 독일인들에게 방
어를 준비할 틈을 주고 말았다. 나폴리 북부에서 전투는 결과 없이
지속되고 있었다. 그 해가 끝날 때까지 연합국은 살레르노를 벗어나
단 70마일 전진했을 뿐이었고 — 그것도 대부분 처음 몇 주 동안이
었다 — 로마까지는 아직 80마일이나 남아 있었다. 처칠은 "이탈리
아 전선에서 전역 전체가 정체되어 있는 것은 수치스러운 일이 되어
가고 있다"라고 쓸데없이 성만 냈다. 리델 하트가 언급한대로, 연합
국은 "안전하지 않으면 진격하지 않는다"는 조심스런 은행가의 원칙
을 따르는 실수를 했다.

　　이탈리아 침공은 정치적인 문제들을 수반했다. 북아프리카에서 겪은 문제들보다 훨씬 더 심각했다. 다를랑 사건이 경고해주었음에도 불구하고, 연합국은 어떠한 명확한 정치적 원칙도 없이 작전을 수행했다. 예를 들어 시칠리아에서 미국인들은 마피아에게 다시 무기를 주었고 그들이 파시즘을 무너뜨렸지만 그곳에서 그들의 지배는 오늘날까지도 지속되고 있다. 처칠, 루스벨트, 그리고 군 사령관들은 자신들이 단순히 바돌리오의 정부를 통해 일을 하고 있다고 무의식적으로 생각했다. 실제로 바돌리오 정부는 10월 13일에 독일에 대해 선전포고했다. 그러나 바돌리오에게는 권력이 없었다. 남부에서는 다시 형성된 정당들이 공공연하게 그에 대한 반대를 선동했다. 로마에서는 레지스탕스가 독일인들만큼이나 국왕에 대항하는 국가 해방 비밀 위원회를 수립했다. 북부에서는 국가 갱생을 명분으로 무장 레지스탕스가 활동했다. 연합국에게 해방은 단순히 독일인들과 파시스트들의 지배를 제거해주는 것이었으나 레지스탕스들에게는 훨씬 더 심오한 어떤 것을 의미했다.

　　연합국의 통치자들은 이러한 이탈리아인들의 배은망덕에 화가 났다. 연합국은 혁명을 유발하기 위해서가 아니라 독일을 패배시키기 위해 싸우고 있었다. 더욱 당황스러운 일이 있었다. 소련 정부가 이탈리아 사태에 관여하겠다고 요구해왔다. 여기서도 영국인들과 미국인들은 자신들이 러시아인들을 동등하게 대우해야만 할지도 모른다는 점을 인지하지 못했다. 러시아인들은 이탈리아를 사실상 통치하는 영국-미국 통제 위원회에 참여를 거부당했고, 안심할 수 있을 만큼 먼 곳인 알제에서는 자문 회의에 단 한 자리 얻는 것으로 기만당했다. 러시아인들은 이를 묵인하며 자신들이 독일인들에게 점령

당했던 나라들을 해방할 때 영국-미국 모델을 따를 준비를 했다. 영
국-미국인들은 이탈리아에 대한 독점적인 지배력을 유지했고, 그렇
게 함으로써 루마니아, 헝가리, 불가리아, 그리고 심지어 폴란드에서
도 효과적인 발언권를 상실했다.

　　한 차례의 혼란이 더 있었다. 9월 12일에 독일의 공수 부대가
무솔리니를 그가 옮겨진 거처인 산악 지역 그란 사소에서 구출했다.
그는 뮌헨으로 옮겨져 히틀러와 눈물의 해후를 했으며, 외관상 권좌
에 복귀했다. 그는 가르다 호수변의 살로에 자리를 잡고서 파시스트
사회 공화국을 선포했다. 무솔리니에 반대표를 던졌던 파시스트 지
도자들이 히틀러의 강요에 따라 7월 25일에 재판에 회부되었고 무솔

사진110
티토 원수, 1942년 8월.

리니의 사위인 치아노를 포함해 전원이 총살되었다. 다시 살아난 파시즘은 실체가 없었다. 독일 고문관들을 통해서 일해야만 했고, 독자적인 무장 병력을 지휘할 수 없었으며, 북부 이탈리아에 대한 독일의 폭정을 무력하게 지켜보아야만 했다. 오스트리아 출신의 독일 앞잡이들이 남부 티롤과 트리에스테를 접수했다. 이탈리아 분할이 시작된 것처럼 보였다. 무솔리니는 비가 끊임없이 내리는 것을 바라보며 되뇌었다. "우리는 모두 죽은 거지."

미국인들은 남부 이탈리아의 기지를 이용해 루마니아 플로에슈티 유전 지대를 폭격할 수 있다고 생각했다. 결과는 다른 곳에서와 별다를 게 없었다. 다량의 폭탄이 떨어지고 수많은 항공기를 잃었지만 결정적인 결과는 얻지 못했다. 다음 해 러시아인들이 플로에슈티를 점령했을 때, 여전히 거의 절반의 유정들이 최대치까지 생산 가능한 상태였다.

연합국이 이탈리아에 진주해 있기에 그들의 발칸 정책이 다른 방식으로 심각한 영향을 받았다. 1941년 독일의 유고슬라비아 점령 이후 저항의 시도가 있어 왔다. 정규 육군 장교 미하일로비치Dragoljub Mihajlovic가 옛날식의 세르비아 민족주의에 호소하며 망명한 국왕의 정부와 협력했다. 희생을 피하려는 바람에서 그는 종종 이탈리아 점령군 때로는 독일 점령군과 지역적인 협정을 맺었다. 유고슬라비아 공산주의 지도자인 티토는 다른 성격의 운동을 벌였다. 그의 목표는 통일된 공산주의 유고슬라비아를 추진하는 것이었고, 그는 아무리 큰 희생을 치르더라도 그 희생으로 자신의 빨치산들에게 더 큰 지원이 온다고 생각했다. 미하일로비치의 지구전법은 유럽에서 전복활동을 이끄는 영국의 특수 작전 집행부SOE가 세워놓은 것과 꼭 같았다. 프랑스 및 다른 지역의 레지스탕스들은 지원자를 모집하고 조직하고, 정보 센터의 역할을 하며, 자신을 드러내기 전에 연합국 군대가 오기를 기다리라는 지시를 받았다. 미하일로비치는 이 지침을 따랐다. 그 자신의 말에 따르면, 불운하게도 세상의 거센 폭풍이 그를 휩쓸어갔다.

이탈리아가 전쟁을 그만두었으므로 티토의 빨치산은 이탈리아 군대를 무장해제해서 그들의 장비를 획득했다. 빨치산들은 이제 25만 병력의 군대였고 여덟 개의 독일 사단을 묶어두었다. 처칠은 떼어낼 연합국 군대가 없었음에도 불구하고 발칸반도에서의 행동을 추진하기를 열망했다. 티토는 응하는 것처럼 보였다. 처칠의 아들인 랜돌프를 포함해서 영국 요원들이 티토의 빨치산이 독일인들과 싸우고 있고 미하일로비치의 병력은 그러지 않는다고 보고했다. 두 집단이 테스트를 받았다. 영국의 군수물자가 공수되었고, 사용하라는 말을 들었다. 티토는 응했으나 미하일로비치는 그러지 않았다. 그 해가 끝날 때까지 입수할 수 있었던 모든 물자는 티토에게로 보내졌고, 이후로 곧 미하일로비치에 대한 인정이 철회되었다. 티토에게 가 있는 영국 대표 피츠로이 맥클린Fitzroy Maclean이 처칠에게 그가 공산주의자라고 경고했을 때 처칠은 대답했다. "당신은 전쟁이 끝나고 유고슬라비아에서 살 겁니까? 아니지요? 저도 아닙니다." 티토 지원은 순전히 영국의 모험이었고, 오늘날의 유고슬라비아는 영국의 작품이다. 물론 훨씬 더 많은 부분이 빨치산들 스스로 이루어낸 것이지만 말이다. 미국인들은 티토를 인정하지 않았고, 미하일로비치가 행동을 하지 않고 있는 것이 자신들로서도 너무하다고 생각될 때까지 계속 미하일로비치를 지지했다. 훨씬 더 놀랍게도 스탈린은 미하일로

사진111
작전 중인 플라잉포트리스.

비치를 지지했고 티토가 있다는 것을 알았을 때는 화를 냈다. 어쩌면 스탈린은 미국인들의 마음에 들고 싶었는지도 모른다. 아니면 독립적인 공산주의 국가가 자신에게 가져올 곤란함을 예견했는지도 모르겠다. 어쨌거나 흥미로운 상황이었다.

군사적인 관심이 북아프리카와 이탈리아에 집중되어 있는 동안 두 서방 국가는 독일을 거의 잊은 듯했다. 그러나 이는 공중 공격을 간과한 것이다. 1943년은 지역폭격 또는 무차별 폭격이 절정에 달한 때였다. 폭격기 사령부의 아서 해리스 경은 점점 더 확대된 규모로 야간 공격을 계속했다. 미국인들은 대담하게 플라잉포트리스로 주간 폭격을 하기 시작했다. 3월에서 6월까지 루르가 공격을 받았고, 7월에서 11월까지 함부르크가 공격을 받았으며, 1943년 11월부터

1944년 3월까지는 베를린이었다. 베를린 한 곳에만 5만 톤의 폭탄이 떨어졌다. 독일의 도시들은 폐허가 되었고, 해리스는 "미국 공군이 참여한다면 우리는 베를린을 끝에서 끝까지 파괴할 수 있다. 우리는 4백 내지 5백 대의 항공기를 잃을 것이다. 하지만 독일은 전쟁에서 지게 될 것이다"라고 적었다.

　　　이러한 기대는 실현되지 않았다. 수천 명의 독일인들이 죽고 수만 명이 집을 잃었다. 그러나 독일의 생산력은 거의 영향을 받지 않았다. 사실 독일의 생산량은 1943년 3월, 바로 연합국의 폭격이 최고조에 달했을 때 최고 기록에 도달했다. 수치들을 보면 사정이 어떤지 잘 알 수 있다. 1942년에 영국인들은 48,000톤의 폭탄을 떨어뜨렸고, 독일인들은 36,804단위의 전쟁 무기(중포, 전차 그리고 항공기)를 생산했다. 1943년에 영국인들과 미국인들은 207,600톤의 폭탄을 투하했고, 독일인들은 71,693단위의 전쟁 무기를 생산했다. 1944년에 영국인들과 미국인들은 915,000톤을 퍼부었고, 독일인들은 105,258단위의 전쟁무기를 생산했다. 확실히 독일의 생활수준은 결코 영국의 수준까지 떨어지지는 않았지만 처음으로 떨어졌다. 그러나 사기는 영향을 받지 않았다. 반대로 무차별 폭격은 독일인들을 괴벨스와 그의 전면전 프로파간다의 영향력 아래로 들어가게 만들었다.

　　　1944년 3월에 해리스는 영국의 손실율이 지탱할 수 없는 수준에 이르렀다고 고백했다. 미국인들에게는 사태가 더욱 심각했다. 플라잉포트리스들은 주간에 독일 전투기들의 공격에 스스로를 방어할 수 없는 것으로 판명되었다. 두 동맹국은 그들이 부딪친 좌절로부터 다른 결론을 이끌어냈다. 폭격기 사령부가 다시 힘을 되찾았을 때 해리스는 손실에도 불구하고 지역폭격이 재개되어야 한다고 제안할 뿐이었다. 미국인들은 그러나 장거리 전투기 머스탱Mustang 개발을 완성했다. 이 전투기는 독일 상공까지 폭격기를 호위할 수 있었고, 이 전투기로 공중 공격이 새로운 양상을 띠게 되었다.

1943년의 가장 큰 전투는 공중이나 지중해 권역에서 치러졌던 것이 아니다. 7월 5일부터 12일까지 쿠르스크와 그 근방에서 치러졌고, 전쟁에서 결정적인 전투였던 것으로 드러났다. 1943년 3월 동부전선에서 전투가 잦아들었을 때 러시아인들은 쿠르스크 전면에 돌출부를 구축했다. 러시아인들은 앞으로 더 밀고 나가고 싶은 마음이 들었고, 독일인들은 차단하고 싶은 마음이 들었다. 러시아인들은 그런 마음을 참았으나, 독일인들은 그러지 못했다. 스탈린은 1942년에 카르코프 공세에 성공하지 못해 참사를 불러왔던 사실을 기억했다. 그는 바닥날 줄 모르는 인내심으로 독일인들의 공세를 기다려서 그 공세를 분쇄하기로 마음먹었다. 히틀러는 구데리안에게 "공세를 실행에 옮길 일을 생각하면 너무나 괴롭다"고 말했지만 회피할 수 없다고 생각했다. 그는 러시아인들에게 결정타를 날려서 무솔리니를 지원할 병력을 전용할 수 있기를 원했고, 독일인들이 동장군에게는 당할 수 없었지만 여름에는 항상 이겼다는 생각에 안심했다.

하지만 상황이 바뀌었다. 러시아인들은 이전의 참화에서 회복되었다. 그들은 이제 독일인들보다 훨씬 더 많은 포를 보유했고 더 많은 병력과 더 성능 좋은 전차를 갖고 있었다. 이제 들어오고 있는 미국의 트럭과 통조림으로 그들은 더 큰 기동력을 갖게 되었다. 러시아의 소장파 장군들은 이전의 실패에서 좀 더 유연한 전술을 익혔다.

사진112-113 쿠르스크: 대규모 전차전.

사진114 러시아, 1943년 11월: 퇴각하는 독일군.

(위) **사진115** 키예프에 도달한 소련군.
(아래) **사진116** 벨라루스에 도착한 독일군 포로들.

독일 전차 사단이 쿠르스크 돌출부를 향해 달려올 때 러시아인들은 지뢰밭을 강화했고 더 많은 포를 투입했다. 7월 초에 러시아의 방어선은 네 군데였고 50마일 너비로 걸쳐 있었다. 지난번 독일인들의 공격 때와 같은 취약점은 없었다. 엘 알라메인에서의 몽고메리처럼 독일인들은 방어거점을 공격해야 했다. 몽고메리에게는 적보다 훨씬 더 많은 자원이 있었지만 독일인들은 공격하기 전부터 이미 적보다 자원이 부족하다는 점이 달랐다.

독일의 공격은 7월 5일에 돌출부의 양 측면을 향해 개시되었다. 남쪽에서는 협공으로 약 20마일 앞으로 나아갔다. 북쪽 협공은 전진하지 못했다. 전차와 전차가 싸우는 곳에 보병의 자리가 없었고, 독일의 포는 발사되지 못했다. 돌파 대신 난타전이었다. 7월 12일 러시아인들이 반격을 개시했다. 양측에서 천5백 대의 전차가 전투를 벌였다. 적어도 1973년 중동전쟁까지는 역사상 가장 큰 규모의 전차전이었다. 그날 저녁 히틀러는 공격을 중지했다. 국가 사회주의 독일의 대규모 군대가 처음으로 전장에서 패배했다. 이때부터 히틀러의 의도이자 유일한 희망은 승리가 아니라 지연작전으로 바뀌었다.

독일인들은 러시아인들 역시 무력화되어 공격을 재개할 수 없을 것이라 예측했다. 또 다시 잘못된 생각이었다. 러시아의 예비대는 쿠르스크 전투 동안 거의 투입되지 않았고, 8월 초에 러시아인들은 공격을 다시 시작해서 베를린에 이를 때까지 공격을 거의 늦추지 않았다. 강력한 단일 부대로 적을 뚫고 들어가 포위하는 독일식의 공격은 아니었다. 러시아인들은 제1차 세계대전의 마지막 몇 달에 포슈와 연합국에게 승리를 안겨주었던 것과 동일한 전략을 따랐다. 그들은 취약점을 공격했고, 강한 저항을 만날 때는 공격을 중지하고 다른 곳에서 진격을 시작했다. 독일인들이 사람과 말이 걷는 속도에 묶여 있었던 반면 러시아인들은 미국의 트럭 덕분에 한 지역에서 다른 지역으로 신속하게 이동할 수 있었다.

근대전에서 소련군은 이전에는 볼 수 없던 종류의 군대였다. 선두에는 종종 근위 사단이라는 영예로운 이름이 붙은 전차, 포, 로켓, 그리고 고도의 전문적 기술과 능력을 가진 인력으로 구성된 엘리트 부대가 있었다. 일단 돌파가 이루어지고 나면 로마군의 행군을 따르는 야만족 무리처럼 엄청나게 많은 보병 무리가 뒤따랐다. 그들은 훈련을 제대로 받지 못했고 종종 기강도 서 있지 않았으며 이동하면서 식량을 구했다. 딱딱한 빵과 날 채소가 유일한 식량이었다. 그들은 군수물자를 보급 받지 않고 거의 삼 주일 동안 전진할 수 있었다. 독일인들은 그들의 병참선을 단절시키려 했지만 아예 끊을 것이 없었다. 이러한 러시아인들이 독일의 보병을 마구 살육하고 지나가는 도시와 마을을 약탈하며 여성들을 겁탈했다. 그들은 정말로 총알받이였다. (전후에 아이젠하워가 주코프에게 미국인들이 지뢰밭을 처리하기 위해 사용했던 플레일이나 스위프[1] 따위의 정교한 장치들에 대해 설명했을 때, 주코프는 지뢰를 제거하는 가장 효과적인 방법은 그 위로 보병이 지나가게 하는 것이라고 대답했다.) 보병 다음에 엘리트 부대가 따라왔다. 이들은 질서를 회복하고 최악의 범법자들을 즉시 처형하며 보병을 새로운 공격에 밀어 넣었다.

1943년 8월부터 12월 사이에 러시아인들은 넓은 전선에서 진

---

1 마인플레일은 차량 앞에 쇠사슬 체인을 회전시켜 지뢰를 제거하는 장비이고, 마인스위프는 해상과 해저에서 와이어로 기뢰의 뇌관을 건드리든지 배와 같은 소리나 자력을 발생시켜 폭발시키는 장비다.

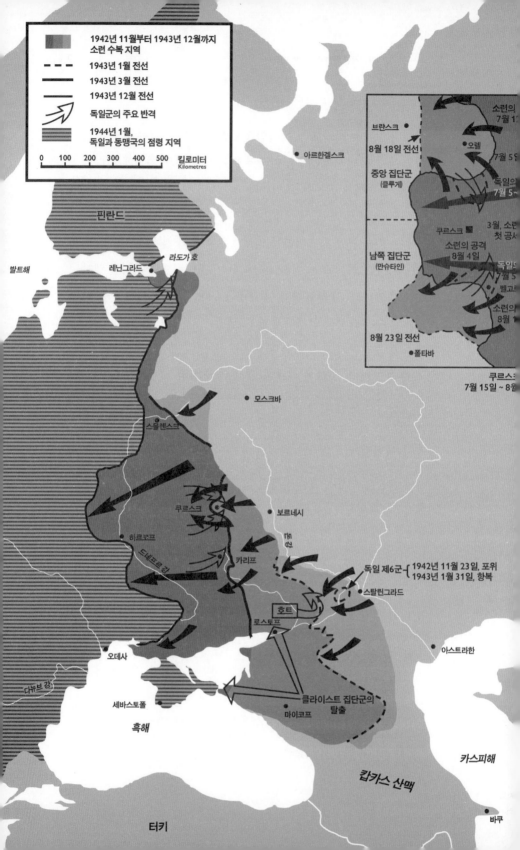

범례

- 1942년 11월부터 1943년 12월까지 소련 수복 지역
- 1943년 1월 전선
- 1943년 3월 전선
- 1943년 12월 전선
- 독일군의 주요 반격
- 1944년 1월, 독일과 동맹국의 점령 지역

0 100 200 300 400 500 킬로미터
Kilometres

핀란드
발트해
레닌그라드
라도가 호
아르한겔스크

스몰렌스크
모스크바

쿠르스크
보르네시
하르코프
드네프르 강
카리프
돈 강

독일 제6군 { 1942년 11월 23일, 포위
1943년 1월 31일, 항복

호트
로스토프
스탈린그라드

오데사
아스트라한

다뉴브 강
세바스토폴
마이코프

클라이스트 집단군의 탈출

흑해
카스피해

칸카스 산맥

터키
바쿠

(삽입 지도)

브랸스크
오렐
8월 18일 전선
중앙 집단군 (클루게)
쿠르스크
소련의 공격 8월 4일
남쪽 집단군 (만슈타인)
벨고로드
소련의 7월
독일의 7월 5일
3월, 소련 첫 공세
소련의 7월
폴타바
8월 23일 전선
쿠르스크
7월 15일 ~ 8월

소련의 7월
7월 5일
독일의 7월 5~

사진117 격추당해 추락한 일본 폭격기, 이 사고로 야마모토가 죽었다.

격했다. 그들은 드네프르 강에 이르렀고 강을 건넜다. 좀 더 북쪽에서 그들은 모스크바로 가는 접근로를 확보했고 스몰렌스크를 재탈환했다. 전체적으로 독일이 6대 1의 열세에 있었음에도 독일의 전선은 결코 무너지지 않았다. 전역이 수행된 넉 달 동안 단 9만8천 명의 독일인들만 포로가 되었다. 11월에 만슈타인은 사실상 반격을 시도했다. 그러한 종류로는 마지막이었다. 전략적 침투가 아니라 소모전이 러시아의 방법이었고, 성공하고 있었다. 히틀러는 만슈타인 휘하에서 역공을 수행하는 만토이펠Hasso von Manteuffel에게 말했다. "성탄절 선물로 오십 대의 전차를 주겠네." 이것이 히틀러가 줄 수 있는 최대한이었다. 다른 무엇이 남았을까? 오로지 히틀러가 기대를 걸고 있던 전망만 남았다. 대연합이 분열되리라는 전망이었다.

러시아와 지중해에서의 상황이 매우 급속하게 변화하고 있는 동안 극동의 전쟁은 "잊혀진 전쟁"이 된 것처럼 보였다. 버마에서는 영국의 원정이 실패로 돌아가 결국 5월에 끝난 후에 아무 일도 일어나지 않았다. 맥아더와 니미츠는 남서 태평양과 중부 태평양에서 경쟁했다. 이들은 한쪽에조차 군수물자가 충분히 보급되지 못하는 상황에서 두 갈래로 나뉘어 전진하고 있었다. 그렇기는 했지만 9월에 일본인들은 획득한 모든 것을 지키는 일은 자신들의 힘을 벗어난다고 생각을 굳히고 이후 1944년에 다가올 미국의 공격에 대항해 방어벽을 구축하는 "국가 절대 방위 권역"을 설정했다. 미국의 성과 중 가장 눈에 띠는 일은 한 사람을 제거한 일이었다. 1943년 4월에 미국의 통신 감청 부서에서 야마모토 제독이 시찰차 태평양으로 날아가고 있다는 사실을 탐지했다. 그가 탄 비행기가 격추 당했고 그는 사망했다. 기사도를 갖추었고 전략의 천재였던 야마모토는 제2차 세계대전의 헥토르Hector였고, 그의 죽음은 일본에게 만회할 수 없는 손실이었다. 그를 제거할 것을 계획했던 미국의 제독은 그의 죽음 앞에 이런 말을 남길 수 있을 뿐이었다. "나는 그 악당을 결박한 채로 자네들이 그의 거시기를 발로 걸어차면서 펜실베이니아 애비뉴[2]로 끌고 가기를 바랐네."

11월에 유럽과 극동의 전쟁은 단지 우연이었지만 하나로 겹쳐졌다. 스탈린이 마침내 테헤란에서 루스벨트와 처칠을 만나기로 합의했다. 처칠은 루스벨트에게 카이로에서 둘이서 미리 예비회담을 갖자고 제의했다. 처칠이 도착했을 때 그는 루스벨트가 장제스를 초청함으로써 선수를 쳤다는 것을 알았다. 테헤란에서 "한편이 되어" 스탈린에게 대항하기 위해 카이로에서 루스벨트와 처칠이 먼저 의논하는 것은 불가능했다. 카이로 회담에서는 오히려 장제스가 자신

2   미국 워싱턴 디씨의 중심을 지나는 대로로 백악관과 의회의사당을 연결한다.

이 일본인들에 맞서 행동하기 전에 영국 해군이 벵골 만에서 행동할 것을 요구했고, 처칠은 그 일이 지중해에서 꼭 필요한 자원을 추가로 빼내야 하는 것을 의미함에도 불구하고 떠밀려서 동의했다.

그리하여 처칠과 루스벨트는 서로의 계획을 조정하지 못한 채 테헤란에 도착했다. 그것이 바로 루스벨트가 원한 바였다. 그는 이제 스탈린과 합의를 맺으려고 생각하고 있었다. 그렇게 하는 것이 처칠을 배제함을 의미함에도 불구하고 말이다. 이로써 루스벨트가 개인적인 관계에만 의존했고 스탈린이 세계 공산주의 건설을 목표로 하고 있음을 알아차리지 못했다는 강한 비난이 나중에 일어났다. 루스벨트의 비판자들이 아니라 루스벨트가 옳았다. 1943년 5월에 코민테른이 철폐된 일이 그 자체로 중요하지는 않았지만 스탈린은 자신의 "일국 사회주의" 정책에서 결코 벗어나지 않았다. 그는 외국 공산주의자들을 나치에 대항하는 수단으로 이용했다. 그는 두 명의 독립적인 공산주의 지도자 티토와 마오쩌둥을 다룰 때 보여주었듯이 결코 그들의 성공을 원하지 않았고 종종 방해하기까지 했다. 스탈린은 다른 모든 일을 생각지 않고 독일을 패배시키는 데만 마음을 쏟았고, 이는 우리가 러시아에서 2천만 명의 사망자가 나왔다는 것을 떠올려보면 놀랄 일이 아니다. 루스벨트는 아마도 자유 무역을 근간으로 하는 자본주의 세계를 건설하려고 생각했을 것이고, 처칠은 대영제국을 회복시킬 생각을 했을 것이다. 스탈린은 오로지 독일의 패배만을 생각했다.

그들은 거의 곧바로 중대한 질문으로 들어갔다. 처칠은 동부 지중해에서의 군사 행동과 보스포루스 다르다넬스 해협의 통항 재개를 제안함으로써 스탈린의 마음을 움직일 수 있으리라 기대했다.

사진118 테헤란의 세 거물들.

의장 역할을 맡고 있던 루스벨트는 그러는 대신 독일을 쳐부수는 데 일가견이 있는 스탈린에게 어떻게 해야 할지를 물었다. 스탈린은 즉각 대답했다. 연합국의 북부 프랑스 상륙, 즉 오버로드 작전이었다. 루스벨트가 그의 의견을 지지했고 처칠은 묵인했다. 중대 결정이 내려졌다. 앞으로 전쟁이 어떤 양상을 띠게 될지 결정되었다. 연합국은 북부 프랑스로 상륙할 것이었고 지중해는 부차적인 일이 될 것이었다. 진정한 강대국인 두 나라가 이론상으로는 동등한 협력자에게 전략을 결정해주었다.

이후로 많은 전설이 생겨나게 될 또 하나의 근원이 여기에 있었다. 스탈린이 사악하게도 두 동맹국들을 서부전선에 전념하도록 만들면서 스스로는 유럽 세력의 중심부라는 발칸 반도를 획득했다고 사람들은 생각하고 있다. 사실 발칸 국가들은 거의 가치가 없었다. 루마니아의 유전들은 거의 바닥을 드러냈고 유고슬라비아와 불가리아는 순전히 짐일 뿐이었다. 체코슬로바키아는 어느 정도 산업 능력이 있었지만 벨기에보다 낮은 수준이었고 헝가리는 대략 룩셈부르크 정도였다. 반면 스탈린이 서방 동맹국들에게 지정해준 서부 독일은 유럽의 노른자위였다. 만약 러시아인들이 루르를 차지하고 자신들은 발칸 국가들을 취하겠다는 서방 정치가가 있다면 그는 정신 나간 사람일 것이었다.

테헤란에서 다른 주제들도 논의되었는데, 모든 문제에 대해 서로 합의를 이루기로 결정했다. 이러한 주제들 가운데 가장 중요한 것은 폴란드 문제였다. 런던의 폴란드 망명 정부는 아직도 1918년의 기적이 재연되고 또한 러시아의 승리 없이도 독일이 패배하는 일을 꿈꾸고 있었다. 이러한 일은 고려되지 않았다. 루스벨트는 미국 내 폴란드 유권자들이 동요하지 않는 한 폴란드에 무슨 일이 벌어지든 주의를 기울이지 않았다. 처칠은 독일에 맞서 폴란드의 독립을 보장하기로 한 영국의 폴란드에 대한 의무를 인식하고 있었다. 그는 또한 1921년에 폴란드가 점령했던 국경 지역, 즉 백러시아계와 우크라이나계의 비폴란드 주민들이 거주하는 땅에 대해 러시아가 제기하는 요구의 정당성을 인식하고 있었다. 이 영토적 문제에 대한 합의는 쉬웠고, 종족 원칙에 의거한다면 공정했다. 폴란드는 러시아에게 국경 지역을 넘겨주고 대신 독일 동부의 광대한 땅을 보상으로 받을 터였다. 결국 독일이 적이자 침략자였고, 누군가는 셈을 치러야했다. 세 거물들이 독일 전체의 분할과 독일 장교 5만 명 — 혹은 루스벨트가 제안한 대로 4만9천 명 —의 총살을 또한 논의하고 있을 때 독일이 동프로이센이나 슐레지엔 정도를 잃는 일은 별로 중요한 사안이 아니었다.

폴란드에 관련해 한 가지 정치적 문제가 또한 있었고 테헤란 회의에서 그 문제를 다루는 데 곤란을 겪었다. 처칠과 루스벨트는 영토 문제가 해결되고 나면 소련과 쉽게 우호관계를 이룰 수 있는 폴란드 민주 정부를 원했다. 그들은 심지어 런던의 망명 정부가 요건을 충족하리라 생각했다. 이 일은 더 이상 가능하지 않았다. 1943년 4월에 독일인들이 카틴에서 폴란드 장교의 시신 4천 구를 발견했다고 발표했다. 폴란드 정부가 적십자사에 조사를 요청했을 때 소련은 폴란드 정부와 관계를 끊었다. 아마도 카틴에서 저질러진 범죄의 장본인이 누구인지는 결코 확실하게 밝혀질 수 없을 것이다. 설사 짐작대로 범인이 러시아인들이라 하더라도 독일인들이 폴란드인 6백만 명을 살해한 데 비하면 4천 명의 희생자 수는 크다고 할 수 없었다. 그러나 실상이 무엇이든 간에 소련과 폴란드인들 사이에 벌어진 틈이 거기에 존재했다. 얼마 지나 같은 해에 폴란드 망명 정부가 폴란드의 전쟁전 영토를 일부라도 양도할 것을 고려해보기를 거부했을 때 그 틈은 더욱 벌어졌고, 처칠도 그들과 관계를 끊었다.

누가 그들을 대신할 것이었는가? 서유럽 국가들에는 실제로 일어난 일이 보여주듯이 독일인들이 나가고 통제권을 인계 받을 민주 정당들이 있었다. 미국이 바라는 것보다는 훨씬 좌파였으나 어쨌든 민주적이었다. 폴란드에, 그리고 그 문제에 관해 다른 동유럽 국가들에는 그런 정당이 없었다. 민족주의적인 보수 반동 정치가들, 격렬한 반러시아주의자들, 혹은 러시아의 앞잡이인 공산주의자들이 있을 뿐이었다. 테헤란에서 정치가들이 이런 골치 아픈 일로부터 눈을 돌리려는 것은 놀랄 일이 아니었다.

놀랄 만큼 진전된 다른 일 하나가 있었다. 스탈린이 루스벨트에게 독일이 패배하면 일본에 대항한 전쟁에 참전하겠다고 자발적으로 약속했다. 대단히 큰 증원이었다. 미국인들이 아니라 러시아인들이 일본군의 대부분을 떠맡게 되는 것이었다. 루스벨트는 스탈린이 보유한 자원을 실제보다 훨씬 더 크게 늘어난 것으로 평가했다. 러시아의 약속은 또한 극동에 관한 한 처칠이 책임에서 벗어나게 해주었다. 루스벨트는 카이로에 돌아와서 장제스에게 벵골 만에서의 영국의 군사 행동이 취소되었다고 말했다. 장제스는 어쨌든 행동을 할 생각이 전혀 없었으므로 이 소식에 근심하지 않았다.

　테헤란 회의는 세계사에서 하나의 이정표였다. 제2차 세계대전 전에는 그렇게도 협력을 이루지 못하던 두 세계적 강대국이 드디어 하나가 되었다. 서로 간의 의심이 없어지지는 않았지만 가라앉았다. 삼대 강국은 독일을 패배시킬 때까지 단결하기로 약속했다. 세 나라 모두가 지킨 약속이었다. 강대국들이 연합해 히틀러에게 대항하면 그의 운명이 끝장난다는 사실은 언제나 명백했다. 이제 그들이 그렇게 했고, 독일의 패배가 확실해졌다.

9장

해방의 해
1944년

1944년 초에 독일 제국과 일본 제국은 끄트머리가 잘려나가기는 했지만 아직 대체로 건재했다. 정복한 영토의 광대한 완충 지대가 연합국의 공격을 여전히 막아내고 있었다. 그러나 그 해 말 정복자들은 거의 모든 정복지를 잃었고 그들의 본국이 위협을 받았다. 1944년에 연합국의 최종 승리가 이루어지지는 못했지만 그 해는 많은 이들에게 특히 서유럽에서 해방의 해였다.

이론상 히틀러는 시간을 벌기 위해 공간을 희생하려고 생각했다. 그러나 실제로는 싸움 없이는 조금이라도 공간을 넘겨주려하지 않았다. 그는 3월에 만슈타인에게 "중요한 것은 우리가 가지고 있는 것을 끝까지 고수하는 것이다"라고 말했다. 이러한 완강함으로 인해 독일의 군사 자원이 무리하게 소모되었다. 아이러니하게도 거의 전쟁이 끝날 무렵까지도 연합국이 들어가지 않았던 지역인 발칸 국가들과 스칸디나비아 국가들에 투입된 독일 사단이 연합국이 진

입한 이탈리아에 투입된 것보다 더 많았다. 이탈리아에 22개 사단이 있었고 반면에 발칸과 스칸디나비아에 44개였다. 프랑스와 저지 국가들에 대략 50개의 사단이 있었다. 그 중 35개가 루아르 강 북쪽에 있었다. 대체로 이 사단들은 연장자들과 전쟁 부상자들로 구성된 이급 전력의 점령군이었다. 그들은 점령 지역의 물자를 이용했고 독일의 자원은 거의 요구하지 않았다. 독일군의 전투 병력은 동부전선에 있었고 항상 그곳에 머물러 있었다. 이곳에서 러시아인들은 180개의 독일 사단과 질적으로 의심스러운 60개의 위성국 사단을 대적해야 했다.

독일의 승리는 전쟁 전에 개발된 무기들을 이용해서 얻어졌고, 히틀러는 오랫동안 신무기 개발에 물자가 전용되는 것을 꺼렸다. 1944년이 되자 상황이 바뀌었다. 오래 버티기만 하면 패배를 거듭하던 전세를 역전시킬 수 있다고 히틀러가 믿고 있는 무기들을 독일 연구진들이 개발하고 있었다. 해군은 잠수함이 수면 위로 올라가지 않고도 공기를 재충전할 수 있게 만드는 환기 장치인 슈노켈, 영어로 스노클을 개발했고 그리하여 연합국이 앞서 유보트 작전을 좌절시켰던 방법을 꺾을 수 있으리라 기대했다. 독일 공군은 제트기를 개발했는데, 연합국이 보유했던 그 어떤 기종보다 빨리 개발했다. 독일 과학자들은 런던 및 잉글랜드 남동부를 초토화시킬 수 있는 장거리 로켓을 개발했다. 이것이 만들어지기 전까지 독일은 원격 조종 장치로 작동되는 무인 항공기에 기대를 걸었다. 이러한 무기들의 개발

사진120 러시아에서의 패배: 기관총을 어깨에 맨 독일 병사.

이 좀 더 일찍 이루어졌다면 아마도 전쟁이 달리 진행되었을 것이다.

이에 비교한다면 연합국은 뒤처져 있었다. 전쟁 초기에 영국 과학자들과 피난 온 과학자들이 통제된 방식으로 원자를 분열시킬 수 있는 방법을 알아냈고, 처칠은 사실 영예롭지는 못하지만 영국이 진전된 성과를 공유한다는 조건으로 이 업적을 미국인들에게 넘겨주었다. 미국 과학자들은 원자 폭탄의 제조를 거의 성공시킬 시점에 있었으나, 독일이 패배하기 전에 완성되지 못할 것이라는 것이 일반적인 믿음이었다. 연합국은 또한 제트기의 원형을 만들어놓고 있었으나 기존 전투기들의 재고가 엄청나게 남아 있었고, 또한 기존 제조 공장을 폐물로 만들 이 신형 전투기를 채택하기를 주저했다. 그리하여 연합국은 기존 장비로 전쟁을 꾸려나가 승리에 이르는 모험을 감행했다.

하지만 미국이 조금은 뒤늦게 추진한 단 하나의 일이 독일의 발명 능력을 제쳐버렸다. 그것은 머스탱 장거리 전투기였다. 이 항공기는 오래 전 1940년까지 거슬러 올라가 영국 조달 위원회가 요구한 조건에 따라 설계되었다. 비버브룩이 항공기 생산 부서의 장관으로 있을 때 노력한 덕에 여기에 훌륭한 롤스로이스 멀린Rolls-Royce Merlin 엔진을 장착할 수 있었다. 헨리 포드Henry Ford가 교전국을 위해 이러한 엔진을 제조하기를 거부하자 비버브룩은 패커드Packard 사가 롤스로이스 대리인의 지시를 받아 제조하도록 금융지원을 했다. "영국 정부가 이제까지 맡은 일 가운데 가장 규모가 크고 가장 훌륭하며 가장 큰 이익을 가져다 준 사업이었다." 역시 새로운 아이디어가 아니라 이미 에스파냐 내전 때에 사용된 아이디어이지만, 다 쓴 연료 탱크를 떨어뜨리도록 설계된 머스탱은 작전 반경이 거의 천 마일이었다.

오랫동안 폭격기 사령부의 지휘관들은 폭격기 대형을 제대로 편성하면 기관총 공격을 잘 막을 수 있으리라는 생각을 버리지 못했다. 종국에 가서는 아서 해리스 경은 아니더라도 미국인들이 실수를 인정했다. 1944년 4월에 미국 폭격기들은 머스탱의 호위를 받아 독일의 종합 석유 공장에 대해 주간 폭격을 시작했다. 효과는 가히 파괴적이었다. 9월이 되었을 때, 매달 최소한 16만 톤의 옥탄 연료가 필요했던 독일 공군이 공급받을 수 있는 연료는 고작 만 톤으로 줄어 있었다. 독일의 제트기와 슈노켈 잠수함은 상당히 많이 제작되었음에도 불구하고 결코 효과적으로 운용되지 못했다. 이것이 전략 폭격이 가져온 유일한 성공이었다. 이 성공은 시의 적절했고, 결정적이었던 것으로 드러났다.

그러나 1944년의 대부분의 기간 동안 전쟁은 옛날 방식으로 수행되었다. 러시아의 공세는 겨울철에도 늦춰지지 않았다. 북쪽에서는 레닌그라드가 2년 이상 지속되던 포위 끝에 마침내 해방되었다. 레닌그라드 주민 가운데 백만 명 이상이 굶주림으로 사망했다. 생존자들에게는 레닌그라드가 영웅적인 도시로 알려지는 것도 당연했다. 독일인들은 퇴각함에 따라 한때 전선을 좁힐 수 있었고, 러시아인들은 여름까지 발트 해에 이르지 못했다. 훨씬 남쪽에서는 그렇게 숨 돌릴 틈이 없었다. 1월 5일에 러시아인들은 전전에 자신들과 폴란드 사이에 설정되었던 국경을 넘었다. 유럽으로의 진격이 시작되었다. 그들은 드네프르 강과 드네스트르 강 사이의 우크라이나 지역을 일소했다. 3월에는 루마니아에 그리고 카르파티아 산맥이 이루는 선까지 이르렀다. 5월에 이루어낸 그들의 마지막 공격으로 크리미아가 해방

(위) **사진121** 리가에 찾아온 해방.
(아래) **사진122** 우크라이나 제3전선의 소련군 병사.

되었다. 공세가 잦아들었을 때 러시아인들은 사실상 전전의 소련 영
토를 전부 되찾았다. 이제 그들의 길은 발칸을 향해 열렸고, 이에 따
라 독일의 전선은 좁혀지는 것이 아니라 이전의 어느 때보다도 더 넓
고 성글게 펼쳐졌다. 암묵적으로 역시 중요한 결정 하나가 내려졌다.
1812년에 쿠투조프Mikhail Kutuzov가 바랐던 대로 그리고 서방의 몇몇
관찰자들이 이제 러시아인들이 그리 할 것이라 염려했던 대로, 러시
아인들은 자신들의 국경에서 멈추지 않을 것이었다. 그들은 베를린
을 점령할 때까지 계속 나아갈 것이었다.

　　1944년 초반에 서방 동맹국들은 러시아의 기록적인 성공에
필적할 만한 일을 이루지 못했다. 이탈리아에 있는 그들의 군대는 독
일인들이 로마 남쪽 산지에 구축해 놓은 구스타프Gustav선에 꼼짝없
이 붙들려 있었다. 게다가, 북부 프랑스 상륙을 준비하자는 미국의
주장으로 병력이 계속해서 빠져나갔다. 그 어느 때만큼이나 명민했
던 처칠은 빠져나갈 길을 발견했다. 예비 행동으로서 남부 프랑스에
상륙하는 모루 작전이 북부에 있는 독일인들을 흩어놓기 위해 역시
계획되었다. 그런데 이 작전은 5월까지 개시될 수 없었기 때문에 모
루 작전에 할당된 상륙용 주정은 먼저 이탈리아에서 구스타프선 배
후로 상륙하는 데 사용될 수 있었다. 이것이 독일인들에 대항하는 것
이 아니라 제2의 전선이 생기는 것을 막는 계책인 안치오 상륙이 있
게 된 발단이었다.

　　연합군은 1월 22일에 안치오에 상륙했다. 저항은 거의 없었
고, 로마로 이르는 길이 그들에게 열려 있었다. 그러나 갈리폴리의
옛 이야기가 되풀이되었다. 미국 사령관 루카스John P. Lucas 장군은 작
전에 대한 믿음이 없었고 진격이 아니라 공고화에 집중했다. 갈리폴

사진123
안치오에서의 하역 작업.

리의 이안 해밀턴Ian Hamilton같이 알렉산더는 너무 점잖아서 그를 밀어내지 못했다. 한 주일이 넘도록 그는 앞으로 나아가 보려는 시도를 하지 않았고 그가 그렇게 했을 때는 이미 독일인들이 너무 강해져 있었다. 이제는 연합국의 교두보 자체가 위험해졌다. 상륙 작전이 구스타프선에서 대치하고 있는 연합국 군대의 주력을 지원하기는커녕 상륙 병력을 구하기 위해 이 주력군이 공세를 취해야만 했다.

구스타프선의 중심은 몬테카시노의 수도원이었다. 알렉산더와 휘하의 장군들은 이 사실에만 정신이 빠져 있었다. 그들은 독일인들이 수도원을 요새화해서 관측 초소로 이용하고 있다고 확신했다. 사실상 독일군은 수도원을 이용한 적이 전혀 없었다. 그러나 여기에 연합국이 독일을 패배시키려는 결의에는 아무것도 거리낄 것이 없음을 보여줄 기회가 있었다. 유럽의 장대한 역사적 기념물 가운데 하나였던 몬테카시노는 연합국의 폭격으로 조직적으로 파괴되었다. 그러고 나서 연합국은 수도원보다도 그 잔해가 더 큰 장애물이 되었다는 사실을 알게 되었다. 결국 구스타프선은 프랑스 군대가 뒤편에서 산맥을 뚫고 들어옴으로써 무너졌다.

　　독일인들은 후퇴하기 시작했다. 안치오의 군대에는 현 상황을 타개하고 나아가 독일의 퇴로를 차단할 수 있는 기회가 있었다. 그러나 지금 해안 교두보의 전체 지휘를 맡고 있던 마크 클라크Mark Clark 장군은 로마로 진입하는 것이 첫 번째로 할 일이라고 결심하고 있었다. 그는 알렉산더의 지시를 무시하고 독일의 퇴로를 열어주었고 곧장 진격해 6월 4일에 로마로 들어갔다. 그러는 동안 독일인들은 달아나서 훨씬 북쪽에 새로운 전선을 공고히 했다. 로마 진격으로 독일 측의 이만 명에 비해 연합국은 사만 명이 넘는 사상자를 냈고 독일군보다 두 배나 많은 인원을 투입해야 했다. 로마 진격은 독일인들이 유럽 북서부를 강화하는 것을 막지 못했다. 그 규모를 줄일 수 있

사진124 몬테카시노 수도원 잔해 속의 독일군.

사진125 연합국 군대를 환영하는 이탈리아 빨치산.

었을지는 모르지만 말이다. 더욱이, 안치오의 해안 교두보에 군수를 공급해야 할 필요가 있었기 때문에 북부 프랑스 상륙이 있은 지 한참 후인 8월까지도 모루 작전이 불가능했다. 요컨대 이탈리아 전역은 이탈리아가 추축국의 취약점으로 간주되었다는 것을 생각하면 내세울 것이 너무 없었다.

연합국은 파리 그리고 나중에 베를린같이 수도의 중요성에 집착하다가 로마를 목표로 설정했고, 자신들이 그곳에 도달하면 엄청난 일이 일어나리라 확신했다. 아무 일도 일어나지 않았다. 비토리오 에마누엘레 3세가 아들 움베르토Umberto II에게 권력을 이양했다.

바돌리오가 사임했고, 노장 정치가 보노미Ivanoe Bonomi가 공산주의자들로부터 성직자들까지 걸쳐 형성된 반파시스트 연합을 이끌었다. 로마 북부에서 독일인들은 새로운 방어선을 공고히 하고 있었다. 알렉산더는 자신의 군대가 보강된다면 8월까지 포 강 유역에 이를 수있고 이른바 류블랴나 협곡 ─ 또 하나의 잘못된 지리적 표현이다 ─을 뚫고 오스트리아로 나아갈 수 있을 것이라고 호소했다. 처칠도 마찬가지로 적극적이었다. 갈리폴리 때부터 자신이 주장했던, 남쪽에서 유럽으로 침입해 들어가는 일이 삼십 년 만에 드디어 성취될 참이었다. 영국 참모부는 좀 더 회의적이었다. 그러나 그들은 이탈리아가 영국인들이 아직 주도권을 쥐고 있는 유일한 영역이기 때문에 이탈리아 전역을 계속 진행해나가길 원했다. 미국인들은 비록 모루 작전이 8월까지 ─ 연합국의 북부 프랑스 상륙을 돕기에는 너무 늦었다 ─ 연기되고 있지만 작전을 약화시키는 일이 있어서는 안 된다고 주장했다. 루스벨트와 처칠 사이에 논쟁이 있은 후 미국인들은 자신들의 길을 갔다. 알렉산더 휘하의 일곱 개 사단과 그가 받던 공중 지원이 대부분 사라졌다. 바로 케셀링이 여덟 개의 새로운 사단을 증원받은 때였다.

　　이탈리아에 있던 연합국 군대는 이제 거의 독일인들에 필적할 수 없었고, 끈질기지만 대체로 효과 없는 공격을 계속했다. 독일인들은 로마와 포 강 사이에 자리 잡은 산악 지역에 운신할 공간을 찾아 조심스럽게 퇴각했다. 그리하여 연합국이 쇄도하기 전에 새로운 방어선을 공고히 했다. 12월에 연합국은 라벤나에 도달했고 볼로냐 점령에는 실패했다. 포 강 유역은 아직 50마일 밖에 있었다.

연합국 군대의 접근으로 또 한 번의 리소르지멘토[1]에 헌신하는 잠재적 혁명 세력인 북부 이탈리아 빨치산들이 봉기했다. 1944년 여름에 그들은 이탈리아 내의 26개 독일 사단 가운데 8개를 묶어놓고 있었다. 그들 가운데 거의 오만 명이 목숨을 잃었다. 이러한 빨치산 활동은 연합국에게 당혹스러운 일이었다. 알렉산더가 동계 작전을 마무리 지었을 때 그는 공공연히 빨치산들에게 해산할 것을 명령했다. 이 일로 독일인들은 빨치산에 대한 행동을 강화했다. 여기에는 연합국이 간섭할 위험이 없어 독일인들은 이 기회를 이용했다. 그리하여 암묵적으로 독일인들은 적을 두려워하는 것보다 이탈리아의 혁명을 더 두려워하는 영국인들과 미국인들의 동맹이 되었다.

1944년 6월 이탈리아 문제는 더 중요한 연합국의 북부 프랑스 상륙 문제에 가려졌다. 제2의 전선은 이년 넘게 요구되어 왔지만 항상 목록의 맨 밑에 있었다. 그러다 이제 미국의 주장으로 뒤늦게 실현되었다. 어쩌면 이 지연은 정당화될 수 있을지도 모른다. 북부 프랑스 상륙 작전은 이번만큼은 다른 유사한 작전들이 그랬던 것처럼 갑자기 계획되는 대신에 세심하게 준비되었다. 프랑스 해안에 대한 조사가 이루어졌고 방대한 군사력이 축적되었다. 독일의 구축함 15척에 대항한 1,200척의 전투함선, 5백 대의 독일 항공기에 대항한 10,000대의 항공기, 4,126척의 상륙용 주정, 그리고 864척의 수송선을 마련했다. 지뢰밭을 일소할 대지뢰 전차, 수륙 양용 전차, 콘크리트 구조물

---

1   19세기 이탈리아의 통일운동으로 카르보나리당, 청년이탈리아당 등의 결사가 이탈리아 독립전쟁으로 이어져 1861년 이탈리아왕국이 수립되고, 1870년 로마교황령 병합으로 통일이 완성된다.

을 파괴할 전차, 융단 폭격으로 길을 만들 전차, 도랑에 교량을 만들 전차가 준비되었다. 해협을 건너는 동안 바다 위로 함께 따라올, 멀베리라 이름 붙여진 두 개의 인공항구가 가설되었다. "그 섬들을 파도 밑으로 가라앉지 않도록 해 준 것은 오로지 영국 상공에 항상 떠 있던 수많은 방공防空 기구 덕이었지"라고 아이젠하워가 그로서는 드물게 재치 있는 말을 했다.

아이젠하워는 최고 사령관으로 임명되어 있었다. 겉으로는 지중해에서 영국이 가지고 있는 최고 지휘권과 균형을 맞추기 위해서였지만, 영국인들이 이번 계획에 적극적이지 않다는 미국의 의심이 더 큰 이유가 되었다. 그의 참모진은 지나칠 만큼 정확하게 같은 수의 영국인과 미국인들로 구성되어 있었는데 1944년 7월에는 4,914명이었고 전쟁 종료 직전에는 삼만 명 이상으로 불어나 있었다. 아이젠하워의 부관인 테더는 영국인이었는데, 공군 사령관과 해군 사령관도 마찬가지였다. 몽고메리는 초기 상륙을 지휘하도록 이탈리아에서 불려왔다. 군사력 증강으로 미국인들이 훨씬 많아지면 몽고메리의 임무는 영국 육군 집단군을 지휘하는 것으로 전환될 것이었다. 이렇게 불완전하게 조정이 된 데는 간단한 이유가 있었다. 몽고메리는 미국인들의 능력이 부족하다는 자신의 의견을 감추려 들지 않았고, 미국 장군들은 초기 단계가 지나 미국군이 증원되면 그의 지휘를 인정하지 않을 것이었다.

공군 지휘권은 혼란스러운 상태였다. 두 명의 폭격기 사령관 해리스와 스패츠Carl Spaatz가 독립적인 권한을 내놓으려 하지 않았다. 해리스는 여전히 지역 폭격을 원했고 스패츠는 종합 석유 공장 폭격을 원했다. 타협안으로 테더가 상륙 직전 그리고 상륙하는 동안에는 두 사령관에게 명령을 내리도록 권한을 받았다. 작전은 어마어마한 규모로 실행되었다. 센 강 위의 거의 모든 교량과 루아르 강 위의 대부분의 교량이 파괴되었다. 프랑스의 철도 체계가 마비되었다. 프랑스 내의 독일군은 군량 수송을 위해 하루에 100량의 열차를 필요로 했다. 열차는 4월에는 60량으로 줄었고 5월이 되자 32량이 되었다.

트랜스포테이션 계획Transportation Plan이라 불린 이러한 계획이 성공을 거두는 데 어려움이 없는 것은 아니었다. 처칠은 폭격으로 많은 프랑스인들이 목숨을 잃을 경우 원한이 남지 않을까 우려했다. 전시 내각이 그를 지지했으나, 프랑스인들의 감정을 덜 고려하던 루스벨트가 그의 마음을 돌려놓았다. 그러나 동일한 결과를 달성할 수 있는 좀 더 간단하고 효과적인 방식이 가까이에 있었다. 프랑스 레지스탕스가 인명 피해의 위험을 줄이면서도 좀 더 조직적으로 손실을 입힐 수 있다고 주장했다. 그들의 주장은 무시되었다. 정통 교리를 신봉하는 장군들은 게릴라전을 신뢰하지 않았다. 루스벨트는 드 골과 협력하지 않으리라 마음먹었고, 그는 러시아인들보다 드 골을 훨씬 더 불신했다. 프랑스 레지스탕스는 대체로 무시를 당했고 그와 함께 드 골도 무시당했다. 그는 실제로 이탈리아에서 자신 휘하의 프랑스 군대가 연합국

사진126 최고수뇌부의 안보.

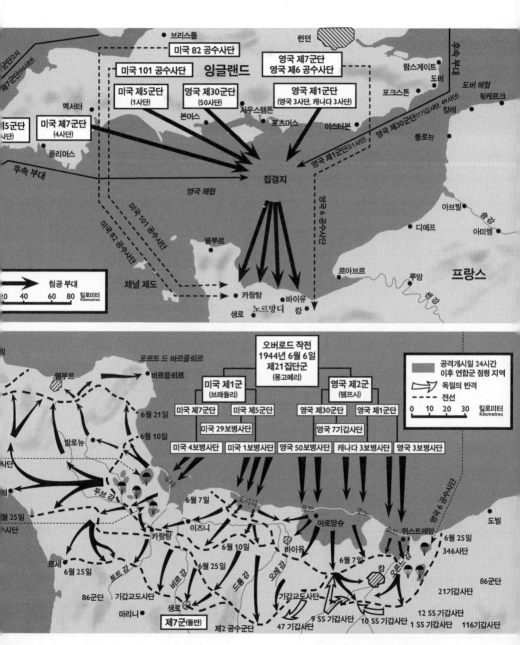

지도19-20 노르망디: 침공과 전역.

사진127 D-Day: 상륙.

과 협력하고 있었음에도 불구하고 상륙 날짜를 통보 받지 못했다. 마치 프랑스가 피점령국인양 연합국의 군정을 위한 계획이 준비되었다. 드 골은 연합국이 마련한 "점령군 프랑 화"를 위조 화폐로 묘사함으로써 보복했다. 미국의 드 골에 대한 반대는 이념적인 것이 아니었고, 드 골이 미국을 거스르는 행동은 훗날의 러시아인들처럼 단지 독립적이기 위한 것이었다. 처칠은 미국의 지원에 의존하고 있어 종속적인 노선을 취해야만 했다. 드 골은 지원을 받는 것이 전혀 없었으므로 독자적인 길을 걸을 수 있었다.

연합국이 센 강 동안으로 상륙해야 할 것이었는가 아니면 서안으로 상륙해야 할 것이었는가? 센 강 동안은 거리가 더 가깝기는 했지만 방비가 잘되어 있었고 점령해서 득이 될 만한 큰 항구가 없었다. 센 강 서안에는 좀 더 넓게 펼쳐진 해안이 있었다. 서안은 방비가 덜 되어 있었고 따라서 그곳에서 승리하면 쉘부르를 손에 넣을 수 있었다. 센 강 서안이 가지고 있는 탁월한 장점으로 인해 그 편으로 결정되었다. 독일인들을 기만하기 위한 정교한 계획이 실행되었다. 켄트에 실제로는 존재하지 않는 부대가 설치되고 몽고메리의 사령부로 가는 전신이 그곳을 거쳤다. 노르망디보다 파드칼레에 더 많은 폭탄이 투하되었다. 훨씬 더 서쪽에서는 아니지만 켄트 상공에서 독일 정찰기가 벌이는 군사행동을 내버려두었다. 독일인들은 영국에서 활동하는 자신들의 요원들이 많다고 생각했다. 하지만 모두가 사실상 "전향"했고 연합국 측에서 그들을 고용한 사람들이 불러주는 내용만을 전송했다.

독일인들은 연합국의 공격이 다가오고 있음을 알고 있었으나 어디로 공격해 들어올지 알 도리가 없었다. 서부전선 최고 사령관이 되기 위해 소환된 룬트슈테트는 연합국이 파드칼레로 상륙할 것이라는 확고한 견해를 가지고 있었다. 이제 또한 육군 원수가 된 롬멜은 사실상 히틀러에 직접 연결되는 사실상 독자적인 지휘권을 갖고 있었다. 그는 연합국이 노르망디로 상륙하리라 생각했고, 히틀러도 롬멜과 같은 견해였다. 하지만 이번만은 히틀러가 자신의 육감을 따르기를 망설였다. 그는 두 명의 원수들의 상반된 견해를 두고 결정을 내리려 하지 않았고, 기갑 사단을 자신의 지휘 아래 두고서 독일 군대를 센 강 서부와 동부에 똑같이 분배했다.

독일 측에는 그 이상의 혼란이 있었다. 룬트슈테트는 전략적 예비 병력을 갖추어 놓고 연합국이 상륙한 후에 반격을 가하기를 원했다. 롬멜은 연합국을 해안에서 상대하기를 원했다. 또다시 히틀러는 결정을 내리려 하지 않았고, 두 가지 작전 중에 어느 쪽으로도 준비가 되지 않았다. 독일인들은 또한 상륙 직전 3일 동안 불었던 폭풍우 때문에 그릇된 판단을 하게 되었다. 아무 일도 일어나지 않을 것이라고 확신한 롬멜은 히틀러를 만나러 독일로 갔다. 노르망디 지역 사령관은 브르타뉴에서 작전을 수행하고 있었다. 그의 부관은 여자와 밤을 보내고 있었다.

폭풍우가 연합국의 계획을 거의 망치고 있었다. 공격개시일은 6월 5일로 정해져 있었다. 이틀 전 기상대 대령 스태그James Stagg는 악천후를 예보했다. 아이젠하워는 작전을 연기했다. 다음 날 스태그는 최악의 폭풍이 지나갔음을 장담했고, 아이젠하워는 지금 행동하지 않는다면 한 달 동안 조류가 바뀌기를 기다려야 한다는 것을 알고 앞으로 나아가라는 신호를 보냈다. 파리에서 스태그에 상응하는 독일 측 기상 장교는 앞으로 기상 상태가 호전될 것을 알아차리지 못했다.

이렇게 사소한 우연에 나라들의 운명이 달려 있었다.

프랑스 공격은 6월 6일 동트기 직전에 개시되었다. 그날 거의 이십만의 병력이 해군 작전에 투입되었다. 삼분의 이가 영국인이었고, 항공기의 출격 회수는 1,400회였다. 1940년 독일인들이 프랑스를 침공할 때 각 공격 사단에 19대의 항공기가 있었고, 1941년 러시아를 침공할 때 26대씩 있었다. 1944년 6월 6일 연합국은 각 사단에 260대의 항공기가 있었다. 독일 공군도 유보트도 막을 수가 없었다. 저녁까지 십오만육천명이 해안에 상륙했다.

상륙을 위한 전략 계획은 몽고메리의 마음에 매우 들었다. 영국군과 캐나다군은 해안의 동쪽 구역에 상륙하여 캉을 점령하기로 되어 있었다. 그들은 독일군의 주력, 특히 기갑부대를 엘 알라메인식의 난타전으로 상대하여 그들의 힘을 소진시킬 것이었다. 그러는 동안 미국인들은 코탕탱 반도의 기지에 상륙해 쉘부르를 확보하고 포위를 돌파하기 위해 병력을 강화할 것이었다.

상황이 전적으로 계획한 대로 전개되지는 않았다. 몽고메리가 항상 그렇듯 계획대로 되고 있다고 주장했지만 말이다. 미국인들은 한곳의 해안에 성공적으로 상륙했다. 다른 곳에서는 너무 먼 곳에 내리는 바람에 이틀 동안 확고한 근거지를 확보하지 못했다. 훨씬 동쪽에서 영국인들은 오래 전에 갈리폴리에서 그랬던 것처럼 해안에서 우물쭈물했다. 그들은 오후가 되어서야 캉으로 진격했고, 그때는 한 개의 독일 기갑 사단이 행동을 개시했다. 그 기갑 사단은 비록 오랫동안 전력을 유지하지 못했지만 영국인들의 진격을 막았고 해안까지 돌파했다. 캉은 첫날에 점령되기는커녕 한 달 동안 함락되지 못했다. 삼일이 지나 각 해안 근거지들이 연결되었다. 바이외가 전투 없

사진128 살해를 모면한 히틀러에게 축하하는 무솔리니.

이 점령되었고 노르망디의 옛 영광을 증언하는 기의 유일한 증거로 다치지 않고 보존되었다. 열흘 후 연합국의 모든 기동이 6월 19일부터 22일까지 몰아친 40년만의 최악의 폭풍으로 중지되었다. 인공 항구 중 하나가 파괴되었고 항공기 출격이 불가능했으며 군수물자의 유입이 거의 끊어졌다. 그럼에도 불구하고 미국인들은 쉘부르를 고립시켰고 7월 1일에는 삼만 명의 포로를 사로잡으며 함락시켰다. 독일인들이 항만 시설을 파괴하고 항구를 폐쇄했기에 얻은 것은 바랐던 것만큼 크지 않았다. 미국인들은 포위를 돌파할 만큼 강해지기까지 3주일을 더 기다려야했다.

영국인들이 캉을 앞에 두고 저지당한 것은 몽고메리의 관점

에서 보면 히틀러가 미끼를 삼키고 자신의 군사력을 그곳에 집중하
는 한 심각한 차질은 아니었다. 히틀러는 그렇게 했다. 그는 그곳에
서 결정적인 돌파 시도가 있을 것이라고 확신했고 대부분의 독일 기
갑 부대 - 운용 가능한 열 개 가운데 일곱 개 사단 - 를 영국인들에 대
항시켰다. 그는 또한 두 번째 상륙이 파드칼레에 있을 것이라고 확신
해 그곳에서 독일 군대를 빼내려 하지 않았다. 연합국 폭격기들이 그
때 센 강과 르와르 강을 가로지르는 모든 교량을 파괴했으므로 아마
도 독일인들은 어찌 되었건 움직일 수 없었을 것이다. 7월 9일 영국
인들은 한 달간의 격전 끝에 캉을 점령했다. 성당 건물 두 개를 제외
하고 모든 것이 파괴된 그 도시는 큰 대가를 지불했다.

　　룬트슈테트는 전쟁에 졌음을 인식했다. "우리가 무엇을 할까
요?"라고 요들이 묻자 그는 "전쟁을 끝내야지요. 우리가 다른 무엇
을 할 수 있겠소"라고 대답했다. 그는 곧장 면직되었고 난폭한 싸움
꾼인 클루게가 동부전선으로부터 와서 뒤를 이었다. 그는 높은 기대
를 품고 와서 곧 꿈을 깼다. 롬멜 역시 무대에서 사라졌다. 7월 17일
그가 탄 차가 연합국 항공기의 공격을 받아 그는 심하게 부상당했다.
그는 치료를 위해 본국으로 갔다. 얼마 후 히틀러가 보낸 사자가 그
에게 와서 영웅의 죽음으로 보일 자살과 인민 법정에서의 재판 가운
데 하나를 선택할 것을 제의했다. 롬멜은 히틀러에 모반하는 계획들
에 연루되어 있었고, 그 계획들은 결국 터졌고 실패로 돌아갔다. 롬
멜은 자살을 택했다.

　　오랫동안 독일의 장성들과 보수적인 정치가들은 자신들의 생
각에 독일을 패배로 몰아가고 있는 히틀러 타도에 대해 이야기해왔
다. 많은 장성들이 히틀러 타도에 참여하지는 않을지라도 반길 것

이라고 말했다. 다른 이들은 히틀러가 제거됨으로써 독일이 히틀러가 정복한 땅을 일부 혹은 전부 보유하도록 허용되었으면 하고 바랐다. 이러한 공모자들은 말만 했을 뿐 행동하지 않았다. 그들은 권력이 자신들의 손에 떨어지기만 기다렸다. 오직 폰 슈타우펜베르크Von Stauffenberg 대령 한 사람이 행동을 했다. 그는 전쟁 중에 중상을 입었었다. 7월 20일 수차례의 시도가 불발한 끝에 그는 간신히 히틀러의 본부에 폭탄을 설치했다. 폭탄이 터졌을 때 그는 동료들에게 히틀러가 사망했다고 전화했다. 그들은 베를린의 육군성에 모여 비非나치 정부를 구성할 준비를 했다. 파리에서는 육군 장교들이 SS 지도자들을 체포했다.

제대로 된 일이 하나도 없었다. 히틀러가 평상시 이용하던 회의 장소인 콘크리트 벙커는 수리 중에 있었고, 나무로 된 창고에 폭탄을 설치할 수밖에 없었는데 이 창고가 폭파되는 힘을 줄여주었다. 육중한 탁자 덕분에 히틀러는 안전할 수 있었다. 그는 부상은 입었으나 목숨을 건졌다. 심지어 같은 날 오후에 방문하러 온 무솔리니를 영접할 수도 있었다. 무솔리니가 이번만은 히틀러의 보호를 받는 것이 아니라 그의 보호자가 되었다. 히틀러의 지휘본부에서 베를린으로 연결되는 전화선은 단절되지 않았다. 괴벨스가 사태 수습의 책임을 맡았다. 히틀러에게 충실한 나치 장교들은 지지 세력이 없는 공모자들을 체포했다. 폰 슈타우펜베르크를 포함한 몇 명은 즉각 처형되었고, 나머지는 인민 법정에서 허울뿐인 재판을 거친 후에 가차 없이 교수형 당했다. 재판을 맡은 판사가 떠맡기 싫은 그의 직무를 수행하던 중에 연합국의 폭격으로 사망했다고 하는 사실은 기록해둘 만하다. 파리에서는 SS 장교들이 풀려나서 바로 전에 자신들을 가두었던

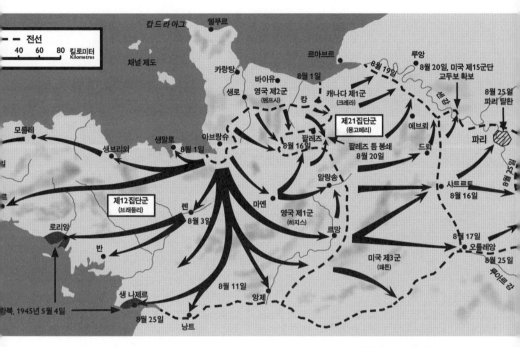

지도21 노르망디: 돌파

간수들과 함께 샴페인을 마셨다. 7월 20일의 폭발 사건은 전쟁을 계속해나가겠다는 히틀러의 결의를 어쩌면 강화했는지도 모르지만 그것을 제외하면 전쟁의 진행에 아무런 영향도 미치지 않았다. 저항이 있었는가를 판단하는 기준이 되는 것이 행동이라면 폰 슈타우펜베르크만이 유일하게 저항한 인물이었다. 다른 사람들은 뒤따르는 사람들이 있기를 소극적으로 기다리기만 했고, 아무도 응하지 않았다. 독일의 장군들은 병사들과 독일 국민들로부터 유리되었다.

히틀러는 자신의 비밀 무기에 큰 희망을 걸었다. 그 비밀 무기들은 상륙작전이 있었던 그날 이후 얼마 지나지 않아 사용되었고 확실히 노르망디 상륙이 영국 국민들에게 가져다주었던 사기를 떨어뜨렸다. 그것 말고는 그 무기들은 사태가 진전되는 것을 바꿔놓지 못했다. 무인 항공기, 즉 V1이 런던에서만 거의 2만 5천 채의 가옥을 파괴했고 6,184명의 인명을 살상했다. 영국 전투기와 대포는 곧 근접 신관[2]으로 폭탄을 폭발시켜 V1을 공중에서 파괴하는 대응책을 마련했다. 8월에 되었을 때는 V1의 80퍼센트가 상대에 어떤 피해도 입히지 못하고 파괴되었다. 9월에 도입된 로켓, 즉 V2는 훨씬 더 위협적이었다. V2는 경보를 울릴 여유를 주지 않고 날아와서 떨어졌고, 방어책을 찾을 수 없었다. 런던 철수 계획이 세워졌다. V2 로켓은 생산 비용이 많이 들었다. 한 기당 V1의 20배의 비용이 들었다. 또한 위험이 재앙으로 변하기 전에 연합국은 대부분의 로켓 발사지를 공격했다. 1,115개의 로켓이 2,754명의 인명 손실을 가져왔다. 비용이 많이 드는 방법이었지만 런던 사람들에게는 충분히 혹독한 일이었다.

그러는 동안 코탕탱 반도에서는 미국인들이 느린 속도로 전진하고 있었다. 최초 상륙시보다 인명손실이 더 컸다. 몽고메리는 또 다른 양동작전을 결정했다. 7월 18일 그는 캉 남쪽을 공격하기 시작했다. 그는 이 작전으로 독일의 방어선이 무너지고 그의 군대가 센 강에 이를 수 있게 될 것이라고 발표했다. 하지만 이는 미국인들이 코탕탱 반도로부터 돌파해나가는 동안에 독일의 기갑부대를 묶어두려는 자신의 실제 의도를 숨기는 구실에 불과했을 가능성이 크다. 영국의 공격이 앞으로 나아가지 못하자 테더와 미국 장군들은 아이젠하워에게 몽고메리를 해임할 것을 촉구했다. 아이젠하워는 몽고메리

---

2   전파 장치의 작용으로 목표물에 접근하면 폭발하는 신관을 말한다.

의 손을 들어주었다. 불평은 7월 25일 미국인들이 생로로부터 전진하기 시작했을 때 잠잠해졌다. 8월 1일에 미국 전차들은 아브랑쉬에 이르렀다. 프랑스 전역이 그들 앞에 펼쳐졌다. 그래도 역시 희생해야 할 대가가 있었다. 당시 몽고메리는 의도하지 않았던 일이라고 주장했는데, 영국이 거둔 캉 남쪽의 승리로 노르망디의 독일군 전체가 고립될 수도 있었다. 그러나 미국이 훨씬 서쪽에서 돌파를 함으로써 그들을 안전한 지역으로 몰아가게 되었다.

　　프랑스에 폭풍을 몰고 온 미국 장군 패튼은 이제 롬멜에 비견되는 모습을 드러냈다. 그에게는 전차와 뚫린 도로가 있었고 사실상 아무런 저항을 받지 않았다. 그가 받은 지시는 동쪽으로 방향을 틀기 전에 브르타뉴를 쓸어버리고 브르타뉴 해안의 항구들을 접수하라는

사진129 1944년 8월 25일의 파리: 몽파르나스 역의 드 골, 르클레르, 쥐앵.

것이었다. 이러한 지시는 가장 중대한 정치적인 실수에서 비롯되었다. 러시아인들은 독일의 전열 후방에서 거의 오십만의 빨치산을 조직적으로 동원한 반면에 서방 연합국은 프랑스 레지스탕스를 무시했다. 아이젠하워가 상륙 이후 프랑스 레지스탕스가 독일인들에 대항해 벌인 행동이 15개 사단의 역할에 맘먹는 것이었음을 인정했음에도 불구하고 연합국 사령부는 프랑스인들이 지원 없이 독자적으로 자기 나라의 어떤 지역이라도 해방시킬 수 있음을 믿지 않았다. 레지스탕스는 어떠한 지휘도 받지 못했고 무장도 거의 없었다. 하지만 패튼은 자신의 브르타뉴 진입이 놀랍게도 불필요하다는 것을 알았다. 프랑스 레지스탕스가 이미 그 지역을 접수했다. 그들은 단지 항구를 손에 넣지 못했는데 이는 패튼도 마찬가지였다. 브레스트는 한 달여의 전투 후에 얻을 수 있었다. 로리앙, 생 나제르, 그리고 라로셸은 전쟁이 끝날 때까지도 독일인들의 수중에 남아 있었다.

독일인들은 노르망디 전투에서 패배했다. 클루게는 센 강으로 후퇴하기를 바랐다. 히틀러는 노상 그렇듯이 거부했다. 대신에 그는 아브랑쉬에서 미국의 병참선을 끊어놓는 반격을 명령했다. 만약 연합국 측의 2천 대의 전차에 대항해 독일인들이 145대 이상만 가지고 있었더라도 기가 막힌 작전이었을 것이다. 독일의 진격은 모르탱에 이르렀고 곧 교착상태에 빠졌다. 연합국이 노르망디의 독일군 전체를 괴멸시킬 수 있는 두 번째 기회였다. 연합국은 이번에도 너무 느렸다. 몽고메리의 군대는 팔레즈를 향해 남쪽으로 나아갔다. 패튼은 프랑스를 휘돌아서 북쪽으로 올라왔다. 두 군대의 사이가 벌어져 있었다. 패튼은 "나를 팔레즈로 전진하게 해주시오. 우리는 영국인들을 바다로 몰아가서 다시 한 번 됭케르크 철수를 하게 만들겠소" 하

고 호통쳤다. 1940년에 독일인들을 대서양 건너에 두고 있던 사람의
말치고는 그리 적절치 못한 말이었다. 마침내 포위망이 둘러쳐지고
독일인 오만이 포로가 되었다. 그러나 독일인들 대부분이 부서지지
않은 모든 장갑병기와 함께 탈주했다. 클루게는 패배의 희생자 중 한
명이었다. 8월 15일에 그는 전선까지 나갔다가 몇 시간 동안 본부와
연락이 두절되었다. 히틀러는 그가 항복 교섭을 진행시킨 것으로 믿
고 독일로 복귀하라고 명령했다. 클뤼게는 그길로 자살했다.

　　프랑스의 독일인들에게는 이제 멈출 곳이 없었다. 그들의 무
너진 군대가 독일 국경을 향해 줄을 이었다. 연합국의 진격은 승전의
행진이 된 것처럼 보였다. 8월 15일 모루 작전이 마침내 실행되었다.
대략 오만의 미국군이 프랑스 남쪽에서 상륙했다. 그들은 거의 저항
에 부딪치지 않고 론 강 계곡까지 파죽지세로 올라왔다. 군사적으로
프랑스 남부 상륙에는 그다지 중요성이 없었다. 그곳의 독일군은 일
단 북부를 잃는다면 어떤 경우에라도 후퇴해야만 했다. 모루 작전은
독일인들보다는 이탈리아로 더 나아가려는 영국의 계획을 저지하는
작전이 되고 말았다. 히틀러도 동일한 결론을 내렸다. 남부 프랑스
상륙 소식을 듣자마자 그는 세 개의 사단을 이탈리아에서 라인 강으
로 이동시켰다.

　　연합국은 센 강으로 전진하고 도강하면서 파리를 어떻게 할
것인가의 문제에 봉착했다. 아이젠하워의 원래 계획은 파리를 독일
의 통제 하에 남겨두고 우회하는 것이었다. 아마도 어떤 예속적인 정
부— 변형된 비시 내각이든 제3공화국에서 계속되는 구닥다리 내각
이든, 사실상 드 골을 배제한 어느 것이든 —가 등장하게 될 것이었
다. 이러한 계획들은 파리 시민들에 의해 좌절되었다. 8월 15일에 지

하철 노동자들이 파업했다. 경찰이 그들에 합류했다. 제대로 무장을 갖추지 못한 레지스탕스가 행동에 들어갔다. 히틀러는 파리를 완전히 파괴할 것을 명령했다. 파리 총독 폰 콜티츠Dietrich von Choltitz는 히틀러의 명령에 불복했다. 그렇다고 하더라도 레지스탕스 병력은 분쇄될 위기에 처해 있었다.

　　드 골은 르클레르Jacques-Philippe Leclerc 휘하의 프랑스 기갑 사단을 수도로 보내야 한다고 촉구했다. 아이젠하워는 마지못해 동의했다. 결국 공산주의자들보다는 드 골이 나았다. 르클레르는 8월 25일에 파리에 입성했고 드 골이 같은 날 뒤이어 들어왔다. 폰 콜티츠는 도시를 그에게 내주었다. 드 골의 첫 번째 방문지는 국방성이었다. "나는 국가가……, 무엇보다도, 간단히 말해, 원래 있던 자리로 되돌아오고 있다는 것을 보여주고 싶었다." 파리 시청에서 그는 공화국이 끝난 적이 없고 자신이 대통령이라고 말하면서 공화국의 회복을 공포하기를 거부했다. 공산주의의 위험은 잘못된 경보인 것으로 드러났다. 오히려 공산주의자들은 드 골의 가장 열렬한 지지자들이었다. 그들의 지도자인 토레즈Maurice Thorez는 "프랑스에 들어온 미국인들로 인해 혁명이 끝장나버릴 뻔 했다"고 드 골에 협력한 구실을 댔다. 진짜 설명은 다른 데 있었다. 스탈린이 자신의 세력권 밖에서 공산주의가 성공을 거두는 것을 막기로 마음먹고 있었다. 서유럽을 자본주의에 기초한 민주주의 체제로 지켜낸 것은 미국인들이 아니라 오히려 스탈린이었다. 무장한 레지스탕스가 대략 만 명의 나치 협력자들과 또한 나치-소련 조약이 발효되는 동안 전쟁을 지지한 상당수의 공산주의자들을 처형하는 혼란의 기간이 있었다. 두 달 안으로 드 골은 프랑스 국가의 권위를 재천명했다. 레지스탕스 지도자들이 비

사진130
아른헴에서 작전중인
낙하산부대원들.

시 정부에 의해 임명된 지사들의 자리를 대신 차지했다. 레지스탕스 병력은 무장해제되거나 정규군에 편입되었다. 프랑스는 강대국은 아니더라도 적어도 독립국가로 재등장했다. 샤를 드 골은 공화국을 맡을 자격이 있었다.

8월의 남은 기간 동안 연합국 군대는 프랑스 대부분과 벨기에를 해방하며 앞으로 나아갔다. 그들은 서두르지 않았다. 어느 역사가가 기록했듯이 "전쟁은 이겼다"는 사고방식이 군 전체에 팽배했다. 이제 프랑스에는 이백만이 넘는 연합국 군대가 있었다. 그들 가운데 삼분의 일이 미국인들이었다. 9월 1일에 아이젠하워는 몽고메리로부터 연합 상륙군의 지휘권을 이양 받았다. 이는 영국 역사상 중요한 순간이었다. 이제까지 미국과 동등했던 영국은 위성국으로 쇠퇴했다. 전쟁이 끝날 때까지 유럽에는 영국군보다 세 배 많은 수의 미국군이 있었다.

지휘권의 변화가 있자 아이젠하워와 몽고메리 간에 격렬한
논쟁이 뒤따랐다. 몽고메리는 한곳에 집중해서, 물론 자신의 지휘 아
래, 일격에 독일을 치고 들어가기를 원했다. 아이젠하워는 전선 전체
에 걸친 광범한 전진을 선호했다. 전략적인 주장 아래에는 정치적인
견해차가 존재했다. 아이젠하워는 영국 장군인 몽고메리를 위해서
미국 장군인 패튼에게 보급을 끊을 수는 없었다. 어쨌든 그것이 문제
가 되는 것처럼 보이지는 않았다. 아이젠하워는 9월 15일에 다음과
같이 말했다. "우리는 곧 루르를, 그리고 자르를, 그리고 프랑크푸르
트 지역을 점령하게 될 것입니다."

사실 연합국의 전진은 9월 첫째 주 동안 교착상태에 있었다.
이는 몽고메리와 패튼 사이의 군수품의 배분과는 관련이 거의 없었
다. 연합국의 병참선이 이제 매우 길어졌고 독일은 매우 짧았다. 러
시아인들이 매번 커다란 승리를 거두고 난 후에 이와 똑같은 경험을

사진131 폴란드 국내군 병사들과 독일군 포로.

했다. 그들 역시 앞으로 나아갈수록 진격의 추진력을 잃었고, 독일인
들은 군을 재편성할 시간을 벌었다. 몽고메리는 안트베르펜 항구를
접수한 후 도시로 들어가는 접근로를 일소하지 못함으로써 어려움
을 가중시켰다. 그는 그 후, 평소 자신의 주도면밀한 준비와는 거리
가 먼 대담한 조치를 생각해냈다. 그는 라인 강 위의 교량 세 개를 탈
취하고 지크프리트선의 약점을 공격할 것을 제안했다.

　　계획은 공수부대가 동원된 안치오나 갈리폴리의 반복이었다.
번뜩이는 계획이 갑자기 고안되어 너무도 조심스럽게 실행되었다.
낙하산병들이 두 개의 교량을 탈취했다. 네덜란드 아른햄에 위치한
가장 북쪽에 있는 목표물은 손에 넣지 못했다. 낙하산 부대의 지휘관
은 독일인들을 기습하는 것보다 "깔끔한 낙하"에 더 신경을 썼고, 많
은 낙하산병들이 교량에서 8마일 떨어진 곳에 떨어졌다. 엎친 데 덮
친 격으로 바로 근처에 두 개의 독일 기갑 사단이 재편성되고 있었
고, 서부전선 최고 사령관으로 클루게의 뒤를 이은 모델Walter Model이
그들과 함께 있었다. 영국의 상륙 부대는 돌파를 하지 못하고 있었다.
일부의 낙하산병들은 간신히 후퇴했고 나머지는 포로가 되었다. 9월
말까지 서부전선에서 독일의 방어는 공고해졌다. 11월 28일에 이르
러서였지만 안트베르펜에서 독일인들이 제거되었다. 미국인들은 아
헨을 점령했다. 연합국의 수중에 들어온 유일한 독일 영토의 끄트머
리였다. 훨씬 남쪽에서 미국인들은 메츠를 손에 넣었고 르클레르는
스트라스부르를 점령했다. 이제 콜마르의 고립지대를 제외한 프랑스
전역이 해방되었다. 연합국은 자신들이 고요한 겨울이라고 예상했던
시기로 본격적으로 들어갔다.

동쪽의 독일 제국 역시 조각나고 있었다. 러시아인들은 6월 23일에 하계 공세를 개시했다. 그들은 160개 사단과 삼만 문의 포와 오천 대의 전차가 있었다. 단 한 번 그들은 독일의 가장 강한 예봉에 부딪쳤다. 백러시아에 있던 육군 중앙 집단군이었다. 여느 때와 마찬가지로 히틀러는 후퇴를 허용하지 않았다. 전투는 지난해 쿠르스크 전투만큼의 규모는 아니었지만 훨씬 더 큰 결과를 낳았다. 한 주만에 러시아인들은 독일군 28개 사단을 무찔렀고 35만 명을 포로로 사로잡았다. 독일인들이 스탈린그라드에서 입은 손실의 두 배였다. 독일의 중앙은 무너져 완전히 뚫렸다. 7월 내내 러시아 군대는 폴란드 평원을 지나 전진했다. 그들은 르포프를 점령했다. 8월 1일에 그들은 바르샤바 외곽에 도달했다.

　러시아인들은 이제까지 대략 450마일을 달려왔다. 그들은 보급품이 바닥났다. 특히 모든 철로를 광궤로 바꾸어야만 했을 때 그랬다. 7월 29일에 세 개의 새로운 독일 사단이 러시아의 전진을 막았다. 이렇게 멈춘 것이 놀랄 일은 아니었다. 대도시들은 엄청난 장애물이었고 때때로 기갑 사단들의 무덤인 것으로 드러났다. 독일인들은 레닌그라드와 스탈린그라드에서 이 사실을 깨우쳤고 영국인들은 캉에서 그리고 러시아인들은 부다페스트와 베를린에서 알게 될 사실이었다. 바르샤바에서 불가피하게 멈춘 일은 비극적인 결과를 가져왔다. 런던의 폴란드인들은 바로 드 골이 미국인들보다 먼저 파리를 점령한 것과 같이 러시아인들이 도달하기 전에 바르샤바를 해방시키려고 오래전부터 계획하고 있었다. 비밀 국내군 사령관 보르-코모로프스키Tadeusz Bor-Komorowski는 자신들이 주인으로서 전 지역에 나서서 소비에트 군대가 들어오는 것을 맞이하기를 기대했다. 이제 때가 온

지도22 유럽으로 들어오는 러시아의 공세, 1944년

범례:
- 1939년 각국의 국경
- 1943년 12월 소련 점령지
- 1944년 5월 전선
- 1944년 12월 전선
- 1944년 말 독일 점령지

100   200 킬로미터
Kilometres

스웨덴

레닌그라드

에스토니아

프스코프

라트비아

리가

리투아니아

동프로이센

라스텐부르크

벨라루스

모스크바

베를린

바르샤바

폴란드

키에프

드네프르 강

프라하

빈니차

체코슬로바키아

카르파티아 산맥

우크라이나

오스트리아

빈

부다페스트

트란실바니아

루마니아

오데사

크리미아 반도

1944년 5월 탈환

세바스토폴

헝가리

프루트 강

드네스테르 강

트리에스테

유고슬라비아
빨치산

베오그라드

유고슬라비아

독일의 후퇴

부카레스트

흑해

서격

리아

로마

아드리아해

다뉴브 강

불가리아

소피아

이스탄불

알바니아
빨치산

그리스 경유한
연합국의 진격

테살로니키

터키

일

것처럼 보였다. 8월 1일에 국내군이 반란을 일으켰다. 러시아인들은
별로 도움을 주지 못했다. 사실에 근접해 진술하자면 도움을 줄 여
력이 없었다. 바르샤바에서의 전투는 두 달여 지속되었을 뿐이었다.
5만5천 명의 폴란드인이 사망했고 35만 명이 독일로 이송되었다. 전
투가 끝난 후 도시는 폐허가 되었고 독일인들은 남은 것마저 조직적
으로 파괴했다.

바르샤바 봉기와 그 끔찍한 결과는 세계인들의 이목을 집중
시켰다. 영국 공군과 미국 공군은 바르샤바의 폴란드인들에게 물자

공수를 시도했다. 러시아인들은 소요가 사실상 끝날 때까지도 착륙
기지 제공을 거부했다. 스탈린은 매몰차게도 바르샤바 시민들을 버
리고 그들이 살육 당하도록 내버려두는 것처럼 보였다. 이러한 비난
은 사실과 다르다. 바르샤바 봉기와 무관하게 러시아인들은 바르샤
바 앞에서 멈추었을 것이고, 서방 국가들의 공수 물자도 상황을 바꿔
놓지 못했을 것이다. 그러나 확실히 스탈린은 일어난 일을 유감스러
워하지 않았다. 바르샤바 봉기는 반독일적이기보다 반러시아적 성
격이었다. 러시아인들이 독일인들을 패배시켰고, 러시아에 적대적인
폴란드인들은 이를 이용하려 했다. 이는 국민들의 생명을 담보로 한
도박이었고, 도박은 실패로 돌아갔다.

　　만약 봉기가 성공했다 하더라도 달라질 것은 없었을 것이다.
영국인들이나 미국인들이 실제로 이탈리아에서 레지스탕스를 분쇄
했고 또한 프랑스에서 드 골이 자신의 독립을 과도하게 주장했다면
그랬을 것처럼, 러시아인들도 폴란드 레지스탕스를 진압할 수 있었
을 것이다. 독일과 러시아 두 나라로부터 독립적인 폴란드는 1939년
9월로 영원히 사라졌다. 이제 남은 것은 두 나라 중 지배자를 선택하
는 일이었고, 러시아인들은 폴란드인들이 협력하건 안하건 상관없이
승리로 가는 길에 있었다. 그래도 역시 바르샤바에서 일어난 사태는
냉전의 초석을 다지는 일이 되었다.

　　러시아인들은 봉기가 진압되었을 때도 바르샤바를 향해 진격
하지 않았다. 대신 그들은 발트 해와 발칸 반도 두 측면을 일소했다.
9월 2일에 핀란드가 강화를 했다. 오늘날까지 자유민주주의 핀란드
를 유지하는, 상당히 온건한 강화였다. 러시아군은 발트 해까지 밀고
내려왔고 10월에 동프로이센에 이르렀다. 그들이 독일 영토 안에 구

사진133 레이테 만 전투에서 교전중인 미국 군함들.

축한 첫 발판이었다. 남쪽에서는 8월 23일에 루마니아에서 벌어진
친독정부에 대항한 쿠데타에 이어 9월 12일에 휴전이 성립되었다.
루마니아는 처음으로 항복한 독일의 위성국으로서 그만한 보상을
얻었으며 1940년에 헝가리에게 내주었던 트란실바니아 지역을 되찾
았다. 러시아와 한 번도 전쟁을 치른 일이 없는 불가리아는 쉽게 처
리되었다. 러시아인들은 선전포고에 이어 8일 후에 휴전했다. 10월
19일 러시아인들은 베오그라드에 진입했고 유고슬라비아 빨치산들
과 협력했다. 티토는 베오그라드에 자신의 독자적인 정부를 수립했
다. 나중에 그가 언급한 대로 그는 전쟁이 끝난 뒤 파이프 담배를 물
고 러시아 항공기를 타고 돌아와서 조국을 해방시킨 것이 아니라 전
쟁 기간 내내 자신의 나라를 떠나지 않았던 유일한 공산 지도자였
다. 러시아가 발칸 반도로 전진할 때 방해받는 일이 없던 것은 아
니었다. 그렇게 광대한 지역에서 상대적으로 적은 병력을 가지고 작
전을 했기 때문에 러시아인들은 그리스와 유고슬라비아에서 퇴각하

는 독일인들을 막을 수 없었다. 더욱이 그들은 중앙에서 막혔다. 슬
로바키아에서 공산주의 봉기가 있었다. 이번 경우는 러시아인들에
대항하는 것이 아니라 체코인들의 중앙집권국가 건설에 대항하는
행동이었다. 러시아인들은 이곳에 다다를 수 없었고 ─ 확실히 이번
에는 나쁜 의도로 행동을 늦춘 것이 아니었다 ─ 독일인들이 봉기
를 진압했다. 헝가리에서는 호르티Miklós Horthy 제독이 독일을 저버리
고 반대 진영으로 옮길 것을 계획했다. 그의 행동은 너무 느렸다. 독
일인들은 파시스트 정부를 세웠고 호르티를 감금했다. 러시아인들은

지도23-24 레이테 만 전투.

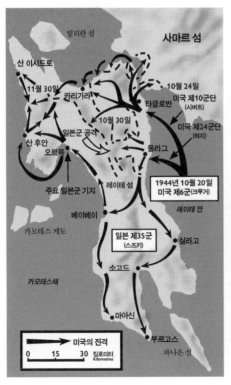
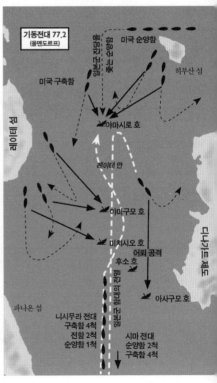

헝가리로 뚫고 들어갔지만 부다페스트 외곽에서 더 이상 전진하지 못했다.

연말이 되었을 때 나치 제국의 남은 부분은 마치 약간 크기가 작아진 합스부르크 왕국같이 보였다. 크로아티아와 슬로베니아. 체코슬로바키아 대부분과 헝가리, 그리고 이탈리아 북부였다. 또 한 번 중대한 후퇴가 있었다. 11월에 히틀러는 라스텐부르크에 있던 자신의 본부를 떠나 베를린으로 갔다. 자살하기 얼마 전에 스스로 깨달았듯이 그의 정복자로서의 경력은 이제 끝났다. 자살 결심을 내렸을 때 그는 요들에게 다음과 같이 말했다. "나는 나의 일생에서 가장 중요한 이 결정을 1944년 11월에 이미 내렸어야만 했소. 그리고 동프로이센의 본부를 결코 떠나지 말아야만 했소."

극동에서 일본 제국 역시 종말이 가까웠다. 지금까지 미국의 전진은 자신들이 쥐고 있는 제해권으로 가능했던, "섬들을 징검다리 뛰며 나가가는 양상"이었다. 이제 그들은 중국에서 일본군과 대규모 지상 교전을 예상하게 되었다. 일본인들도 같은 예측을 했다. 미국의 가장 큰 관심사는 영국인들이 중국으로 향하는 버마 로드를 다시 열 수 있게 되는 것이었다. 일본인들도 같은 정도로 버마 로드를 닫아 놓기를 원했고 그리하여 자기 자신의 파멸을 계획하는 건축가가 되었다. 영국인들이 미얀마를 어떻게 뚫고 들어갈지 몰라 난감해하고 있을 때 일본인들은 고맙게도 선제공격을 해주었다. 일본군은 임팔에서 영국군의 전방 진지를 포위했고 코히마까지 몰아갔다. 이들 병력 가운데 7천 명의 인도 국민군이 있었는데 사상 처음으로 포위된 진지에 성공적으로 물자가 공수되었다. 일본의 공세는 점차 약해졌다. 영국

측의 손실이 만7천 명에 못 미친 반면 일본인들은 8만4천 명 가운데 5만을 잃었다. 이는 제2차 세계대전 중 영국의 가장 유능한 지휘관이었던 슬림William Slim 장군의 첫 번째 위대한 업적이었다. 몬순으로 작전이 중단되었을 때 영국이 미얀마로 전진하는 길이 뚫렸다.

태평양에서 훨씬 더 중대한 결정이 내려졌다. 맥아더의 주장으로 공격 목표가 필리핀으로 맞추어졌다. 이곳으로부터 미국인들은 중국인들과 협력할 수 있게 될 것이었다. 아니면 적어도 맥아더는 그렇게 생각했다. 반대편에서 일본인들은 미국인들에게 새로운 진주만을 겪게 해줄 수 있을 것이라 생각했다. 그리고 미국 지상군의 전진은 일본인들이 행동을 취하는 유인이 되었다. 미국인들이 마리아나

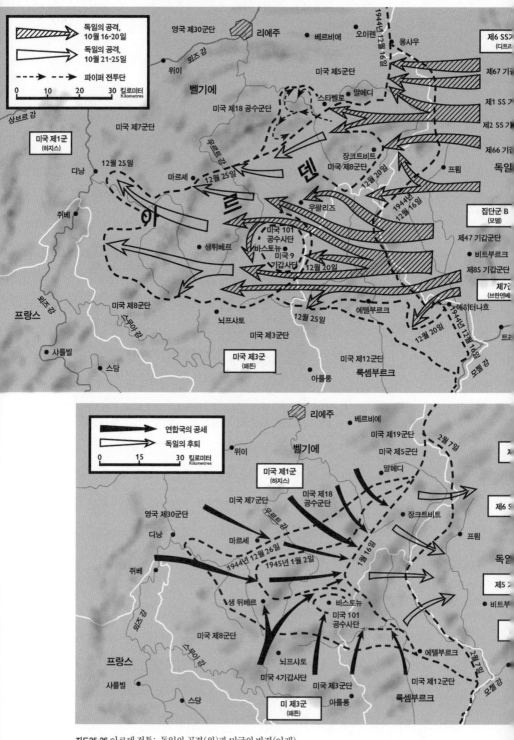

지도25-26 아르덴 전투: 독일의 공격(위)과 미국의 반격(아래).

제도의 사이판에 상륙하던 6월 중순에 일본인들은 필리핀 전투를 개시했다. 전함에 있어서는 그들이 더 강했지만 공중에서는 참패했다. 6월 19일 미국인들이 "마리아나의 칠면조 사냥"이라 불렀던 이 전투에서 미국인들이 항공기 29대를 잃은 반면 일본인들은 218대를 잃었다. 전투가 끝났을 때 일본의 손실은 전함 1대, 항공모함 3척, 그리고 항공기 480대에 달했다. 미국인들은 130대의 항공기를 잃었고 함정의 손실은 없었다. 이번 전투에서 패배한 이후 일본 해군의 항공력은 회복되지 못했다.

　　이제 필리핀 상륙을 위한 길이 열렸다. 맥아더는 이번만큼은 무모하게도 공중 엄호를 앞질러 나가서 10월 20일 레이테 섬에 상륙

사진135
아르덴에서 불타는
미국 반궤도차량을
피해 가는 독일 병사들.

했다. 일본인들은 기회가 왔고 미군 본함대가 도달하기 전에 맥아더의 수송선들을 파괴시킬 수 있으리라 생각했다. 그 결과 벌어진 레이트 만 전투는 군함 250척의 유틀란트 전투보다 많은 282척의 군함이 동원된 사상 최대 규모의 해상 교전이었다. 나흘 동안 벌어진 전투에서 함대의 고전적인 전열과 T자 기동에서부터 원거리의 항공모함으로부터 출격한 항공기들이 전함을 침몰시키는 것까지 모든 형태의 작전이 벌어졌다. 한때 미군 본함대가 잘못된 냄새를 맡고 북쪽으로 유인당한 사이에, 네 척의 전함과 여섯 척의 중순양함으로 이루어진 일본군이 여섯 척의 호위 항공모함과 한 척의 소형 호위 구축함 외에는 막을 것이 아무것도 없는 무방비상태의 미국 수송선들을 향해 돌진해 내려오고 있었다. 호위 항공모함들은 오로지 호위함대 임무에 맞게 개조한 상선이었다.[3] 그러나 이 작고 속도 느린 선박들이 쓸모가 있었다. 두 척의 중순양함을 침몰시키는 전과를 올렸다. 또한 구축함 존스턴Johnston 호의 에반스Ernest Evans 부함장이 일본 함대의 주력을 공격할 준비를 하라고 명령을 내렸고, 자신의 배가 가라앉기 전에 세 번째 중순양함을 어뢰로 침몰시켰다. 일본인들은 바로 눈앞까지 다가온 먹잇감을 포기하고 물러났다. 일본인들은 모두 세 척의 전함과 네 척의 대형 항공모함 그리고 여섯 척의 중순양함을 잃었다. 미국인들은 한 척의 경항공모함과 두 척의 호위 순양함을 잃었다. 이는 일본 해군의 사실상의 종말이었다. 진주만에서 일본인들이 전함에 대한 공군력의 우위를 증명했으나, 교훈을 얻은 측은 일본인들이

---

3   호위 항공모함은 종종 상선의 선체 위에 활주로 갑판을 설치한 형태였는데 일반 항공모함보다 규모가 작고 엔진출력이 낮았다.

아니라 미국인들이었다. 야마모토가 살아 있었다면 좀 더 잘 해냈을
지 모르겠다.

　　맥아더는 이제 자유로워져서 필리핀을 완전히 해방시킬 수
있게 되었다. 그는 오백만 군대를 중국 본토로 상륙시킬 계획을 마련
해놓았다. 그러나 그러고 나서 아무 일도 일어나지 않았다. 본토에서
의 대규모 전쟁은 결코 일어나지 않았다. 그런 일이 일어나는 대신에
미국 해군과 공군이 일본을 완전히 패배시키는 동안 운명의 일본 정
복자인 맥아더가 마닐라에 무기력하게 머물러 있게 되었다. 승리를
향한 연합국의 계획이 무르익어감에 따라 지도자들이 만나야 할 필
요성이 줄어들게 되었고, 1944년에는 처칠과 루스벨트가 9월에 퀘
벡에서 만날 때까지 회담이 한 번도 열리지 않았다. 처칠은 러시아인
들에 대한 정치적 전략을 조율하고 싶어 했다. 루스벨트는 처칠의 말
에 귀를 기울이지 않았다. 어쨌거나 처칠에게는 좀 더 긴급한 안건이
있었다. 영국이 한계에 도달했다. 통화보유량이 바닥났고 수출의 삼
분의 이가 감소했다. 전쟁이 끝나고 그에 따라 무기대여가 종료되면
영국은 파국에 이르게 될 것이었다. 처칠은 따라서 일단 유럽 전쟁이
끝나면 태평양 전쟁에 전면적으로 참여하겠다고 제안했다. 미국 제
독들은 제안을 거절하기를 바랐지만 루스벨트는 그들의 생각을 묵
살했다. 이렇게 흥미로운 방식으로 영국은 자국 경제를 유지하기 위
해서 태평양 전쟁에 참여하게 되었다.

　　퀘벡에서 내려진 유일한 전략적 결정은 연합국 공군이 독립
폭격으로 되돌아가서 아마도 더 이상의 지상 전투 없이 독일을 항복
하게 만들어야 한다는 것이었다. 또한 놀라운, 그렇지만 얼마 가지
못한 정치적 결정도 있었다. 처칠과 루스벨트는 독일의 산업을 파괴

하고 독일에게는 안성맞춤이도록 농업과 목축업을 주로 하는 나라로 만들어버릴 계획을 논의했다. 영국의 전시 내각이 반대했다. 루스벨트는 워싱턴으로 돌아와서 다시 생각했고 독일의 장래에 관한 모든 억측을 잠재웠다. 목축국가로 만드는 계획은 폐기되었다.

  루스벨트를 일깨워 러시아에 적대하도록 만드는 데 실패한 처칠은 스탈린을 직접 상대하기로 결심했고 10월에 모스크바로 갔다. 스탈린은 이익권을 정하는 것을 환영했다. 이는 항상 그의 정책의 근간이었다. 처칠은 종잇조각에 "루마니아의 90퍼센트를 러시아가, 그리스의 90퍼센트를 영국이, 유고슬라비아와 헝가리는 50대 50으로, 불가리아의 75퍼센트를 러시아가"라고 적었다. 스탈린은 종이에 쓴 것을 보고 파란색 연필로 커다란 체크표시를 하나 그었다. 잠시 이야기가 중단되었다. 그러고 나서 처칠이 말했다. "수백만 명의 운명을 결정하는 이러한 문제들을 이렇게 대수롭지 않게 처리한 것처럼 보인다면 아마도 상당히 매몰차다고 생각되지 않겠소? 종이를 태웁시다." 스탈린이 대답했다. "아니오. 당신이 가지시오." 다음 날 몰로토프가 헝가리와 불가리아의 80%를 러시아가 갖는 것으로 바꾸어야 한다고 주장했다. 정확한 수치는 어찌되었건 중요하지 않았다. 처칠은 희망에 차서 본국으로 돌아왔다. 10월 27일에 그는 하원에서 이야기했다. "대소 관계가 지금보다 가깝고 친밀하고 우호적인 적은 없었습니다."

  처칠은 곧 스탈린이 약속한 것을 자기 것으로 만들었다. 그리스에는 영국인들의 도움으로 무장하여 독일에게 큰 손실을 입힌 7만 5천 명의 레지스탕스가 있었다. 공산주의와는 거리가 먼 그리스 레지스탕스는 예전 정권과 협력하라는 공산주의자들의 재촉을 무시하고 독일이 10월에 철수했을 때 급진적인 공화국을 수립할 준비를 했다. 처칠은 그리스 레지스탕스의 진정한 성격을 무시했다. 그의 눈에 급진적인 운동은 자동적으로 공산주의로 보였고 또한 지중해에서 영국의 우월한 지위에 위협이 되는 것으로 보였다. 영국 군대가 아테네로 보내졌다. 처칠은 사령관에게 다음과 같이 적어 보냈다. "정복당한 도시에 국지적인 반란이 있는 상황 하에 있는 것처럼 행동하기를 주저하지 마시오." 그러나 아테네는 정복당한 도시가 아니었다. 레지스탕스는 영국군보다 강했다. 영국에서 소란이 있었다. 이는 파시즘 세력과 타협하여 급진적인 민주주의 세력에 대항하는 또 다른 다를랑 작전인 것처럼 보였다.

처칠은 단념하지 않았다. 성탄절에 그는 아테네로 가서 대주교 다마스키노스Archbishop Damaskinos, Georgu Papandreou를 수반으로 하는 임시 정부를 강제로 세우게 했다. 처칠은 그를 가리켜 속으로 웃으며 "음흉한 중세 성직자"라고 표현했다. 레지스탕스는 무장해제에 동의했다. 하지만 이로써 이후의 내전을 막을 수 있었던 것은 아니었다. 전후 그리스가 민주주의의 발전을 이룩한 훌륭한 예였다고는 말할 수 없다. 동유럽에서의 소련의 탄압은 종종 비난을 받아왔다. 하지만 독일의 전례를 따라 전쟁이 실제로 진행되고 있는 동안에 민중의 민족주의 운동을 제압하려고 무장 행동을 취한 이들은 오직 영국인들뿐이었다.

1944년 성탄절 시즌에 그리스가 연합국의 유일한 걱정거리인 것은 아니었다. 유일하게 남아 있던 독일의 전함 티르피츠Tirpitz 호가 11월에 스웨덴 영공에서부터 공격해온 영국 항공기에 의해 마침내 침몰했을 때 바다에서는 국면이 결정적으로 호전되었다. 전쟁이 끝날 때까지 독일의 해상 함대는 3대의 순양함과 15대의 구축함만 남게 되었다. 새로 개발된 슈노켈 잠수함이 연합국의 해상운송을 위협했다. 그러나 생산되기까지는 시간이 걸렸고, 미국의 폭격이 석유 부족을 가져와 그들의 발을 묶었다. 지상에서는 모든 것이 잘되는 듯이 보였다. 12월 15일에 몽고메리는 아이젠하워에게 성탄절에는 집에 가고 싶다고 말했고, 다음 날 자신의 부대에 선언했다. "적이 현재 모든 전선에서 방어 태세로 싸우고 있다. 적은 더 이상 대규모 공세를 펼칠 수 없는 상황에 있다." 몽고메리는 잘못 생각했다. 바로 그날 아침 독일인들이 공세를 시작했고 연합국의 전선 전체가 붕괴 위기에 몰린 것 같았다. 12월의 이 공세는 히틀러의 전략적 영감이 마지막으로 한번 발휘된 것이었다. 신체적으로 그는 이미 죽은 사람의 모습이었다. 그의 좌반신은 마비되었고 눈은 생기 없이 흐리멍덩했으며 움직일 때는 발을 질질 끌면서 천천히 걸었다. 그는 오로지 약의 복용량을 늘려감으로써 버텼다. 남아 있는 전부는 굴하지 않는 의지뿐이었다. 침울한 상태로 그를 대면하러 들어갔던 사람들이 사기가 높아져서 나왔다. 그는 여전히 자신의 천재성으로 물질적인 열세를 극복할 수 있다고 자신하는 대담한 수완가였다.

장성들이 공세를 취하는 것은 독일의 능력을 벗어나는 일이라고 히틀러에게 말했다. 히틀러는 "방어태세로 싸우면 오로지 결정을 늦출 수 있을 뿐이고 전체적인 상황을 변화시킬 수 없소……. 만약 독일이 몇 차례의 큰 타격을 가할 수 있다면 이 가짜 연합은 우레와 같은 소리를 내며 무너질 것이오. 우리가 우리의 운명을 지배해야 하오"라고 대답했다. 공세를 취할 곳으로 히틀러는 4년 전 서방 정복을 한나절에 달성했던 아르덴을 다시 선정했다. 다시 한 번 독일군이 돌파를 하게 될 것이었다. 이번에는 북쪽으로 틀어서 안트베르펜을 점령하게 될 것이었다. 영국군은 고립될 것이고 또 한 번의 됭케르크 철수가 일어나 영국인들 어쩌면 미국인들까지 절망해 포기하게 될 것이었다.

미국인들은 프랑스인들이 그랬던 것처럼 아르덴을 경시했다. 12월 16일 10개의 기갑 사단을 포함한 28개의 독일 사단에 대항하기 위해 준비된 미국 사단은 강하지도 않은 4개뿐이었다. 독일의 공세가 시작되었을 때 아이젠하워는 골프를 치러 나가서 자리를 비우고 있었다. 브래들리Omar Nelson Bradley는 단지 "파쇄 공격"이라며 독일의 공격을 무시했다. 독일인들은 안개 낀 날씨라는 이점을 가지고 있었다. 이로 인해 일주일이 넘도록 공중 작전이 불가능했다. 돌파가 이루어졌고 독일인들은 파죽지세로 전진했다. 그러나 처음부터 작전은 뒤틀렸다. 첫 번째 프랑스 공격에서처럼 5월의 맑은 아침에 완벽하게 훈련된 군대로 일격을 가하며 나아가는 것과 급조된 군대로 안개와 눈을 헤쳐 가며 싸우는 것은 전혀 다른 일이었다. 미군들은 프랑스인들과 달리 병참선이 파괴되었을 때도 저항을 멈추지 않았다. 양 측면은 견고하게 유지되었다. 독일인들은 좁고 점점 길어지는 협착 지역을 통과할 수밖에 없었다. 그들은 바스토뉴를 점령하는 데 실패했고 제2의 길로 우회해야했다. 그곳의 미국 사령관 맥올리프Anthony McAuliffe는 항복을 요구받았을 때 "미친놈들"이라고 대응했다.

독일인들은 석유가 부족했는데, 연합국의 야적장은 독일인들이 도달하기 전에 불태워졌다. 독일의 선두 부대는 뫼즈 강 6마일 안쪽까지 왔지만 더 이상 다가오지 못했다. 그렇다고 하더라도 연합국 측에는 공황 상태 같은 것이 생겼다. 전선에서 몇 백 마일 떨어진 본부의 참모들이 퇴각을 위해 짐을 싸는 일도 벌어졌다. 점점 연합국의 반격이 거세졌다. 남쪽에서 패튼이 바스토뉴를 구하러 자신의 군대를 90도 틀어서 십삼만삼천 대의 차량을 75마일 이동해왔다. 독일의 선봉이 불려들어옴에 따라 아이젠하워는 브래들리가 주머니the Bulge 라는 이름이 붙은 돌출부 북쪽과 남쪽에서 미군을 제대로 지휘하지 못할까봐 두려워했다. 그래서 그는 몽고메리에게 북쪽의 전체 지휘권을 주었다. 이 일은 다소 나쁜 감정을 불러일으켰다. 12월 20일 몽고메리는 마치 예수가 성전을 정화하러 들어오는 것처럼 미국 장군 하지스Courtney Hodges의 사령부로 성큼성큼 걸어들어 왔다. 나중에 그는 기자 회견에서 승리의 공적을 전부 자신에게 돌림으로써 상황을 악화시켰다.

몽고메리는 확실히 전투를 잘 조직해서 효과적인 형태로 만들었다. 그러나 결과는 미국의 승리였다. 영국 군대는 별다른 역할을 하지 않았다. 12월 24일, 날씨가 맑았고, 연합국 항공기들은 독일 전차를 무참히 파괴했다. 이틀 후 패튼은 바스토뉴를 구해냈다. 이로써 독일이 승리할 가능성은 완전히 사라졌다. 히틀러의 고집으로 전투는 보름 더 지속되었다. 독일인들은 사실상 전차를 모두 잃었다. 미국인들이 그보다 더 많은 전차를 잃었지만 그들은 손실을 보충할 수 있었던 반면 독일인들은 그럴 수 없었다. 이것이 히틀러의 마지막 도박이었다. 계획으로 보면 훌륭하지만 실행이 불가능한 일이었다. 전쟁의 신은 재간을 사랑하지 않는다. 그는 대군을 사랑한다.

아르덴 공세에 부작용이 있었다. 양동작전으로 독일인들은 1945년 1월의 첫날에 스트라스부르 공격을 개시했다. 아르덴을 위해 군대가 필요했던 아이젠하워는 스트라스부르를 포기하라는 명령을 내렸다. 드 골이 분개해 일어났고 프랑스 사령관에게 후퇴하지 말라고 명령했다. 스트라스부르는 성공적으로 지켜졌다. 아이젠하워와 드 골의 다툼은 어떻게든 해서 수습되었다. 하지만 이 일은 연합국 사이의 불화가 전쟁이 끝나는 승리의 해에 부딪히게 될 어려움 중 하나가 될 것임을 경고했다.

10장

전쟁의 종결
1945년

1945년이 시작될 때 연합국은 아이러니하게도 단결을 보여주었다. 영국-미국의 프랑스 상륙은 제2의 전선을 만들어주었고 따라서 러시아인들의 부담을 얼마간 덜어주었다. 1945년 1월에 서방 연합국은 소련에게 자신들의 부담을 덜어줄 제2의 전선을 만들어줄 것을 호소했다. 독일의 아르덴과 스트라스부르 공세를 아직 꺾지 못한 상황에서 아이젠하워는 부관 테더를 모스크바로 보내 도움을 요청하게 했다. 처칠은 스탈린에게 전보를 보냈다. "서부전투가 매우 심각합니다. 나는 상황이 긴급하다고 봅니다." 스탈린은 충실하게 대답했고 예정된 소련의 공격 날짜를 앞당기기로 약속했다. 처칠은 "그 너무나도 기쁜 전언에 대단히 고마워했고" 후에 이렇게 적었다. "러시아인들이 확실히 많은 인명 손실을 입으면서까지 대규모 공세를 서두른 것은 매우 훌륭한 행동이었다."

스탈린은 시간을 허비하지 않았다. 1월 20일로 계획되어 있던 소련의 공세는 1월 12일에 시작되었다. 서부전선에는 70개의 독일 사단이 있는 반면 러시아인들은 170개 사단에 대항하고 있었다. 그러나 이 가운데 30개는 히틀러가 아직 신형 유보트를 훈련시키고 싶어 하는 곳인 발트 해안의 일부를 지키고 있었고 28개는 헝가리의 석유와 보크사이트를 지키기 위해 싸우고 있었다. 오로지 75개의 사단이 네멘 강부터 산 강까지의 긴 전선을 지키고 있었다. 러시아인들은 인적 자원에서 5.5대 1, 포는 7.8대 1, 전차는 5.7대 1, 항공기는 17.6대 1의 국지적 우세가 있었다. 그렇다 하더라도 쉬운 작전은 아니었다. 대기는 눈과 함께 안개가 자욱하게 끼어 있었다. 이런 상황에서 발휘되는 전차의 장점은 오직 하나, 움직인다는 것이었다. 러시아인들은 엄청난 속도로 나아갔다. 중앙에서는 주코프가 1월 17일에

사진136
바르샤바, 1945년 1월:
마침내 해방되었다.

바르샤바를 점령했다. 훨씬 남쪽에서는 코니에프Ivan Konev가 독일의
두 번째로 큰 공업지대이자 이제까지 폭격을 입지 않은 슐레지엔에
침입했다. 러시아군은 18일만에 대략 비스툴라 강부터 오데르 강까
지 300마일 넘게 전진했다. 퀴스트린 근처에서 그들의 선봉은 베를
린을 겨우 40마일 앞두게 되었다.

주코프는 자신의 군대에 승리를 공고히 하라고 명령했고 그
러고 나서 2월 15~16일에 베를린을 번개 같은 속도로 돌격해 점령
할 것이라고 말했다. 2월 6일 스탈린이 얄타에서 그에게 전화를 걸었
다. 스탈린이 물었다. "어디 있소? 무엇을 하고 있소?" 주코프는 "저
희들은 베를린 작전을 계획하고 있습니다"라고 대답했다. 스탈린은
"귀관은 시간을 허비하고 있는 것이오"라 말하고 공격을 취소했다.
십중팔구는 엄격하게 군사적인 이유에서 멈추었을 것이다. 스탈린
은 조심스런 지휘관이었다. 러시아인들은 200마일내지 300마일을

사진137 빈으로 향하는 소련군.

전진하고 나면 항상 공격을 중지했다. 이제 그들은 군수가 바닥났다. 아직 점령하지 못한 포즈난과 브레슬라우 때문에 그들의 병참이 방해를 받았다. 리델 하트가 이름 붙인 과도 확장의 법칙이 실제로 작용했다.

더욱이 주코프의 선두 부대는 이제 곤란한 돌출부에 위치해 얼마만큼 강한지 알 수 없는 독일의 두 군대를 양쪽에 두게 되었다. 또한 스탈린은 히틀러가 스탈린그라드에서 저지른 실수나 1943년 2월 독일인들이 카르코프를 재점령했을 때 자기 자신이 저지른 실수를 반복하려 하지 않았다. 그의 염려는 근거가 없지 않았다. 이제 독일 참모총장이 된 구데리안은 반격의 기회를 엿보고 있었고, 히틀러와의 긴 설전 끝에 2월 10일에서 14일 사이에 한번 시도했다. 이 공격은 성공적이지 못했으나 만약 주코프가 서쪽으로 더 밀고 나갔다면 어떤 일이 벌어졌을지 경고해주었다.

스탈린의 결정은 후에 다소 논란거리가 되었다. 소련의 군대 중 하나를 지휘했던 추이코프가 베를린을 10일안에 점령할 수 있었을 것이라고 1964년에 주장했다. "이로써 전쟁이 끝날 수 있었을 것이다." 1940년에 히틀러가 됭케르크 외곽에서 독일 전차들을 정지시킨 명령에 비교해 스탈린의 공격 중지 명령은 최악의 실수로 간주되었다. 서부전선에서 아이젠하워의 직무수행과 관련해서는 특별히 몽고메리로부터 유사한 비판이 나왔다. 연합국 군대에는 스탈린과 아이젠하워보다 더 훌륭하게 전역을 수행할 수 있었던 장군들이 많았던가 보다. 다행히 역사가들은 그런 문제들을 해결할 필요가 없다.

스탈린은 어쩌면 너무 조심스러웠을지 모르겠다. 그가 어떤 정치적인 동기에서 행동했다는 한 조각의 증거도 없다. 베를린 점령

이 서방 연합국을 놀라게 할까 싶어 그러지 않으려고 한 것은 확실히
아니다. 예상할 수 있던 대로, 중앙에서 멈추었을 때 그는 훨씬 남쪽
에서 공격을 재개했다. 2월 11일 러시아인들은 마침내 부다페스트를
점령했다. 독일의 저항은 아직 거셌다. 3월 중순에 ── 전선 어디에서
든 마지막인 ── 독일의 공격으로 러시아인들은 오스트리아 국경 밖
으로 밀려났다. 곧 그들은 다시 앞으로 나아갔다. 러시아인들은 슬로
바키아를 휩쓸고 4월 13일 빈을 점령했다. 사흘 뒤 베를린을 향한 최
종 공세를 개시했을 때 중부유럽 전체와 오스트리아의 일부가 그들
의 손에 있었다.

　　　대연합이라는 화려한 수식어의 이면에는 확실히 서로 간의
의심이 있었다. 동방과 서방은 서로 상대방이 너무 크게 승리하는 것
을 두려워했다. 또한 양측은 상대방이 독일인들과 단독으로 강화를
맺을까 봐 혹은 심지어 독일인들의 협력을 얻을까 봐 두려워했다. 이
러한 두려움 가운데 소련의 두려움에는 좀 더 근거가 있었다. 소련이
독일인들과 강화를 맺을 가능성은 전혀 없었다. 1943년 비버브룩이
말했듯이 "러시아인들의 시체가 도중에 가로막고 있다. 그 묘지를 쉽
게 지나갈 수는 없을 것이다". 서방에서는 처칠이 이미 공산주의의
위험에 대해 경고를 발하고 있었다. 조금 뒤에 그는 실제로 몽고메리
에게 러시아인들에게 대항해 사용할 수 있으니 독일의 무기를 보존
하라고 명령했다. 그러나 이는 일어난 일들을 몇 달 후나 심지어 몇
년 후의 관점에서 해석한 것이다. 위대한 역사가 메이틀런드Frederic
William Maitland는 다른 역사가들에게 이렇게 경고한다. "이제는 오래
전의 일이 되어 버린 과거의 사건들이 한때는 미래에 있었음을 잊지
않고 기억하기란 매우 힘들다."

　　장래가 어떻게 되든지 간에 세 명의 대단한 지도자들이 2월 4일에서 11일까지 마지막으로 얄타에 모였을 때 연합국의 화합에는 한 치의 틈도 없었다. 처칠의 심기가 대단히 불편하게도 루스벨트와 스탈린은 친밀한 관계를 쌓았다. 이번 한 번만큼은 진지한 타협과 성공적인 협조가 있었다. 스탈린은 루스벨트의 국제연합 수립 계획에 동의했고 프랑스가 독일 안에 점령지역을 가져야 한다는 처칠의 제안에 동의했다. 처칠과 루스벨트는 소련의 서쪽 국경은 아니더라도 소련의 폴란드에 대한 계획에 동의했다. 루스벨트는 얼마나 많이 받을 것인가에는 동의하지 않았지만 러시아가 독일로부터 잃은 만큼 배상을 받아야 한다는 데 동의했다. 가장 중요한 합의는 극동에 대한 것이었다. 미국인들은 일본에 대항한 힘든 싸움을 내다보고 있었고, 스탈린이 유럽 전쟁이 끝나면 석 달 안에 극동 전쟁에 참여할 것을 약속했을 때 기뻐서 어쩔 줄 몰랐다. 그들은 스탈린이 장제스를 완전히 인정하고 중국 공산당의 승리를 조장하기를 원치 않는다고 확인해주자 역시 기뻐했다. 이러한 보장은 미국인들이 생각하던 이유 때문은 아닐지라도 사실이었다.

　　얄타는, 메테르니히Klemens von Metternich의 표현을 빌리자면, "매우 아름다운 작은 회의"였다. 표면적으로는 연합국의 화합이 이번만큼은 전쟁에서 승리한 이후에도 지속될 것이라는 기대가 가득했다. 미국의 국무장관 스터티니어스Edward Reilly Stettinius, Jr.는 "소련은 얄타에서 미국과 영국에게 자신이 받은 것보다 더 큰 양보를 했다"고 적었다. 루스벨트의 측근 자문역인 해리 홉킨스Harry Hopkins는 훨씬 더 격앙되었다.

정말로 우리는 이로써 우리가 갈구하던 새로운 날의 여명을 맞았다고 진심으로 믿었다. …… 러시아인들은 자신들이 이성적이고 분별력이 있을 수 있다는 것을 보여주었다. 우리가 그들과 함께 살아갈 수 있고 우리가 꿈꾸는 미래에 이르기까지 평화롭게 나아갈 수 있다고 하는 데 대해서 대통령이나 우리 가운데 그 어느 누구에게도 어떠한 의심도 없었다.

처칠은 이러한 결론에 찬성했다. 2월 19일에 그는 자신이 러시아인들이 영어를 사용하는 두 민주주의 국가들과 조화롭게 협력하기를 열망한다는 아주 강한 느낌을 받았다고 전시 내각에 말했다. 스탈린 수상은 처칠이 매우 신뢰하는 막강한 권력자였다.

　　알타 회담은 후에 나쁜 평판을 얻게 되었다. 서방 국가들이 스탈린에게 놀아났다는 것이었다. 서방국가들이 스스로의 희망에 속았다고 하는 편이 더 진실에 가까울지 모르겠다. 그들은 자신들을 위해서 소련이 독일인들을 패배시킬 것이고 그러고 나서는 소련 스스로 원래 자신의 국경 — 1939년의 국경은 아니더라도 최악의 경우라도 1941년의 국경 — 으로 후퇴할 것이라고 생각했다. 이는 소련의 의도가 아니었다. 동유럽에서 독일의 세력이 무너짐에 따라 승리의 불가피한 결과로 소련의 힘이 진공상태로 빨려 들어갔다. 동유럽에서 러시아인들은 영국인들과 미국인들이 서유럽에서 그랬던 것처럼 정치적으로 행동했다. 영국인들과 미국인들이 이탈리아에서 그랬던 것처럼 패배한 위성국가들과 단독으로 휴전조약을 맺었고, 영국인들과 미국인들이 이탈리아와 프랑스에서 공산주의자들을 경계했던 것처럼 반공산주의자들을 권력에서 배제했다. 루마니아에서 비신스키Andrey Vyshinsky는 이집트에서 킬런 경Miles Lampson, 1st Barron Killearn이 사용했던 것과 동일한 방법을 사용해서 정부 교체를 강제했다. 그 역시 왕궁을 전차로 포위했다.

폴란드는 특별한 경우였다. 영국인들에게는 폴란드에 대한 의무가 있었다. 본래 동맹국으로서의 의무에 더해 서유럽에서 그들과 같이 싸운 폴란드군 때문에 생긴 의무였다. 그들은 자유선거를 계속해서 주장했다. 그러나 여기에도 비껴갈 수 없는 딜레마가 있었다. 폴란드-소련 관계의 지난 역사를 생각해볼 때 자유선거를 통해 소련에 우호적인 폴란드 정부가 탄생할 가능성은 없었다. 러시아인들은 지배를 원하지 않았다. 공산주의를 확산시키기를 원하지도 않았다. 원하는 것은 안보였지만 오로지 공산주의자들이나 동조자들만이 안보를 제공해줄 수 있었다. 하지만 이것이 얄타 회담이 불신된 근본적인 원인은 아니었다. 1945년 2월에 서방 연합국은 여전히 독일인들과 격렬하고 피 튀기는 전투를 치를 것을 예상하고 있었고 — 영국 참모부는 심지어 유럽 전쟁이 11월까지 지속될지 모른다고 생각했다 — 단결을 가장 중시했다. 나중에 승리가 예상외로 쉬울 것으로 드러났을 때 영국인들과 미국인들은 자신들이 소련을 동등한 협력자로 대한 것을 후회했다. 연합국의 협력이 얄타 협정으로 깨진 것이 아니다. 협력이 깨진 것은 영국인들과 미국인들이 협정을 부인했기 때문이다.

2월의 염려는 연합국의 폭격 재개로 드러났다. 미국인들은 다시 종합 석유 공장에 폭격을 집중했다. 아서 해리스 경은 이러한 공격이 "만병통치약"이냐고 조롱하며 지역 폭격을 고집했다. 그는 자기 방식대로 했다. 한번만 더 공습을 하면 천둥 같은 폭격소리가 독일인들의 사기를 무너뜨릴 것이었다. 만약 공격이 러시아인들을 또한 돕게 된다면 더 좋은 일일 것이었다. 해리스는 이전에 공격을 받은 적이 없는 드레스덴을 목표로 삼았다. 드레스덴은 2월 13일과 14일에 천 대가 넘는 항공기에 의해 폭격을 당했다. 저항은 없었다. 드레스덴은 러시아인들을 피해서 온 피난민들로 가득했고, 독일인들은 사망자가 이십오만 명에 이른다고 주장했다. 20년 후 시 당국은 정확한 수가 이만오천이라고 확인했다.

　　드레스덴 공격은 수없이 행해진 다른 공격들과 다를 바 없었고 많은 경우들과 비교해서 덜 심했다. 그러나 겨우 석 달 후 전쟁이 끝났을 때 드레스덴 공격은 적절하지 못했던 것으로 보이게 되었고 모든 사람들은 독일의 저항이 2월에는 여전히 만만치 않게 여겨졌다는 사실을 잊어버렸다. 처칠로부터 아래에 이르기까지 민간 지도자들은 자신들이 사실상 승인했던 드레스덴 공습에 대한 책임을 서둘러 부인했다. 전후 폭격기 사령부는 잊혀지는 지경에 처했다. 처칠은 승리를 알리는 방송에서 폭격기 사령부를 언급하지 않았다. 폭격기 사령부를 위한 종군 훈장이 만들어지지 않았다. 전쟁 지도자들 가운데 오로지 아서 해리스 경만 상원으로 올려 보내지지 않았다. 그러나 무차별 폭격은 4년 동안 여론과 정치인들 양쪽으로부터 많은 성원을 받은 영국의 업적이었다.

　　서부에서 승리를 거두기까지 영국인들과 미국인들 간에 또 다른 실랑이가 없었던 것은 아니었다. 얄타로 가는 길에 몰타에서 연합 참모부가 격렬하게 논쟁을 벌였다. 그들의 논쟁이 "비공개 회의라는 훌륭한 베일에 가려져" 은폐되어야만 했을 정도였다. 아이젠하워는 전선의 넓은 지역으로 전진하는 자신의 전략, 혹은 불리던 대로, 집에 기대어 있는 코끼리 전략 ── 시간이 걸리겠지만 언젠가 무너진

다는 뜻의 — 을 고수했다. 몽고메리는 북쪽에서 한곳으로 힘을 모아 발트 해안 혹은 베를린까지 휩쓸고 올라가며 진격하기를 원했다. 교과서적인 방법을 실행에 옮기는 데 뛰어난 몽고메리가 되풀이해서 자신을 전격전의 지휘관으로 만들어버린 것은 신기한 일이다. 시칠리아에서 그리고 다시 노르망디에서 그는 자신의 진짜 역할이 패튼 지휘 하의 미국인들이 다른 어디에선가 탈출구를 찾아 나가고 있을 동안 독일군을 저지하고 있는 것인데도 매번 자신이 뚫고 나갈 준비가 되어 있다고 주장했다. 이제 일어난 상황에 따라 다시 한 번 결정이 내려졌고 이전의 방식이 반복되었다. 몽고메리가 보름 동안 라인 강을 향해 싸워나가고 있는 동안 훨씬 남쪽에서 미국인들은 레마겐에서 폭파되지 않은 교량을 발견했고 3월 7일에 이르러서 단 14명의 사상자만을 내고 라인 강을 건넜다. 몽고메리의 군대는 3월 23일까지 라인 강을 건너지 않았다. 그때까지 패튼의 전차들이 그들보다 먼저 라인 강 동안에서 장애물들을 제거하고 있었다.

아이젠하워의 다음 조치는 어쩔 수 없이 현재 상황을 따를 수밖에 없었다. 그의 병력 가운데 더 큰 부분을 이루는 미국 군대들은 독일 중부에 있었다. 몽고메리는 영국군과 캐나다군만을 이끌고 북쪽에서 전진해야 했다. 처칠은 아이젠하워에게 베를린으로 가서 러시아인들보다 먼저 그곳을 점령하라고 재촉했다. 아이젠하워는 이는 순전히 정치적으로 설정된 목표라고 무시하며 따르기를 거부했다. 정치적인 목표 자체도 무의미했다. 베를린은 이미 독일의 실질적인 수도가 아니었고, 베를린 점령은 로마의 경우가 그랬던 것처럼 더는 결정적인 일이 될 수 없었다. 게다가 베를린은 장기적인 협정에 따라 소련 지역으로 귀속되어 이미 돌이킬 수 없었다. 그렇다면 러시아인들의 베를린 점령에 수반될 삼십만의 사상자를 구해주고 자신들이 대신 희생해야 할 이유가 무엇인가? 아이젠하워는 좀 더 긴급한 목적을 염두에 두고 있었다. 사람들은 독일인들이 마지막 저항을 하려고 바이에른에 국가 요새를 마련해두었다고 널리 믿고 있었다. 요새는 사실 허구였다. 어느 기자의 상상의 산물이었다. 그러나 마지막 몇 주에 아이젠하워의 전략이 이에 따라 결정되었다.

　　마지막 공격이 시작되기 전 휴지기가 4월의 첫 두 주일 동안에 있었다. 한동안 건강이 쇠약해져오던 루스벨트 대통령이 4월 12일에 갑자기 서거했다. 어쩌면 그가 자신의 소망이 좌절되는 것을 보지 않게 해주는 운명의 개입이었을지도 모르겠다. 후임자인 트루먼은 경험이 없을뿐더러 그의 이전 발언들에서 볼 수 있듯이 러시아인들과 협력하고자 하는 의지도 약했다. 베를린에서 히틀러는 루스벨트의 서거가 1762년 러시아 옐리자베타Yelizaveta Petrovna 여제의 죽음이 프리드리히 2세를 구한 일과 비견되는 기적이라고 믿었다. 그는 곧 미몽에서 깨어났다. 서방 국가들로부터 타협을 통해 강화하자는 어떠한 제안도 오지 않았다. 4월 20일 히틀러는 자신의 생일을 자축했다. 이는 제3제국의 장례식이었다. 이틀 뒤 히틀러는 부하들을 떠나보냈다. 카이텔과 요들은 할 수 있는 한 전쟁을 이끌기 위해 떠났다. 괴링은 연합국과 강화를 맺으러 갔다. 최소한 그는 그러기를 바랐다. 히틀러는 요들에게 "충실한 사람들이 내 곁에서 싸우는 한 나는 싸울 것이고 그러고 나서 목숨을 끊겠소"라고 말했다. 오로지 괴벨스와 그의 가족들이 지하 벙커에 히틀러와 함께 남아 있었다.

　　그리고 이제 군 전체가 행동을 취하고 있었다. 이탈리아에서는 SS 장성 볼프Karl Wolff가 한동안 연합국 대표들과 협상을 해왔었고, 서방 국가들이 독일과 타협을 시도한다는 스탈린의 의심을 불러 일으켰다. 4월 중순 연합국 군대들이 마침내 진격했을 때 그들은 거의 저항에 부딪히지 않았다. 4월 23일 그들은 포 강을 건넜다. 브라질 군대가 토리노를 점령했다. 확실히 왜 그들이 거기에 있었는지는 다소 혼란스러웠다. 태평양에서 복무하는 것이 금지되어 있던 일본계 미국인들이 프랑스 국경에 다다른 첫 번째 연합국 군대가 되었다. 이탈리아 빨치산들은 밀라노, 제노바, 그리고 베네치아를 접수했다. 베네치아에서 비정규군 지도자 폽스키Popski, Vladimir Peniakoff가 산마르코 광장으로 자신의 지프를 몰고 갔다. 무솔리니가 은둔하고 있다가 모습을 드러냈다. 그는 밀라노의 빨치산들과 타협을 하고자 했다. 그러다가 겁을 먹고 알프스의 산길로 퇴각하는 독일의 호위대를 따라갔다. 돈고Dongo의 코모 호수에서 빨치산들은 호위대를 멈춰 세웠고 무솔리니가 숨어 있던 화물차에서 그를 끌어내갔다. 그를 어떻게 할지 몰라 당황했던 빨치산들은 무솔리니와 그를 따르던 정부 클라라 페타치Clara Petacci를 한 농가에 두었다.

다음 날 한 공산당 빨치산 대령이 도착했다. 무솔리니가 말했다. "나를 구하러 온 거요? 제국을 주겠소." 페타치는 침대보 밑을 뒤졌다. 뭐하냐는 질문을 받고서 그녀는 "속바지를 찾는다"고 대답했다. 대령은 그들을 길 아래로 수백 야드 끌고 가서 무솔리니를 벽에 세웠다. 페타치가 그를 보호하려고 하자 총으로 둘 다 쏘았다. 몇 시간 후에 그들의 시신이 밀라노로 실려 와서 어느 주유소 밖에 거꾸로 매달렸다. 무솔리니는 자신의 결백이 증명되기를 바란다는 서신을 휴대하고 있었다. 아마도 그는 또한 외국환과 다른 귀중품들을 지니고 있었을 것이다. 이 "돈고의 보물"은 사라졌고, 이를 얻으려했던 사람들은 목숨을 대가로 치렀다. 무솔리니는 분에 넘치는 행세를 하려고 했던 별 볼일 없는 독재자였다. 어쩌면 물러난 파시스트 디노 그란디 백작이 무솔리니에 대해 평가를 가장 잘 내렸는지도 모르겠다. "불쌍한 무솔리니."

4월 29일 이탈리아에 있던 독일군이 저항을 멈췄고, 그들의 무조건 항복은 5월 2일에 발효되었다. 이때 연합국 사령부는 연합국의 지배가 공고해질 때까지 무장을 유지하라는 명령을 실제로 받은 독일인들을 패배시키는 것보다도 이탈리아와 유고슬라비아 빨치산들을 미리 제압하는 데 더 관심이 있었다. 이탈리아 빨치산들은 뜻밖에도 다루기 쉬웠던 것으로 드러났다. 그들은 공산당의 명령에 따라 무기를 넘겼다. 레지스탕스 조직은 공식적으로 해체되었다. 십오만 명의 무장 병력이 6월초에 이르자 마치 원래 없었던 것처럼 사라져 버렸다. 티토는 문제를 더 많이 일으켰다. 그의 빨치산들이 바로 뉴질랜드 사람들에 앞서 트리에스테로 들어가, 아직은 이른 것으로 드러났지만, 냉전의 첫 무대를 준비했다.

독일에서도 서방 연합국은 전투다운 전투를 거의 하지 않았다. 대략 20개의 독일 사단이 동부전선으로 이동했다. 남아 있는 독일군의 주력은 루르에서 포위되고 봉쇄되어 있었다. 4월 18일에 삼십만 명이 항복했다. 최고 사령관 모델은 자살했다. 이후 연합국의 전진은 개선 행진이었다. 몽고메리가 함부르크를 점령하고 발트 해안에 도달해 덴마크를 러시아인들의 손에 들어가지 않도록 확보했다. 4월 25일 미국과 소련 군대가 엘베 강의 토르가우에서 만났다. 서로 어깨를 걸고 전우애를 보여준, 짧지만 극적인 장면이었다. 훨씬 남쪽에서는 프랑스 군대가 슈투트가르트를 점령했고 또 다른 프랑스 군대가 티롤을 통과했다. 패튼은 체코슬로바키아 국경을 지났고 프라하를 해방하기를 바랐다.

러시아인들은 오랫동안 베를린 공격 시기를 4월 중순으로 잡고 있었다. 아마도 그들은 서방 연합국이 자신들보다 앞서 베를린에 이를지 모른다는 잘못된 염려 때문에 서두른 것 같다. 어쨌거나 스탈린은 "시시한 연합국 국가들이 붉은 군대보다 먼저 베를린에 도달하려 하는군"이라고 말한 것으로 알려져 있다. 스탈린은 자신의 군대를 경쟁시켰다. 주코프는 동쪽에서 코니에프는 남쪽에서 공격할 예정이었는데, 누가 이기든 좋은 것이었다. 마지막 작전은 쉽지 않았다. 남아 있던 모든 독일군은 궁지에 몰려 있었다. 러시아인들은 2백만 명의 군인, 4만1천 문의 포, 6천3백 대의 전차, 그리고 5천 대의 항공기를 배치했다.

러시아의 공격은 4월 16일에 시작되었다. 지하 벙커에서 히틀러는 환상속의 군대를 지휘하며 여전히 독재 권력을 휘두르고 있었다. 그는 구데리안을 참모총장에서 면직하고, 언젠가 기차역에서 스탈린에게 안겼던, 아첨꾼 크렙스를 그 자리에 임명했다. 히틀러는 괴링과 히믈러가 항복 협상을 하려 했다는 보고를 받고 우선 괴링을, 다음으로 히믈러를 해임했다. 4월 29일에는 이미 지하 벙커에까지 총성이 작게 들려왔다. 히틀러는 종말이 다가왔음을 알아차렸다. 그는 오랜 동안 자신의 정부였던 에바 브라운Eva Brown과 결혼했고, 유언장을 작성했으며, 되니츠 제독을 후임자로 임명했다. 그의 생각에 이는 자신을 위해 싸우다 진 장성들을 모욕하는 일이었다. 유언장의 마지막 문장은 이렇다.

무엇보다도 나는 국가의 지도자들과 그 밑에 있는 사람들에게 인종에 관한 법령을 철저히 준수하고 모든 민족을 오염시키는, 전 세계에 퍼져 있는 유대 민족에 가차 없이 대항할 것을 명한다.

4월 30일 히틀러는 몇 명 남지 않은 부하들에게 고별인사를 했다. 그와 에바 브라운은 자신들의 방으로 들어갔다. 그녀는 음독했고 히틀러는 권총으로 자살했다. 그들의 시신은 정원으로 실려 나왔다. 석유가 뿌려지고 불이 붙었다. 근위병들이 마지막 경례를 했고 대피호로 다시 들어갔다. 유골이 어떻게 되었는지에 대해서는 알려지지 않았다. 러시아인들이 시신을 발견해서 유린했다고 주장했다. 시신의 확인은 논란이 되어왔고, 히틀러의 유골은 영원히 사라진 것 같다. 하지만 그가 권총으로 자살했고 제3제국이 이후로 오래 가지 못했다는 사실은 확실하다.

사진138 엘베 강에 도달한 소련군: 길이 끝났다.

사진139 베를린 상공의 소련 항공기.

　다음 날 아침 크렙스는 부분적인 항복을 교섭했다. 그가 만난 러시아 장군은 스탈린그라드의 영웅 추이코프였다. 크렙스는 추이코프에게 히틀러가 죽었다고 말하고 나서 알랑거리면서 "오늘은 우리 두 나라에 큰 기념일인 5월의 첫날입니다"라고 말했다. 추이코프는 대답했다. "우리에게는 오늘이 큰 기념일이오만 거기 당신들에게는 어떤지 말하기 쉽지 않군요." 크렙스의 제안은 거절당했다. 괴벨스는 온가족에게 총을 쏘고 자살했다. 다음 날 베를린 수비대의 사령관이 칠만 명의 군인을 이끌고 항복했다. 도시에서 조직적인 항복은 없었다. 독일의 마지막 저항은 동물원 안의 방공호에서 있었다고 한다.

　되니츠는 제국의 새로운 수반으로서 자신의 역할을 이행하려고 애썼다. 그는 동부전선에서 싸움을 계속하면서 서부전선에서 항복을 이루어내려고 안간힘을 썼다. 아이젠하워는 되니츠의 제안을 거절했다. 부분적인 항복이 일어났다. 5월 4일 북쪽의 독일군이 뤼네부르크 하이데에서 몽고메리에게 항복했다. 서방 연합국은 전부

삼백오십만 명을 포로로 삼았
다. 이탈리아에서 백만, 독일에
서 이백오십만이었는데 독일
에서 포로가 된 사람들 중 상당
수가 확실히 동부전선에서 러
시아인들로부터 도망쳐온 이
들이었다. 5월 7일에 요들이 렝
에 있는 아이젠하워의 사령부
에서 무조건 항복에 서명했다.
다음 날 베를린에 있는 주코프
의 사령부에서 다시 한 번 서명
이 반복되었다. 전쟁이 언제 공
식적으로 종료되었는지는 혼란
이 있었다. 스탈린은 베를린에

사진140 독일제국 수상관저,
1945년 5월.

서 비준이 이루어질 때까지 소식을 묶어두고 싶어 했다. 처칠에게 유
감스러울 일은 아니지만 한 미국인 기자가 보도 금지를 깼다. 그리하
여 서방 연합국은 유럽 전쟁 승전기념일V-E day을 5월 8일에 축하했
고 러시아인들은 5월 9일에 했다.

　　전쟁이 공식적으로 종료된 후까지도 몇 군데에서 독일의 항
복이 지연되었다. 노르웨이에서는 전투를 경험하지 못했던 삼십오
만의 독일군이 5월 8일에 항복했다. 이만 명의 막강했던 채널 제도
수비대는 5월 9일에 항복했다. 마지막으로 항복한 독일인들은 5월
11일까지도 저항했던 헬리고란트에 있었던 것으로 보인다. 유럽에
서 마지막 전투 장면은 참으로 기묘하게도 이제껏 전쟁의 모든 참화

를 피했던 도시인 프라하에서 있었다. 체코 레지스탕스가 5월 5일
에 봉기했다. 러시아인들은 아직 멀리 떨어져 있었지만 패튼은 이미
필센에 있었다. 트루먼으로부터 정치적 목적으로 미국인들의 생명
을 위험에 빠뜨리기 싫다는 말을 들은 아이젠하워는 패튼이 움직이
는 것을 허락지 않았다. 체코인들은 전부 팔천 명의 많은 사상자를
냈다. 그들은 아마도 더 많은 희생을 겪었을 것이다. 슬로바키아에서
퇴각하던 독일의 기갑 사단 하나가 프라하로 향했다. 이 사단은 블라
소프Vlasov 군대에게 저지당했다. 독일군의 포로가 된 블라소프Andrey
Andreyevich Vlasov장군을 중심으로 독일 편에서 싸우기 위해 만들어진
소련의 배반자들의 군대였다. 그들은 이제 감정에서 솟구치는 슬라

사진141
항복 후 베를린 수비대의
장교와 병사.

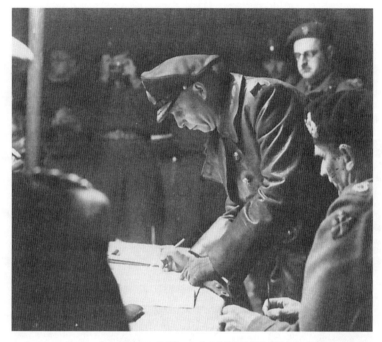

사진142 뤼네부르크 하이데에서 독일의 항복을 받아들이는 몽고메리.

브 단결의 대의에 응해 프라하로 가는 길을 막았다. 이러한 방식으로 프라하는 러시아인들에 의해 구해졌다. 소련군에 의해서가 아니라 배반자들에 의해서였다. 소련군은 5월 12일이 되어서야 프라하에 진주했다. 블라소프의 때늦은 참회는 소용이 없었다. 그는 러시아인들에게 넘겨져서 많은 부하들과 함께 교수형을 당했다.

전쟁이 공식적으로 끝났을 때 또 다른 무장 충돌이 거의 일어날 뻔했다. 슬프게도 그리고 역설적으로 티토의 유고슬라비아와 서방 연합국들 사이에서였다. 전쟁이 끝나는 며칠 동안 유고슬라비아 빨치산들이 이스트라와 트리에스테를 점령했다. 이스트라는 인구 면에서 명백하게 슬라브(슬로베니아와 크로아티아) 지역이었다. 트리에스테에

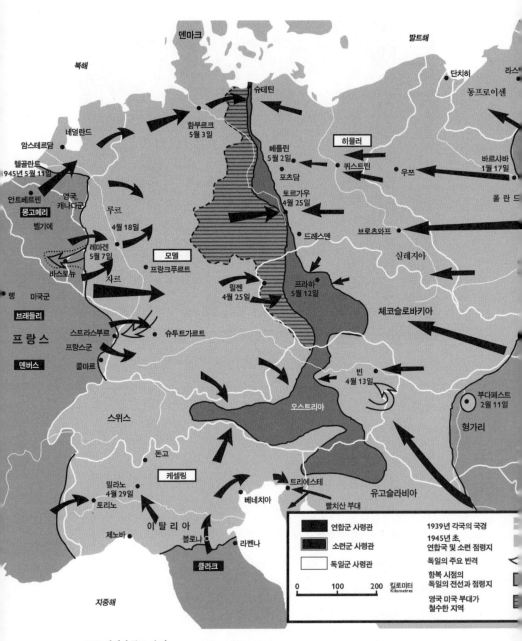

덴마크

북해

발트해

단치히

동프로이센

라스

히믈러

슈테틴

함부르크
5월 3일

베를린
5월 2일

퀴스트린

우쯔

바르샤바
1월 17일

네덜란드

암스테르담

핼골란트
1945년 5월 11일

안트베르펜

영국,
캐나다군

몽고메리

벨기에

렝

미국군

브래들리

프 랑 스

덴버스

루르
4월 18일

레마겐
5월 7일

바스토뉴

자르

모델

프랑크푸르트

포츠담

토르가우
4월 25일

드레스덴

필젠
4월 25일

프라하
5월 12일

브로츠와프

실레지아

폴 란 드

체코슬로바키아

스트라스부르

프랑스군

콜마르

슈투트가르트

빈
4월 13일

부다페스트
2월 11일

스위스

오스트리아

헝가리

돈고

케셀링

밀라노
4월 29일

토리노

제노바

이 탈 리 아

볼로냐

라벤나

베네치아

트리에스테

발치산 부대

유고슬라비아

클라크

지중해

연합군 사령관

소련군 사령관

독일군 사령관

0   100   200   킬로미터
                   Kilometres

1939년 각국의 국경

1945년 초,
연합국 및 소련 점령지

독일의 주요 반격

항복 시점의
독일의 전선과 점령지

영국 미국 부대가
철수한 지역

지도27 전쟁의 종료, 유럽.

는 상당 규모의 슬라브 소수 민족이 살고 있고 슬라브 영토에 둘러싸여 있었다. 처칠은 이제 티토에 대한 미몽에서 깨어나 그를 소련의 어떤 사악한 목적을 위해 아드리아 해에 기지를 얻으려고 애쓰는 스탈린의 요원으로 간주했다. 따라서 그는 필요하다면 "무력을 써서라도" 유고슬라비아인들을 트리에스테에서 몰아내기 원했다. 트루먼은 처음에는 동맹국가에 적대하는 것을 주저했었는데 이번에는 무력을 찬성하게 되었다. 사실 이미 티토를 못마땅하게 생각했던 스탈린은 타협을 종용했다. 6월 9일에 유고슬라비아 군대가 트리에스테에서 철수했다. 티토는 "우리는 무거운 마음으로 이 크나큰 희생을 감내할 수밖에 없다"라고 말했다. 그는 스탈린을 용서하지 않았고, 소련이 트리에스테 문제에 관해 유고슬라비아를 돕지 못함으로 인해 그가 1948년 스탈린과 결별하는 길로 들어서게 되었다.

독일과 오스트리아에서도 또한 연합국 관할 지역을 정하는 일이 갈등 없이 해결되지는 못할 것이라는 조짐들이 있었다. 여기서도 처칠은 전투적인 자세였다. 그는 만약 러시아군이 합의된 것보다 더 전진하기로 결정한다면 — 사실 그렇게 한 쪽은 러시아인들이 아니라 서방 연합국들이었다 — 그리고 되니츠의 잔당 정부가 5월 23일까지 잠재적인 동맹국으로서 유지된다면 러시아 군대의 병참선을 공격하기 위해 공군력을 사용할 것을 고려했다. 미국인들은 이러한 재촉을 무시했다. 여론이 하루아침에 소련에 적대하는 방향으로 돌아서지 않을 것이었다. 게다가 유럽에서 서방 연합국은 러시아인들 병력의 반도 못 가지고 있었고 파괴된 독일군을 자신들의 편으로 삼는다 하더라도 무장 충돌에서 성공할 것 같지 않았다. 영국인들과 미국인들은 점차 합의된 경계로 후퇴했다. 120마일이나 물러난 곳도 종종 있었다. 독일과 오스트리아는 — 예의상 프랑스가 포함되어 — 각각 네 개의 구역으로 분할되었고 베를린과 빈 이렇게 두 곳의 수도 는 연합국 4개국이 공동으로 관리하게 되었다. 연합국 관리 위원회 들이 두 나라를 다스리기 위해 수립되었다. 이러한 문제들에 대해 합 의가 도출되었을 때 유럽 전쟁은 정말로 종료되었다.

극동 전쟁은 아직 절정에 다다르지 않았다. 1945년 봄에 영국군은 미얀마로 들어가는 길을 빼앗으려 싸웠고 5월 2일에 랭군을 점령했 다. 이 작전은 막다른 골목이었다. 미국인들은 중국의 적극적인 협력 을 얻어내는 데 관심을 잃었고, 영국군은 미얀마를 회복했지만 잠시

사진143 1945년 4월 오키나와에 집결한 미군.

지도28 전쟁의 종료, 극동

후 다시 잃게 되었다. 사실 극동에서 영국의 전쟁 전체는 곧 포기하게 될 제국을 회복하기 위해 수행되었다. 다소 의미 없는 행동이었다. 아직 극동지역의 강대국에 포함되기를 원했던 영국인들은 별로 받을 생각도 없고 회의적이기까지 했던 미국인들에게 해군 원조를 해주었다. 미국인들은 아직 가야 할 길이 멀었다. 아니면 적어도 그렇게 생각했다. 맥아더는 일본이 항복하게 되기 위해서는 오백만 명을 동원해야 하고 백만의 사상자를 내리라 예상하고 있었다. 확실히 일본의 저항은 그 어느 때보다 강했다. 2월에 이오지마 섬(이오 섬)을 탈취하기 위해 미국은 오천오백 명을 희생했다. 공격할 바로 옆의 섬인 오키나와 전투는 석 달 동안 지속되었다. 일본인들은 바다 위에 떠 있던 가장 큰 전함인 야마토大和 호를 투입했다. 야마토 호는 항공기 280대의 공격을 받고 침몰했다. 전함의 시대가 이미 갔음을 알리는 일이었다. 6월에 오키나와가 점령되었을 때 미국은 12,500명의 전사자를 냈다.

　이렇게 끈질긴 싸움에도 불구하고 일본은 거의 무너져가고 있었다. 상선의 삼분의 이가 침몰했고, 공장들은 석탄과 원자재의 부족으로 가동을 중단했다. 일인당 식량 배급량은 하루 천이백 칼로리 수준으로 떨어졌다. 독일인들이 제1차 세계대전 중 가장 어려웠던 시기에 받던 양보다 적었다. 미국 항공기들은 거의 저항에 부딪히지 않고 일본을 공격했다. 3월 8일의 단 한 차례의 도쿄 공습으로 팔만 삼천 명의 사람들이 죽었다. 전쟁 전체 기간 동안 공습으로 죽은 영국인들의 수보다 이만 명이 더 많았다.

　4월에 나이 많은 제독인 스즈키 간타로鈴木貫太郎 남작이 수상이 되었다. 그는 러일전쟁의 영웅이었고 지금은 온건한 방식의 강화론자였다. 일본의 강화론자들이 조심스럽게 움직였다. 그들은 강화협상에 대한 군의 반란을 두려워했고, 이유가 없는 것은 아니지만 심지어 자신들의 목숨을 잃는 것을 두려워했다. 그들은 무조건 항복의 치욕을 피하기를 원했고, 특히 천황 제도를 보존하기를 원했다. 그들은 스탈린을 중재자로 삼으려고 애썼다. 이제 극동에 개입하기로 결심한 스탈린은 일본의 접근을 너무 모호하다는 이유로 물리쳤다. 7월에 열린 포츠담 회의에서 세 명의 전쟁 지도자들은 일본의 항복을 요구하는 엄중한 경고를 발했다. 스즈키는 공식적인 언급을 할 것이 없다고 발표했다. 스즈키의 발표는 그가 항복 권고를 모욕으로 치부했다고 명백하게 잘못 번역되었다. 미국인들은 전쟁이 계속되어야 한다고 결론지었다.

　　미국의 정책 입안자들은 의견이 갈라져 있었다. 해군 수뇌들은 봉쇄로 일본을 조기에 항복시킬 수 있다고 확신했다. 공군 수뇌들도 마찬가지로 폭격의 효과를 자신했다. 트루먼은 전임자 루스벨트와 마찬가지로 일본 정복은 백만 명의 희생을 가져올 것이라는 육군 지도자들의 경고를 기억하고 있었다. 미국인들은 이미 탈출구를 찾았다. 바로 러시아의 극동 전쟁 개입이었다. 스탈린은 점점 군세게 이를 확인해왔고 실제로 8월 8일에 개시했다. 그러나 미국인들이 일찍이 품었던 열의는 식었다. 유럽 전쟁이 끝남에 따라 그들은 극동에서 러시아인들에게 신세지는 것을 꺼렸다. 더욱이 유럽 문제를 놓고 이미 러시아인들과 설전을 벌인 터라 러시아인들이 극동에서 싸우지도 않고 있다가 마지막 시기에 끼어드는 것에 대해 분개하기 시작했다. 확실히 러시아인들은 똑같은 이유로 개입했다.

　　1945년 여름에 미국인들에게 새로운 방책이 생겼다. 지난 삼

사진144 원자폭탄 투하 후의 히로시마.

년 동안 그들은 영국인들로부터 전수받은 핵분열 통제기술의 개발에 박차를 가해왔다. 이제 세 기의 핵폭탄이 만들어졌다. 아무도 정확한 효과가 어떻게 나타날지 알 수 없었다. 그러나 그 파괴적인 결과로, 더욱이 소련이 개입할 시간을 갖기 전에 결과가 나타나서 일본인들이 항복하게 되기를 바랐다. 모든 미국인들이 이에 대해 찬성했던 것은 아니었다. 6월 18일에 마셜 장군은 "이미 희망이 없는 일본인들에게 러시아 참전은 그들을 항복으로 이르게 하는 결정적인 행동이 될 것이다"라고 판단했고, 아이젠하워는 포츠담 회담에서 폭탄의 사용 계획에 대해 듣고 "완전히 불필요하다"고, 혹은 나중에 그가 말한 대로 "그렇게 끔찍한 것으로 일본인들을 치는 것은 필요하지 않다"고 생각했다. 의견을 내도록 요청 받지 않았던 맥아더는 나중에 자신이 아이젠하워의 의견에 동의했다고 말했다.

이러한 견해들은 무의미했다. 트루먼과 폭탄 제조에 관련된 소수의 사람들이 결정을 내렸고, 참모부에 의견을 구하는 일도 없었다. 러시아인들을 앞지르거나 그들에게 경고하기를 바라는 것은 부차적인 문제였다. 결정적인 요인이 무엇이냐 하면 일단 폭탄이 있었기 때문에 사용되어야만 했다는 것이다. 한 고위 관리는 다음과 같이 적었다.

> 폭탄은 단지 사용되어야만 했다 — 막대한 돈이 들어갔기 때문이다. 만약 실패했다면 우리가 그 엄청난 비용을 어떻게 설명할 수 있었을까? 일어나게 될 대중의 비난을 생각해보라. …… 폭탄이 완성되어 투하되었을 때 관련된 모든 사람은 정말로 크게 안도했다.

거의 아무도 핵의 잠재적인 파괴력이 몇 년 안에 엄청나게 증가될 것이라고 예견하지 못했다. 사실상 아무도 미국 이외의 어떤 나라가 가까운 장래에 핵무기를 개발하리라고는 상상하지 못했다. 아무도 핵폭발에 따른 방사능 낙진에 대해 숙고해보지 못했다. 핵폭탄은 "그냥 또 다른 종류의 폭탄"이었다. 핵폭탄이 히로시마에 투하되었다는 말을 들었을 때 트루먼은 "이는 역사상 가장 큰 일이다"라고 탄성을 터뜨렸다. 미국인들은 그들만의 만족감을 느끼며 일본에 대해 핵폭탄을 사용했다. 그들은 이탈리아나 독일에 대해서는 어떠한 격렬한 도덕적 분개나 보복의 열망이 없었다. 그러나 진주만의 굴욕을 뒤에 두고 있는 그들은 일본으로부터 무조건 항복을 가차 없이 받아내기로 결심했다.

미국인들에게는 폭탄 세 기가 있었다. 첫 번째 것은 7월 16일

뉴멕시코 주의 알라모고도에서 벌어진 실험에서 성공적으로 폭발했다. 두 번째 것은 8월 6일에 히로시마에 떨어졌다. 폭탄을 탑재한 항공기는 로마 가톨릭 사제로부터 축복을 받았다. 7만1천 명의 사람이 즉사했다. 이후로 부상이나 외상 또는 백혈병으로 사망한 사람의 수는 헤아려지지 않았다.

일본 군부의 수뇌들은 여전히 저항을 지속함으로써 "명예로운 조건"을 확보할 수 있다고 주장했다. 8월 9일에 세 번째이자 일본인들은 알지 못했지만 마지막 남은 핵폭탄이 나가사키에 투하되었다. 팔만 명이 사망했다. 이는 소련의 만주 개입 소식과 함께 결정을 불러왔다. 각료회의에서 막다른 길에 직면한 히로히토裕仁迪宮(쇼와昭和) 천황은 그의 생애에서 처음으로 독자적인 행동을 취했고 "참을 수 없는 일이 감내되어야 한다"고 발표했다. 8월 14일에 일본은 무조건 항복에 합의했다 — 사실 천황의 지위가 보존된다는 조건이 붙어 있었다.

마지막으로 위급했던 일이 한 가지 있었다. 히로히토는 일본 국민들에게 자신의 결정을 알리는 라디오 연설을 녹음해놓고 있었다. 젊은 과격파 장교들이 황궁으로 침입해 들어와 지휘하고 있는 장군을 살해했다. 그들은 지하에 숨겨져 있던 녹음 기록을 찾지 못했고 천황의 신성한 몸에 손대기를 주저했다. 8월 15일 아침 녹음 기록이 방송되었다. 히로히토는 생소한 가락이 들어간 화려한 궁중 용어로 말했다. 대부분의 일본인들은 그가 말하는 것을 이해하지 못했다고 전해진다.

미국인들이 항복의 예식을 준비하는 데는 다소 시간이 걸렸다. 일본의 운명적인 통치자인 맥아더는 멀리 필리핀에 있었다. 그

사진145 마이다네크 강제수용소에서 희생된 20만 명의 유해.

가 일본에 도착하는 데는 보름 이상이 필요했다. 9월 2일에 그는 도쿄 만 위에 떠 있는 전함 미주리Missouri 호 선상에서 일본의 공식 항복을 접수했다. 트루먼이 내린 대통령령으로 이 날은 일본에 대한 승전 기념일V-J Day로 지정되었다. 맥아더의 허락을 받아 마운트배튼Louis Mountbatten이 9월 12일에 싱가포르에서 동남아시아 일본군의 항복을 받았다. 러시아인들은 끼어들지 않았고 1905년에 일본에 넘겨주었던 것을 되찾는 데 만족해야 했다. 장제스는 싸우지 않고 승리의 목적을 달성한 것처럼 보였고 이제 총부리를 중국 공산당을 향해 돌렸다. 성공적이지 못한 일이었다.

독일의 폴란드 침공부터 일본에 대한 승전기념일까지 날짜를 세어 보면 제2차 세계대전은 정확히 육 년 동안 지속되었다. 오직 영국과, 아일랜드를 제외한 영연방 국가들만이 처음부터 끝까지 전쟁을 겪었다. 반대로 터키 같은 몇몇 나라들은 1945년 3월에야 참전했다. 국제연합의 회원국 자격을 얻기 위한 때늦은 행동이었다.

7천만 명이 전쟁 중의 어느 때엔가 전투원으로 참여했다. 그 중에서 천7백만 명이 사망했다. 러시아인들 22명 중 한 명이, 독일인 25명 중 한 명이, 일본인 46명 중 한 명이, 이탈리아인 150명 중 한 명이, 영국인 150명 중 한 명이 프랑스인 2백 명 중 한 명이, 그리고 미국인 5백 명 중 한 명이 죽었다. 근대의 이전 전쟁들과 달리 군인들보다 민간인들이 더 많이 죽었다. 어떤 사람들은 공중 폭격으로 죽었고, 다른 사람들은 독일인들에게 빨치산이나 인질로서 학살되었다. 더 많은 사람들이 나치의 인종주의 교리에 따라 아무런 이유 없이 처형당했으며, 많은 사람들이 독일에서 강제 노역을 수행하다가 혹은 레닌그라드나 다른 어떤 곳에서 포위당해서 고난과 굶주림으로 죽어갔다.

폴란드는 인구비로 볼 때 가장 많은 피해를 입었다. 삼십만의 군인이 죽었고 오백팔십만의 민간인이 독일인들에게 학살당했다. 그 중 삼분의 일이 유대인이었다. 모두 합해서 인구의 15퍼센트를 잃었다. 소련은 인구의 10퍼센트를 잃었다. 육백만의 군인이 죽었고 군인과 민간인을 합해 1천4백만 명이 독일인들에게 살해되었다. 유고슬라비아는 150만이 죽었는데 그 중 5십만 명만이 전투원이었다. 450만의 독일인이 전투에서 죽었는데 그 중 사분의 삼이 동부전선에서 죽었다. 593,000명의 독일 민간인이 공중 폭격으로 사망했다.

일본은 전투에서 백만이 넘는 전투원을 잃었고 60만의 민간인을 공중 폭격으로 잃었다. 중국에서는 3백만에서 1천3백만의 사람들이 죽었는데 실제 전투에서보다는 일반적인 고난으로 죽었다. 서방에서는 프랑스가 군인 20만 명과 그밖에 40만 명을 잃었다. 일부는 레지스탕스 운동을 하다가 죽었고 다른 이들은 독일의 강제 수용소에서 죽어갔다. 30만의 이탈리아인들이 죽었는데 절반은 정규군으로 독일 편에서 싸우다 죽었고 절반은 연합국 측에서 빨치산으로 싸우다가 죽었다. 영국은 30만의 전투원을 잃었고 공중 폭격으로 6만2천의 민간인을 잃었으며 상선원 3만5천 명을 잃었다. 미국은 가장 가벼운 피해를 입었다. 유럽 전역戰域과 아시아 전역에서 거의 같은 수로 30만 명의 군인이 죽었고 민간인 피해는 없었다.

가장 끔찍한 운명이 의지할 곳 없고 무고한 두 민족에게 지워졌다. 유럽에 있던 9백만의 유대인 가운데 5백만에서 6백만 명이 독일인들에 의해 가스실에서 살해되었다. 동유럽의 집시들은 같은 방법으로 사실상 몰살당했다.

물적 손실 또한 막대했다. 소련에서는 1,710개의 도시, 7만 개의 마을, 6백만 채의 가옥과 31,850개의 공장이 파괴되었다. 5백만 마리의 말과 1천7백만 마리의 가축이 독일인들에게 약탈당했다. 폴란드의 산업 자원은 절반이 되었고 유고슬라비아는 삼분의 이로 줄었다. 프랑스의 자원 역시 절반이 되었는데 독일인들의 약탈과 파괴보다는 연합국의 공중 폭격에 의해서였다. 이탈리아는 피해 규모가 작았는데 이는 주로 북부 이탈리아에서 격렬한 전투가 일어나지 않았기 때문이었다. 이탈리아의 자원은 단 20퍼센트만 줄어들었다. 독일인들은 250만 채의 가옥을 잃었다. 함부르크 한 곳에서 영국이 입

사진146 폐허가 된 스탈린그라드.

은 전체 손실보다 더 많이 잃었다. 그러나 전쟁 기간의 분산으로 인
해 독일의 산업 자원은 피해를 덜 입었다. 연합국 폭격의 주요 목표
였던 중공업은 가장 피해가 적었다. 일본은 상업 선박 전체를 잃었
고 대부분의 도시들이 폐허가 되었다. 50만 채의 가옥이 파괴되었고
4백만 채가 손상되었다. 영국의 외채는 여섯 배로 증가했다. 참전국
들 가운데 미국만이 유일하게 전쟁을 통해서 참전하기 전보다 훨씬
부유해졌다.

　　1919년에 제1차 세계대전이 끝나고 파리에서 대규모의 강화
회의가 열렸다. 전승국들이 소련 문제를 해결하지는 못했다. 그러나
그들은 — 1923년까지 터키와 강화하지 못했지만 — 이전의 모든
적국들과 강화를 맺었다. 제2차 세계대전의 결말은 더 깔끔하지 못
했다. 1947년 2월 10일에 적국들 가운데 유럽의 군소 국가들 — 불

가리아, 핀란드, 헝가리, 이탈리아, 그리고 루마니아 ─ 과 강화조약
이 체결되었다. 조인은 프랑스 외무성의 시계의 방에서 이루어졌는
데 조인식에 사용된 탁자는 부상당한 로베스피에르Maximilien de Robe-
spierre가 단두대로 끌려가기 전에 누워 있던 것이었다. 일본은 더 많
은 문제를 일으켰다. 러시아인들은 중국, 영국, 소련, 그리고 미국 이
렇게 아시아 열강 네 나라가 부과하는 강화를 원했다. 미국인들은 더
광범한 집단을 고집했다. 오로지 미국인들과 그들의 협력자들만이
1952년에 일본과 강화 조약을 맺었다. 소련과 두 위성국인 폴란드와
체코슬로바키아는 조인하기를 거부했고 나중에 일본과 자신들만의
강화를 맺었다.

　　오스트리아는 독일과 마찬가지로 중국 대신 프랑스가 참여한
유럽 열강 네 나라 간에 분할되었다. 이 네 나라는 정확히 십 년 동안
점령지역에 있었다. 그리고 나서 합의가 이루어졌다. 이전 연합국의
단결이 다시 돌아온 유일한 경우였다. 1955년 5월 5일의 오스트리아

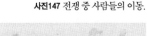

사진147 전쟁 중 사람들의 이동.

소련

공산주의 유럽

공산주의 중국

그외 공산주의 국가와 영향권

중립국

미국과 우방

○ 식민 지배 혹은 신탁 통치를 받는 국가

지도29 전후의 세계

　국가 조약에 따라서 점령국들은 철수하기로 합의했다. 오스트리아는
독립국이 되었고 조약의 조건에 따라서 영세중립을 수용했다.

　　독일에 대해서는 어떠한 합의도 도출되지 못했다. 전쟁이 종
료될 때 네 강대국들은 연합국 관리 위원회가 독일인들이 탈나치화
되고 민주주의를 할 수 있도록 다소 교육이 될 때까지 통일 독일을
통치하고 그후에 철수하는 방안을 떠올렸다. 이러한 가정은 다소 교
체된 전쟁 지도자들 ─ 루스벨트 대신 트루먼, 후반부에 처칠 대신
애틀리 ─ 이 1945년 7월에 포츠담에서 만났을 때 이미 무너지고 있

었다. 두 개의 주요한 장애물은 폴란드와 독일 사이 국경 문제와 배
상 문제였다. 얄타에서 영국과 미국은 1921년에 폴란드가 러시아에
게서 빼앗았고 이제 러시아가 다시 요구하는 영토를 러시아에 주는
대신 독일 영토를 보상으로 주어야 한다는 데 의견을 같이 했다. 정
확히 얼마만큼을 주어야 하는지에 대해서는 전혀 합의에 도달하지
못했다. 전쟁이 끝날 때 러시아인들은 자신들을 위해 점령한 동프로
이센 일부 — 러시아가 전쟁에서 유일하게 얻은 직접적인 영토적 이
득이었다 — 를 제외하고 오데르 강 동쪽과 나이세 강 서부의 독일
영토 전부를 폴란드에게 그냥 넘겨주었다. 서방 국가들이 항의했지
만 헛되었다. 독일-폴란드 국경은 서독이 마침내 인정한 1973년까지
오로지 사실상으로만de facto 유효했다.

    배상은 더 심각한 문제였다. 이와 관련해서도 루스벨트는 정
확한 액수를 합의하지는 않았지만 러시아가 독일에게 피해를 입은
만큼 배상받을 것을 모호하게 약속했다. 미국인들은 곧 특히 그들이
독일 서부 지역에 지원을 해야 했을 때 이에 대한 생각을 바꿨다. 러
시아인들은 저지당하지 않고 자신들이 점령한 지역에서 배상금을
챙겨갔다. 서방 연합국은 점차 러시아인들이 넘어오지 못하도록 자
신들의 관할 지역을 닫았다. 때를 맞춰 러시아인들의 통제를 받는 독
일 민주공화국과 서방 국가들과 긴밀한 관계를 맺는 독일 연방국이
라는 분단된 두 개의 독일이 탄생했다. 이렇게 계획되지 않은 방식으
로 독일의 분할이 사실상 이루어졌다. 이는 어쩌면 독일 문제가 결말
지어진 것이었다.

    1919년에 유럽과 근동 그리고 아프리카의 지도가 결정적으
로 바뀌었다. 합스부르크제국과 오스만제국이 사라졌다. 새로운 민

424

족 국가들이 탄생했다. 독일은 식민지를 잃었다. 제2차 세계대전 후에는 폴란드 국경과 관련된 것을 제외하고 큰 변화가 없었다. 어떤 기존 국가도 소멸하지 않았고 어떤 신생국도 생겨나지 않았다. 나라들은 자신들의 전쟁 전 국경 ─ 서방국가들이 분개하게도 러시아의 경우에는 1939년의 국경이 아니라 1941년의 국경이었다 ─ 을 어느 정도 회복했다. 마사리크Tomáš Garrigue Masaryk 대통령이 처음부터 의도했듯이 체코슬로바키아가 루테니아를 러시아에 양도했다. 이탈리아는 이스트라를 유고슬라비아에 내주었다. 트리에스테는 자유시가 되었다가 1955년에 다시 이탈리아 주권에 귀속되었다. 프랑스인들도 이탈리아로부터 알프스 지역에 있는 몇 개의 도로를 가져갔다. 네덜란드인들은 아니었지만 영국인들과 프랑스인들은 극동에서 자신들의 제국을 회복했다. 그러나 나중에 드러난 대로 오래 가지는 못했다. 러시아는 러일전쟁 후에 잃었던 뤼순과 다롄에서의 권리와 1935년에 일본에게 팔았던 만주철도에 대한 통제권을 되찾았다. 그러나 놀랍게도 이러한 이득들도 오래가지 못한다는 것을 알게 되었다. 미국은 전략적인 섬들에 대해, 사실상 태평양의 지배권을 가져다주는 신탁통치를 수립했다. 오로지 이것만이 계속되었다.

그럼에도 불구하고 수면 밑에는 커다란 변화가 있었다. 국경 대신에 사람들이 이동했다. 이런 일은 전쟁 중에 시작되었다. 히틀러는 독일 밖에 사는 독일인들Volksdeutsche을 불러들였고 백오십만의 독일인들을 폴란드 정복지에 정착시켰다. 스탈린은 볼가 강의 독일 정착민들과 크리미아의 타르타르인들을 시베리아로 이주시켰다. 미국인들마저 스탈린의 예를 따랐다. 이십오만의 일본계 미국 시민들이 캘리포니아 해안의 집에서 즉시 쫓겨나 내륙의 수용소로 옮겨졌

사진148 승전일의 레스터 광장.

다. 전쟁 후의 이동은 보다 영구적이었다. 전쟁 전에는 슐레지엔, 두
곳의 프로이센 주, 그리고 포메라니아에 칠백만의 독일인들이 있었
다. 이들 중 상당수가 전쟁 중에 죽었고 더 많은 이들이 러시아 군대
가 진격하기 전에 도주했다. 이백만에서 사백만 가량 되는 남은 사람
들은 폴란드인들에게 추방당했다. 삼백만의 독일인들이 체코슬로바
키아에서 추방당했다. 인구의 교환이라는 명목 하에 작은 규모의 추
방이 있었다. 체코슬로바키아와 유고슬라비아에서 헝가리인들이 추
방되었고, 불가리아령 마케도니아에서 그리스인들이 추방되었으며,
소수 독일인들이 어느 곳에 있든지 그곳으로부터 추방되었다. 이렇
게 비인도적인 방식으로 소수 민족 문제가 제거되었다. 어떤 사람들
은 끝내 고향으로 돌아가지 못했다. 예를 들어 전쟁 동안 영국 편에

서 싸운 폴란드인들 대부분이 그랬다. 사실 반공산주의 폴란드 망명 정부가 여전히 존재한다.

제2차 세계대전의 전승국들은 전범의 처벌과 평화 유지를 위한 전 세계적 조직의 수립이라는 두 가지 목표를 추구했다. 이 두가지 일은 제1차 세계대전이 끝날 때 시도되었으나 큰 소란을 가져왔다. 전승국들은 제1차 세계대전 때보다 더 성공적으로 해낼 수 있기를 바랐다. 사실상 네 승전 강대국의 국제 재판소가 뉘른베르크에 세워졌다. 괴링을 필두로 21명의 지도자급 독일인들이 전범으로 기소되었다. 열한 명이 사형 선고를, 세 명이 종신형을, 그리고 네 명이 각기 다른 형기의 징역을 언도받았다. 괴링은 교수대에 걸어가기로 예정된 한 시간 전에 음독자살했다. 다른 열 명은 비인도적인 환경에서 교수되었다. 일본에서는 일곱 명의 지도자가 비슷한 재판 후에 교수되었다.

　　불변하는 정의의 원칙이 지켜졌다고 생각되었다. 기소된 범죄 중에 많은 범죄가 포로나 인질에 대한 대량학살, 유대인 학살과 같은 전시든 평시든 범죄 요건을 구성하는 실제 범죄였다. 그러나 반평화 범죄란 무엇인가? 침략전쟁을 준비하는 것 혹은 일으키는 것인가? 모든 국가들이 전쟁을 준비한다. 또한 사람들은 연합국 정부들에 대해 제대로 전쟁 준비를 하지 못했다거나 심지어 예방 전쟁이나 침략 전쟁을 그들 자신이 먼저 일으키지 못했다고 흔히 불평을 했다. 전승국들 가운데 한 나라에 적대하는 전쟁을 가리켜 전승국들은 침략전쟁이라 일컫는 것 같다. 처칠이 뉘른베르크에서 "당신과 나는 다음 전쟁에 지지 않도록 해야겠소"라고 이즈메이에게 말했을 때 그는 재판의 진행에 대해 현명하게 평가를 내렸다.

국제연합 조직은 제2차 세계대전의 가장 칭송받을 업적이었다. 정말로 전 세계적이고 평화 유지를 위한 효과적인 힘을 가진 조직이었다. 그러나 그 힘은 안전보장이사회의 상임이사국이 되어 각자가 회의 진행에 대한 거부권을 가진 다섯 개 강대국의 계속적인 화합 여부에 달려 있었다. 이러한 화합은 전쟁의 종료보다 오래가지 못했다. 소련과 미국 그리고 다소 전적으로 미국 편에 있던 다른 세 강국들 사이에 갈라진 틈이 있었다. 이러한 간극은 거의 전쟁과 같이 첨예한 대립으로 발전할 때까지 심화되었고, 실제로 전투 없는 전쟁, 즉 냉전이라고 불렸다.

이러한 결과는 놀랄만한 것이 아니었다. 공산주의 세계와 자본주의에 기초한 민주주의 세계는 독일과 일본으로부터의 공동의 위협으로 인해 하나로 뭉칠 수밖에 없었다. 위협이 제거되자 경쟁하는 두 체제는 1917년의 볼셰비키 혁명 이래로 품어온 서로 간의 불신을 다시 품었다. 전쟁이 끝날 당시에는 이렇게 관대한 설명이 거의 받아들여지지 않았다. 한쪽의 견해에 따르면 소련이 전 세계적인 공산주의 수립에 착수했다고 하고, 다른 한편의 견해에 따르면 미국이 세계를 지배하고 자유주의적 자본주의의 지배를 강요하기 원한다고 했다.

첫 번째 견해는 확실히 잘못되었다. 전쟁 중에 예를 들어 프랑스, 이탈리아, 그리고 중국에서 스탈린이 취한 모든 행동으로 볼 때 소련의 영향권을 벗어난 공산주의의 확산은 그가 심하게 원치 않던 일이었다. 러시아 인접국에 대한 공산주의 지배의 확립은 냉전에 따른 결과로 나온 것이지 냉전을 일으킨 원인은 아니었다. 이미 제대로 이야기되어왔듯이, 러시아가 공격할 것이라는 경보는 자기 성취적인 예언이었다. 러시아인들에게서 최악을 예상한다면 그대로 이루어진

다. 그렇다고 하더라도 스탈린은 진정한 국민적 지지와 결합되었을
때는 인접한 두 나라 즉 핀란드와 오스트리아에서 자유 민주주의를
묵인했다.

소련의 정책이 공격적이기까지는 아니더라도 단호했다고 평
가할 때, 이런 단호함은 공산주의와는 관계가 없었다. 이는 동등한
강대국으로 대우받으려는 옛날 러시아의 요구였다. 서방 국가들은
얄타에서 말고는 전쟁 중에 이러한 요구를 인정하지 않았는데 하물

사진149 집을 잃은 독일 가족.

며 전쟁 후에 그랬겠는가. 지중해에서 분명한 예를 찾을 수 있다. 소련은 영국이나 미국보다 지중해에 더 가까웠고 세계를 향한 출구로서 지중해에 더 크게 의존했다. 그러나 영국인들과 미국인들은 정작 자신들은 지중해에 대규모 함대를 운용하고 있으면서도 러시아가 그곳으로 들어오는 데는 분개했다. 러시아인들은 항상 "타협"하기를 강요당했다. 그러나 서방 국가들이 말한 타협은 러시아인들의 "무조건 항복"— 공산주의적 생활 방식의 포기 — 을 의미했다. 만약 러시아인들이 비밀경찰과 일당 독재를 폐지한다며 그 조건으로 서방국가들의 토지와 생산수단 사유화 폐지를 요구하는 타협안을 내놓는다면 서방국가들은 말문이 막혀 대답하지 못할 것이다.

　　미국이 공격적이라는 비난에는 좀 더 근거가 있었다. 대부분의 미국인들은 제3차 세계대전을 원하지는 않았으나, 많은 이들이 힘의 우위가 있다면 러시아인들이 자연히 물러나리라 믿었다. 트루먼은 루스벨트가 약속했던 러시아에 대한 재건 차관 지원을 편리하게도 잊었다. 계속되던 국제회의에서 미국인들은 타협을 얻어내려는 대신에 자신들의 방식을 강요했다. 미국인들 가운데 일부는 유럽과 극동에서 러시아를 "격퇴rolling back"하는 계획에 대해서 이야기하기까지 했다. 그러한 계획들은 점차 사라졌는데, 이는 러시아인들이 곧 스스로 핵의 비밀을 발견했기 때문이기도 하고 핵폭탄이 파괴를 위한 무기일 뿐 해방 전쟁에는 적합지 않다는 것이 자각되었기 때문이기도 하다. 또한 아마도 공산주의 중국이 소련과 미국 두 나라 모두에 독립적인 강대국으로 등장함으로써 두 세계 강국의 대립이 누그러졌는지도 모르겠다. 1970년대에 들어서자 서방에서는 냉전이 애초부터 잘못된 경보이자 그릇된 계획이며, 설령 러시아인들이 자신들이 틀렸다

는 것을 인정하지는 않더라도 그들도 자신들이 틀렸다는 생각을 하고
는 있을 것이라는 생각이 일반적으로 받아들여졌다. 인류는 제2차 세
계대전이 끝나고 즉시 전 세계적인 평화가 시작되지 않은 데 대해 낙
담해왔다. 그러나 전 세계적인 평화는 전쟁의 목적이 아니었다. 제2차
세계대전은 나치의 압제로부터, 그리고 좀 더 작은 부분이지만 일본
의 압제로부터 민족들을 해방하기 위한 목적으로 수행되었다. 이러한
관점에서 제2차 세계대전은 아무리 큰 희생을 치렀다 할지라도 성공
을 거두었다. 누구라도 현재의 상황을 생각할 때 어느 곳에 있는 사람
들이건 나치 독일과 일본이 승리했을 때보다는 더 행복하고 더 자유
롭고 더 풍요롭다는 것을 인정하지 않을 수 없을 것이다. 이 말은 자본
주의에 기초한 민주주의 세계에 적용되는 것만큼 공산주의 지배 하의
국가들에게도 적용된다. 아마도 다음 세대 사람들은 제2차 세계대전
을 "다른 전쟁과 다름없는 또 다른 전쟁"이라고 대수롭지 않게 생각
할지 모르겠다. 그러나 제2차 세계대전을 겪어낸 사람들은 제2차 세
계대전이 목적 면에서 정당화될 수 있고 그 목적들을 달성하는 데 성
공적이었다는 것을 알고 있다. 전쟁이 수반한 모든 학살과 파괴에도
불구하고 제2차 세계대전은 훌륭한 전쟁이었다.

사진 출처

- 출처는 다음과 같은 약어로 표시했다.

  APN Novosti Press Agency, London

  CP Camera press Ltd, London

  IWM Imperial War Museum, London의 호의로 게재했다.

  KPA Keystone Press Agency Ltd, London

  NA National Archives, Washington, D. C.

  RTHPL Radio Times Hulton Picture Library, London

  RvO Rijksinstituut voor Oorlogsdocumentatie, Amsterdam의 호의로 게재했다.

  USN US Navy의 호의로 게재했다.

- 사진은 번호로 구분하여 수록 순서에 따라 정리했다.

- 그림은 별도의 번호로 구분하여 역시 수록 순서에 따라 정리했다.

1장

사진1	목제 전차와 함께 기동하는 독일군.	*IWM*
사진2-3	국가사회주의당과 그들의 총통.	*CP*
사진4	대공황: 시카고의 무료급식소.	*NA*
사진5	무솔리니와 이탈리아 국왕.	*RTHPL*
사진6	닫혀 있는 유대인 상점.	*IWM*
사진7	추축국: 무솔리니와 치아노, 히틀러와 괴링.	*RTHPL*
사진8	도조 히데키 수상과 그의 내각.	*IWM*
사진9	다우닝가 10번지에서의 첫날.	*RTHPL*
사진10	다른 독재자.	*CP*
사진11	대통령 취임 직후 루스벨트: "두려움밖에는 두려울 것이 없습니다."	*NA*

2장

3장

434

6장

7장

8장

9장

10장

그림

왼쪽부터 시계방향으로 "네덜란드는 일어날 것이다. 당신의 외침,

그들의 행동", "적들의 뒤에: 유대인", "그들은 피를 바친다: 당신의 땀으로

유럽을 볼셰비즘에서 구해내라".   *Photo: Derrick Witty. RvO*

그림 11   "항복은 없다: 네덜란드, 자유로운 국민들의 조국."

Photo: Giraudon. Musee de la Guerre, Paris

그림12   "인도 제도는 해방될 것이다! 이를 위해 일하라!" 문어같이 팽창하는

일본에 대항하는 선전물이다.   *Photo: Derrick Witty. IWM*

그림13   〈올드 비커스Old Vickers 진지 점령〉, 봅두비 능선, 뉴기니,

1943년 7월 27일, 오스트레일리아 작가 이보르 헬Ivor Hele의 작품

중 부분.*Australian War Museum* 이사회의 허락를 받아 게재했음.

그림14   〈D-Day의 새벽, 육지에서 떨어진 프랑스 해안〉,

제이미슨Mitchell Jamieson.   *USN*

그림15   〈시비 언덕으로부터의 공격〉, 제이미슨.   *USN*

그림16   〈브레스트 교외〉, 제이미슨.   *USN*

그림17   〈노르망디 팔레즈 협곡의 파이어링타이푼〉, **1914**년, 우튼Frank Wootton.

Photo: Michael Holford. IWM

그림18   〈1944년의 러시아: 참호 속의 독일 병사들〉, 프란츠 아이히호스트.

Photo: American Heritage. US Army

인물 소개

가믈랭, 모리스Maurice G. Gamelin 1872~1958 프랑스의 군인. 육군 참모 총장, 합참 의장 등을 지냈고 제2차 세계대전이 발발하자 서부 전선 연합군 총사령관이 되었다. 1940년 5월에 독일군의 공세로 서부 전선이 무너지자 경질되었다.

간디, 마하트마Mahatma Ghandi 1869~1948 인도의 정치적 지도자. 인도 국민회의에 참여했고 인도 독립운동, 특히 비폭력 저항, 자치, 자립을 주창해 인도는 물론 전세계에 정신적 영향을 주었다. 제2차 세계대전시 영국이 인도 독립에 모호한 태도를 취하고 종교간 갈등을 조장하자 영국이 인도에서 나갈 것을 요구하게 되었고 태평양 전쟁이 심각해지자 국민회의 지도부 전체가 감금되었다. 전후 힌두교 급진주의자에게 살해되었다.

고노에 후미마로近衛文麿 1891~1945 일본의 정치가. 귀족원 의원, 의장을 지내고 1937년 6월 수상이 되었다. 7월 노구교 사건이 전면전이 되었는데 무력충돌의 확대를 막으려다 실패하고 1939년 1월 사퇴했다. 1940년 7월 다시 한 번 내각을 구성했고, 정당을 해산하고 대정익찬회를 중심으로 국내적 역량 결집을 시도했다. 1941년 10월 대미협상이 원활하지 못하자 사퇴했다.

고트, 존 베레커John Vereker, 6th Viscount Gort 1886~1946 영국의 장군. 제2차 세계대전이 발발하자 서부전선의 영국원정군 총사령관으로 임명되어 프랑스로 건너갔다. 독일의 프랑스 침공에 프랑스군이 무너지자 프랑스군을 지원하라는 명령을 듣지 않고 영국원정군을 북서쪽 해안으로 후퇴시켰다. 이후 지브롤터 총독, 몰타 총독 등을 지냈다.

괴링, 헤르만Hermann Göring 1893~1946 독일의 정치가. 1922년에 히틀러를 만나 나치당에 가입했다. 히틀러 집권(1933) 후에 프로이센 주 내무장관이 되어 관료기구와 경찰기구를 장악한 뒤 공군 총사령관과 경제상까지 지낸 나치 정권의 2인자였다.

괴벨스, 요제프Joseph Goebbels 1897~1945 독일의 정치가. 1929년에 나치당의 선전부장으로, 집권 후에는 선전상으로 일하면서 제3제국의 의식, 문화 정책을 총괄했다.

구데리안, 하인츠Heinz Guderian 1888~1954 독일의 장군. 전차를 이용한 기동작전을 설계하고 제2차 세계대전 프랑스 침공 시 스당 돌파를 이루어냈다. 러시아 전역에서 모스크바 공격을 담당했으나 1941~42년 겨울에 러시아의 반격에 후퇴하려다 히틀러와 의견이 맞지 않아 해임되었다. 1943년 기갑부대의 재건을 맡았고 1944년 7월부터 1945년 4월까지 참모총장을 맡았다.

그란디, 디노Dino Grandi 1895~1988 이탈리아의 외교관, 정치가. 외상(1929~1932), 런던주재대사(1932~1939)를 역임했고 이후 법무상, 파시스트 최고 평의회 의장을 지냈다.

그린우드, 아서Arthur Greenwood 1880~1954 영국의 정치가. 노동당의 지도자로 전전戰前에 나치에 대항할 것을 주장했다. 제2차 노동당 내각의 보건상, 노동당 부총재(1935~1945), 전시내각의 무임소장관 등을 지냈다.

글로보츠닉, 오딜로Odilo Globočnik 1904~1945 오스트리아의 나치 지도자로 1939년 폴란드 점령영토의 SS 지역대장이 되어 1943년 이탈리아로 옮겨가기 전까지 죽음의 수용소를 세우고 유대인 학살을 실행했다. 연합국 군대에 붙잡힌 후 자살했다.

글로스터Prince Henry, Duke of Gloucester 1900~1974 영국의 귀족, 육군 원수. 국왕 조지 5세(재위 1910~1936)의 넷째 아들로 제2차 세계대전에서 영국원정군, 얼스터 방공 포병 연대 등에서 복무했다. 전쟁중에 대장으로 진급했고 후에 육군 원수가 되었다. 오스트레일리아 총독을 지냈다.

ㄴ

나폴레옹 1세Napoléon Bonaparte 1769~1821 프랑스의 장군, 황제. 프랑스 혁명전
쟁의 시기에 군사적 업적으로 명성이 높아졌고 1799년 쿠데타로 정권을 잡아
3명이 다스리는 통령정부의 제1통령을 맡았으나 1804년 국민투표를 거쳐 제정
으로 전환해 황제가 되었다. 대프랑스동맹의 저항에 맞서 유럽 대륙을 장악했지
만 결국 패배해 몰락했다.

네니, 피에트로Pietro Nenni 1891~1980 이탈리아의 정치가. 이탈리아의 1911년
리비아 침략에 반대하는 운동을 조직했다가 투옥되었고 거기서 무솔리니를 만
났다. 1921년 이탈리아 사회주의당에 가입했고 무솔리니 정권을 공격했다. 마테
오티 살해사건을 공격하다가 파리로 망명했고 에스파냐 내전에 참여했다가 프
랑코의 승리 후 프랑스로 돌아왔으나 게슈타포에 체포되어 이탈리아 폰차 섬에
유배되었다. 전후 정치에 참여해 하원의원, 부수상, 외상, 종신상원의원 등을 지
냈다.

노이라트, 콘스탄틴 폰Konstantin von Neurath 1873~1956 독일의 외교관, 정치가.
1932년에 파펜 정부에서 외상으로 취임해 히틀러가 집권한 이후 1938년까지
집무했고, 보헤미아 · 모라비아의 보호자(1939~1941)을 지냈다.

니미츠, 체스터Chester W. Nimitz 1885~1966 미국의 해군 제독. 일본의 진주만 습
격으로 미국이 제2차 세계대전에 참전하게 되어 태평양함대 최고사령관으로 미
드웨이 제도, 산호해에서 적에게 큰 손실을 입혔고, 이어 마셜 제도, 마리아나 제
도, 필리핀, 이오지마, 오키나와 작전을 이끌었다. 전후 참모총장을 지냈다.

ㄷ

다를랑, 프랑수아François Darlan 1881~1942 프랑스의 해군 제독. 1936년에 해군
참모총장이 되어 제2차 세계대전이 발발하자 해군 총사령관이 되었다. 페탱의
비시 정부에 들어가 부수상, 외상을 지내다가 1942년 비시 프랑스군 최고사령
관을 맡았다. 그해 11월 북아프리카에 상륙한 연합국에 협력해 군을 자유 프랑
스군으로 넘기고 지위를 인정받으나 12월에 살해당했다.

다마스키노스Damaskinos, 본명 George Papandreou 1891~1949 그리스 정교회의 아테

네 대주교. 1917년에 사제 서품을 받아 1938년에 대주교로 선출되었으나 수상이 다른 주교를 대주교로 임명했다. 1941년 망명을 끝내고 귀국해 대주교가 되어 독일의 점령과 유대인 박해에 반대했다. 내전 시 국왕의 요청을 받고 섭정으로 정치에 관여했다.

다우딩, 휴Hugh Dowding 1882~1970 영국의 공군 장군. 영국 본토 항공전에서 전투기 사령부 사령관으로 영국의 공중 우위를 지키고 독일의 공습을 막아냈다.

달라디에, 에두아르드Édouard Daladier 1884~1970 프랑스의 정치가. 급진 사회주의 정당 출신으로 식민상, 육군상 등을 거쳐 1933년 수상이 되었고 이후에도 몇 차례 수상 자리에 올랐다. 1938년 4월에 수상 겸 국방상이 되어 영국의 체임벌린과 함께 대독 유화 정책을 실행했고 1940년 3월에 수상직에서 사임했다.

달레루스, 비르여르Birger Dahlerus 1891~1957 스웨덴의 사업가. 괴링과 친분을 맺고 있다가 제2차 세계대전 직전인 1939년에 영국과 독일 사이에서 중개자의 역할을 했다.

도어만, 카렐Karel Doorman 1889~1942 네덜란드의 해군 제독. 제2차 세계대전 때 네덜란드 동인도 함대를 지휘했다. 자바 해 전투에서 어뢰 공격으로 당해 침몰한 배와 운명을 같이 했다.

도조 히데키東條英機 1884~1948 일본의 장군, 정치가. 야전과 정책에서 모두 능력을 발휘해 고노에 내각의 육군상이 되었고 1941년 10월 고노에의 뒤를 이어 수상이 되었다. 육군상, 참모총장, 외상 등을 겸임하면서 일본을 군국주의를 강화했으며 진주만 습격으로 태평양 전쟁을 시작했다. 1944년 마리아나 제도를 빼앗기면서 수상에서 사퇴하고 군의 임무에 전념했다.

되니츠, 카를Karl Doenitz 1891~1980 독일의 해군 제독. 제2차 세계대전 시 유보트 함대를 지휘했고, 1943년 레더의 뒤를 이어 해군 총사령관이 되었다. 히틀러의 유언에 따라 독일의 국가대통령, 전쟁상, 최고사령관을 맡아 연합국의 항복 요구를 받아들였다.

두에, 지울리오Giulio Douhet 1869~1930 이탈리아의 장군. 포병 출신으로 항공대대를 지휘했다. 전략적 공군력을 강조한 저서『제공권』을 썼다.

드 골, 샤를Charles de Gaulle 1890~1970 프랑스의 장군, 정치가. 제2차 세계대전 발발 후 폴 레노 내각의 국방차관을 맡았다. 페탱 정권이 들어설 무렵 런던으로 망명해 자유프랑스위원회를 조직해 대독 항전을 주장했다. 전후 임시정부 수반, 수상 겸 국방상이 되었고, 1953년에 은퇴했지만 알제리 위기로 복귀해 1959년에 제5공화국을 출범시켰다.

딜, 존John Dill 1881~1944 영국의 육군 원수. 1940년 처칠 내각이 들어선 후 아이언사이드 장군의 뒤를 이어 제국총참모장이 되었다. 1941년 말 교체되어 이후 미국 워싱턴에서 연합 참모위원회 영국 대표를 맡았다.

ㄹ

레노, 폴Paul Reynaud 1878~1966 프랑스의 정치가. 1919년 하원에 진출해 1930년부터 1932년 사이에 재무상, 식민상, 법무상 등을 지냈고, 계속해서 나치 독일에 대한 대항을 주장하다가 1938년에서 1940년 사이에 법무상, 재무상, 수상이 되었고 독일의 프랑스 침공에 대응해 영국과의 동맹을 강화해 대독 대항 전선을 강화하려 했으나 패색이 짙어지자 부수상 페탱이 내각을 구성하게 하고 사임했다. 전후 수상을 두 차례 더 지냈다.

레닌, 블라디미르Vladimir Lenin 1870~1924 러시아의 혁명가, 소련의 정치가. 마르크스주의자로 19세기 말 20세기 초의 러시아 정국에서 유배, 망명, 귀국을 반복하다가 1917년 10월 혁명 때 페트로그라드에 잠입해 볼셰비키 정권 창출에 성공했다. 독일과 브레스트 리토프스크 조약을 맺어 제1차 세계대전에서 빠져나왔고 뒤이은 내전에서 반혁명 세력을 저지했다.

레더, 에리히Erich Raeder 1876~1960 독일의 해군 제독. 해군 총사령관(1928~1943)으로 독일 해군을 재건했고 1940년에 덴마크와 노르웨이 침공을 계획하고 실행했다. 1943년에 주요 전역戰域을 지중해로 옮길 것을 주장해 히틀러와 충돌한 뒤 경질되었다.

레오폴드 3세Leopold III 1901~1983 벨기에의 국왕(1934~1951). 1940년 독일의 침략에 맞서 최고사령관으로서 벨기에군을 지휘했고, 독일의 진격을 막아 됭케르크 철수를 도왔다. 정부의 망명 결정을 따르지 않고 국내에 머물러 포로가 되었는데 전후 복위에 걸림돌이 되었다.

레프, 빌헬름Wilhelm Ritter von Leeb 1876~1956 독일의 육군 원수. 프랑스 침공 때 서부전선에서 마지노선 돌파의 주역이었으며 러시아 침공 때는 북쪽 집단군을 맡아 레닌그라드까지 진격했으나 이후 히틀러와의 의견 불일치로 지휘권을 내려놓았다.

444

로버트슨, 윌리엄William Robertson 1860~1933 영국의 육군 원수. 제1차 세계대전이 발발하자 영국원정군의 병참감이었다가 1915년 1월 존 프렌치경의 참모장이 되었고, 그해 12월 제국총참모장이 되어 1918년 2월까지 전쟁을 지휘했다.

로베스피에르, 막시밀리앙Maximilien Robespierre 1758~1794 프랑스의 혁명가. 법률가로 일하다가 혁명전 삼부회 소집 요구를 시작으로 정치에 참여했다. 혁명시기 삼부회 대의원, 국민의회 의원 등으로 활동하면서 자코뱅당의 지도자가 되었다. 왕정이 무너지고 세워진 입법기관 국민공회를 통해 급진적인 정책을 수립하는 한편 공안위원회, 혁명재판소 등을 통해 공포정치를 실행했다. 1794년 실각하고 단두대에서 처형되었다.

로이드 조지, 데이비드David Lloyd George 1863~1945 영국의 정치가. 1890년에 자유당 소속으로 의회에 진출한 후 애스퀴스 내각에서 재무상, 군수상, 전쟁상을 지내다가 1916년에 보수당과 연합해 애스퀴스를 밀어내고 수상이 되었다. 1922년까지 수상으로 있으면서 제1차 세계대전을 승리로 이끌었고, 전후에는 프랑스의 현실적인 안보정책과 미국의 이상주의적 유럽정책을 조화시키려 애썼다. 1918년 이후로는 보수당 세력과 충돌했으며 1922년에 보수당이 연립내각에서 탈퇴함으로써 실각했다. 이후 자유당 당수(1926~1931)를 맡았고 1945년까지 하원에 남아 있었다.

로젠베르크, 알프레트Alfred Rosenberg 1893~1946 독일 나치지도자. 뮌헨에서 히틀러, 헤스 등과 만나 나치당을 만들었고 뮌헨 봉기 후 수감된 히틀러를 대신해 당을 이끌기도 했다. 인종주의에 기초한 나치당의 사상을 수립하고 체계화했다.

롬멜, 에르빈Erwin Rommel 1891~1944 독일의 육군 원수. 1940년 프랑스 침공 때 제7기갑사단을 지휘해 기계화된 군사력의 가능성을 보게 되었고 1941년 2월부터 북아프리카에 파견되어 혁혁한 공을 세웠다. 반히틀러 저항에 가담한 것이 드러나 히틀러에 의해 자살을 강요받고 목숨을 끊었다.

루덴도르프, 에리히Erich von Ludendorff 1865~1937 독일의 장군. 제1차 세계대전에서 힌덴부르크와 함께 탄넨베르크 전투 승리로 영웅이 되어 실권을 잡았다. 휴전 후 스웨덴으로 일시 망명했다가 극우 운동에 참가해 나치당과도 관련을 맺었으나 곧 결별했다.

루스벨트, 프랭클린Franklin Delano Roosevelt 1882~1945 미국의 정치가. 1910년에 민주당 상원의원으로 정계에 입문한 뒤 소아마비로 은퇴했다. 1924년에 복귀해 1932년에 대통령에 당선되어 대공황의 위기를 뉴딜정책으로 극복했다. 제2차

세계대전이 발발하자 처음에는 중립을 선언했으나 점차 영국과 프랑스를 지원
하게 되었고 일본의 진주만 기습으로 참전했다. 1944년에 4선 되었으나 1945년
종전 직전에 사망했다.

루카스, 존John P. Lucas   1890~1949   미국의 육군 장군. 제2차 세계대전에서 아이
젠하워가 지중해 전역 연합군 사령관일 때 부관으로 있다가 이탈리아 전역에서
제6군단을 맡아 안치오 상륙에 참여했다.

룬트슈테트, 게르트Gerd von Rundstedt   1875~1953   독일의 육군 원수. 1938년 은퇴
했다가 제2차 세계대전시 소환되어 프랑스 침공 때는 B 집단군을 지휘했고 러
시아 침공 때는 남쪽 집단군을 지휘했다. 1942년에는 서부전선 총사령관이 되
어 연합국의 공격에 대비해 프랑스 방어를 공고화하는 임무를 맡았다가 1944년
7월 연합국의 노르망디 상륙을 막아내지 못해 교체되었다가 후임자 클루게가
소환되자 그해 9월 다시 아르덴 공세의 지휘를 위해 복귀했다. 1945년 3월 다시
지휘권을 잃었다.

르클레르 자크-필리프Jacques-Philippe Leclerc   1902~1947   프랑스의 장군. 드 골의
자유 프랑스군에 합류해 아프리카 전역, 노르망디 상륙에 참여했다. 연합국의
파리 해방 때 파리 총독 폰 콜티츠로부터 항복을 받았다.

리벤트로프, 요아힘Joachim von Ribbentrop   1893~1946   독일의 외교관, 정치가.
1932년 나치당에 가입한 뒤 히틀러에게 발탁되어 대외 문제에 관한 조언자
가 되었고, 무임소대사(1935~1936), 런던주재대사(1936~1938)을 지냈다.
1938년에 외상이 되어 강철동맹과 독소불가침조약을 성립시키고 대전 중 나치
외교를 담당했다.

리치, 닐Neil Ritchie   1897~1983   영국의 장군. 서부전선, 북부 아프리카, 중동, 노
르망디 등 여러 곳에서 참모와 지휘관을 역임했다.

ㅁ

마사리크, 토마슈Tomáš Garrigue Masaryk   1850~1937   체코슬로바키아의 정치가,
철학자. 프라하 대학의 교수로 자치운동 및 독립운동을 주도했고 초대 대통령
(1918~1935)을 맡았다.

마셜, 조지George Marshall   1880~1959   미국의 육군 원수, 정치가. 제2차 세계대

전 시 육군 참모총장으로 미국의 참전까지 군 규모의 확대와 현대화에 힘썼다. 1947년 국무장관이 되어 유럽 재건을 위한 마셜 계획으로 유럽 국가들을 지원했고 노벨평화상을 수상했다.

마쓰오카 요스케松岡洋右 1880~1946 일본의 외교관, 정치가. 미국에서 교육을 받고 외교관이 되었다. 중의원으로 일하기도 하고 남만주 철도 총재를 지내기도 했다. 고노에 내각의 외상(1940~1941)으로 독일, 이탈리아와 삼국동맹을 맺는 데 앞장섰다.

마오쩌둥毛澤東 1893~1976 중국의 혁명가, 정치가. 1921년 중국 공산당에 참여해 활동하는 한편 국공합작으로 국민당 직책도 맡았다. 1920년대 말부터는 농민들을 이끌고 공산당 토벌에 저항하며 1934~5년에는 장시성의 장시 소비에트에서 산시 성 옌안까지 대장정을 이끌었다. 일본의 패망 후 국민당을 본토에서 밀어냈고, 1949년 베이징에서 중화인민공화국을 선포하고 국가주석이 되었다. 토지개혁 등 새로운 국가를 건설하기 위한 내정과 한국전쟁 참전 등 대외관계를 이끌었고, 1959년 국가주석직을 내준 후 1966년 문화대혁명으로 권력 회복을 꾀했다. 이후 건강 쇠퇴로 부인 장칭 등 4인방이 권력을 행사했다.

마운트배튼, 루이스Louis Mountbatten 1900~1979 영국의 해군 제독, 정치가. 귀족 출신으로 해군에 들어가 제2차 세계대전시 동남아시아 연합군 최고 사령관으로 일본군에 맞서 싸워 버마 탈환에 기여했다. 전후 마지막 인도 총독을 지냈다.

만슈타인, 에리히Erich von Manstein 1887~1973 독일의 육군 원수. 제2차 세계대전에서 프랑스 침공 때 아르덴 숲으로 돌파하는 계획을 제출해 큰 성공을 거두었다. 1941년 바르바로사 작전 때도 큰 전과를 올렸고 1943년 카르코프 반격도 성공적이었다. 1944년 3월 계속되는 부진으로 해임되었다.

만토이펠, 하소Hasso, Freiherr von Manteuffel 1897~1978 독일의 장군. 북아프리카와 러시아에서 활약했다. 1944년 12월 벨기에 바스토뉴 지역에서 벌어진 이른바 벌지 전투 때 연합국 군대와 접전을 벌였다.

맥아더, 더글러스Douglas MacArthur 1880~1964. 미국의 육군 원수. 1937년 퇴역했지만 제2차 세계대전 때 소환되어 극동 사령관, 이어 남서 태평양 최고사령관으로 일본과 싸웠다. 1945년 9월 2일 일본의 항복을 받았으며 연합국 최고사령관으로 일본에 군정을 실시했다. 한국전쟁 때 유엔군 총사령관(1950~1951)이 되어 싸웠으나 트루먼 대통령과의 불화로 해임되었다.

맥올리프, 앤서니Anthony McAuliffe 1898~1975 미국의 장군. 1944년 서부전선에

서 독일의 공세로 바스토뉴가 위험에 처했을 때 독일의 항복 요구에 "미친놈들"
이라는 한 마디로 대응한 것이 잘 알려져 있다. 전후 유럽 주둔 미국군 사령관을
지냈다.

맥클린, 피츠로이Fitzroy Maclean 1911~1996 영국의 외교관, 군인. 1933년 외무성
에 들어가 파리, 모스크바에서 일했으며 대전 발발 후에는 참전을 원해 외무성
을 나와 사병으로, 곧이어 장교로 복무했다. 1943년 처칠의 지시로 유고슬라비
아에 파견되었다. 외무성에서 사임하기 위한 구실로 하원의원 선거에 나가 보수
당 의원이 된 이래 1974년까지 하원에 머물렀다.

메이틀런드, 프레더릭Frederick W. Maitland 1850~1906 영국의 법사학자. 영국 법
제사를 연구해 중요한 업적들을 내놓았으며, 문서 편집과 발간에도 노력을 기울
였다.

메테르니히, 클레멘스 폰Klemens von Metternich 1773~1859 오스트리아의 외교관,
정치가. 1809년에 외상이 되었고, 프랑스혁명전쟁 후 개최된 빈회의의 의장이
되어 유럽을 혁명 전의 복고적인 질서로 되돌려 놓았으며, 1821년에 재상이 되
어 1848년 혁명으로 실각할 때까지 유럽의 정치질서를 주도했다.

모델, 발터Walter Model 1891~1945 독일의 육군 원수. 동부전선에서 많은 활약을
하다가 1944년 서부전선으로 파견되었다. B 집단군을 지휘하며, 반히틀러 저항
운동에 연루되어 소환된 클루게의 공백을 잠시 메우는 최고사령관의 역할도 수
행했다. 서부에서 계속해서 후퇴하며 방어작전을 수행했다.

몰로토프, 뱌체슬라프Vyacheslav M. Molotov 1890~1986 소련의 정치가. 혁명에
참여해 당중앙위원, 정치국원을 맡았고 1930년에 인민위원회 의장이 되었다.
1939년 외무인민위원이 되어 독일-소련 불가침조약을 성립시켰으며 1949년까
지 소련 외교를 담당했다. 1941년에 스탈린이 인민위원회 의장에 취임하자 부
의장이 되었다. 스탈린 사후 외무장관을 지냈으나 흐루시초프 축출 계획이 실패
하자 1961년에 당에서 제명되었다가 1984년에 복권되었다.

몽고메리, 버나드Bernard Montgomery 1887~1976 영국의 육군 원수. 제2차 세계대
전 시 북아프리카 제8군 사령관을 맡아 롬멜에게 패배해 위기에 처한 영국군을
일으켜 1943년 독일군을 항복시켰다. 이후 시칠리아 상륙, 노르망디 상륙 때 아
이젠하워를 도와 유럽 전역의 승리를 가져왔다. 전후 제국총참모장, 나토부사령
관을 지냈다.

무세르트, 안톤Anton Mussert 1894~1946 네덜란드의 파시스트 정치인. 1931년

네덜란드 국가사회주의운동 정당을 설립해 세력을 확장했고 독일 점령 시기에 독일의 지원과 히틀러의 인정도 받았지만 독일의 통제는 점점 강화되었다. 독일의 항복 후에 반역죄로 처형되었다.

무솔리니, 베니토Benito Mussolini 1883~1945 이탈리아의 정치가. 사회주의 운동을 하다가 제1차 세계대전 후 파시스트당을 설립하고 1922년에 쿠데타로 정권을 잡았다. 에티오피아 침공과 에스파냐 내전 간섭 등 팽창정책을 취하는 한편, 독일과 추축을 결성하고 반코민테른협정에 가입하며 파시즘 진영을 형성했다. 히틀러의 요청으로 제2차 세계대전에 참전했으나 패전을 거듭하다 1943년 7월에 연합국의 시칠리아 상륙으로 실각해 유폐되었다. 그해 9월에 독일군에게 구출되어 괴뢰정권을 세웠으나 1945년 4월에 반파쇼 의용군에게 체포되어 사살되었다.

미셸, 앙리Henri Michel 1907~1986 프랑스의 역사학자. 젊어서 역사학을 공부하고 고등학생들을 가르쳤고 레지스탕스 활동을 했다. 전후 제2차 세계대전사 위원회의 사무총장으로 있으면서 제2차 세계대전을 연구했다.

미하일로비치, 드라골류브Dragoljub Mihajlović 1893~1946 유고슬라비아의 군인. 1941년 독일에 항복하기를 거부하고 무장단체 활동을 벌였다. 처음에는 연합국의 주목을 받았으나 연합국의 지지가 점차 티토에게로 기울었고 전후에 빨치산들에게 체포되어 처형되었다.

ㅂ

바돌리오, 피에트로Pietro Badoglio 1871~1956 이탈리아의 장군. 제1차 세계대전 휴전 교섭에 이탈리아 대표로 참여했고, 아비시니아 원정군 최고사령관으로서 아비시니아를 정복했다. 무솔리니 실각 후 수상이 되어 연합국과 휴전 협정을 체결하고 독일에 선전포고를 했다.

바젠, 아쉴Achille Bazaine 1811~1888 프랑스의 육군 원수. 1870년 프로이센-프랑스 전쟁에서 프랑스군의 좌익을 맡아 싸웠는데 8월 초 자르브뤼켄에서 격퇴당해 메츠로 피했으나 포위되었고 9월 초 우익의 나폴레옹 3세와 마크마옹이 스당에서 패배한 후 10월에 항복했다.

베강, 막심Maxime Weygand 1867~1965 프랑스의 장군. 제1차 세계대전 때 포슈의 참모장으로 싸우고 1935년 퇴역했으나 1940년 5월 독일의 침공을 가믈랭이 막아내지 못해 그의 대신에 최고사령관이 되었다. 폴 레노 내각에 프랑스의 항복을 조언했다.

베네슈, 에드바르트Edvard Beneš 1884~1948 체코슬로바키아의 정치가. 마사리크와 함께 독립운동을 했고, 독립 후 외상으로 국제연맹에서 활약하는 한편 프랑스와 동맹을 맺고 소협상을 주도했다. 1935년에 대통령이 되었으나 뮌헨협정으로 사직하고 런던으로 망명했다. 종전 후 귀국해 1946년에 대통령이 되었으나 1948년에 공산당이 정부를 전복하자 사임했다.

베크, 루트비히Ludwig Beck 1880~1944 독일의 장군. 1935년 재건된 육군의 초대 참모총장이 되어 독일군의 강화에 힘썼으나 히틀러의 무모한 전쟁 계획에 반대해 1938년 면직되었다. 이후 반나치 저항운동을 지도했고 1944년 반란을 일으켰다가 실패해 자살했다.

베크, 유제프Józef Beck 1894~1944 폴란드의 군인, 정치가. 제정 러시아에 대항해 싸우다가 독립 후 1926년에 피우수트스키의 신임을 받아 내각의 수반이 되었고 1932년에 외상이 되었다. 프랑스, 루마니아와의 동맹을 유지하면서 독일, 러시아와도 우호적인 관계를 맺으려 했고 1939년 3월에 독일이 체코를 침공한 뒤에는 테신을 차지했다. 같은 해 4월에는 영국과 동맹을 맺었다.

베트만-홀베크, 테오발트Theobald von Bethmann-Hollweg 1856~1921 독일의 정치가. 제국 내각의 내상 등을 거쳐 1909년 베른하르트 폰 뷜로우의 뒤를 이어 독일제국의 재상이 되었다. 내정 개혁을 추진하고 영국과의 화해를 도모했으나 실패하고 제1차 세계대전을 맞았다. 1917년에 군부의 압력으로 실각했다.

보네, 조르주Georges Bonnet 1889~1973 프랑스의 정치가. 재정 전문가로 배상회의에 참여했고, 여러 차례 재무상을 지냈다. 쇼탕 내각에서 재무상(1937~1938)을 지내다가 달라디에 내각의 외상(1938~1939)이 되어 뮌헨협정을 성립시키고 제2차 세계대전을 맞았다.

보노미, 이바노에Ivanoe Bonomi 1873~1951 이탈리아의 정치가. 1909년 의회에 진출해 1921년 7월에 수상이 되었으나 무솔리니가 이끄는 국가파시스트당의 반란으로 내각이 무너졌다. 무솔리니의 정권 장악으로 정계에서 은퇴했으나 1940년 반파시스트 운동에 참여해 1943년 무솔리니의 실각 후 반파시스트 연합을 이끌었고 1944년 6월부터 1945년 6월까지 수상으로 내각을 이끌었다.

보로실로프, 클리멘트Kliment Voroshilov 1881~1969 소련의 군인, 정치가. 1903년

에 볼셰비키에 가담해 혁명에 헌신했다. 내전에서 붉은 군대의 사령관으로 활약했으며 국방인민위원을 지냈다.

보르-코모로프스키, 타데우시Tadeusz Bór-Komorowski 1895~1966 폴란드의 장군. 1939년 독일의 폴란드 침공 후 비밀국내군 사령관으로 활약했다.

보크, 페도르Fedor von Bock 1880~1945 독일의 육군 원수. 1940년 5월 프랑스 침공 때 솜므 강 하류 쪽을 맡았고, 러시아 침공 때는 중앙 집단군을 맡았다. 모스크바 공격에 실패하고 남쪽 집단군 사령관을 맡았으나 히틀러와 대립해 면직되었다. 1945년 공습으로 사망했다.

볼드윈, 스탠리Stanley Baldwin 1867~1947 영국의 정치가. 보수당 의원으로 정계에 들어가 상무위원회 의장, 재무상 등을 거쳐 1923년에 보너 로의 뒤를 이어 수상이 되었고, 1924년 1월에 노동당에 자리를 내주었다가 그해 11월에 다시 집권해 1929년까지 내각을 이끌었다. 1931년에 탄생한 거국내각을 실질적으로 주도하다가 1935년에 다시 수상이 되었다. 국제연맹을 지지해 그해 선거에서 승리했으나 곧 호-라발 계획의 언론 누출 이후 독일의 라인란트 재점령, 에스파냐 내전 등 계속되는 국제적인 어려움을 겪었다. 1937년에 사직했다.

볼프, 카를Karl Wolff 1900~1984 독일의 나치 지도자. 나치 SS 소속으로 히믈러에 조력했으며 히틀러의 참모로 그와 가까이서 일하기도 했다. 1943년 북부 이탈리아에 군정 총독으로 갔고 1945년 3월에는 스위스에 있던 미국 전략사무국(OSS)의 일원이었다가 전후 CIA국장이 되었던 앨런 덜레스와 협상을 하기도 했다.

부돈니, 세묜Semyon Budyonny 1883~1973 소련의 육군 원수. 1903년 군 생활을 시작했고 1919년 공산당에 참여해 적군에서 활약했다. 제2차 세계대전 때 남서부 전선에서 독일의 침공에 맞섰으나 패배를 겪고 교체되었다.

브라우히치, 발터Walther von Brauchitsch 1881~1948 독일의 육군 원수. 1938년에 쫓겨난 프리치의 뒤를 이어 육군 총사령관이 되었고, 1939년 폴란드, 1940년 서부전선, 1941년 발칸반도와 소련 전역을 계획하고 실행했으나 1941년 12월 소련에서의 실패로 물러났다.

브라운, 에바Eva Braun 1912~1945 1930년 히틀러 전속 사진사의 점원으로 히틀러를 만나 연인이 되었고 1945년 4월 29일 결혼식을 올렸으며 다음날인 4월 30일 히틀러와 함께 권총으로 자살했다.

브래들리, 오마 Omar Bradley1893~1981 미국의 장군. 제2차 세계대전 시 북아프리카, 노르망디, 벌지 전투 등에서 활약했다. 전후 공식적으로 발족한 합동참모 본부의 초대 의장을 지냈다.

브룩, 앨런Alan Brooke 1883~1963 영국의 육군 원수. 제2차 세계대전이 발발하 자 서부전선에서 제2군단을 지휘했고 됭케르크 철수 후 본토 사령관을 맡은 후 1941년 12월부터 종전까지 제국총참모장의 역할을 수행했다.

블라소프, 안드레이Andrey Andreyevich Vlasov 1900~1946 소련의 장군. 제2차 세계 대전 때 독일과 싸우다 포로가 되었다. 수용소에서 러시아 해방군을 조직해 이 끌었고 연합국 군대에 붙잡혀 소련에 넘겨져 처형되었다.

비버브룩, 맥스 에잇켄Max Aitken 1st Baron Beaverbrook 1879~1964 캐나다 출신의 영 국 사업가, 언론인, 정치가. 캐나다에서 증권거래인으로 성공해 영국으로 이주해 1910년에 하원의원이 되었고 1916년에 신문 『데일리 익스프레스Daily Express』 소 유를 시작으로 『선데이 익스프레스Sunday Express』, 『이브닝 스탠다드Evening Standard』 등을 보유한 언론계의 거물이 되었다. 제2차 세계대전 윈스턴 처칠의 전시내각 에 참여해 항공기 생산 장관, 군수상 등을 역임했다.

비신스키, 안드레이Andrey Vyshinsky 1883~1954 소련의 정치가, 외교관. 모스크바 국립대학교에서 법학을 가르치며 검사로 일했는데 대숙청 당시 악명이 높았다. 1940년에 외무 부인민위원이 되었고 1945년 루마니아 공산 정권을 탄생시켰으 며, 1949년에 외상이 되었고, 국제연합에서 소련 대표로 미국을 공격하는 일을 맡았다.

비요트, 가스통Gaston Billotte 1875~1940 프랑스의 장군. 제2차 세계대전이 발발 하자 제2집단군 사령관으로 임명되었고 1940년 5월 10일 독일의 서부전선 공 격이 시작된 후 계획에 따라 벨기에로 진격해 독일의 아르덴 공격을 막지 못하 는 실패를 겪었다. 5월 21일 최고사령관이 된 베강과 대책을 논의하고 돌아가던 길에 교통사고로 사망했다.

비토리오 에마누엘레 3세Vittorio Emenuele III 1869~1947 이탈리아의 국왕. 1900년 즉위해 제1차 세계대전, 파시스트 쿠데타, 제2차 세계대전을 겪었다. 1944년 연합국의 로마 입성 후에는 정치적인 책임을 지고 왕세자에게 권한을 이양했고 1946년 군주제의 운명을 결정하는 국민투표 때는 군주제 유지에 도움 이 되게 하려고 왕위를 양위했으나 폐지가 결정되어 망명했다.

ㅅ

서머빌, 제임스James Somerville 1882~1949 영국의 해군 제독. 제2차 세계대전 때 특히 알제리 프랑스 함대의 무장해제하는 임무를 받고 실행에 옮겼다.

수보로프, 알렉산드르Aleksandr Vasilyevich Suvorov 1729~1800 러시아의 대원수. 러시아-폴란드 전쟁, 러시아-투르크 전쟁, 프랑스 혁명전쟁 등 수많은 전쟁에서 불패의 신화를 만들어 러시아의 영웅이 되었다.

슈미트, 안톤Anton Schmid 1900~1942 오스트리아 출신으로 제2차 세계대전에서 독일 국방군에 징집되어 리투아니아의 빌뉴스 지역에서 삼백 명에 가까운 유대인을 구하다 발각되어 처형당했다.

슈타우펜베르크, 클라우스Claus von Stauffenberg 1907~1944 독일의 군인. 1926년 군생활을 시작해 엘리트 코스를 밟았고 동부전선에서 나치의 만행에 환멸을 느끼고 전출을 요구해 북아프리카로 갔다가 부상당했다. 히틀러 제거 계획을 세우고 1944년 7월 히틀러의 라스텐부르크 본부에 폭탄을 설치했으나 계획에 실패했다. 그날 체포되어 바로 총살되었다.

스뫼츠, 안Jan Smuts 1870~1950 남아프리카 공화국의 정치가. 남아프리카 연방 성립 후 국방상, 재무상 등을 역임했고 제1차 세계대전에서 동아프리카군 사령관, 영국 전시내각 각료로 활약했다. 전후에는 국제연맹을 발전시키고 독일을 포용할 것을 주장했다. 나중에 수상, 법무상을 지냈고, 제2차 세계대전 발발 후 다시 수상이 되어 영국을 도왔고 국제연합 창설에 공헌했다.

스즈키 간타로鈴木貫太郎 1868~1948 일본의 해군 제독, 정치가. 해군참모총장을 지내고 1945년 4월 미국군의 오키나와 상륙 후 사임한 고이소 구니아키의 뒤를 이어 수상이 되었다. 소련의 중재를 통한 전쟁 종결을 꾀했고 8월 14일에 연합국의 무조건 항복 요구를 수용하기로 결정했다.

스타크, 해럴드Harold Rainsford Stark 1880~1972 미국의 해군 제독. 1939년 8월 해군참모총장이 되어 진주만 공습을 맞았다. 1942년 3월 유럽의 미해군 사령관이 되어 노르망디 상륙을 도왔다.

스탈린, 요시프Iosif Stalin 1879~1953 러시아의 혁명가, 소련의 정치가. 청년시절부터 혁명운동에 적극 가담해 레닌의 인정을 받아 1912년에 당중앙위원이 되었다. 1917년 혁명 이후 민족인민위원이되어 소련 연방 결성에 힘썼고 내전에서는 혁명군사위원으로 활약했다. 이후 레닌의 후계자로 소련 공산당 서기장, 수상, 원수를 지냈다. 제2차 세계대전 직전 독일과 불가침 조약을 맺어 서유럽을 위기로 몰아넣었으나 독일의 소련 기습 이후 연합국과의 공동전선을 굳게 지켰다.

스태그, 제임스James Stagg 1900~1975 영국의 기상학자. 1924년부터 영국 기상 청에서 일했고 1943년에 아이젠하워의 기상 참모가 되어 노르망디 상륙을 원활하게 하는 데 큰 역할을 했다.

스터티니어스, 에드워드Edward Stettinius Jr. 1900~1949 미국의 기업인, 정치가. 제네랄모터스에서 일하면서 실업구제 프로그램을 발전시켰고 루스벨트에 알려지게 되었다. 기업과 공직을 오가며 유에스스틸 회장, 무기대여법의 관리자를 거쳐 국무부 부장관, 장관, 초대 유엔대사를 지냈다.

스패츠, 칼Carl Spaatz 1891~1974 미국의 공군 장군. 제2차 세계대전시 여러 부대를 지휘하다가 1944년 1월 미국의 유럽 전략공군 사령관이 되어 아이젠하워 휘하에서 전략 폭격을 실행했다. 전후 미국 초대 공군 참모총장이 되었다.

ㅇ

아이언사이드, 윌리엄William Ironside 1880~1959 영국의 육군 원수. 1938년에 중동지역 사령관 및 지브롤터 총독이 되었고, 제2차 세계대전 발발 당시 제국총참모장이었다. 1940년에 육군 원수, 본토사령관이 되었다.

아이젠하워, 드와이트Dwight Eisenhower 1890~1969 미국의 육군 원수, 대통령. 1942년 북아프리카 원정 연합군 사령관으로 지휘했고 1943년 12월 유럽 연합군 최고 사령관으로 유럽 전역을 총지휘했다. 1953년부터 1961년까지 대통령을 지냈다.

아틸라Attila 406?~453 훈족의 왕. 중앙아시아의 유목민족이었던 훈족은 4세기에 유럽에 침입해 헝가리와 트란실바니아 일대를 지배했으며 이어 아틸라는 게르만부족들을 복속시켜 흑해 북안에서 라인 강에 이르는 대제국을 건설했다.

알렉산더, 해럴드Harold Alexander 1891-1969 영국의 육군 원수. 됭케르크에서 제1군단을 지휘해 철수를 도왔으며, 1942년부터 지중해에서 몽고메리와 함께 롬멜에 대항해 북아프리카 전역을 수행했으며, 튀니지에서 독일군이 항복한 후 이탈리아에서 싸웠다.

애틀리, 클레먼트Clement R. Attlee　1883~1967　영국의 정치가. 노동당 당수 (1935~1955)로 있었고 전시내각에 참여해 국새상서, 부수상을 지냈으며 전후 선거에서 승리해 노동당 내각(1945~1951)을 이끌었다.

야마모토 이소로쿠山本 五十六　1884~1943　일본의 해군 제독. 일찍이 항공모함의 중요성을 간파하고 함재기와 전술 개발에 힘썼다. 연합함대의 사령관으로서 진주만 공습을 계획하고 지휘해 성공을 거두었다. 1943년 4월 남태평양 전선 시찰 중 일본군 암호를 해독해 시찰 계획을 알고 있던 미국군에 의해 타고 있던 폭격기가 격추당해 사망했다.

에반스, 어니스트Ernest Evans　1908~1944　미국의 군인. 1944년 10월 레이테 만 전투 시 구축함 존스턴 호의 부함장으로 호위 작전을 펼치다 배와 함께 침몰했다.

에이머리, 리오Leo Amery　1873~1955　영국의 정치가. 언론인 출신 보수당 의원으로 해군상, 식민상 등을 역임했다. 뮌헨협정을 강하게 비판했으며 체임벌린 내각을 붕괴시키는 데 일조했다.

엘리자베타 여제Yelizaveta Petrovna　1709~1762　러시아의 여제. 표트르 대제와 예카테리나 1세의 딸로 쿠데타로 집권했다. 베스투제프-류민 백작의 주도로 친오스트리아 반프로이센 정책을 내세워 7년전쟁(1756~1763)에서 오스트리아, 프랑스 등과 함께 프로이센과 대적했으나 1762년 사망해 프리드리히 대제를 추앙하는 표트르 3세가 뒤를 이음으로써 프로이센이 붕괴를 면했다.

오친렉, 클로드Claude Auchinleck　1884~1980　영국의 육군 원수. 제2차 세계대전 발발 후 육군 본부, 노르웨이, 인도에 있다가 1941년 6월 중동에서 웨이벌을 대신해 지휘를 맡았고, 1년 후 알렉산더에게 지휘권을 넘겼다. 전후 원수로 진급했다.

오코너, 리차드Richard O'Connor　1889~1981　영국의 장군. 제2차 세계대전에서 서부사막군 사령관을 맡아 이탈리아군을 막아 수에즈 운하 등 영국의 핵심 이익을 지키는 임무를 맡았다. 1940~1941년 겨울에 큰 성공을 거두었으나 롬멜이 후에 아프리카 군단으로 확대되는 전차 사단을 이끌고 북아프리카로 와서 신속한 공격으로 승리하면서 포로로 잡혔다. 1943년 9월 탈출에 성공해 다시 서부전선에서 제8군단을 지휘했다.

오펜하이머, 로버트Robert Oppenheimer　1904~1967　미국의 물리학자. 제2차 세계대전 중에 로스알라모스 연구소장이 되어 맨해튼 계획을 수행했다.

요들 알프레트Alfred Jodl 1890~1946 독일의 장군. 국방군 최고사령부에서 작전 참모장으로서 히틀러의 명령을 수행했다. 렝에서 독일의 서부전선 항복문서에 서 명했다.

움베르토 2세Umberto II 1904~1983 이탈리아의 왕세자, 국왕. 비토리오 에마누 엘레 3세의 아들로 1944년 권한을 이양받고 1946년 5월에 왕위를 물려받았으 나 이탈리아가 국민투표로 군주제를 폐지해 즉위한 지 한 달만에 이탈리아를 떠 났다.

웨이벌, 아치볼드Archibald Percival Wavell 1883~1950 영국의 육군 원수. 제2차 세계 대전 초기에 중동 지역 총사령관으로 중동, 동부 아프리카 등에서 활약했으나 동남아시아로 건너와 말라야, 싱가포르, 버마에서 잇달아 패배하고 교체되었다.

웨인라이트, 조너선Jonathan Wainright 1883~1953 미국의 장군. 1942년 3월에 맥 아더 장군이 필리핀에서 전출되자 지휘권을 이어받아 코레히도르 요새로 후퇴 했으나 5월에 결국 항복했다.

웰링턴, 아서 웰슬리Arthur Wellesley, 1st duke of Wellington 1769~1852 영국의 장군, 정 치가. 나폴레옹 전쟁에서 활약했고 특히 워털루 전투에서 연합군을 지휘해 승리 를 거두었다. 이후 수상, 외상 등을 지냈다.

윈트, 가이Guy Wint 1910~1969 영국의 언론인, 역사학자. *The British in Asia, Total War: The Story of World War II* 등의 책을 썼다.

윌슨, 우드로Woodrow Wilson 1856~1924 미국의 학자, 정치가. 프린스턴 대학교 교수, 총장을 지내다가 민주당 소속으로 정계에 입문한 뒤 1912년에 대통령으 로 당선되었다. 제1차 세계대전에서 중립을 내세웠으나 1917년 세계 평화와 민 주주의를 내세워 참전했다. 1918년에는 14개 조항의 강화 원칙을 발표했으며 휴전 후 파리강화회의에 참석해 국제연맹을 비롯해 새로운 세계 질서 수립에 노 력했다. 그러나 상원이 베르사유 조약의 비준을 거부함으로써 큰 타격을 입었다.

이든, 앤서니Anthony Eden 1897~1977 영국의 정치가. 1923년 보수당 소속으로 하원에 진출해 국새상서, 국제연맹담당장관이 되었고 1935년 12월에 호의 사임 으로 외상이 되었다. 1938년 2월에 체임벌린의 유화정책, 특히 대이탈리아 정책 에 반발해 사임했다. 처칠 전시내각의 육군상, 외상을 지내며 전시외교를 담당 했다. 1951년 제2차 처칠내각에서 외상, 부수상을, 이후에 수상(1955~1957)을 맡았다.

이즈메이, 헤이스팅스Hastings Ismay 1887~1965 영국의 장군. 제2차 세계대전 시 국방상으로서의 처칠의 군사 참모 역할을 맡았고 참모위원회에서 처칠을 대표하고 연합국 회의에 처칠 혹은 여타 각료들과 참석했다.

ㅈ

장제스蔣介石 1887~1975 중국의 정치가. 1911년에 신해혁명에 참가한 후 주로 군사 방면에서 활약했다. 1927년에 상하이에서 쿠데타를 일으켜 당과 정부를 장악하는 한편 공산당을 탄압하기 시작했다. 이후 국민당 정부를 이끌면서 군벌 세력과 공산당세력을 제압하고, 국공합작을 통해 일본에 저항했다. 1946년에 재개된 공산당과의 내전에서 패해 1949년 타이완으로 정부를 옮겨 중화민국을 통치했다.

조르게, 리하르트Richard Sorge 1895~1944 독일의 언론인, 공산당 요원. 언론인으로 명성을 쌓는 한편 공산당 요원으로 코민테른에 의해 일본에 파견되어 소련에 정보를 제공했다.

조르주, 알퐁스Alphonse Joseph Georges 1875~1951 프랑스의 장군. 제2차 세계대전이 발발하자 서부전선 프랑스군 사령관이 되었다. 5월 19일에 가믈랭과 함께 면직되었다.

조지 6세George VI 1895~1952 영국의 국왕(재위 1936~1952). 조지 5세의 차남으로 형인 에드워드 8세가 심슨 부인과 결혼해 물러남에 따라 즉위했다. 제2차 세계대전 당시 런던을 지켜 국민의 존경을 받았다.

조프르, 조제프Joseph Joffre 1852~1931 프랑스의 육군 대원수. 1911년 참모총장이 되었고 제1차 세계대전이 발발하자 프랑스군의 총사령관으로 서부전선에서 싸웠다. 마른 강 전투에서 독일군을 막아내어 명성이 높아졌으나 이후 계속되는 실패로 결국 베르됭 전투를 끝으로 육군 대원수로 영전하는 방식으로 물러났다.

존슨, 새무얼Samuel Johnson 1709~1784 영국의 문인. 시, 희곡, 평론 등 다양한 장르의 글을 썼고, 특히 1755년 영어 사전을 편찬했다. 종종 존슨 박사라고 불린다.

주더朱德 1886~1976 중국의 장군, 정치가. 공산당에 참여해 국민당의 공산당 토벌에 저항하고 국공합작으로 항일작전을 지휘했다. 군의 원수가 되었고 국가 부주석, 공산당 부주석을 역임했다.

주코프, 게오르기Georgy Zhukov 1896~1974 소련의 육군 원수. 러시아제국 군대에 징집되어 1918년 적군에 합류했다. 제2차 세계대전 때 독일이 소련을 공격하자 레닌그라드와 모스크바 방어, 1941년의 반격을 준비하고 지휘했다. 이후 스탈린그라드, 쿠르스크 전투에도 참여했다. 1945년 5월 8일 소련의 대표로 독일에게 항복을 받았다. 그의 명성 때문에 전후 스탈린의 견제를 받았으나 스탈린 사후 국방장관, 최고인민회의 상임위원 등을 맡았다.

쥐앵, 알퐁스Alphonse Juin 1888~1967 프랑스의 육군 원수. 독일의 프랑스 침공 때 포로가 되었다가 풀려났다. 비시 정부에 의해 북아프리카 사령관이 되나 연합국 편으로 가서 튀니지, 이탈리아에서 자유 프랑스군의 거느리고 싸웠다.

즈다노프, 안드레이Andrei Zhdanov 1896~1948 소련의 공산당원, 관료. 주요 당직을 두루 맡고 1939년에 정치국원에 올랐다. 독일군의 레닌그라드 포위 시 책임자로 도시의 방어를 이끌었다. 전후 문화, 선전정책을 주도했다.

지로, 앙리Henri Giraud 1879~1949 프랑스의 장군. 1940년 독일의 프랑스 침공 때 포로가 되었다가 1942년 탈출해 북아프리카로 건너와 독일과 이탈리아에 대항하는 프랑스군의 총사령관이 되었다. 1943년에 드골과 함께 국민해방 위원회의 공동의장을 잠시 맡았다가 물러났다.

채넌, 헨리Henry Channon 1897~1958 영국의 정치인. 미국 출신으로 1935년 보수당 소속으로 하원의원이 되었다. 상류사회 사람들과 교류한 일을 일기로 써낸 것과 맥주 양조로 유명한 기네스가의 상속녀와 혼인한 것이 잘 알려져 있다.

ㅊ

────────────────────────────

처칠, 랜돌프Randolph Churchill 1911~1968 윈스턴 처칠의 아들로 언론인으로 활약했다.

처칠, 윈스턴Winston S. Churchill 1874~1965 영국의 정치가. 보수당 의원으로 정계에 입문했으나 당의 보호관세정책에 반대해 자유당으로 당적을 옮겨 1911년 이후 해군상, 군수상, 전쟁상 등을 지내다가 보수당에 복귀해 볼드윈 내각에서 재무상을 지냈다. 1929년부터 10년 간 주류의 인도 자치론과 유화정책에 반대해 입각하지 않았고, 1939년에 해군상으로 내각에 복귀해 1940년부터 수상 겸 국방상이 되어 전시 내각을 이끌었다. 이후 루스벨트, 스탈린과 더불어 제2차 세계대전을 승리로 이끌었다. 1945년 선거 패배 후에도 당수로 남아 있다가

1951~1955년까지 다시 수상으로 일했다.

체임벌린, 네빌Neville Chamberlain　1869~1940　영국의 정치가. 1922년 이후 보수당 내각에서 우정상, 재무성 지불총감, 보건상 등을 지냈고 거국내각에서 보건상, 재무상으로 일했다. 대공황 이후의 재정 위기를 수습함으로써 명성이 높아졌고 1937년에 수상이 되었다. 이후 고조되는 국제적 긴장을 유화정책으로 해결하려 했고 1938년에는 뮌헨협정을 성립시켰다. 1940년에 노르웨이 작전 실패의 책임을 지고 사임했다.

추이코프, 바실리Vasily Chuikov　1900~1982　소련의 육군 원수. 러시아 혁명 후 적 군에 들어가 군경력을 쌓았다. 제2차 세계대전 때 스탈린그라드 방어를 맡았으며 베를린으로 진격해 1945년 5월 1일 독일측의 항복 제의를 받기도 했다.

치아노, 갈레아초 디Galeazzo di Ciano　1903~1944　이탈리아의 외교관. 외상 (1936~1943)으로 일하면서 로마-베를린 추축, 강철동맹을 성립시켰다. 1943년에 무솔리니를 실각시키는 데 앞장섰다가 이듬해 북부 파시스트 정권에 체포되어 총살되었다. 무솔리니의 사위.

ㅋ

카이텔, 빌헬름Wilhelm Keitel　1882~1946　독일의 육군 원수. 1935년 국방성 참모 장을 거쳐 1938년 국방군 최고사령관이 되었고 제2차 세계대전 중인 1940년에 원수가 되었다. 작전능력이 뛰어난 군인이라기보다는 히틀러의 충실한 심복으로 알려져 있다.

커닝엄, 앤드류Andrew Cunningham　1883~1963　영국의 해군 제독. 제2차 세계대전 때 지중해 함대 사령관으로 활약했으며 1943년에 해군 제1군사위원이 되었다.

커닝엄, 앨런Alan Cunningham　1887~1983　영국의 장군. 제2차 세계대전 때 동부 아프리카에서 활약했다. 앤드류 커닝엄 제독의 동생이다.

케셀링, 알베르트Albert Kesselring　1885~1960　독일의 육군 원수. 제2차 세계대전 이 발발하자 폴란드, 프랑스, 소련 침공 때 공군부대를 지휘했고 이후 남부의 총 사령관을 맡아 이탈리아를 지원했다.

케인즈, 존 메이너드John Maynard Keynes　1883~1946　영국의 경제학자. 정부 지출을 통한 수요의 창출을 주장한『고용, 이자 및 화폐의 일반 이론』(1936)으로 유명하다. 재무성 자문, 브레턴우즈 협정의 영국 대표, 국제통화기금과 세계은행 총재 등을 역임했다.

코니에프, 이반Ivan Stepanovich Konev 1897~1973 소련의 육군 원수. 독일의 러시아 침공 시 모스크바, 카르코프 등에서 크게 활약했고, 폴란드를 거쳐 베를린으로 진격해 토르가우 강에서 미국군과 만났다.

콜티츠 디트리히Dietrich von Choltitz 1894~1966 독일의 장군. 제2차 세계대전 시 폴란드, 프랑스, 동부전선에서 활약했으며 1944년 8월부터 연합국의 파리 수복 때까지 파리지역 사령관을 맡았다.

쿠투조프, 미하일Mikhail Kutuzov 1745~1813 러시아의 육군 원수. 러시아-폴란 드 전쟁, 러시아-투르크 전쟁 등에서 싸웠고 수보로프에게 전략, 전술을 배웠다. 은퇴했다가 나폴레옹 전쟁 때 소환되어 싸우고 특히 1812년 나폴레옹의 러시아 침공을 막았다.

크렙스, 한스Hans Krebs 1898~1945 독일의 장군. 1945년 4월 구데리안의 뒤를 이어 참모총장이 되었다. 4월 30일 히틀러가 자살한 후 다음날 추이코프와 부분 적 항복 협상을 시도했으나 실패하고 5월 2일에 자살했다.

크롬웰, 올리버Oliver Cromwell 1599~1658 영국의 정치가, 군인. 하원에서 정치에 참여하다가 청교도 혁명 시 의회파의 편에서 기병대를 지휘했다. 반대 세력을 누르고 호국경이 되어 군사독재를 실시했다.

크립스, 스태포드Stafford Cripps 1889~1952 영국의 정치가. 법률가 출신으로 1931년 노동당 의원으로 하원에 들어갔고 러시아 대사를 지냈다(1940~1942). 전후에는 상무위원회 의장, 재무상 등으로 일했다.

크비슬링, 비드쿤Vidkun Quisling 1887~1945 노르웨이의 파시스트 정치인. 1939년 히틀러와 만나 독일의 노르웨이 점령을 촉구했고 노르웨이 점령 후 독 일에 적극 협조했다. 매국노, 협력자 라는 뜻의 퀴즐링이 이 사람의 이름에서 유 래했다.

클라이스트, 파울Paul Ludwig von Kleist 1881~1954 독일의 육군 원수. 기갑부대의 운용에 능해 퇴역 후 제2차 세계대전 때 복귀해 폴란드, 프랑스, 러시아 침공에 참여했다.

클라크, 마크Mark Clark 1896~1984 미국의 장군. 제2차 세계대전에서 북아프리 카 상륙 때 아이젠하워 휘하의 부사령관으로, 이탈리아에서 제5군의 사령관으 로 이탈리아 함대와 바돌리오의 항복을 받았고, 이어 제15 집단군 사령관으로 로마 북부에서 독일군을 패배시켰다. 한국 전쟁 중 유엔군사령관이 되어 휴전협정에 서명했다.

클라크, 앨런Alan Clark 1928~1999 영국의 정치인, 군사사가. 법률가의 길을 가다가 군사사 연구자가 되어 양차 세계대전에 관한 책 등 다수의 책을 집필했다. 1974년 하원의원이 된 후 국방획득담당 장관, 무역담당 장관을 역임했다. .

클레망소, 조르주Georges Clemenceau 1841~1929 프랑스의 정치가. 1870년 몽마르트르 구장區長으로 정계에 입문한 뒤 1906년에 사리앙 내각의 내상, 이어 수상 겸 내상이 되어 1909년까지 일했다. 제1차 세계대전 중인 1917년 11월 푸앵카레 대통령의 요청으로 전시 내각을 구성하고 수상 겸 육군상이 되어 전쟁을 승리로 이끌었으며 파리강화회의의 전권대표로 참석했다.

클루게, 귄터Günther von Kluge 1882~1944 독일의 육군 원수. 폴란드, 프랑스, 러시아 침공 때 큰 역할을 했고 특히 러시아 침공시 중앙 집단군을 지휘했다. 연합군의 노르망디 상륙 때는 룬트슈테트를 대신해 서부전선 총사령관을 맡기도 했다. 반히틀러 저항운동에 연루되어 체포를 앞두고 자살했다.

키치너, 호레이쇼 허버트Horatio Herbert Kitchener 1850~1916 영국의 육군 원수. 수단, 이집트, 보어 전쟁에서 활약했으며 제1차 세계대전 때 전쟁상이 되어 장기전에 대비할 것을 주장했다. 이른바 키치너 군대라 불리는 모병 활동과 군수 공급에 진력했다. 1915년 서부전선과 갈리폴리의 실패로 타격을 입었고 1916년 러시아 방문을 위한 항해 중에 타고 있던 배가 침몰해 사망했다.

킬런, 마일즈 램슨Miles Lampson, 1st Baron Killearn 1880~1964 영국의 외교관. 이집트를 실질적으로 통치하던 영국의 이집트 대사로서 이집트 국왕 파루크를 무력 시위로 강제해 내각을 교체했다.

ㅌ

테더, 아서Arthur Tedder 1890~1967 영국의 공군 장군. 제2차 세계대전에서 영국 공군 중동 사령부, 북아프리카와 이탈리아 공군 작전 등을 지휘했다. 1944년 유럽 연합군 총사령관이 된 아이젠하워의 부관이 되어 노르망디 상륙을 성공시키고 이어 독일의 교량과 철로를 폭격하는 트랜스포테이션 계획을 실행했다.

토레즈, 모리스Maurice Thorez 1900~1964 프랑스의 정치가. 프랑스 공산당 지도자로 1932년 하원 의원이 되었고 인민전선 정부에 참여해 사회 입법을 추진했다. 전후 드 골 정부에 참여해 1946년부터 1947년에는 부수상을 역임했다.

트루먼, 해리Harry Truman 1884~1972 미국의 정치가. 1922년 선출직 판사로 정치생활을 시작해 1935년 연방상원의원이 되었고 1944년 루스벨트의 러닝메이트로 부통령이 되었다. 사망한 루스벨트의 대통령직을 승계했고 1948년 선거에 이겨 재임했다. 원자탄 사용 결정을 내렸고 마셜 플랜으로 전후 복구를 지원했으며 동유럽에서 소련의 팽창에 대응해 트루먼 독트린을 내세우는 등 전후에 대외 관계에서 막중한 역할을 맡았다.

티모쉔코, 세묜Semyon Timoshenko 1895~1970 소련의 육군 원수. 1940년 소련-핀란드 전쟁에서 활약해 원수로 진급하고 국방인민위원이 되어 붉은 군대의 근대화에 힘썼다. 독일의 소련 침공 이후 고전을 면치 못해 주코프에 밀려나기도 했다.

티토, 요시프 브로즈Josip Broz Tito 1892~1980 유고슬라비아의 혁명가, 정치가. 1920년대부터 국내외에서 사회주의 활동을 하다가 나치의 유고슬라비아 침공 후 빨치산을 조직해 전투를 벌였다. 영국과 소련 양측으로부터 지원을 받아 독일군을 물리치고 유고슬라비아 정부를 세우고 비공산주의자들을 숙청해 일당 독재체제를 수립했다.

ㅍ

파운드, 더들리Dudley Pound 1877~1943 영국의 해군 제독. 제2차 세계대전이 발발했을 때 해군 제1군사위원으로 독일의 유보트에 대항한 대서양 전투를 초반에 이끌었다.

파울루스, 프리드리히Friedrich Paulus 1890~1957 독일의 육군 원수. 참모총장 할더 밑에서 참모차장으로 소련 침공 계획을 세웠고 1942년 제6군의 지휘를 맡아 카르코프 전투 등에 참가했다. 1942~1943년 겨울 스탈린그라드 공방전에서 퇴각을 요청했으나 허락받지 못해 항복하고 포로가 되었다.

패튼, 조지George Smith Patton Jr. 1885~1945 미국의 장군. 제2차 세계대전에서 북아프리카, 이탈리아, 북부 프랑스에서 기갑부대를 이끌고 대담한 공격을 시도해 전과를 올렸다.

페타르 2세Petar Karađorđević 1923~1970 세르비아-크로아티아-슬로베니아 왕국의 국왕(1934~1945). 어린 나이에 즉위해 섭정 왕자 파블레 카라조르제비치에 의지했는데 1941년 친추축국 섭정 왕자를 타도하는 쿠데타로 권력을 잡았으나 곧 독일의 침공으로 런던에서 망명정부를 이끌었다.

페타치, 클라라Clara Petacci 1912~1945 이탈리아 무솔리니의 정부. 무솔리니와 혼외관계를 맺었다. 무솔리니가 북부 이탈리아에 괴뢰정부를 세웠으나 전황이 불리하자 탈출할 때 동행했다. 두 사람은 코모 호 근처에서 빨치산 병사에 붙잡혀 처형되었다.

페탱, 필리프Philippe Pétain 1856~1951 프랑스의 육군 원수, 정치가. 1916년 베르됭을 방어해내 제1차 세계대전의 영웅이 되었다. 1917년 4월 니벨의 뒤를 이어 서부전선 프랑스군 총사령관이 되었고 1918년에 육군 원수가 되었다. 제2차 세계대전 때는 1940년 6월 16일 대독 항복 내각을 조직해 수반이 되었으며 6월 22일에 독일과 휴전협정을 체결해 이후 독일에 협력하는 정책을 펴나갔다. 전후 반역죄로 사형을 선고받았으나 감형되어 복역 중에 사망했다.

포드, 헨리Henry Ford 1863~1947 미국의 기업가. 자동차 제조 회사를 운영하며 표준화, 단순화, 전문화를 통한 생산 합리화로 대량 생산 시스템을 창안하고 정착시켰다.

포슈, 페르디낭Ferdinand Foch 1851~1929 프랑스의 장군. 제1차 세계대전 중 각지에서 프랑스군을 지휘했고 1918년 봄 서부전선에서 연합국 총사령관이 되어 전쟁을 마무리했다. 그해 11월 11일 연합국 대표로 휴전 조약에 서명했다.

프랑코, 프란시스코Francisco Franco 1892~1975 에스파냐의 독재자. 에스파냐 인민전선 정부에 반대해 반정부 쿠데타를 일으킨 뒤 국민정부의 주석 및 군 총사령관이 되어 내전을 지휘했다. 제2차 세계대전 중에는 명목상으로는 중립을 유지했으나 실제로는 독일과 이탈리아를 지원해 종전 후 국제적으로 고립되는 결과를 가져왔다.

프랑크, 한스Hans Frank 1900~1946 독일의 법률가, 정치가. 1921년 나치당에 가입해 당의 법률 자문, 히틀러의 변호사로 일했다. 나치 집권 후 제국의회 의장, 법무상을 지내고 폴란드 침공 후부터 전쟁이 끝날 때까지 폴란드 총독으로 나치 정책을 시행해 전후 전범으로 교수형을 받았다.

프레이버그, 버나드Bernard Freyberg 1889~1963 영국 태생의 뉴질랜드 장군. 제2차 세계대전 때 뉴질랜드 원정군 사령관으로 크레타 섬, 이집트, 북아프리카 등지에서 싸웠다. 전후 뉴질랜드 총독을 지냈다.

프리드리히 대왕Friedrich der Grosse 1712~1786 프로이센의 왕(재위 1740~1786). 오스트리아 및 주변 강대국들에 대항하면서 프로이센을 강대국에 올려놓았다.

프리크, 빌헬름Wilhelm Frick 1877~1946 독일의 정치가. 1923년 히틀러의 뮌헨 봉기에 참여한 오랜 나치 지도자로 1924년 의회에 진출해 히틀러 정권에서 오 랫동안 내상을 지내고 1943년부터 보헤미아·모라비아의 보호자를 지냈다.

필립스, 톰Tom Phillips 1888~1941 영국의 해군 제독. 1941년 일본군의 말라야 상 륙을 막기 위해 프린스오브웨일즈 호와 리펄스 호를 이끌고 일본 수송선단을 공 격하러 출격했다가 두 전함과 함께 침몰했다.

ㅎ

하이드리히, 라인하르트Reinhard Heydrich 1904~1942 독일의 나치지도자. 1931년 품행 문제로 해군 장교에서 면직된 후 SS에 들어갔다. 히틀러에 의해 SS의 보안 방첩부를 맡게 되고 이후 국가보안본부의 수장, 보헤미아·모라비아의 보호자 를 맡았다가 베네슈가 보낸 체코 요원들에 의해 살해되었다.

하일러 젤라시Haile Selassie 1892~1975 에티오피아의 황제(1930~1936/ 1941~1974). 즉위 전부터 근대적 중앙집권을 추진했고 즉위 후 경찰 설립, 세제 일원화 등을 시행했다. 1935년 이탈리아의 침략에 대항했으나 1936년에 망명했 다. 1941년 영국의 도움으로 수도를 탈환하고 황제에 복위했다.

하지스, 코트니Courtney Hodges 1887~1966 미국의 장군. 제2차 세계대전 때 서부 전선에서 싸웠다. 노르망디 상륙 때 오마 브래들리 휘하에서 제1군 부사령관으 로 활약하다가 1944년 제1군 사령관이 되었고 이후 파리, 벨기에, 룩셈부르크, 독일까지 전진했다.

하트, 리델Basil Liddel Hart 1895~1970 영국의 군사사가, 전략가. 제1차 세계대전 에서 장교로 복무하다가『데일리텔레그래프』,『더타임즈』,『데일리메일』에 군 사 문제에 관한 글을 썼고, 전쟁상 호-빌리셔의 자문을 맡기도 했다. 기계화 부 대와 항공 전력을 강조했고,『전략론』등 전략과 전쟁사 분야에서 수많은 저서를 남겼다.

하하, 에밀Emil Hácha 1872~1945 체코슬로바키아의 법률가, 정치가. 뮌헨협정으로 사임한 베네슈의 뒤를 이어 대통령(1938~1939)을 맡았고 후에 독일 통치 하의 보헤미아, 모라비아 지역을 관할했다.

할더, 프란츠Franz Halder 1884~1972 독일의 장군. 제2차 세계대전 초기에 참모총장으로 폴란드, 서유럽, 러시아 전역을 수행했다. 스탈린그라드 공격 등에 대해 히틀러와 의견 충돌로 사임했다. 이후 반히틀러 운동에 가담한 것이 밝혀져 강제수용소에 수감되었다가 풀려났다.

할리팩스, 에드워드 우드Edward Wood, 1st Earl of Halifax 1881~1959 영국의 정치가. 보수당 정치가로 인도총독, 전쟁상, 국새상서, 추밀원 의장을 거쳐 외상(1938~1940)으로서 네빌 체임벌린의 유화정책을 강력히 지지했다. 체임벌린 내각이 무너진 후에도 계속해서 전시내각에 참여했으며 미국주재대사를 지냈다.

해리스, 아서Arthur Harris 1892~1984. 영국의 공군 장군. 1942년 폭격기 사령부를 맡아 적의 전쟁 수행 능력과 의지를 꺾는 대량 폭격 전략을 발전시켰다.

해밀턴, 이안Ian Hamilton 1853~1947 영국의 장군. 제1차 세계대전에서 지중해 원정군의 총사령관을 맡아 갈리폴리 작전을 수행했으나 실패했다. 1915년 10월에 소환됨으로써 군 경력을 마감했다.

해밀턴, 더글라스Douglas Dougls-Hamilton, 14th Duke of Hamilton 1903~1973 영국의 귀족, 공군 장군. 공군에서 복무했고 에베레스트산의 상공을 최초로 비행한 기록을 가졌다.

헐, 코델Cordell Hul 1871~1955 미국의 정치가. 1907년 하원의원이 되어 정계에 입문했고 1933년부터 12년 동안 루스벨트 정부의 국무장관으로 일했다. 유엔 설립에 기여해 노벨평화상을 수상했다.

헤스, 루돌프Rudolf Hess 1894~1987 독일의 나치지도자. 1920년 초기의 나치당에 참여해 뮌헨 폭동에도 가담했다. 1933년에 당의 부총통에 오르고 1939년에는 히틀러가 괴링에 이어 당의 3인자로 인정했다. 1941년 5월 영국으로 날아가 강화 협상을 제의했지만 포로로 억류되었다. 전후 전범재판에서 종신형을 받았다.

헤이그, 더글라스Douglas Haig 1861~1928 영국의 육군 원수. 제1차 세계대전에서 영국원정군 제1군단을 이끌었고 1915년 12월부터 존 프렌치에 이어 프랑스 주둔 영국군의 총사령관을 맡아 전쟁을 이끌었다. 무모한 공세로 1916년 솜므 전투, 1917년 제3차 이프르 전투 등에서 수많은 사상자를 냈다.

호르티, 미클로슈Miklós Horthy 1868~1957 헝가리의 해군 제독, 정치가. 제1차 세계대전에서 공을 세웠고 전후 섭정의 지위로 정치를 좌우했으며 제2차 세계대전 때 추축국에 협력했으나 전쟁과 유대인 박해에 소극적이었다. 1944년에 소련과 강화를 교섭했으나 파시스트 쿠데타로 억류되었다가 전범재판을 거쳐 포르투갈에 망명했다.

호-빌리셔, 레즐리Leslie Hore-Belisha 1893~1957 영국의 정치가. 자유당 의원으로 거국내각에 참여해 교통상, 전쟁상(1937~1940)을 역임했다.

호트, 헤르만Hermann Hoth 1885~1971 독일의 장군. 보병 출신이나 기갑사단, 기갑군단을 지휘해 전쟁 초기 서부전선, 바르바로사 작전에서 활약했다. 특히 1942년 겨울 스탈린그라드 전투에서 파울루스와 함께 싸우다 고전했다.

호튼, 맥스Max Horton 1883~1951 영국의 해군 제독. 제2차 세계대전에서 새로운 장치와 전술상의 변화를 꾀해 독일의 유보트 작전을 무력화시키는 등 성공적인 임무 수행으로 이름이 높았다.

혼, 알리스테어Alistair Horne 1925~2017. 영국의 역사학자, 작가. *The Price of Glory: Verdun 1916* (1962), *The Fall of Paris: The Siege and the Commune, 1870-71* (1965) *To Lose a Battle: France 1940* (1969) 등 제2차 세계대전에 관한 책을 비롯해 역사와 전기를 중심으로 많은 책을 썼다.

홉킨스, 해리Harry Hopkins 1890~1946 미국의 정치가. 사회사업 부문에서 일하다가 루스벨트 행정부의 뉴딜정책의 실행자가 되었고 상무장관(1938~1940)으로 일하다가 건강상 사임했으나 루스벨트의 순회대사로 연합국과의 전쟁 수행을 조정했다.

히로히토裕仁迪宮 연호 쇼와昭和 1901~1989 일본의 천황. 1926년 천황에 즉위했다. 제2차 세계대전 후 상징적인 지도자가 되었다.

히믈러, 하인리히Heinrich Himmler 1900~1945 독일의 나치지도자. 나치정권의 경찰 책임자로 비밀경찰을 지휘했고 제2차 세계대전 중에는 수용소 운영과 유대인 학살을 주도했다.

히틀러, 아돌프Adolf Hitler 1889~1945 독일의 정치가. 오스트리아 출신으로 독일로 이주해 제1차 세계대전에서 독일군에 입대했다. 1919년에 독일 노동자당에 입당했고 1921년에는 나치당으로 이름이 바뀐 당을 이끌게 되었다. 1923년에 뮌헨에서 봉기를 일으켰으나 실패해 투옥되었다가 풀려났다. 수감 중에 『나의 투쟁』을 저술했으며 이후 당을 재건하고 합법적인 방법으로 집권을 모색해

1930년 총선에서 사회민주당에 이어 제2당이 되었다. 1933년 1월에 힌덴부르크에 의해 수상에 오른 후 의회를 해산하고 다시 선거를 치렀으며 기본권을 중지하는 긴급명령을 내려 좌파를 탄압하고 의회의 권한을 정부에 이양하는 수권법을 통과시켜 나치독재체제를 수립했다. 이후 국내적으로 경제 위기를 극복해 나가고 대외적으로 베르사유 체제를 무너뜨려 나감으로써 독일 국민들의 지지를 받았다. 1939년에 제2차 세계대전을 일으켜 초기에 크게 승리했으나 소련을 침공하고 미국에 선전포고를 하는 등 실책을 한 후 패전을 거듭하고 결국 1945년 베를린 함락 직전에 자살했다.

힌덴부르크, 파울 폰Paul von Hindenburg 1847~1934 독일의 장군, 정치가. 제1차 세계대전 시 동부전선에서 크게 활약해 명성을 얻었고, 1916년부터는 루덴도르프와 함께 실권을 장악했다. 1925년 보수파의 지지로 바이마르 공화국 대통령의 자리에 올랐다. 1933년 히틀러를 수상에 임명함으로써 나치가 집권하는 길을 열어주었다.

옮긴이의 말

이 책은 A. J. P. Taylor, *The Second World War: An Illustrated History* (London, Penguin Books, 1989)를 우리말로 옮긴 것이다. 제2차 세계대전에 관한 책이 셀 수 없이 많은데도 이 책을 번역해 내놓는 이유는, 저자 테일러의 말을 빌리면, "우리가 아직도 이 전쟁의 그늘에서 살고 있기" 때문이다(『준비되지 않은 전쟁, 제2차 세계대전의 기원』, 페이퍼로드, 2020). 테일러가 이렇게 쓴 것이 1961년이니 60년 가까이 지났지만 지금의 우리가 이 전쟁의 그늘에서 벗어났다고 말할 수 있을까? 우리 사회에서 논쟁을 불러일으키는 많은 일들이 제2차 세계대전과 직간접적으로 연관을 맺고 있다. 일본 종군 위안부 피해자 문제와 이를 둘러싼 한일 갈등은 제2차 세계대전과 떼어놓고 이야기할 수 없다. 한일 관계에 놓여 있는 많은 문제들이 식민지배라는 큰 틀도 있지만 보다 구체적으로는 일본의 전시 총동원의 영향 아래 벌어진 일들이다. 또한 한반도의 분단으로 시작된 지난 70여년의 남북관계도 제2차 세계대전의 그늘 아래에 있지 않은가? 우리나라를 넘어서 중일관계, 미일관계 등 동북아 국제관계에도 제2차 세계대전과 종전처리의 영향이 아직까지 지속되고 있다.

국제정치사가가 쓴 전쟁사인 이 책은 제2차 세계대전의 그늘 아래에 살고 있는 우리들이 현재의 국제정치문제를 생각할 수 있도록 나라들의 관계 속에서 벌어진 행동으로 제2차 세계대전을 바라본다. 군대들만이 아니라 나라들이 부딪치는 전쟁 수행의 정치적인 측면을 강조하며 그렇게 전쟁이 진행된 결과로서 다시 나라들의 관계가 어떻게 형성되었는지 서술하고 있다. 19세기 후반부터 시작된 독일 문제가 제1차 세계대전에서 해결되지 못했고, 이로 인해 유럽 질서가 무너지고 제2차 세계대전이 시작되었으며, 대전이 유럽 전쟁으로 끝나지 못하고 세계적인 강대국인 미국과 러시아가 참전하게 되고 전승국이 됨으로써 이후의 세계가 이 두 나라를 중심으로 재편되었다는 것이 테일러의 큰 그림이다. 테일러는 이러한 큰 그림 안에서 영국과 프랑스, 특히 프랑스의 패배 이후 영국은 어떠한 전략을 구상했고 어떠한 행동으로 귀결되었는지, 반대편에서 히틀러는 상황을 어떻게 인식하고 어떻게 전쟁을 수행해 나갔는지, 추축국의 공격을 당한 미국과 러시아의 전략 결정은 어떻게 이루어졌는지, 태평양에서 일본의 행동은 미국은 물론 유럽 국가들에 어떤 영향을 주었는지 등 서로 얽혀 있는 나라들의 관계에서 각 나라의 전략과 행동을 살펴본다.

테일러는 특히 제1차 세계대전에서는 전략을 이끄는 데 군 지도자들의 역할이 컸고 이들의 대중에 대한 영향력도 컸던 반면에, 제2차 세계대전에서는 정치 지도자들, 특히 처칠, 루즈벨트, 스탈린, 히틀러가 정치와 전략을 결정했다고 분석한다. 제1차 세계대전 말에 프랑스 수상이 되어 전쟁을 마무리한 클레망소는 "전쟁은 너무 중대한 일이라 장군들에게 맡길 수 없다"고 했는데 이는 전쟁의 결과뿐 아니라 전쟁 자체가 온 나라, 모든 국민들의 일이 되었음을 의미한다. 제1차 세계대전이 시작되었을 때는 이를 알지 못했고 전쟁을 겪고야 알았다. 또 한 번의 대중들의 전쟁인 제2차 세계대전이 시작되자 대중을 움직이기 위해서는 정치 지도자들의 리더십이 필요했고 이들 지도자들만이 대중에게 충성을 요구할 수 있었다고 테일러는 말한다. 이렇게 볼 때, 정치 지도자들이 어떤 조언과 보고를 받았고, 대중과 어떻게 소통했으며, 각국의 지도자들이 서로 어떠한 관계를 맺어가며 당면한 사안 및 장래의 계획을 논의했는지 살펴보는 것이 필요하며, 이 책에서 이러한 관점으로 서술된 제2차 세계대전사를 읽을 수 있다.

　　또한 테일러는 이전부터 제시했던 주장, 즉 히틀러는 대규모 전쟁을 계획했다기보다는 무력사용의 위협과 소규모 전쟁을 이용해 독일의 힘과 지위를 키워나가려 했고 주로 주어지는 상황에 따라 기회를 포착해 이를 실행했다(『준비되지 않은 전쟁, 제2차 세계대전의 기원』)는 주장을 전쟁 중 히틀러의 행동을 설명하는 데 적용한다. 오스트리아 합병, 체코 주데텐 합병, 폴란드 침공에 이르는 길까지 전쟁 전의 대외적 행동에 관해 서술한 이전 책에 이어 폴란드 침공과 프랑스 및 서유럽 정복이 장기적인 계획에 따른 행동이라기보다는 신속한 공격과 승리로 힘과 지위를 강화한 행동이라고 분석한다. 또한, 러시아 침공에 대해서는 히틀러가 오랫동안 가지고 있었던 러시아 정복이라는 장기적인 계획의 실현일 수도 있지만, 동시에, 영국이 러시아의 도움을 기대할 수 없게 해 타협하러 나오게 만든다는, 상황에

따른 대응일 수도 있다고 해석한다. 테일러는 일본과 이탈리아에 대
해서도 "일본인들은 영국과 미국 혹은 심지어 중국과도 전쟁하기를
원치 않았다. 무솔리니는 아비시니아나 그리스보다 강한 어느 국가
와도 전쟁을 원하지 않았다. 추축국 국가들은 그들에게 달갑지 않은
세계대전이 다가올 때까지 일련의 즉흥적인 소규모 전쟁을 하며 조
심스럽게 앞으로 나아갔다"라며 같은 해석을 내놓고 있다.

우리가 안고 있는 문제를 풀기 위해 철저한 반성과 무한한 상
상력이 필요한 이때, 남북관계와 대외관계를 차근차근 연구할 수 있
도록 지원해주시는 북한대학원대학교 박재규 명예총장님(경남대학
교 총장님)과 김선향 이사장님께 깊은 감사를 드린다. 큰 힘이 되어주
시는 안호영 총장님과 여러 교수님들께 감사드린다. 국제정치의 역
사를 공부하도록 이끌어주셨으며 학문을 하려면 인내하고 겸손하
라고 항상 말씀해 주신 서울대학교 박상섭 교수님께 감사드린다. 다
음 세대의 역사 읽기에 뜻을 두시고 책의 출판을 맡아주신 페이퍼로
드 최용범 대표님을 비롯해 편집에 애써주신 박호진 선생님, 윤소진
선생님, 그리고 지도와 디자인 작업을 해준 김태호 선생님께 감사드
린다.

옮긴이 유영수

서울대학교 외교학과를 졸업하고 미국 뉴욕주립 빙햄튼 대학교에서 정치학 박사학위를 받았다. 공군사관학교 전임강사를 지냈고, 현재 북한대학원대학교에서 조교수로 가르치고 있다. 논문으로 「민주주의 국가의 인권 정치: 한국과 스페인의 양심적 병역 거부권 인정 문제를 중심으로」, 「체제 전환 과정의 제도, 선호, 그리고 인권 보호」 등이 있고, 『준비되지 않은 전쟁, 제2차 세계대전의 기원』, 『지도와 사진으로 보는 제1차 세계대전』 등을 우리말로 옮겼다.

지도와 사진으로 보는
제2차 세계대전

초판 1쇄 발행 2020년 10월 23일
초판 9쇄 발행 2024년 11월 27일

지은이　　A. J. P. 테일러
옮긴이　　유영수
펴낸이　　최용범

편집　　　박호진, 윤소진
디자인　　김태호
마케팅　　김학래
관리　　　강은선
인쇄　　　(주)다온피앤피

펴낸곳　　**페이퍼로드**
　　　　　paperroad
출판등록　제2024-000031호(2002년 8월 7일)
주소　　　서울시 관악구 보라매로5가길 7 1309호
이메일　　book@paperroad.net
페이스북　www.facebook.com/paperroadbook
전화　　　(02)326-0328
팩스　　　(02)335-0334
ISBN　　　979-11-90475-27-3(04900)